聴耳草紙

佐々木喜善

筑摩書房

目次

序　柳田国男……11
凡例……15
一番　聴耳草紙……21
二番　観音の申子……24
三番　田螺長者……29
四番　蕪焼笹四郎……37
五番　尾張中納言……40
六番　一目千両……41
七番　炭焼長者……43
八番　山神の相談……46
九番　黄金の臼……47
一〇番　尽きぬ銭緡……50
一一番　天人子……54
一二番　兄弟淵……57
一三番　上下の河童……58
一四番　淵の主と山伏……59
一五番　黄金の牛……60
一六番　瓢箪の話（七話）……62

一七番　打出の小槌……70
一八番　蜂　聟……72
一九番　蜂のおかげ……74
二〇番　親譲りの皮袋……77
二一番　黄金の鉈……79
二二番　黄金の壺……81
二三番　樵夫の殿様……82
二四番　窟　の　女……84
二五番　三人の大力男……87
二六番　夢見息子……92
二七番　鬼婆と小僧……97
二八番　姉のはからい……99
二九番　鬼　の　豆……103
三〇番　山男と牛方……105
三一番　臼掘りと舟掘り……107
三二番　箕の輪曲げ……108
三三番　カンジキツクリ……109
三四番　大工と鬼六……110
三五番　癩　病……112
三六番　油　採　り……113
三七番　よ　い　夢……116
三八番　嬰児子太郎……118
三九番　馬喰八十八……121
四〇番　鳩　提　灯……132
四一番　悪い寡婦……133
四二番　夜稼ぐ聟……134
四三番　偽　八　卦……135
四四番　御篦大明神……138
四五番　南部の生倦と秋田のブンバイ……144
四六番　島　の　坊……146

四七番　旗屋の鵺……149
四八番　トンゾウ……154
四九番　呼び声……156
五〇番　糸績み女……157
五一番　荒滝の話……158
五二番　扇の歌……160
五三番　蛇の嫁子（二話）……163
五四番　蛇の聟（四話）……169
五五番　蛇息子……174
五六番　母の眼玉……175
五七番　搗かずの臼……179
五八番　お仙ヶ淵……180
五九番　蛇ノ島弁天……182
六〇番　お菊の水……183
六一番　雪姫……184
六二番　蛇女退治……187
六三番　蛇の剣（三話）……191
六四番　野槌……193
六五番　蛇と茅と蕨……194
六六番　上の爺と下の爺……195
六七番　瘤取り爺々（二話）……199
六八番　鼠の相撲……205
六九番　豆子噺（三話）……207
七〇番　地蔵譚（五話）……218
七一番　猿と爺地蔵（二話）……225
七二番　猿になった長者……229
七三番　猿の聟……230
七四番　猿の餅搗き（二話）……237
七五番　ココウ次郎……239
七六番　蛙と馬喰……240

七七番　蛙と田螺　242
七八番　田螺と野老　243
七九番　田螺と狐　244
八〇番　獺と狐（三話）　246
八一番　若水　252
八二番　狐の報恩　253
八三番　狐と獅子　257
八四番　盲坊と狐　259
八五番　狐の話（二〇話）　262
八六番　兎の仇討　280
八七番　兎と熊　285
八八番　貉の話（二話）　290
八九番　狸の話（二話）　293
九〇番　爺と婆の振舞　296
九一番　狼と泣児　296
九二番　狼石　297
九三番　古屋の漏（三話）　301
九四番　虎猫と和尚　306
九五番　猫の嫁子　309
九六番　怪猫の話（九話）　311
九七番　鮭の翁　319
九八番　鮭の大助　320
九九番　鮭魚のとおてむ　321
一〇〇番　鱈男　324
一〇一番　鰻男　325
一〇二番　鰻の旅僧（二話）　326
一〇三番　魚の女房　328
一〇四番　瓜子姫子（七話）　331
一〇五番　糞が綾錦　346
一〇六番　女房の首　348

一〇七番　赤子の手……350
一〇八番　オイセとチョウセイ……351
一〇九番　墓　娘……354
一一〇番　生返った男……356
一一一番　お月お星譚……357
一一二番　雌鶏になった女……364
一一三番　雉子娘……365
一一四番　鳥の譚（一四話）……368
一一五番　オシラ神……381
一一六番　髪長海女……382
一一七番　母也明神……384
一一八番　長須太マンコ……386
一一九番　オベン女……390
一二〇番　泥棒神……390
一二一番　天　狗……392
一二二番　端午と七夕……393
一二三番　二度咲く野菊……394
一二四番　厩尻の人柱……397
一二五番　駒形神の由来……398
一二六番　ワセトチの話（四話）……399
一二七番　土喰婆……401
一二八番　赤子石……401
一二九番　変り米の話……402
一三〇番　酸　漿……403
一三一番　あさみずの里……404
一三二番　隠れ里……406
一三三番　神様と二人の爺々……411
一三四番　神と小便……413
一三五番　老人棄場……414
一三六番　人間と蛇と狐……415

一三七番　竜神の伝授……417
一三八番　貉　堂……419
一三九番　座頭ノ坊になった男……421
一四〇番　座頭ノ坊が貉の宿かり……422
一四一番　座頭の夜語……423
一四二番　坊様と摺臼……425
一四三番　雷神の手伝……427
一四四番　物知らず親子と盗人……428
一四五番　五徳と犬の脚（二話）……430
一四六番　大岡裁判譚（三話）……431
一四七番　雁々弥三郎……433
一四八番　新八と五平……434
一四九番　生命の洗濯……435
一五〇番　鰐鮫と医者坊主……436
一五一番　蒟蒻と豆腐……437
一五二番　傘の絵……438
一五三番　富士山の歌……440
一五四番　目腐 白雲 虱たかり……441
一五五番　姉妹の病気……442
一五六番　鼻と寄せ太鼓……444
一五七番　雁の田楽……445
一五八番　胡桃餅と幽霊……446
一五九番　カバネヤミ……447
一六〇番　テンポ……448
一六一番　上方言葉……449
一六二番　長頭廻し……451
一六三番　長い名前（二話）……452
一六四番　桶屋の泣輪……454
一六五番　いたずら……454
一六六番　話買い（二話）……455

一六七番　額の柿の木……461
一六八番　柿　男……462
一六九番　柳の美男……463
一七〇番　履物の化物……464
一七一番　和尚と小僧譚（七話）……465
一七二番　馬鹿聟噺（二一話）……473
一七三番　馬鹿嫁噺（二話）……497
一七四番　馬鹿息子噺（二話）……498
一七五番　尻かき歌……502
一七六番　嫁に行きたい話（二話）……502
一七七番　啞がよくなった話……503
一七八番　屁ッぴり爺々……504
一七九番　爺婆と黄粉（二話）……506
一八〇番　屁ッぴり番人……511
一八一番　屁ッぴり嫁（三話）……513
一八二番　眠たい話（五話）……516
一八三番　きりなし話（五話）……518
解説　聴耳の持ち主（益田勝実）……523
佐々木喜善のこと（山下久男）……539
時代を超える『聴耳草紙』（石井正己）……547

序

佐々木喜善君のこれまでの蒐集は本になっただけでも、すでに三つある。その三つのうち一番古いのは『江刺《えさし》郡昔話』であって、これは我々の仲間では記念の多い書物である。二十二年程前、初めて佐々木君が遠野の話をした時分には、昔話はさ程同君の興味を惹いていなかった。遠野物語の中には、いわゆる「むかしむかし」が二つ出ているが、二つとも未だ採集の体裁をなしていなかった。それが貴重な古い口頭記録の断片であるという事はずっと後になって初めて我々が心づいたことである。それから十年余りしてから我々が松本君と三人で、東北の海岸をしばらく一緒に歩いたことがある。その時にちょうど佐々木君は江刺郡から来ている炭焼きと懇意になって、しばしば山小屋へ出掛けて、いくつかの昔話を筆記してきたという話を私にした。それは非常に面白いから出来るだけもとの形に近いものを公けにする方がいいと、いうことを、私が同君に勧請したのもその時である。それから二年過ぎて、私が外国に遊んでいる間に『江刺郡昔話』が出版せられた。新たに『江刺郡昔話』を取出して読んでみると佐々木君が、先ず第一に、聞いた話の分類に迷っている事がよくわかる。口碑と言っている中には、社寺や旧家の歴史の破片と共に昔話から変形したものもまじっているのだから、今の言葉で言えば伝説にあたるものである。そ れから民話といっている部分は近頃何人かが実見した話として伝えられているのだから、直接「むかしむかし」の中に入れられないのは当然だが、これとてもまた「むかしむかし」と内容の一致があって何人かが「むかしむかし」からこれへ移入したという事が想像出来る。そしてこれが、我々が興味をもって考えようとしている世間噺というものである。そうそう世間噺は新聞などの力で事実と非常に近くなったけれども、以前は交通が不便で、そうは噺の種もないから、勢い古くからの文芸がその中へまぎれこんでいたのである。東北という地方は、何時までも昔話を子供の世界へ引渡さずに大人も参加して楽しんでいた結果、昔話がより多く近代的な発達を経ている、この事実が、この本でかなりはっきり証明された。その事実に最も多く参加した盲法師、すなわち奥州で「ボサマ」といっているものの活動の後を跡づけてみようと私が思った大いなる動機はここにある。

「ボサマ」の歴史は近頃になってから、全く別の方面からも、おいおい知られて来たけれども、純粋なフォークロアの方法によってでも、東北地方でなら調べることが出来る。例えば南部で言う「ガントリ爺」が、我々のお伽噺の「花咲爺」になってくるまでの経過は、あちらではこれを文芸として改造した作品が現に残っているのだから、かなり具体的にその過程を説く事ができる。「ボサマ」は人を喜ばせるのが職務だから、ある程度までの繰返しを重ねると今度は意外なつくりかえもしくは後日譚の方へ出て行こうとする。真面目であった話をやや下品な滑稽へ持って行こうとする。したがって話題が発達してくる。同時にこれを聞く者の態度も幼少な子供等とは違って、少しも、昔ならそんな事があったかも知れんというような信仰を持たずに、これを純空想の作品として受け入れようとする、すなわち今日の落語なり滑稽文学なりの文字以前の基礎をつくってしまったのである。大げさに言うなら、今日の文芸と昔の文芸との間に橋をかけたようなものだとも言える。半分以上類似したような話でも、この意味から、できるだけ多く集めてみようとした理由が、初めてここに生じた。それにはちょうど佐々木君のような飽きずにいつまでも集められる蒐集家が非常に役立った。

　佐々木君も初めは、多くの東北人のように、夢の多い鋭敏という程度まで感覚の発達した人として当然あまり下品な部分を切り捨てたり、我意に従って取捨を行なったりする傾向の見えた人であった。それがほとんど自分の性癖を抑えきって、僅かばかりしかない将来の研究者のためにこういう客観の記録を残す気になったのは、決して自然の傾向ではなく、大変な努力の結果である。

　これまで普通に郷里を語ろうとしていた者のしばしば陥り易い文飾というものを、殊にこの方面に趣味の発達した人が、己をむなしゅうして捨て去ったという事は、かなり大きな努力であったと思われる。問題は、将来の研究者が、こういう特殊の苦心を、どの程度まで感謝する事が出来るかという事にある。私は以前『紫波《しわ》郡昔話集』『老媼夜譚《ろうおうやたん》』ができた時にも、常にこの人知れぬ辛苦に同情しつつ、他方では、同君自身の文芸になってしまいはせぬかと警戒する役に廻っていた。もう現在では、その必要はほとんど無かろうと思う。能うべくんば、この採集者に若干の余裕を与えて、これほど骨折って集めて来たものを、先ず自分で味うようにさせたい事である。それには、単純な共鳴者がここかしこに起こるだけでなく、この人とほぼ同じような態度をもって、将来自分の地方の「むかしむかし」をできるだけ数多く集めてみる人々が、次々に現れ来ることである。

昭和五年十二月

柳田国男

凡例

今度の昔話集は私の一番初めの『江刺郡昔話』の当時（大正十一年頃）集めた資料から、つい最近までの採集分をも交えて、一つの寄せ集めを作ってみたのである。

分類と索引とを附けたかったが、これは両方ともかなり複雑な技術と経験とを要するので、にわかにはできそうもないから後日のことにした。実はこれくらいの話集をせめてあと一二冊も纏《まと》め、話数の千かあるいはそれ以上も集めてみて始めて可能な仕事である。私はこれまでに五百六十余種の説話を土から掘り起こして明るみに出したと思うけれどもそれはおもに東北の陸中の中央部に残存していたものを集めてみたに過ぎなかった。この興味が全国的に盛んになって、方々の山蔭の里や渚辺の村々に埋れている昔話が千も二千も現われ来る其日もそう遠くはあるまいと感じている。その暁においてこそ充分に比較研究と分類方法とが余蘊《ようん》なく執らるべきであろう。

この集には百八十三番、およそ三百三話ばかりの話を採録してみた。話のうち全然従来のいわゆる昔噺という概念からは遠い、むしろ伝説の部類に編入すべきもの、例えば諸々の神祠の縁起由来譚らしいものや、また簡単至極な話、例えば「土食い婆様」其他の話のような、単にある老人が土を食って生きておったというようなものも取った。私は殊更にこれだけの物をも収録してみた。これは私の一つの試みであった。私の考えではある一部の説話群の基礎根元をなした種子が、あるいはこういうものではなかったのではあるまいかという想像からで、これらの集合や組立てでもって、一つの話が構成されかつ成長されたかのような暗示もあったからである。

また一方、際無し話のような、極く単純な、ただ言葉の調子だけのようなものをもできるだけ採録した。一部の昔話の生のままの形が暗示される材料であるからであった。

こうしてみると、ある観方によって分類して行ったならば、ほんの四五種類の部属に配列することができると思う。例えば、

1　自然天然の物を目あてに語り出した話の群。

2　巫女や山伏等が語り出した説話群。

3　座頭坊の語り出した話の群。

4　話と伝説の中間を行ったもの、あるいは伝説と話との混合がまだ整頓しきれずに残っている話の群。

5　及び普通の物語というものの類。

である。なおまたこれを細別してみたなら、幾つかの部属ができるであろう。例えば、子守唄的な語りものから、単純な調子のみの語りもの、動物主人公の話から、和尚小僧譚、愚かしやかな者のおかしな話の群、軽口噺のような部類、また別に生贄譚型、冒険譚型、

花咲爺型、瓜子姫型からシンデレラ型、そうして縁起由来譚から、普通の物語というようにもなり、あるいは考えよう観方の相異では、どんなにも分類配列することができようと思うのである。

しかし私はこの集では、ただおもに便利上話の中の主人役とか、または内容の多少似寄ったものを、比較的近くに寄せて配列してみたに過ぎなかった。だから余りに暢気な整理の仕方であるという誹りはまぬかれぬであろう。

この集中の話で特に私のために御面倒をみて御報告をして下された方々の分には、一々御芳名を明らかにして置いた。何の記号もない分は私の記憶其他である。

なおこの集を世に出すに当って、貴重なる資料を下された諸兄に、そうしてまた特に私のために序文を書いて下された柳田先生及び三元社の萩原正徳氏に一方ならぬお世話になったことを、ここに謹んでお礼を申上げる次第である。

昭和六年一月

佐々木喜善

聴耳草紙

一番　聴耳草紙

ある所に貧乏な爺様があった。今年の年季もずうッと押し詰まったから、年取り仕度に町仕《つか》いに行くべと思って野路を行くと、路傍《みちばた》の草むらの中に死馬《そま》があって、それに犬どもがズッパリ（多く）たかっていた。それをこっちの藪《やぶ》の蔭コから一疋《いっぴき》の痩せた跛狐《びっこきつね》が、さもさもケナリ（羨し）そうに見ていたが、犬どもが怖《おっかな》いもんだからそばに近寄りかねていた。それを見た爺様はあの狐がモゼ（不憫）と思って、しいッしいッと言って、犬共《いぬど》ば追《ぼ》ったくッて、死馬の肉を取って狐に投げてやった。そウれ、そウれそれを食ったら早く山さ帰れ、お前がいつまでもこんな所にいるのアよくないこッた、と言って聴かせて町へ行った。

その帰りしなに、爺様が小柴立ちの山の麓を通りかかると、今朝の痩狐がいて、爺様爺様、俺ア先刻《さっき》からここで爺様を待っていた。ちょッとこっちに来てケてがんせと言って、爺様の袖をくわえて引張るから、何をすれヤと言ってついて行くと、その山のトカへ（後）の方さ連れて行った。そこまで行ったら狐は、爺様爺様ちょッと眼《まなぐ》をつむっていてゲと言う。爺様が眼をつむっていると、狐は爺様眼開けてもええまッちゃと言うから開くと、爺様はいつの間にかひどく立派な座敷に通っていた。そこへ齢《とし》取った狐が二疋出て来て、今朝ほどア俺所《おらとこ》の息子が大層お世話になってありがたかった。俺達はこんなに齢取ってしまって、ハゲミに出るにも出られないで毎日毎日こうやって家にばかりおります。その上に息子が片輪者で困っております。今夜の年越もナゾにすべやエと心配していると、爺様のおかげで、まずまず上々吉相の年取りもできて結構でござります。そのお礼に爺様に何か上げたいと思うけれども、御覧の通りの貧乏暮しだから大したこともできぬが、これをあげます。これは聴耳草紙というもので、これを耳に当てがると、鳥や獣や虫ケラの啼き声囀《さえず》り声まで、何でもかんでも人の言葉に聴き取られる。これをあげるから持って帰ってケテがんせと言って、一冊の古暦ほどの草紙コを爺様の前に出した。爺様はそんだらもらって行くと言って喜んで、その本コを手さ持って、また先刻の跛狐に送られて野原の道まで出て、家へ帰った。

正月ノ二日の事始めの日の朝であった。爺様は朝《あさま》早く起きて、東西南北を眺めわたすと、わが家の屋棟の上に一羽の鳥がとまっていた。するとまた西の方から一羽の鳥が飛んで来てカアカアと鳴いた。ここだ、あの草紙コを試してみる時はと思って、爺様は急いで家の中さ入って、古草紙コを出して来て耳さ押し当てて聴くと、烏共の言う言葉が手に取るようによく解った。その言うことは、どうだモラヒ（朋輩）どの、この頃に何か変ったことアないかアと言うと、西から来た烏は、何も別段珍しい話もないが、この頃城下のある長者どんの一人娘が懐妊したが、それが産月になっても児どもが生れないので、娘が大変苦しんでいる。あれは何でもない、古暦と縫針《はり》とを煎《せん》じて飲ませれば児どももすぐに生れるし苦痛《くるしみ》もなくなるものだのに、人間テものは案外浅量《あさはか》なもので、そんなことも知らないとみえる。はてさてモゾヤ（哀れ）なものだよ、カアカアと言った。

爺様はそれをすっかり聴き取って、これはよいこと聴いたもんだ。婆様やエ婆様やエ俺ア烏からよいこと聴いたから、これから城下さ行って八卦置いて来るから仕度せえと言って、婆様に旅仕度してもらって、城下町さして出かけて行った。行ってみると、その家は聞きにもまさって立派な長者どんであった。いかにもその長者どんの一人娘は難産で四苦八苦の苦しみをしているということを、町さ入るとすぐ聞いた。行ってみると、屋方には多勢の医者や法者が詰めかけて額を寄せているけれども、何とも手の出しようがなくて、ただうろうろしてばかりいた。そこへ汚い爺様が行って、私は表の立札の表について参った者だが、お娘御様が難産でござるそうな、この爺々が安産おさせ申上ますべえと言った。あまり身なりが汚いものだから、そこにいた連中が、こんな百姓爺々に何ができるもんかと、皆馬鹿にしていた。けれども長者どんでは、もしやにかられて爺様を座敷へ通すと、爺様は六尺屏風を借りてぐるりと立廻し、その中に入って、唐銅火鉢にカンカンと火を熾《おこ》してもらい、それに土瓶を借りてかけて、持って行った古暦と縫針《はり》とを入れてぐたぐたに煎《せん》じて、娘に飲ませた。するとすぐに娘の苦しみが拭《ぬぐ》うように取れて、おぎゃア、おぎゃアと、玉のような男の児を生み落した。

さあ長者どん一家の喜びは申すにおよばず、上下と喜び繁昌しているうちに、そこにおった多勢の医者や法者はいつ去るともなしに、一人去り二人去りして、とうとう散り散りばらばらに立って皆いなくなっていた。そこで爺様は長者どんから大層なお礼をもらって、家へ帰って栄えて活《くら》したと。ハイハイどんど祓《はら》い、法螺の貝ッコをポウポウと吹いたとさ。

（昭和二年四月二十日、村の字土淵足洗川の小沼秀君の話の一。私の家に桑苗木を植えに来ていて、デエデエラ野という山畠のほとりに憩《やす》みながら語った。私は話の筋としてはそう珍しくなく、さきの『老媼夜譚』第二十三話聴耳頭巾と系統を同じくするものではあるが、便宜上これを第一話に置いて直ちに、これをこの集の名前にした。）

二番　観音の申子

ある所に爺様と婆様があった。もはや六十にも余る齢《とし》であったが、子供がないのでどうしても一人欲しいものだと日頃信心している観音様に行って願かけをした。それからちょうど百日目の満願の日に、観音様が婆様の枕神に立って、お前たち夫婦に授ける子宝とては草葉の下を探したとて、川原の小石の間を尋ねたとてないのだけれども、あまり切ない願掛けだから、今度だけは聞いてやると言った。それから当る十月目になって生れたのが玉のような男の子であった。

爺、婆の喜びは話の外で、爺様は毎日毎日山から柴を刈って来て、それを町へ持って行って売って、子供のためにいろいろなべザエモノ（菓子）類を買って来たり、また自分等は三度三度の食物さえも控え目にして子供大事と育てておった。けれども、どうにもこうにも爺様婆様はだんだん齢を取ってしまって、柴刈りも洗濯もできなくなったので、また二人は観音様へ行って、観音様申し観音様申しお前様から授かったこの子のことで、あがりました。とてもこの爺イ婆二人は老いてしまって、大事なこの子を育てあげることが叶わなくなったから、どうか観音様が引き取って育ててクナさい。どうぞお願いでありますと言った。観音様も日頃の爺イ婆の心掛けを知っておるものだから、ああよいからよいからと言って、その子を引き取って御自分の手もとに置くことにした。

そうはしたが実は観音様も差し当り何かにと困って、まず自分の上衣を一枚脱いで子どもに着せ、参詣人の持って来て上げる僅かのオハネ米などで、どうやらこうやらその日その日の事をば足していた。そして子どもにはいろいろな学問諸芸を授けていた。その子どもはまた何しろただの子どもではないのだから、利発なことは驚くほどで、一を聴いては十を知るというような利口ぶりであった。そうして観音様のもとで二十の齢《とし》まで育てられていた。

ある日のこと、観音様は息子にむかって、お前も二十にもなったし、俺の目から見ればそれで一通りの学問諸芸を授けたつもりである。このままここにおってもつまらないから、どうだこれから諸国を廻って修業をして立身出世をしろ。そして老齢《としより》の爺様婆様を養えと言った。そう言われて息子も喜んで諸国修業の門出をした。

息子は観音様からもらった衣物を着て深編笠をかぶって、尺八を吹いて廻国した。そしてそれから何年目かのある日大層大きな町に差しかかって、その町の一番の長者どんの家の門前に立って尺八を吹いていた。するとその隣りの小さな家から婆様が出て来て、その笛の音色を聴いていたが、なんと思ったか、息子の側へ寄って来て、虚無僧様ちょッと私の家サ寄って憩《やす》んで行けと言葉をかけた。息子も疲れておったから、言われるままに内へ入ると、婆様はお茶や菓子などを取り出してもてなし、それから、これこれ旅の虚無僧様、実はこの隣りの長者どんではこの頃若者《わかいもの》一人欲しいと言っていたが、何とお前様が行ってみる気はないかと言った。息子も永い年月の間旅をして淋しかったものだから、そういう所があったら、しばらく足止めをしてみてもよいと思ったので、婆様それでは行ってみてもよいと言うと、婆様は喜んで、そうかそれがよい。だがお前のその着物ではワリから、この着物と着替えろと言って、一枚の粗末なボロ着物を取り出して息子に与えた。はいはいと言って息子は婆様の言う通りに、そのボロ着物に着替えて、婆様に連れられて長者どんの館に行った。長者どんの檀那様は息子に三八という名前をつけて、竈場の火焚き男に使うことにした。三八は何事も檀那様の言う通りに、はいはいと言って、奉公大事に毎日毎日働いていた。

この長者どんの館には家来下人が七十五人あった。それから分家出店が諸国諸方に七十五軒もあった。檀那様には娘が二人あって姉をお花、妹をお照といった。ある時鎮守の祭礼に、檀那様は娘二人を馬に乗せてやると言うたら、姉のお花はオラは馬に乗ってもよいと言ったが、妹のお照はオラは馬に乗るのがあぶなくて嫌だ、駕籠で往くと言った。それで姉は馬に乗り、妹は駕籠で行くことにした。ところが向うから深編笠をかぶって尺八を吹いて来る若衆があった。馬で行った姉のお花はひょっと見ると、その人は水の滴りそうな美男《いいおとこ》であった。それからは祭礼を見ても何を見ても一向面白くなくなった。お照の方は駕籠で行ったものだから何も知らなかった。お花はその日祭礼から帰ると、オラ案配《あんばい》がワリますと言って、下女に奥の間に床をとらせて寝てしまった。

父親母親は大層心配して、医者山伏を毎日のよう頼んで来て診《み》せるが、誰一人お花の病気を直せる者がなかった。するとある夜、親たちのところに観音様が夢枕に立って、心配するな娘の病気は家族の中に想う男があるせいだから、その者と一緒にすればすぐ治るというお告げがあった。そこで長者どんでは三日三夜の間家来下男どもを休ませて、娘の御機嫌を伺いさせることにした。

七十五人の家来下男どもは、喜んで俺こそこの長者どんの美しい娘様の聟殿になるにいいかと思って、朝から湯に入って顔を洗って、一人一人奥の一間のお座敷に寝ているお花の枕辺へ行って、姉さま、お案配はナンテがんすと言った。それでもお花は一向見るフリもしなかった。そのうちに皆伺い尽して後《あと》には竈の火焚き男の三八ばかりがたった一人残った。アレにもと言う者もあったが、何しろ俺達が行ってさえ一向見向きもしないのだもの、あんなに汚い男が行ったら、なおさら御アンバイがワルくなるべたらと、皆して声を揃えて笑った。するとそこへ隣家の婆様が来て、とにかくあの竈の火焚き男もやってみろ、アレも男だものと言った。そこで三八もにわかに風呂に入って髪を結って、観音様からもらった衣装を出して着て、静かに奥の間へ通ると、お花は一目見て顔を赤くして、何か聴えないくらいの声で言って、息子を放さなかった。そして見ているうちに病気もすっかり直った。

その時息子の美しい男ブリを見て、妹のお照もあの人を自分の聟様にしたいと言って床に就いた。親々もそれには困って、これは如何《なぞ》にしたらよいかと息子に相談した。すると息子はそれではこうしなさい。庭前《にわさき》の梅の木の小枝にアレあの通り雀がとまっておりますが、あの小枝を雀がとまったまま飛ばさぬように手折って来た方を妻にもらいましょうと言った。

親たちは姉妹を呼んでそのことを話すと、それではと言って早速妹娘が庭前に駈け下りて、梅の木の側に行くと、雀はブルンと飛んで行ってしまった。妹は顔を真赤にして戻って来た。

その隙にまた雀が飛んで来てもとの梅の木の小枝にとまった。今度は姉娘が降りて行くと、雀はそれを喜ぶように、チュッチュッと鳴いて、そして枝コをパリッと折っても飛ばなかった。それをそのまま持って来て息子の手に持たせた。二人はめでたく夫婦の盃事をした。その後息子は郷里《くに》から爺様婆様を呼び寄せて、観音様の言った通りに親孝行をして孫《まご》繁《し》げた。それこそ世間に名高い三八大尽と呼ばれる長者となった。

それから妹のお照の方にも、そのうちに良縁があって、分家になってこれも相当栄えて繁昌したということである。

（遠野町、小笠原金蔵という人の話として松田亀太郎氏の御報告の一。大正九年の冬の採集の分。）

三番　田螺長者

昔、ある所に大層な長者どんがあった。田地、田畠、山林、原野もあり余るほどあって、村の人達からはあそこの長者どんでは何も不自由だということを知らないこッたと言われていた。

ところがその長者どんの田を作っている名子《なご》の中に、その日の煙りも立てて行けぬほどの貧乏な夫婦があった。夫婦ははア四十も越していたが、子供というものがない。夜などは嘆いて、ナゾにかして子供を一人欲しいもんだ。吾が子と名の付いたもんだら、ビッキ（蛙）でもいい、ツブ（田螺）でもいい。そう言って御水神様へ詣って願掛けをした。御水神様は水の神様であるから百姓にはこれくらいありがたい神様はないのであった。

ある日のこと、女房は田の草取りに行っていて、いつものように日なが時なが、御水神様もうし、そこら辺りにいる田螺のような子供でもよいから、どうぞ俺ラに子供を一人授けて賜《た》もれや、ああ尊度《とうた》い尊度いと思ったり言ったりしていると、急に腹が痛くなって、なやなやめいて来た。忍耐《がまん》すればする程痛みが増して来るので、とうとう耐《たま》りかねて家へ屈《こご》み屈み帰ると、夫は心配して、いろいろと介抱をしたが、どうしても直らなかった。お医者様を頼みたいにも金はなし、はてナゾにしたらよかろうと思った。近所に幸いコナサセ産婆（婆様）があったから、少し筋道は違《がか》うと思ったけれども、頼んで来て診《み》てもらうと、婆様はこれはただの腹痛ではない。女房が身持ちになって、児どもが生れるところだと言った。それを聞いて夫婦は喜んで、にわかに神棚にお燈明を上げたりなどして、一心に安産させて下さいと願うと、やや一時《ひととき》あって、一疋の小さな田螺《つぶ》が生れた。

＊

生れた田螺の子には皆驚いたが、これは何でも御水神様の申し子だからというので、お椀に水を入れて、その中へ入れ、神棚に上げて、大事にして育てていたが、不思議なことに、その田螺の子は生れてから二十年にもなるが、少しも大きくならなかった。それでも御飯などは普通に食べるが物は一声も言えなかった。

ある日のこと、齢取った親父は、大家《おおや》の長者どんに納める年貢米を馬につけながら、さてさてせっかく御水神様から申し子を授かって、やれ嬉しやと思うと、あろう事かそれが田螺の息子である。田螺の息子であってみれば何の役にも立たない。俺はこうして一生働いて妻子を養わなければなるまいと歎くと、それでは父親《とと》父親《とと》、今日は俺がその米を持って行く……と言う声がどこかでした。父親は驚いて四辺をきょろきょろ見廻したけれども誰もおらぬ。不思議に思って、そんな事を言うのは誰だと言うと、俺だ俺だ、田螺の息子だ。今まで長い間えらい御恩を受けたが、もうそろそろ俺も世の中に出る時が来たから、今日は俺が父親《とと》の代りになって、檀那様の所へ、年貢米を持って行くと言った。どうして馬を曳いて行けヤと訊くと、俺は田螺だから馬を曳いて行くことは叶わぬが、米荷の間に乗せてくれさえすれば、何の苦もなく馬を自由に曳いて行けると言う。父親は今まで物も言わなかった田螺が物を言い出したばかりか、自分の代りに年貢米を納めに行くというのであるから大変驚いた。しかしこれも御水神様の申し子の言うことだ。背《そむ》いたならまたどんな罰が当るかも知れないと思って、馬三疋に米俵をつけて、言われる通りに、神棚のお椀の中にいる田螺をつまんで来て、その荷の間に乗せてやると、田螺は普通の人間のような声で、それでは父親《とと》も母親《がか》も行って来る。ハイどう、どう、しッしッと上手に馬どもを馭して家のジョノクチを出て行った。

父親は出しには出してやったが、息子のことが心配でならぬので、その後を見えがくれについて往くと、ちょうど人間がやるように水溜りや橋のような所をば、はアい、はアいと声がけして、シャン、シャンと進んで行く。それればかりか美しい声を張り上げて、ほのほのと馬方節などを歌って行くが、馬もその声に足並を合わせて、首の鈴をジャンガ、ゴンガと振り鳴らし勇みに勇んで行く。往来や田圃にいる人達はこの有様を見て驚いて、声はすれども姿は見えぬとはこの事だ。あの馬はたしかにあの貧乏百姓の痩馬に相違ないが、一体あの声はどこで誰が歌っていることだと、不思議がって眺めていた。

それを見た父親は大変に思って、すぐに家へ引返して、神棚の前に行って、もしもし御水神様、今までは何にも知らなかったものだから、田螺をああして置きましたが、大変ありがたい子供をお授け下されんした。それにつけても無事息災に向うへ行き届くように、あの子や馬の上を、どうぞお護りやってクナさいと、夫婦で一心万望神様を拝んでおった。

＊

田螺はそんな事には頓着なく、どんどん馬を馭して、長者どんのもとへ行った。下男どもが、それ年貢米が来たと言って出て見ると、馬ばかりで誰も人間がついていない。どうしてこう馬ばかり寄こしたべッて話していると、米を持って来たから、どうか下してケデがいという声が馬の中荷の所でした。何だ誰がそんな所にいれヤ。誰もいないじゃないかと言って、中荷の脇を覗いて見ると、小さな田螺が一ツ乗っていた。田螺は俺はこんな体で馬から荷物を下すことができないから、申訳ないが下してケデがい。俺の体も潰さないように、縁側の端の上にでもそっと置いてケテガムと言った。下男どもは驚いて、檀那様シ檀那様シ田螺が米を持って来んしたと聞かせると、檀那様も驚いていそいそ出て来て見れば、いかにも下男の言う通りであった。そのうちに家の人達もぞろぞろと出て来て見る。そして皆々不思議なことだと話し合った。

そのうちに田螺の指示で米俵も馬から下して倉に積み、馬には飼葉をやり、田螺をば内に入れて御馳走を出した。お膳の縁にタカっている田螺は、他人の目には見えぬが、お椀の御飯がまずなくなり、その次には汁物が、魚がという風になくなって、仕舞いにはもう充分頂きんした、どうぞお湯をなどと言うのであった。檀那様は、かねて御水神様の申し子が田螺の息子だということは聞いていたが、こんなに不思議な物とは思っていなかった。

ちょうど人間のように物を言ったり働いたりするべとは思わなかったので、これを自分の家の宝物にしたいと思った。そして、田螺殿田螺殿お前の家と俺の家とはお互に祖父様達の代から代々出入りの間柄の仲だ。俺の所に娘が二人いるが、その中の一人をお前のお嫁にやってもよいと言った。こんな宝物をただで家のものに、することはできまいと思ったからであった。

田螺はそれを聴いて大層喜んで、それは真実かと念を押した。檀那様は、本当だとも、二人の娘のうち一人をあげようと堅い約束をして、その日は田螺にいろいろな御馳走をして還した。

*

父親母親は、田螺のこと、なんたら帰りが遅かべヤ、何か途中で間違いでもなければよいがと案じているところに、田螺は三疋の馬を連れてえらい元気で帰って来た。そして夕飯時に、俺は今日長者どんの娘さんをお嫁にもらって来たと言った。父母はそんな事が有るはずがないと目をみはったけれども、何言うも御水神様の申し子の言うことだから、一応長者どんに人をやって訊いてみべえと思って、伯母を頼んで聞きにやると、田螺の言うのは真実のことであった。

そこで檀那様は二人の娘を呼んで、お前達のうち誰か田螺のところにお嫁に行ってケろと言うと、姉娘は誰が虫けらのところなんかさ嫁《い》く者があんべや、俺厭《や》んだと言ってドタバタと荒い足音を立てて座を蹴立てて行ってしまった。それでも優しい妹娘の方は、父様《とと》がせっかくああ言うて約束された事なんだから、田螺のところには私が嫁くから心配してがんすなと言って慰めた。伯母はそういう長者どんからの返辞を持って帰って来て知らせた。

＊

長者どんの乙娘の嫁入り道具は、七疋の馬にも荷物がつけきれないほどで箪笥長持が七棹ずつ、その外の手荷物は有り余るほどで、貧乏家にはそれが入れきれないから、長者どんでは別に倉を建ててくれた。聟の家には何にもない。親類もないから、父母と伯母と近所の婆様とを呼んで来てめでたい婚礼をした。

花コよりも美しい嫁子をもらって、父母の喜びは物の例《たと》えにも並べられない。それにまた娘が実の父母よりも親切に仕える。野良へも出て働いてくれるので、前よりはずっと生活《くらし》向きも楽になった。これもみな神様のおかげだと言って、父母は一生懸命に御水神様を拝んでいた。

そのうちに月日がたつ……お里帰りを何日にしようと相談すると、やっぱり四月八日の村の鎮守の薬師様の祭礼がすんでからということにした。そうしているうちに春になった。花コも咲けば鳥コらも飛んで来て鳴くようになった。いよいよ四月八日のお薬師様の御祭日になった。

娘は祭礼を見に行くとて、美しく化粧して、長持の中から綺麗な着物を出して着た。見れば見るほど天人とも例《たと》えられない。花コだとも例えられないほど美しい。仕度ができあがってから、田螺の夫に向って、お前も一緒にお祭を見に参りましょうと言うと、そうかそれでは俺も連れて行ってケ申せ。今日は幸いお天気もいいから久しぶりで外の景色でも眺めて来るべなどと言う。そこで娘は自分の帯の結び目に夫の田螺を入れてお祭礼場さして出かけて行った。

その途中も二人は睦ましく四方山《よもやま》の話をしながら行く。道往く人や行きずりの人達は、あれあんなに美しい娘子が、独りで笑ったり語ったりして行く。可愛想に気でも違ったものだべなアと言って眺めて行く。そんな風で二人はとうとうお薬師様の一の鳥居の前まで来た。すると田螺は、これこれ、俺は訳あって、これから先へは入れぬから、どうか道傍《みちばた》の田の畔の上に置いてケろ。そしてお前が一人で御堂に行って拝んで来てケろ。そのうち俺はここで待っているからと言った。それでは気をつけて鳥などに見つけられないようにして待っていてクナさい。私は一寸行って拝んで来るからと言って、娘は御坂を登って行った。そして御堂に参詣して帰って来て見ると、大事な良人の田螺がいなかった。

娘は驚いて、ここかしこと探してみたがどうしても見つからない。鳥が啄んで飛んで行ったのか、それとも田の中に落ちてしまったかと思って、田の中に入って探したが、四月にもなったから田の中にはたくさんの田螺がいる……それを一つ一つ拾い上げて見るけれども、どれもこれも自分の夫の田螺には似もつかぬものばかり……

田螺《つぶ》や田螺《つぶ》や
わが夫《つま》や

今年の春になったれば
　鳥という馬鹿鳥に
　ちッくらもッくら
　　刺されたか……

と歌って、田から田に入ってこぎ探しているうちに、顔には泥がかかり、美しい衣物は汚れてしまい、そのうちに日暮時ともなって、祭礼の人達はぞろぞろとみな家路に還る。そして嫁子の態を見て、あれあれあんな綺麗な娘子が気でも違ったか、可愛想な……と口々に言って眺めて通った。

娘はいくら探しても夫の田螺が見つからぬから、これはいっそのこと田の中の谷地眼《やちまなこ》の深泥《ひどろ》の中さ入って死んだ方がいいと思って、谷地マナコに飛び込もうとしていると、後から、これこれ娘何をすると声かけられる。振り向いて見ると、水の垂れるような美男が、深編笠をかぶって腰には一本の尺八笛をさして立っている。娘は今までのことを話して、私は死んでしまうからと言うと、その美男はそれならば何も心配することはない。其許《そなた》の尋ねる田螺はこの私であると言う。娘はそうではないと言うと、若者はその疑いはもっともだが、俺は御水神様の申し子で今までは田螺の姿でいたが、それが今日、お前が薬師様に参詣してくれたために、このように人間の姿となった。俺は御水神様にお礼参りをしてここへ還って来ると、お前がいないので、今まで方々尋ねていたのだと言った。そこで二人は喜んで一緒に家へ帰った。

＊

娘を美しいと思ったが、田螺の息子がまたそれにもまさるほどの美しい若者で、似合いの若夫婦が揃って家へ還った。父親母親の驚きと喜びようッたら話にも昔にもないほどである。すぐに長者どんの方へも知らせると、檀那様も奥様《かかさま》も一緒に田螺の家へ来て見て、大喜びで、こんなに光るような息子を聟殿を、こんなむさい家には置かれないと言って、町の一番よい場所どころに立派な家を建てて、そこでこの若夫婦に商業《あきない》をさせることにした。ところが田螺の息子ということが世間に評判になって、うんと繁昌して忽ちのうちに町一番の物持ちとなった。そして老いた父親母親も楽隠居をし、一人の伯母子も良い所へ嫁に行き、田螺の長者どんと呼ばれて、親族縁者みな喜び繁昌した。

（同前の二。）

四番　蕪焼笹四郎

ある所に蕪焼笹四郎というごく貧乏な、そのくせ、働き嫌いな男があった。日《ひ》々毎日《にちまいにち》蕪ばかり焼いて食っているので、誰言うとなくそういう名前がついて、朋輩どもも見るに見かねていた。

ある日の夕方どこから来たか一人の旅の女が、笹四郎の家の玄関に立って、今晩一夜泊めてクナさいと言った。笹四郎は俺の所には食う物も飲む物もないから、外の家さ行って宿を乞うてみろと言った。するとその女は、たとえ飲むものもなくてもよいからどうか泊めてクナさいと言ってきかなかった。笹四郎も仕方がないから、ほんだら泊れと言った。女はその晩泊ったが、それからその翌日もその次の日も立つフウがなかった。そうして笹四郎と夫婦になった。

その女はごくごく利巧な才智のある女であった。良人がそうして毎日蕪ばかり焼いて食っているのを見て、これは困ったことだ。何とかして一人前の人間にしたいものだと思って、自分の衣類や髪飾等を売払って旅金を作り、これこれこの金を持ってどこへでもいいから行って一仕事して来てがんせ。そのうち私はこの家に待っているからと言った。笹四郎もそんだら俺もそうするからと言って家を出て行った。ところがその日の夕方ぶらりと家へ戻って来た。そして俺はどうしてもお前が恋しくて旅には出られないから還って来たと言った。それでは私の絵姿を画いてやるからそれを持って行ったらよいと言って、女房は自分の姿を絵に画いて夫に渡した。

笹四郎は女房の絵姿を持って再び旅に出た。途中も女房が恋しくて堪らず、懐中《ふところ》から絵姿を出して見い見い行った。そしてある峠の上でまた出して拡げて見ていると、ぱッと風が吹いて来て絵姿をバエラ吹き飛ばしてしまった。笹四郎はこれは大変だと思って、泣くばかりになってそこら辺をいろいろと探してみたけれども、どうしても見つからなかった。仕方がないからまた女房のもとへ戻って来た。女房はお前がそれほど妾を恋しいならどこへも行かないで、家で草鞋《わらじ》でも作っていてがんせと言った。笹四郎は喜んでそれではそうすべえと言って、女房の側にいて、毎日毎日草鞋を作っていた。

笹四郎が女房の絵姿を風にさらわれた翌日、所の殿様が多勢の家来を連れてその峠を通った。高嶺に登って眺めるとあまり景色がよいものだから、四辺の景色に見惚れていた。するとある木の枝に美しい女の絵姿が引懸っているのを見つけた。あれは何だ。あれを取って来いと家来に言いつけて、手元に取り寄せた。殿様はそれを見て、世にもこんなに美しい女があるものか、誰かこの女を見知っているものはないかと言った。すると家来のうちに、それはこの峠の下の蕪焼笹四郎という者の女房であると言う者があった。それではその女を見たいと言ってにわかに用事を変えて、笹四郎の家へ寄った。寄って見ると、その女房は絵姿にもまさる美女であったので、厭《やんた》がるのを無理やりに自分の駕籠に入れて、お城へ連れて行った。

笹四郎はたったひとりになって心配していた。そこへ朋輩が来て、笹四郎お前は何をそんなに心配顔をしていると言った。笹四郎はかくかくのわけだ、ナゾにすべえと言うと、朋輩はそれでは俺の言う通りにしてみろと言って、ある智恵を授けた。

笹四郎はその翌日、ボテ笊《ざる》に柿や梨の実等を入れて担いで、梨や柿やアとフレながら殿様のお城へ行った。笹四郎の女房はその声を聴きつけて、はてはて自分の夫の声に似たなアと思って、柿売りの男を見たいと殿様に言った。何でもかんでも女房の言うことは聴く殿様だから、そんだらその柿売りをお庭に廻せと家来に言いつけた。女房は柿売りの入って来たのを見るといかにも自分の夫であったので思わず莞爾《にっこり》と笑った。今までどんなに機嫌を取っても、なぞな事をしても、笑顔を見せなかった女が初めて笑ったので、殿様はこれはこの女はあんな装《ふう》な物売りの姿が気に入るんだなと思った。そこで喜んで、こりゃ柿売屋お前の衣物も道具もみな此方さ寄こせと言って、笹四郎から衣物だの物売り道具などを取り上げて御自分の体に着たり持ったりした。それから自分の立派な衣裳をば笹四郎に着せて、自分の居座にすわらせた。そして御自分で柿の入ったボテ笊を担いで、はい柿や梨やアと物売りのまねをして、庭中を彼方此方と歩いた。それを見て女房は大層おかしく思って体を屈めて笑った。すると殿様はまた大きに興に乗って、果ては道化たまねまでして、いよいよ大声に叫んで、屋敷の中を彼方此方と歩き廻った。その時笹四郎は女房に教えられてこう声をかけた。狼藉者がまぎれ込んだア。早く外へ追い出せ追い出せと言った。その声を聞きつけて多勢の家来共が走せて来て、厭がる殿様を城の外に追い出した。

そうして笹四郎夫婦はとうとうそのお城の殿様となった。

（同前の三。）

五番　尾張中納言

美女の絵姿を見て、そういう女を探して千日の旅をした男があった。その絵姿が尾張の国のお城に一枚、生家に一枚、日本国中に一枚ある。その男はある日床屋に一枚あるのを見て、五十両出してそれを求めた。

それからその女を探し尋ねて日本国中を歩いた。尋ね倦《あぐ》んで山中に迷い入った。道を迷って山中の孤屋《ひとつや》にたどり着いた。その家の門前に男禁ずという立札があった。その家には老婆が一人いた。その家に泊った。その老婆の顔が絵姿の女の顔に似ていたので訳を糺して訊くと、その人の娘だと言った。その娘は今は尾張の国のお城の中にいると言った。

男は尾張の国のお城に忍び込んだ。外門には番人が八人、三の門には赤鬼丸という犬がいてなかなか入れなかった。また人間一人入れば一の花が二つ咲くという花園もあった。

その男は中納言になった。（この間の内容は話者が忘れていて、どうしても思い出せなかった。）

（大正十年十一月三日、村の犬松爺の話の中の一。）

六番　一目千両

昔、奥州に一人のヤモメ男があった。何とかして金儲けをしたいと思っていた。そのうちに盆が来たので、蓮の葉を江戸へ持って行って、一儲けしようと考えた。田舎で蓮の葉を買い集めると、ちょうど船で三艘あった。それを江戸のお盆に間に合うようにと急いだが、江戸に着いてみると、昨日で盆が過ぎたというところだったので落胆した。

男は甚だ困ったが、思いきって殿様に謁見に及んで、私は今度奥州から美事な蓮の葉を運んで来ましたが、昨日でお盆がすんで不用なものになりました。何卒もう一度お盆のやり直しを、殿様から御布令して頂きとうございますと願い出た。すると殿様は御聴き上げになって、家来を集めて、今度奥州から珍しい蓮の葉が届いたから、改めてまた盆をしろと布令出させた。三艘の船の蓮の葉が、一艘一千両ずつに売れて忽ちのうちに男は三千両の大金を儲けた。

その頃、日本中で一番美しいといわれる女が江戸にいたが、なかなか人に顔を見せなかった。一目見ると千両という莫大な金がいるから、誰も三度見たことがなかった。ただ女の居間の障子がスウと開いてすぐパタンと閉めたきりで千両というのだから、皆あきれて帰って行くのであった。

奥州の男も、国の土産《みやげ》に一度見て帰りたいと思い、その女の所へ出かけて行った。まず千両出して頼むと障子が両方へスウと開いて、忽ちバタンと閉まった。なるほど女の顔は花のように美しかったが、どうも夢のようではっきり見えなかったので、もう千両出して頼むと、また先刻の通りであった。それでもなお諦めかねて、三度目にまた千両出して頼むと、またスウと障子が開いたが、今度は女が笑っていた。けれども男は持っていた三千両の金をば皆なくしてしまったので、これからどうして国へ帰ったらよかろうかと思案しているると、女が出て来て、お前さんはどうしてそんなに思案顔しているかと言った。男は俺はもう一文も無いので奥州へ帰る工夫をしていると言うと、女は今まで二度までは見てくれても、三度まで姿を見てくれた者がないのにお前さんは持ち金全部を出して見てくれた、それで私はお前さんの気象に惚れた、どうか私を女房にして奥州へ連れて行ってくださいと言った。そして女の持ち金全部を持って、共に奥州に帰って長者となった。

（岩手郡雫石村、田中喜多美氏の御報告の一、摘要。）

七番　炭焼長者

ある所に、隣同志の仲の良い父共《とと》があって、木を伐りに山へ行き、そこの山神の御堂に入って泊っていると、二人は言い合わしたように、同じ夢を見た。その夢は、自分等が泊っている御堂へどこからか多勢の神々が寄り集って、がやがやと何事か相談し合っているところである。その中の一人の神様が、やいやいここの主の山神が見えぬがどうしたと言った。これは本当におかしい、どうしたのだろうと言い合っているところに、外からその山神が還って来た。どうした、どこへ行っていたという神々の問いに、山神の言うには、留守にしていてすまなかった。実はこの下の村に、お産があったものだから、それを産ませてから来ようと思って、思わず暇をつぶしたが、先ずいずれも無事でこの世の中にまた二人の人間が出たから喜べと言う。神々は、それはよかった。して産れた子は男か女かと問うと、山神は男と女だ、隣合って一緒だったと言った。そうか、そしてその子供等の持ち運はどうだった。そうさ、女の児の方は塩一升に盃一個というところだが、男の児は米一升しか持っていなかったと言う。縁は、とまた神々が訊いた。縁か、縁は初めは隣同志だから二人を一緒にしようと思うが、とにかくそうしておいてからまた考えてみようと言った……と思うとふと二人の父《とと》は目を覚ました。そしてその夢を言い合って互に不思議に堪えられず、まだ夜も明けなかったが、共々家へ帰った。家へ帰って見ると、夢の通り両方に男と女の児が産れていた。

　二人の子供は大きくなって、夫婦になった。その家はにわかに富み栄えて繁昌した。その女房は、神様から授ったように、一日に塩一升を使い盃が手から放れないで、出入の者にザンブゴンブと酒を飲ませた。それだからその家の門前はいつも市のように賑かであった。夫はそれを見てひどく面白くなかった。何でもかんでも湯水のように使うても、こんなに物がたまるのだから、妻がおらなかったらこの上どんなに長者になれるか知れないと考えて、ある日妻を追い出した。妻は泣いて詫びたけれども遂に許されなかった。

　妻は夫の家を出て、どこという目的《あて》もなしに歩いて行ったが、そのうちに日が暮れた。腹がすいてたまらぬので、路傍の畑に入って大根を一本抜いて食べようと思って、大根を抜くと、その跡から佳い酒の香りがして水が湧き出した。それをすくって飲むと水ではなくて酒であった。妻はおかげで元気を取り返して、こう歌った。

古酒香《ふるさけか》がする
泉の酒が湧くやら

そして自分で自分に力をつけて、道を歩いて行った。すると向うの山の方に赤い灯の明りが見えた。女房はそれを目あてに辿ってそこへ行って見ると、一人の爺が鍛冶をしていた。女房は火の側へ寄って行って、今夜泊めてクナさいと言った。爺は見らるる通りの貧乏だから、とても泊めることはできぬと答えた。すると女房は、お前が貧乏だと言うなら、世の中に長者はあるまい。見申さい、この腰掛石や敷石や台石を、これを何だと思いますと言うと、爺はこれはただの石だと言った。否々これはみな金《きん》だ、金だから町へ持って行って売ンもさいと女房が教えた。

爺は翌日その中の一個を町へ持って行ってみた。町ではどこでもこれは大したものだ、とてもこれに引換えるだけの金《かね》を爺一人で背負って行けるものではないと言われた。そう言われる程の多くの金を爺は叺《かます》に入れて背負って帰った。山の鍛冶小屋の附近は一体にそれであったから、爺と女房は忽ちに長者となった。そしてまた女房の方では、土を掘ると前のように酒が湧き出たので、これも酒屋をはじめ、その山はにわかに町となった。女房の先夫は、ひどく貧乏になって、息子と二人で薪木を背負ってその町へ売りに来たりした。

(和賀郡黒沢尻町辺にある話、家内の知っていた分。)

八番　山神の相談

ある時、六部がある村へ来て、山神の御堂に宿っていた。真夜中に人語がすると思って眼を覚ますと、山神と山神とで話をしていた。今夜は行かなかったな。ああ、お客があって行かなかったが首尾はどうだった。うん、母《あんぱ》も子《わらし》も丈夫だ。それで何歳《なんぼ》までかな。イダマスども七歳《ななっ》までだ。そしてチョウナン（釿《おの》）で死ぬ……

六部は何の話かと思って聴いていた。その後七年たって、六部がまたその村へ行くと、ある家で大工であった親父が子供を傍に寝かして置いて仕事をしていたが、子供の寝顔に虻《あぶ》がタカッたので、手に持っていた釿で追い払おうとして子供の頭を斬り割ったと言って大騒ぎをしているところであった。

六部は七年前の御堂での山神様達の話を思い出して、ああ神様達はこのことを言ったのだなアと始めて思い当った。

（田中喜多美氏の御報告分の二、摘要。）

九番　黄金の臼

昔、横田村（今の遠野町）に孫四郎という百姓があった。ある日の朝、草苅りに物見山へ行って、嶺の沼のほとりで草を苅っていると、不意に、孫四郎殿、孫四郎殿と自分の名を呼ぶ者があった。誰かと思って四辺を見たが人影もない。これは俺の心の迷いだべと思って、なおも草を苅り続けているとまた孫四郎殿、孫四郎殿と呼ぶ声がする。初めて気がつくと、沼のほとりに美しい女が立って、こちらを手招ぎをしていた。孫四郎はこれは魔《ま》神《しん》のものではないかと思って魂消《たまげ》て見ていると、女は笑いかけて、私は大阪の鴻《こう》ノ池《いけ》の娘であるが、先年この沼へ嫁に来てから永い間実家《さと》の方サも便りをしたことがない。お前様は近いうちに伊勢参宮に上《のぼ》るというから、そのついでにこの手紙を私の実家へ届けてクナさいと言って、一封の手紙を出した。そして大阪の鴻ノ池に往く路筋や、いろいろな事をこうしろああしろと教えた。そしてこれは、ほんのシルシばかりだが道中の餞《はなむけ》だと言って銭百文を渡したうえ、この銭はみんな使わないで一文でも二文でも残しておくと、翌朝にはまたもとの通りに百文になっているから必ず少しは残しておけと言い聞かせた。孫四郎は頼まれるままに女から手紙と銭百文を受取ってその日は家に帰った。

それから間もなく村の衆どもに、伊勢参宮に往くべえという話が持ちあがり、話が順々に進んで、孫四郎もその同行の一人に加わって上方へのぼった。ところが沼の女からもらった銭が、ほんとうにいくら使っても使っても翌朝はもとの通りになっていた。そうしてようやく大阪に着いて諸所を見物してから、俺は一寸用たしに行って来ると言って、同行に別れて物見山の女に教わった通りの道を行った。すると一々樹木の立っている様や山の様子が女の言った通りであった。山の中に入って行くが行くが行くと、広い池があった。ここだと思って、池のほとりに立ってタンタンと三度手を叩くと、一人の若い女が池の中から現われた。孫四郎は俺は奥州の遠野という所の者だが、物見山の沼の姉様からこういう手紙を頼まれて来た。受取ってケてがんせと言って出すと、その女は手紙を手に取って見てから、ひどく喜んで、お前様のおかげで永年逢わない妹が無事でいるということが分って、これ程嬉しいことはない。この返事をやりたいからしばらく待ってクナさいと言って、そのまま池の中に入って行ったが、すぐに一封の手紙を持って来て、これをまた物見山の沼の妹のもとへ持って行ってもらいたいと言った。孫四郎が心よく頼まれると、女はさもさも嬉しそうに礼を言って、お前様は私のために同行に遅れたのだからこれから馬で送ってあげましょう。一寸待ってクナさいと言って、するすると水の中に入って行ったが、すぐに一疋の葦毛馬を引いて来て、さアこれに乗って行きなさい。そして同行に追《かつ》ついたらこの馬を乗り捨てるとよい。そうすればひとりでにここへ帰って来るからと言った。孫四郎は女に言われるままに馬に乗った。すると女は、目をつむってあくなと言う。何もかにも女の言うがままにしていると、馬は二揺《ゆ》り三揺り動いて脚を止めた。孫四郎が目を開いて見ると、同行は目の前の道中の茶屋で憩んでいる処であったから、孫四郎は馬から下りた。すると馬はそのままもと来た道へと駈け戻ったようであったが、ヒラッと見えなくなった。

同行の者等は驚いて、孫四郎お前はどこさ行って来てア、あの馬はどこから乗って来たと口々に尋ねた。またそこの茶店の亭主も、お前様の行かれたという路に入った者に今まで一人として戻って来た者がないから今もその話をして心配していたところだった。お前様はどんな所へ行って来たとしきりに仔細を問うた。けれども孫四郎はただ夢のようで、何が何だか一向分らないと言って何にも言わなかった。一同はともかくも孫四郎が無事に帰って来たことを喜んだ。そうして伊勢参宮も無事にすまして遠野に帰った。

孫四郎は鴻ノ池の主から、ことづかった手紙を持って物見山の沼へ行った。そしてタンタンと三度手を打つと、いつかの女が出て来た。孫四郎はおかげで無事に参宮して来たことの礼を言った後、お前様の手紙を鴻ノ池の姉様に届けると、この手紙をよこしたと言って手紙を渡した。女は大層喜んで、この手紙を読んで姉と逢ったと二つない喜びだ、これもこれもみなお前様のおかげだ。けれども何もお礼に上げる物はないが、この挽臼を上げるから大事にしろ。この挽臼は一日に米一粒ずつ入れて一回転《ひとかえり》廻せば、金粒が一ツずつ出る。決して一カエリの上、廻すなと言って、小さな石の挽臼をくれた。そして女は沼の中に入って行ってしまった。

孫四郎はその挽臼を大事に神棚に上げて、毎日、米一粒入れて廻しては金粒一個《ひとつ》ずつ出して、次第次第に長者になった。ところがある日、夫の留守にその妻が、家の人はこの臼コからひとりで金を取っているが、おれもホマツをすべと思った。それには何時《いつ》も彼時《かつ》もそう勝手にはできないから、一度にうんと金粒を出そうと思って、ケセネ櫃《びつ》から米を大椀で一杯持って来て、ザワリとその挽臼に入れて、ガラガラと挽き廻した。すると挽臼はごろごろと神棚から転び落ち、主人が毎朝あげた水をこぼして、自然に小池となっていた水溜りに滑り入って見えなくなってしまった。

(この譚は『遠野物語』にも話し、また別話ではあるが物見山の沼の譚は『老媼夜譚』にも採録してある。ただし本話は内容が変っているからまた採記録した。決して重複ではないのである。)

(孫四郎の末孫というのが、今現に遠野町にいる池ノ端《はた》という家である。挽臼の転び入ったという池もあったが、明治二十三年のこの町の大火の時に埋没して今はないとのことである。)

(同譚の類話は気仙郡広田村の五郎沼から八郎沼というに手紙を持って行って、万年臼という黄金を挽き出す宝臼をもらって帰ったという男の話もある。大正十一年五月九日。釜石尾崎神社社司山本茗次郎氏談話。)

一〇番　尽きぬ銭緡

昔、大槌浜《おおつち》(今の上閉伊郡)の吉里々《きり》々の里に善平という者があった。家がごく貧乏でつまらない生活《くらし》をしていたけれども、大層正直者で世間からも褒められ者で通っていた。ある年村の人達が揃って伊勢参宮に立つというので、善平も村の義理で誘われたが、いくら行きたいと思っても路銀がないのでその事ばかりはと思い煩っていた。そのうちに村の人達は旅立ちしてしまった。

そうなると善平も参宮がしたくて、矢も盾も堪らず、かねて蓄えておいた百文銭を持って、村の人達の後を追ってとにかく旅へ出た。そして少しも早く仙台領へ出て、村の人達に追《か》ッつくべと、急いで行くと、方角を間違えて、とんでもない秋田様の領分の方へ山越えして行ってしまった。峠の上から眺めると、遥か向うの方に大きな沼の水が光って見えるから、あれは音に聞く仙台の姉沼という沼であンべと思って行くと、そうではなくてそれは秋田ノ国の黒沼という大きな沼であった。

その沼の少し手前へさしかかると、それこそにわかに黒雲の大嵐が起って、一寸先へも進まれない程であったが、何とかして少しでも早く村の人達に追《か》ッつきたいものだと思って、大風雨の中を押切って、脇見もせずに沼のほとりを大急ぎで行くと、不意に後から、善平どの、善平どの、ちょっと待っておくれあンセという声がした。善平が振返って見ると、十七八ぐらいの美しい娘が子どもを抱いた姿で、沼の中から出て来た。

善平が不思議に思って小立ちをしていると、その女は善平に近寄って来て、お前を呼びとめたのは外でもないが、妾はこの沼の主である。お前を故郷《ふるさと》の吉里々々からここまで呼び寄せたのも実はこの妾である。妾はわざとお前に同行の人達とは違った道をとらせて、この沼のほとりへ来てもらったのである、妾はこの沼へ嫁に来てから三年にもなるけれども、まだ一度も故郷の父母のもとへ帰ったことがない、それでその父母が恋《こい》しくてならぬ。それでお前を見込んでの頼みである。この手紙を私の故郷の父母のもとへ届けてもらいたい。私の故郷というのは大阪の西の赤沼という沼である。どうかお頼み申します。それからこの手紙を持って行ったら、私の父母はきっとお前に何かお礼をすることであろうから受けてクナさい。そしてこれはほんの僅かの銭ではあるけれども、私の心差しだから、旅の費用として使ってクナさい。ただこの銭は緡《さし》から、みんな取らずに一文でも五文でも残して置くと翌朝になればまた、もとの通りになっております。必ず妾の言葉を疑ってはなりませんと言って、一貫緡《さし》の銭と、一封の手紙を善平に手渡した。

　善平は沼の主から一封の手紙と銭緡《ぜにさし》とを受取って、それから大阪表へ行った。人伝に聞くと、赤沼という所は、どこかにあるにはあるが、そこへ行った者に二度と帰って来た者がない。それは大変な魔所であるから、そんな所へはお前も行かぬ方がよいと、聞く人ごとに言うのであった。そうは言われても善平はあれ程までに堅く頼まれたものだからと思って、思いきってその赤沼の方へ行った。向うの方に大きな沼が見え出した。善平が沼の辺まで行くと、その少し手前からにわかに黒雲が起り大嵐になって一寸先きも見えなくなった。それでも怖れないで沼の岸へ行って、トントンと手を打つと、沼の逆巻く浪の真中から一つの小船が現われた。その船の中には一人の爺様がいて舟を岸辺に着けた。そしてこれはこれは南部の善平どのであったか、よくこそ娘の手紙を持って来てクナされた。まずまずこの船に乗って私の家にアエデおくれエあれと言った。善平は何も悪いことをした覚えもなし、別に怖れることもないから、言われるままに爺様と一緒に船サ乗って沼の真中へ行くと、舟はズブンと沈んでしまった。あッと思う拍子に善平は実に立派な座敷の中に坐っていた。そこへ一人の品のよい婆様が出て来て、善平が出した手紙を見たり、なお善平から秋田の黒沼の娘が孫までも抱いていたッけという話などを聴いたりして、お前の話を聴いて娘に逢ったと二つない喜びだと言ってひどく喜んだ。そしていろいろと善平をもてなした。善平はすすめられるままにその夜は沼の底の館に泊った。翌朝起きると、すぐに見たこともない多くの御馳走が出た。そして朱塗りの盆に山ほどの黄金を盛ってくれた。それからまた舟で沼の岸辺まで送り届けてもらって、無事に陸へ上った。

善平はそれから大阪表へ引返すと、街中で故郷の参宮の人達と出会った。あれア村の善平ではないか。お前ナゾして来てヤと、皆が驚いて言った。善平は俺はお前達の後を追うてここまで来たが、お前たちは四国へ渡ったかと訊くと、アアそこからの帰りだと言うので、それでは俺もこれから四国へ渡ると言って、故郷の人達と別れて四国へ渡り金比羅詣りも無事にすまし、西国巡りも札場札場を変りなく踏んで（打って）首尾よく奥州に帰って来た。そしてその黄金や尽きぬ銭緡などで、忽ち長者となり、奥州東浜では一とあって二とはないと言われるほどの並ぶ者ない、吉里々々の善平長者と呼ばわれる身分身上とはなった。

この善平長者は、毎年秋田の黒沼へお礼参りに行くのが慣例であった。その時には餅米一斗を餅について、戸板に乗せて沼の上に浮べると、それがひとりでに、しらしらと水の上を走って沼の真中へ行って、餅は沈んで、戸板ばかりがもとの岸辺に戻って来るのであった。これは善平長者代々の吉例であった。ところが近代の主人が、それを否消《ひげ》して、その行事を怠ったために忽ちに貧乏になった。今では後世《あとせ》もなくなって、その邸跡には大きな礎石ばかりが残っている。

(黒沼という沼は、話者は秋田の国と話した。私の想像では田沢湖ではないかと思ったりした。外にかような沼のあるということをこの国では聞かぬからである。)

一一番　天人子

昔、六角牛山《ろっこうしさん》の麓の里に百姓惣助という男があった。その近所に七ツの池があり、その中に巫女石《みこいし》という石のある池があった。池には多くの雑魚《ざっこ》がいたので、ある日惣助が魚釣りに行くと、六角牛山の天人子《てんにんこ》が飛んで来て、巫女石に着物をぬいで懸けて置いて、水浴をしていた。

惣助はその着物があまりに美しくて珍しかったから、そっと盗んでハキゴ(腰籠)に入れて家へ持って帰った。

天人子は着物を盗まれたので天へ飛んで還ることができなかった。それで仕方なく朴ノ葉をとって体を蔽うて、着物を尋ねて里辺の方へ下がって来た。池の近くに一軒家があったからそこへ寄って、今池へ釣りに来た男の家はこの辺ではないかと訊くと、その家から爺様が出て来て、その男ならこれから少し行くと家が三軒あるが、その真中の家の者だと教えた。そこで天人子はその家へ行って、先刻お前は妾の着物を持っては来なかったか、あの着物がないと、私は天へ還ることができないからどうか返してくれと言うと、惣助は、いかにもあの池の巫女石に懸かってあった見たことのない着物は俺が持って来たが、あまりに美しく珍しい物だから、今、殿様に献《あ》げて来たばかりのところであると偽言《ぼが》を吹いた。天人子は大層歎いて、妾は裸体《はだか》のままでは天へも還られない。そう言ってしばらく泣いていたが、やがて惣助に向って、それでは妾に田を三人役《やく》（凡そ三反歩）ばかり貸してクナさい。その田に蓮華の花を植えて糸を取って機を織って、それで着物をこしらえねばなりませんからと言った。惣助も今では女の身の上が憐れになって、女の言う通りに三人役の田を貸し、なおその上に巫女石のある池のほとりに、笹小屋を建てて、そこに天人子を入れて置いた。

蓮華の花が田一面に咲いた。それから糸を採って、天人子は笹小屋の中で毎日毎日機を織っていた。女は機を織りながら、ただの人間ではないようなよい声で歌をうたっていた。そして小屋の内を覗いて見てくれてはならないと言うのだけれども、惣助が堪りかねて覗いて見れば、梭《おさ》の音は聴えるけれども、女の姿は見えなかった。それで、これは多分、六角牛山で天人子の織っている機の音が、こう聞えるのだろうと思っていた。後で惣助は天人子の着物をば真実に殿様へ献上した。

天人子は間もなく、マンダラという布を織り上げた。そして惣助に、これを殿様へ献げてクナさいと頼んだ。惣助は天人子から頼まれたから、そのマンダラを殿様に献げると、殿様はそれを見て、これは珍しい織物である。この布を織った女を見たい。また何か望みでもあるならば申出ろということであった。

惣助は帰って来て、その事を天人子に言うと、天人子は妾は別に何の望みもないが、ただ殿様の御殿に御奉公がしてみたいと言った。惣助はまた殿様の所へ行ってその事を申上げると、それでは早速連れて来てみろと言った。殿様は天人子を見ると、世にも類いないような美しい女であったから、喜んで御殿に置いた。

天人子はそんなに美しかったけれども、一向物も食わず物を言わず、また仕事もしなかった。そして始終ぶらぶらしていた。その年の夏になって、お城でも土用干しをした。その時惣助から献上した天人子の着物も出して干された。天人子は隙をみて、その着物を取って手早く体に着けて、六角牛山の方へ飛んで行った。

殿様はその後、歎いていたが、天人子のことだから仕方がないと思ってあきらめた。そして天人子の織ったマンダラをば、これは尊いものだからと言って、今の綾織村の光明寺に納めさせた。(その綾のマンダラという物があるので今の綾織という村の名前が起った。)

（この話は、岩手県上閉伊郡遠野郷の話。綾織村の光明寺には現にそのマンダラであると称する古巾《ふるきれ》が残っている。昭和三年三月二十八日、早池峯山神社社掌、宮本愛次郎氏談。）

一二番　兄弟淵

川井村腹帯《はらたい》の淵の辺りを、ある娘が通ると、淵から立派な美男が出て来て、これこれ娘この手紙を御行《おぎよう》の淵へ持って行っておくれ、淵の岸に立って手を三度打つと、中から人が出て来るからその人に渡せと言って頼まれた。娘はその手紙を持って行くと、向うから旅の六部が来て、お前の手に持っているものは何だと言うから、これこれの事で頼まれて来た手紙だと言った。すると六部はハテそれはいかにも不思議な話である。どれ俺にその手紙を一寸貸せと言って、開いて中を見ると、ただの白紙であった。六部曰く、これは水の物の手紙であるから水に浸してみれば分ると言って、水に浸すと、この娘は青瞖《あおけつ》だから取って食ってもよろしく候という文句が現われた。六部はそれを読んで、これは大変だ、よし俺が別に書き替えてやるからと言って、路傍の南瓜《かぼちゃ》の茎を採って、この女は青瞖なれども決して取り申間敷候。かえって金を多く与え可申候事と書いてくれた。

娘は六部に書き替えてもらった手紙を持って、御行の淵へ行き、岸に立って手を三度叩くと、中から一人の美男が現われた。そして娘が渡した手紙を見て厭な顔をしていたが、一寸待っておれと言って淵の中に入って行って、金を持って来て娘に渡した。娘はその金を持って逃げて帰った。

もとは腹帯の淵と御行の淵とは仲の良い兄弟で、腹帯の方から行く青瞽の者をば、御行へ手紙をつけて取らせ、御行の方から来る同じ者をば、腹帯へ手紙をつけてやって取って食わせていたが、その娘のいきさつの事から非常に仲が悪くなった。そうしてそれからはどっちでも知らせぬから、今日ではどんな青瞽の者が通っても大丈夫だということである。

（今の下閉伊郡川井村。この淵についてのいろいろな口碑は『遠野物語』その他にも出ている。その中最も有名なのは、釜石の板ヶ沢の女の人がこの淵へ嫁に行った話。また近年はこの淵近くの農家の娘が仮死して淵の主へ嫁に行った等の話である。盛岡から宮古へ行く県道のすぐ縁にある閉伊川の流中である。御行の淵も同じ川の中である。）

（青瞽《あおけつ》、瞽《けつ》部に青い斑点のある者は川の物〈主に河童〉に取られるという言い伝えがこの地方にある。紫瞽の上上瞽等というのである。）

（本話は大正九年八月十日、村の菊池永作氏の談。）

一三番　上下の河童

ある男が、夕方急いで川端の途を通ると、一人の男が雑魚《ざっこ》釣りをしていて、その男を呼び止めて、下の方の淵のほとりにも一人の雑魚釣りがいるはずだから、この手紙を届けてくれと言って、一封の手紙を男に託した。

男は何気なしに、一曲り曲った淵のほとりにいる雑魚つりの男にその手紙を渡すと、黙って開いて見ていたが、一寸待ってくれ、今淵に落しものをしたからと言って、ザンブリと淵の中へ飛び込んだ。しばらくすると出て来て、俺は本当はこの淵にいる河童だが、実は今川上の河童から、この男は紫尻でうまいアセだから捕って食えと言って来たけれども、お前が余り正直だから、捕って食うどころか、かえってこの宝物をやると言って、黄金包みをくれた。そしてこの事は誰にも言ってはならぬぞと言って、河童は再び淵の中に入って行った。

それからこの男は金持ち長者となった。

(田中喜多美氏の御報告分の三。摘要。大正十五年六月、田植の時、簗場留蔵より聴いたもの。この人、元御所村の生れだという。)

一四番　淵の主と山伏

西磐井郡戸河内村に琴ヶ滝というがあって、その近所にまた琵琶《びわ》ヶ滝というがある。昔この二つの滝の淵に男と女の主が棲んでいた。ある時滝のほとりを山伏が通ると、水際の大石に綺麗な女が腰をかけて憩《やす》んでいて、私をこの川上の滝の所まで連れて行ってくれと頼んだ。山伏は承知して女を連れてその滝壺の所まで往くと、女は私はここへ入りますが、この事を口外してくれてはならぬと言って静かに滝壺の中へ入って行った。こうしてこの主どもは互に往来して逢瀬を楽しんでいた。

ところがその山伏が次の村里へ行って、偶然にその事を人々に話してしまった。それからはこの二つの主は永久に逢うことができなくなった。それと同時にまたその山伏も石に化されて今でもそこに在る。山伏石というのがそれである。滝壺には今も主がいて、旧暦七月の何日かに、水のよく枯れた時などはその姿が見えることがあるという。

（大正九年七月一日付、千葉亜夫氏御報告分の一。）

一五番　黄金の牛

昔、遠野の小友《おとも》村に長者があった。その家に一人の下男がいたが、この男は俺は芋を掘ると言って年がら年中暇さえあれば鍬を持って近所の山に入り、あちらこちらと土を掘っていた。村の人達はあれアまたあの芋掘りア山さ行くじえと言って笑っていた。ところがその男はとうとうある年の大晦日の晩方、同村日石《ひいし》という所の谷合で、黄金《きん》のヒに掘り当てた。その黄金の一塊《ひとかたまり》を笹の葉に包んで持って来て、自分の破家《ぶっかれえ》の形ばかりの床の間に供えた。するとその光が破戸を透して戸外まで洩れて明るく輝いた。その人は今の遠野の新《に》張《ばり》という所の人であったが、それからは、小松殿と言われる程の長者となった。

小松殿は金掘りになって、多くの金掘りどもを頼んで毎日毎日そのヒを掘り伝って行った。一年掘っても二年掘っても思ったような金《きん》はなくて、世間からはまたもとの芋掘殿になったなアと言われて愚にされていた。けれども何と言われてもかまわないで掘って行くと、ちょうど全《まる》三年目のやはり大晦日の晩方に、ベココ（牛）の形をした親金《おやがね》に掘り当てた。小松殿は大喜びで、すぐに坑外に多勢の金掘りドを集めて大酒宴をしてその夜を明かした。明くれば元朝のめでたい日で、朝日の登るのと一緒に、改めて坑の入初めの祝いを挙げた。そして黄金の牛の額の片角に錦の手綱を結び着けて、歌を歌ってみんなに曳かせると、その角がポキリと折れてしまった。今度はその首に綱を結びつけて引張ると、親金の牛が二歩《あく》三歩《あく》動いたかと思った時ドガリと坑が墜ちて、鉱夫《かねほり》どもが七十五人死んでしまった。

その時炊事男にウソトキという男があった。正直者で、時刻を正しく朝飯夕飯などを呼ばるので、金掘りどもからはあれは融通のきかない男だ、ウソトキだと言われていた。家には盲の婆様《おふくろ》（老母）があって、自分の食物や鍋底のコビ（こげ飯）などをもらって持って行って母親を養っていた。それぐらいの孝行者だからいろいろな雑物などは石の上に並べて置いて鳥どもにやった。鉱夫どもからは常に愚者あつかいにされていた。

その日の親金曳きに、一人でも多い方がよいからというので、このウソトキも坑中に連れ込まれて綱に取りついていた。すると不意に坑口で、ウソトキ、ウソトキと呼ぶ声がした。あれア誰か俺を呼ばっていると思って、綱を放して坑口に駈出して外を見れば、誰もいなかった。これは俺の空耳だべと思って、また坑穴に入って綱を引張っていると、またこそ、けたたましく、ウソトキッと呼ぶ声がした。あれアまた呼ぶと思って出て見たが、やはり前の通りで誰もいなかった。どうもおかしいと思いながらまた坑中に入ってまた綱を引いていた。すると今度は以前よりも高く、ウソトキッと呼ぶ声がした。誰だッと思って綱を放して駈出して坑口から片足の踵の出るか出ぬ間に、ドチンと坑が墜ちた。こうして七十五人ある鉱夫の中にたった一人ウソトキばかり助かった。

(この墜坑口碑は私の『東奥異聞』にその一端を発表したように、奥州の鉱山地帯には至る所にある譚で、そうしてまた話の内容も少しずつ異っている。ここには数ある同話の中から昔話になっている遠野の小松長者の譚をより出してみた。)

(詳しくは私の『東奥異聞』の中の「黄金の牛」という短篇に書いておいたが、あの本を出した後また続々と同じ口碑を方々から聴かしてもらっている。)

一六番　瓢簞の話

瓢簞の始まり(その一)

ある所に、多勢のとても育てきれぬほどたくさん子供を持った親があった。後から後からと順々に生れるので、とうとう生計《くらし》が立たなくなり、悪いことだとは思いながら、遂に一番の末子《ばっち》を縊《くび》り殺して土中に埋めた。

翌春になると、そこから一本の見たことのない草が生え出した。それが成長して多くの不思議な実を結んだ。その実は、みな中程からくびれていた。その訳は縊り殺された児の体から生え出たものだからであった。

親はそれにフクベと名をつけて、街へ持って行って売って生計を立てた。それが千成瓢簞の始まりである。

（遠野町、佐々木縁子氏御報告分の一。大正九年秋の頃の分。）

瓢簞長者（その二）

ある所に貧乏な爺様があった。子供が三人あったが、その子供等を育てるのにさえ、ひどく困難した。それで山の洞合《ほらあい》にアラク（荒畦）を切開いて粟を蒔いたが、秋になって思いの外のよい収穫があった。それから年々アラクを切拡げて行った。それだけ収穫も増えて来て、いくらか生活《くらし》向きも楽になった。そのうちに子供等も大きくなった。

ある年の秋、夜になると山端《やまばた》のアラク畑に鹿や猪どもがついてならぬので、総領息子が鹿追《ししぼ》いに行って、鹿追《ししぼ》い小屋に泊っていて、

しらほウ

しらほウ
と呼んで、穀物の穂を切りに来る鹿どもを一生懸命に追っていた。するとどこかで、
ヤラ瓢箪《ふくべ》コひとつ
ちゃんぷく茶釜に毛が生えて
チャラリン
チャラリン
と返辞をした。兄はおっかなくなって、夜の明けるのを待ちかねて家へ逃げ帰った。（そしてそのことを話した。）
中面《なかづら》はそれを聞いて、兄々《あに》、そんな馬鹿気た話があるべかヤ。ほんだら今夜《こんにゃ》は俺が行ってみると言って、山畑の鹿追い小屋に行って泊っていた。そしていつものように、
しらほウ
しらほウ
と畠荒しの鹿どもを追うていると、ほんとうにどこかで、
ヤラ瓢箪コひとつ
ちゃんぷく茶釜に毛が生えて
チャラリン
チャラリン
と返辞をした。中兄《なかづい》も魂消《たまげ》て家へ逃げ帰った。

一番の末息子《すっぱらい》はその話を聞いて、兄共《あにど》アなんたらジクナシ（臆病）ドだでヤ。そんだら今夜は俺が行って、その化物《ばけもの》を捕《おさ》えて来るでアと言って、さきのアラク畑の鹿小屋へ行って泊っていた。そして今返辞するか、今返辞するかと思いながら、

しらほウ

しらほウ

と大きな声で呼ぶと、どこかでほんとうに、

ヤラ瓢箪コひとつ

ちゃんぷく茶釜に毛が生えて

チャラリン

チャラリン

と返辞した。弟は物は試しだ、化物の正体を見届けてやるべえと思って、しらほウ、しらほウと呼びながら、声のする方を尋ねて行くと、沢の水のドドメキコに、トペァコな（小さな）瓢箪《ふくべ》コが浮んだり沈んだり、ちゃんぷく、ちゃんぷくと踊コを踊っていた。息子はそれを見て、これはよい宝物だと思って、拾い上げて懐中《ふところ》に入れて家へ持って帰った。そして誰にも見せないで、

しらほウ

しらほウ

と呼ぶと、ふところの中で、

ヤラ瓢簞コひとつ
ちゃんぷく茶釜に毛が生えて
チャラリン
チャラリン

と、返辞をした。

隣りの長者どんがそれを聞いて、その歌うたい瓢簞コをひどく欲しがって、とうとう自分の身代みんなととりかえっこをした。そこでこの末息子は村一番の長者どんとなった。(鹿追い小屋、鹿《しし》小屋といっていた。私等の少年の頃までは方々の山畑にその茅葺きの小屋が残っていたものだが、今日ではほとんど無くなった。それは勿論、鹿、猪などが山にいなくなったからであるが、山村の風趣の点から、それが無くなったのも物淋しい気持がする。)

(昭和二年五月二十九日蒐集。上閉伊郡鱒沢村地方で行なわれている話。鈴木重男氏御報告分の一。)

瓢簞踊り(その三)

ある所に一人の息子があった。生れつきあまり利巧ではなかったが、心は至って正直であったから村の人達は何も邪魔にはしていなかった。

ある日息子が山へ行くと、谷川の淵の中で、浮んだり沈んだりして、踊を踊っている瓢簞があった。これは面白いもんだと思って、それを拾って持って帰って、町に出て見世物にした。ところが大層評判をとって、しこたま金儲けをした。そして村に帰って長者どんとなった。

（一六番その一話同断、その二話。）

本なり瓢簞（その四）

ある所に三人の兄弟があった。父親が死ぬ時、兄弟を一人一人枕もとに呼んで、瓢簞を一個《ひとつ》ずつ与えて、これこれや、お前達はこれを大事にして、俺の亡き後を継いでケロ（くれろ）やエ、と遺言した。そして間も無く命《め》を落《お》としてしまった。

父親が死んだ後で、兄弟三人が、三人同じような瓢簞をもらい、また同じようなことを遺言されたので各々《てんで》に、父親の後世《あとせ》を継ぐのは俺だと言い張った。そうしてとうとう村の檀那寺の和尚様の所へ行って、裁判《さばき》を附けてもらうことになった。

和尚様は兄弟の言うことを、とックくりと聴いた。そして、何それは訳もない、一番本《もと》ナリの瓢簞をもらった者が家督を継ぐのが当然《あたりまえ》さと言った。ほだらモトナリ瓢簞はナゾにすれば分りますべかと言えば、和尚様はそれは目方に掛けてみればすぐ分ると言った。

そこで兄弟三人の瓢簞を目方に掛けてみると、総領のが一番重かった。それでやはり総領が家督を継ぐことになった。

（一六番その一同断、その三話。）

粉南蕃売り（その五）

ある所に粉南蕃《こなんば》（唐辛子）売りを渡世にしている男があった。そしてどうかして一生のうちに一度、紀ノ国の熊野様へ参詣したいものだと思っていた。

それから三年三月というもの、瓢簞で藁を打って草鞋《わらじ》をつくり、それを履いて商売のコナンバンを売りながら旅へ出た。そうして首尾よく熊野詣りをして帰国した。それでもその草鞋は切れなかった。

（同上その四話。）

瓢簞の質物（その六）

ある所に一人の隠居婆様があった。小金を廻して質屋をはじめていた。ある日一人の博奕打が一個のただの瓢簞を持って来て、これは黄金《きん》の瓢簞《ふくべ》だから百両貸せと言って、とうとう婆様から百両借り出して行った。だがその男はその後一向質物を請けに来なかった。婆様もこれには困って、何とかよい工夫はないかと考えたあげく、近所の子供等を呼び集めてお菓子をくれくれ、こういう歌を教えて流行《はや》らせた。

質屋の婆様が
黄金《きん》の瓢簞《ふくべ》コ失くしたとサ
請人《うけと》が行ったらば

ナゾすべなア

それを聞いて博奕打は、これはよいことを聞いたと喜んだ。そして早速掛合いに出かけて行った。質屋の婆様はひどく当惑顔をして、いつにない酒肴などを出した。そして一寸待ってケてがんせやと言って奥に引込んで行ってなかなか出て来なかった。

博奕打はもうしめたと思って、大きな声を立てて、何して居れヤ婆様、俺ア急がしい体だ。質物を早く出してもらうべえ。ほれここに百両と利息を置くでアと怒鳴った。婆様は博奕打が出した金を見た時、はじめて奥から瓢簞を持って来て渡した。博奕打は舌打ちコをしながら仕方なく、その瓢簞を持って帰った。

宝瓢簞（その七）

ある時、博奕打が勝負にさんざんぱら負けて、夜明方に帰って来た。すると八幡様のようなお宮の大きな松の樹の上に天狗様が止っていた。見れば天狗様は宝瓢簞《たからふくべ》を持っていて、ゼアゼア博奕打、博奕打、今夜もまた負けて来たなアと言った。ああ誰かと思ったら天狗様か、俺ア負ける事ア嫌いだから、ただ貸して来ただけさと負惜しみを言った。すると天狗は何を思ったか、時に博奕打、ソチア何ア一番おっかないでアと言うので、博奕打は、俺の一番怖いのは小豆餅さ。ところでそういう天狗様は何が一番おっかないなと問うと、俺か、俺はまず鉄砲の音だなアと言った。

気まぐれな天狗様は一つ博奕打をからかってやるべと思って、松の樹のテン上から小豆

餅を、ボタボタと落してよこした。博奕打は、ああ怖い、ああ怖いと言いながら、小豆餅をたくさん食べた後で、

ズトン！

と鉄砲の真似をすると、天狗様はびっくりして飛んで行った。その時余りアワテたので、大事の宝瓢箪を落して行った。その瓢箪は何でも好きな物が出るので、博奕打は忽ち長者になった。ドットハライ。

（田中喜多美氏の御報告分の四。）

一七番　打出の小槌

ある所に婆様と倅《せがれ》とがおった。倅も齢頃になったので、近所の人の世話で隣村から嫁をもらった。嫁は来た当座は姑婆様にもよく仕えたが、だんだんと邪魔にし出した。そして折があれば何のかんのと倅に言いつけた。夫《あに》な夫《あに》な婆様は良くネます。ナジョにもはア汚くて分かねますと言った。婆様が寝ていて虱をとって噛みつぶしている音を聴き、あれあれ夫な、婆様はあるもない米を盗んで、ああして夜昼嚙み食っています。あんな婆様を家さ置いてはよくないから、奥山へ連れて行って棄てて来てがいと言った。倅も初めうちはそんなことア言うもんでないと言っていたが、あまり嫁が言うし、嫁の言う事をきかない

と面白くない事ばかりであるから、よしほんだら婆様を奥山へ連れて行って棄てて来ッから と言って、婆様を負《おぶ》って奥山へ行った。嫁はその時川戸口《かどぐち》まで出て、夫々《あにあに》山さ行ったら萱のトッツぺ小屋を作って、その中さ婆様を入れて、火をつけて置いて来てがいと言った。何でもかんでも妻《おかた》の言うことだら聞く夫は、ああえええからええからと言って奥山へ行った。そして妻の言う通りに萱を刈集めてトッツぺ小屋を造り、その中に婆様を入れてから、火をつけて逃げ帰った。

婆様は倅が逃げ帰った後で、死にたくないから小屋の中から這い出した。這い出はしたがどこにも行かれないから、その小屋の焼け残りの火にあたっていた。そのうちに夜になると、山奥でその火明りを見た鬼の子供等が五六疋、不思議に思って出て来て見た。すると一人の婆様が火を焚いてあたっていたから鬼の子供等もやっぱり近寄って火に手を翳《かざ》してあたった。そうして婆様の内胯を不思議そうに覗いて見て、婆様婆様そこは何だと言った。婆様はああこれか、これは鬼の子供等を食う口だぞと言うと、鬼の子等は魂消て騒ぎ立てた。それを見ると婆様はわざと、大跨をひろげて、さア餓鬼ども取って食うぞとおどかすと、子鬼どもはあやまって、婆様婆様許せ、その代りこの打出の小槌という宝物を上げるからと言った。婆様はその小槌をよこしたら、捕って食う事ばかりは許すと言った。子鬼どもは喜んで婆様に宝物をあずけて山奥へ帰って行った。

婆様は子鬼からもらった打出の小槌をもって、さあさあここさ千軒の町が出ろと言って、トンと地面を打叩くと、その通りぞろりと千軒の町屋が出た。婆様はその町屋の真中頃に行ってまた、ここさ大きな館《やかた》ア出ろと言って、トンと地面を叩くと、忽ちに大きな館が出た。それから婆様は人だの馬だの酒屋だら木綿屋だの、いろいろな店を打出して、喜んで俺は女殿様になると言って、そこの女殿様になった。

ある日、倅夫婦は元通りの貧乏なままで、痩馬に薪をつけて、木売ろ木売ろと呼んで、この町へ薪売りに来た。そしてその町一番の立派な館へ行って、女殿様を見ると、それは先だって自分等が捨てた家の婆様であった。嫁はあの婆《ばんご》だがアと腹を立てて家に帰った。そして夫に、俺も婆様のようにあんなに立派な人になりたい。俺もあんな女殿様になりたいと言って、夫をせがみ立てた。夫も仕方ないものだから、そんだら婆様のように俺さ負さってあべと言って、嫁を背負って婆様とは別な奥山へ連れて行った。そして婆様の時のように、あちらこちらから萱を刈集めて、萱のトッペゴヤをかけて、その中に嫁を入れて火をつけた。嫁は焼死んだ。

一八番　蜂聟

ある長者どんに、太郎と勘吉と三蔵という三人の下男があった。ある日勘吉は家にいて馬飼《うまあつか》いをして居、三蔵は旦那様と一緒に町へ行った。

太郎は草刈りに行けと言いつけられて野原へ行く途中で、村の子供等五六人が蜂の巣を見つけて石を投げつけたり小便をしッかけたりして大変蜂をイジメテいるのを見た。太郎は不憫に思って、懐中《ふところ》に貯えておいた小銭を出して、その蜂を買い取って、山に連れて行って放してやった。

それから三日ばかりたつと、旦那様が三人の下男を呼び寄せて、今日俺が屋根の上から大石を転がし落すから、それを下にいて地面に落さぬように受け止めた者をこの家の一人娘の聟にすると言った。それを聴いて二人の朋輩どもは、俺こそこの家の聟殿になれると言って大威張りでいたが、太郎は自信がないから、相変らず野原さ草刈りに行った。そして草をさくさくと刈っていると、どこかでこういう歌を唄う小さな声が聞えた。

太郎どの太郎どのヤ
屋根から落ちて来る大石は
石ではなくて渋紙だ
渋紙だア、ブンブンブン……

見るとそれはこの前に助けてやった蜂であった。これはよいこと教わったと思って勇んで家へ帰った。

夕方マヤマヤと暗くなった頃に、旦那様は屋根へ上って、軒下に三人の下男を立たせておいて、それア誰でも受け止めろッと言って一間四方ばかりの大石を棟の上からごろごろと転がし落して寄越した。二人の下男はヒンと叫んで遠くへ逃げ去ったが、太郎ばかりは大手を拡げて、やっとばかりにそれを受け止めた。やっぱり渋紙であった。そしてめでたく長者どんの花聟になった。

（昭和四年、角館小学校高女一、鈴木貞子氏の筆記摘要。武藤鉄城氏御報告分の一。）

一九番　蜂のおかげ

ある所の立派な家に、娘が三人あった。似合いのよい聟が見つからなかったので、聟探しの高札を門前に立てた。すると一人の男が、表の高札を見て来たが、俺が聟になりたいと申込んだ。その家の主人《あるじ》は、よく来てくれた、俺の所の聟になりたいならば、先ず家の裏屋敷の森の中の御堂をよく掃除してみてくれと言った。そこでその男は翌朝早く、大きな握飯を四つもらって、御堂掃除に出掛けたが、そのまま帰って来なかった。

その次の日、また別の男が、俺が聟になりたいと言って来たが、前の男と同じように、翌朝森の中の御堂掃除にやられて、そのまま帰って来なかった。

その次の日にまた違った男が、俺が聟になりたいと言って来た。そして前と同じように握飯を四つもらって、翌朝早く森の中の御堂掃除にやられた。男が御堂を掃除していると、向うから霧のような物がむくむくと立って来た。男はそれに一つの握飯を半分かいて投げてやって平気で掃除を続けていた。そうしているとまた霧が立って来たから、また半分の握飯を投げてやった。こうして霧が立つごとに握飯の半分ずつを投げてやって、ちょうど握飯がみんな無くなってしまった時に掃除が終った。自分は握飯を食べないで娘の家に帰って来た。

その家の主人は、ああよく御堂の掃除をしたなア。しかしそればかりでは俺の娘はお前にやられない。こんどはこの藁一本を千両に売って来いと言って、藁一本を男に渡した。男は打藁一本手に持って出かけた。そして水沢ノ町ならちょうど寺小路のような所を歩いていると、向うから朴の木の葉を括《くく》りもしないで、風でも吹けば吹ッ飛ばされそうにして持って来る人があった。そこで男は自分の持っている打藁を与えて、これで括るがよガすと教えた。するとその人は、そのお礼に朴ノ葉を二枚くれた。

男はもらったその朴ノ葉を持って、水沢ノ町なら大町の通りのような所へさしかかると、向うから味噌売りが、

三年味噌ア

三年味噌ア……

とふれながらやって来た。近づいて見ると味噌の入物には蓋もしていない。そこで男は持っていた朴ノ葉を二枚与えて、これをその味噌の上にかけて置くがよガすと教えた。すると味噌売りはそのお礼に三年味噌を玉にして二つくれた。

男はもらった味噌玉を二つ持って歩いて行くうちに日が暮れたから、ある町の立派な家に泊めてもらった。ところがその家の旦那様が病気で、三年味噌を食わなければどうしても癒らないと言っていた。そこで男は持っていた三年味噌をその旦那様にすすめると、そ

れを食べたおかげで、次の朝にはすっかり快《よ》くなった。旦那様は大層喜んで、貴方《あんた》のおかげですっかり永年の病気が全快した。何かお礼をしたいが何が御所望だと訊かれた。男は俺は何にもいりませんと言うと、そんだらこれでも是非取って置いてクナさいと言って、千両箱を一個男に与えた。こうして男は、打藁一本を千両の金にして、嫁の家に帰った。

娘の父親主人は、ああお前はよくも藁一本を千両の金にして帰った。なかなか偉えが、もう一つの事を仕出かさなくては、俺の娘をやられない。今度は家の後の唐竹林《とうちく》に唐竹が何本あるか、日暮れ際までに算えてみろ。それが当ったら今度こそは真実《ほんとう》に娘をやると言った。男は唐竹林の前へ行って立って見たが、あんまり数が多いのであっ気に取られてぼんやり立っていると、スガリ（蜂）が飛んで来て、

三万三千三百三十三本

ブンブンブン……

と唸った。それを聴いて男はすぐに戻って、あの唐竹の数は、三万三千三百三十三本御座りすと言った。その家では村中の人達を頼んで来て、一本一本算えさしてみたら、たしかに唐竹の数はそれだけあった。

まずまずこれで三度の難題を首尾よく解いたので、最後にそれでは、三人の娘のうち、どれがお前の嫁になるのだか、当てなくてはならぬと言われた。そこで男は娘三人を座敷に並べて縁側から眺めて見たが、三人が三人とも揃って同じような顔形なので、一向判断がつかなかった。男は当惑して、まず小便して来てからと言って、厠へ立って、考えてい

ると、以前のスガリが飛んで来て、

なかそだ、ブンブン

なかそだ、ブンブン

と唸った。男はそれを聴いて座敷へ戻って、中の娘がそうでありますと言った。果して真中に坐っている娘が嫁になる娘であったから、男はめでたく、その家の聟になった。

（水沢町辺の話。森口多里氏の御報告の分の一。）

二〇番　親譲りの皮袋

ある所に貧乏な婆様と息子があった。息子はある長者の家に下男奉公をしていた。そして母親を案ずるあまり、飯時には椀の飯を食うふりをして、半分はぼろぼろと懐ろへこぼし入れて、家へ持って還って母親《おふくろ》を養った。婆様は臨終《いまわ》の時、息子やえ息子やえ、おらはお前に大層手厚い世話になったども何一ツこれが親の記念《かたみ》だと言って、お前に残してやる品もない。ただこればかりはお前の生れた所でもあり、またおらが一生の間人にも見せないで大事にして来た物であるから取って置いてケロ（くれろ）と言って、薄毛ブカの生えた生臭い醜《めぐさ》い不思議な物を息子に与えた。婆様はそしてとうとうこの世を立ってしまった。息子は親孝行者だから、そんな汚らしい風の物でも、たった一ツの母親の記念だと思うから、ごく大事にしてしまって置いた。ただ、ちょっとやはッとに役に立ちそうもないもの故、陰干しにして柱の所サ釣るして置いた。ある時それを見て思いついて、熊の皮（のような）の巾着を作って、火打ち道具を入れて常《いつ》も腰に下げていた。

ある日息子は旦那様の牧山へ行った。すると牛どもが交尾《つる》んでいたが、それがどうしたことか一日も二日もツルミッきりで放れなかった。そのうちに牛どもは疲れて悶えて死にかかった。息子は如何《なぞ》にしたらよいかと、大変困ったが手のつけようもなかった。あきれ果てて煙草でも一プクやるべえと思って、いつもの皮巾着の口を指でひろげ開けると、それと一緒に今まで放れなかった牛どもが、ポツンと、二ツに引き放れて立ち上った。なるほどこれはよい物だと息子は初めて気がついた。

それから間もない時のことであった。長者どんの美しい一人娘に聟取りがあった。婚礼の夜も過ぎて翌朝になったが、どうしたのか花嫁花聟が揃って寝所から起きて来なかった。初めのうちは皆も眠過したこった、今に出て来るべえと思って遠慮しておったが、次の日の昼過ぎになっても出て来ないから、これはロクなことではあるまい。ざえざえ娘《あね》コ、兄《あえな》コと静かに呼んで寝室をのぞいて見ると、これはしたり二人は同じく真青になって、グッタリと抱き合ったまま倒れていた。それから、あれア大変だという大騒ぎになって、医者だア法者だアと揺げ廻って頼んでみたが少しも験がなかった。

その時息子は先日の牧山のことをひょッと思い出して、旦那様の所へ行って、もしもし俺が娘様兄様のところを放して見申すべアと言うと、旦那様も苦しいところだから、そんだらお前にできれば早く放してケロと言った。そこで息子は奥の娘様の寝室へ行って、片脇の方サ向いていて皮巾着の口を力ホダイに押し開けると、今まで放れないでいた二人の体がボツラと放れて別々になった。

長者どんの上下の歓び繁昌はたいしたものであった。聟どのはショウス（恥かし）がって、それッきり生れた家へ帰って、来なくなったので、旦那様は何もかにもお前のおかげだ、一人娘の生命拾いをしたと言って、改めて息子を長者どんの聟に直して、孫繁げた。

（村の大洞犬松爺の話の二。大正十年一月三日の採集分。）

二一番　黄金の鉈

ある所の大層正直な爺様が、淵の岸へ行って、がッきり、がッきりと木を伐っておった。そしたらどうした拍子か手の鉈《なた》を取ッ外して淵の中へ落してしまった。さあこれア事なことをした。たった一丁しかない大事な鉈コを失くしてしまっては明日から木を伐ることもできない。木を伐ることができないと、婆様をあつかう事もできなくなる。これはどうしても淵の中さ入って探さなければならないと思って、淵の中さ入るべえと思っていると、淵の中から美しい姉様が、手に黄金《きん》の鉈コを持って出はって来た。そして爺様爺様お前は今鉈コを落さないかと言った。はい今大事な鉈を落したので淵の中さ見つけに行くべえとしていたところでガンしたと爺様が言うと、それではこの鉈だべと、姉様はその黄金《きん》の鉈を爺様の目の前へ差し出した。爺様はそれを見て驚いて、いいえ、いいえ、そんな立派な鉈ア勿体のない。この爺々の鉈は鉄の錆びた古鉈でごぜいすと言うと、はアそうかと言って、姉様は淵の中に入って行き、さらに爺様の落した古鉈を持って出て、それでは爺様この鉈コかと言った。はいその鉈コでごぜいますと言うと、姉様は笑って、爺様は本当に正直な人だから、この黄金の鉈も上げッから持って帰れと言って、古鉈コと黄金の鉈コを一緒に爺様に持たした。爺様の家はそのおかげで長者となった。

隣家で、淵の神様から黄金の鉈コをもらって来て長者になったジことを聞いた上の家の婆様は、カラナキ（怠け者）で何時もごろごろしてばかりいる吾家《わあえ》の爺様をいずめこずめ、叱り小言してその淵の岸さ木伐りにやった。

その爺様は淵のほとりへ行って木を伐っていたが、いくら伐っても手から鉈コが取り外れないので故意《わざ》とそれを淵の中さ投げ込んでやった。そして速く神様が黄金の鉈コを持って来てくれればいいなアと思って、淵の水面を見詰めていると、淵の水に水輪ができ、すらりと美しい姉様が出て来た。そして手に持った黄金の鉈を差し伸べて、何か言うべえとしたのに、爺様は魂消《たまげ》もの見たように、ああそれそれッ、それが俺の鉈だッと言って、姉様の手からその鉈ア取んべえとすると、姉様はこれこの不正直爺々ッと言って、その鉈で頭を切り割った。爺様は血みどろになって、家さ泣きながら帰って、以前よりもずっと貧乏になった。

（下閉伊郡岩泉町辺の話。野崎君子氏談の一、昭和五年六月二十三日採集の分。）

二二番　黄金の壺

ある頃、小友村のある所に一人の爺様があった。横田（今の遠野）の町さ出て来る度ごとに、欠けた摺鉢を買って、頭にかぶって帰るのが常であった。人が爺様はそれを何にしますと訊くと、ああこれでがんすか、これは湯殿の屋根を葺くべと思ってと言った。

こうした爺様はある夜、天から雨のように黄金《かね》が降って来る夢を見た。その翌日坪木を植えべと庭を掘ったら一つの壺を掘り当てた。何だべと思って、蓋《ふた》を取って見ると、中には大判小判が一杯入って光り輝いていた。けれども爺様は、俺は昨夜天から降る宝の夢は見たが、これは土の中にある宝だ。そうすると俺に授かったものではないのだと言って、またもとのように壺に蓋をして土中に埋めて置いた。

これを見ていた隣の父《とと》は、あの爺様が独り言を語りながら何を掘っていると思って、爺様が立ち去った後で、窃《そっ》と垣根をくぐって行って、新しく土を返した所を掘ってみた。すると一個の壺に掘り当てた。これだ、あの爺様はこんな壺を匿していると思って、蓋を取って見ると、中には見るも毒々しい青大将がウニョウニョと入っていた。隣の父はあの爺々《じんご》、、、キレアとヨマ言《こと》をして、その壺を持って、爺様の家の屋根の上に登った。そして屋根を破って、その穴から壺の蛇を、それやッこれ見ろと言って投げ下してやった。爺様が何気なく夕飯を食べていると、天窓からピカピカ光り輝く大判小判がばらばらと降って来た。爺様は箸を置いて、ああこれだこれだ。これこそ昨夜見た夢の通りだ。これは天から降って来た宝だから、俺に授かったものだと言って喜んだ。そして長者になった。

（大正十年頃、遠野町佐々木縁子氏より御報告の五。）

（しかしこの話と同様なものは、同郡栗橋村にも、それが某家の先祖の爺様の行なった事だと言い伝えていると、同村の馬喰某の話であった。）

二三番　樵夫の殿様

ある所に樵夫《ききり》の父《とと》があった。春の天気のいい日に、山へ木伐りに行って、日向ぼッこをしながら斧を磨いでいた。そうして磨ぎ上げて、さあこれから木でも伐ンべえと思って、洞《ほら》へ行って、木を伐りながら傍らを見ると、巨木の蔭に見慣れぬ穴があった。父はハテ不思議だと思って、その穴へ入ってみると中は案外楽々と歩けた。どこまでもどこまでも行ってみると、余程来たなと思う頃、ひょッと明るい所へ出た。そこは大変広い野原であった。父はその野原をまたどこまでもどこまでも行くと、ある村里へ出た。父は不思議な国もあるものだと思って、四方を眺めながら行くと、その村里の中程頃に立派な門構えの館があって、その家に出入りする多勢の人達が、みんな声を立てて、おウいおウいと泣いているのであった。

父は、しばらく立ってその様子を見ていたが、それでも何が何だかわけが分らないから、そこへ来た婆様に訳を訊いてみた。すると婆様は、お前はどこから来た何処の人だか知らないが、今夜この館の一人娘が、この国の生神様《いきがみ》に、人身御供に取られるので、村の人達は皆こうして泣いているのだと言った。父はそれを聴いてそれはモジョヤ（可愛想）な話だ。そんだらその娘を俺が助けてやりたい。俺はこの上の日本から来た者だと言った。するとその婆様はこれこれと叫んで館へ行って、日本からこういう人が来たと言うと、皆はひどく喜んで、どれどれと言ってぞろぞろと出迎えに出た。そしてまずまずこちらへ上れと言われ、立派な座敷に通されて、大層御馳走になった。

その夜、父はその娘の身代りになって、白木の棺箱に入って、里はずれの山の麓の御堂まで、村の人達に持ち搬ばれて行った。村の人達は父の入った棺箱を御堂の縁の上に置くと、吾勝ちにと逃げ帰った。父はその後で、今に何か出て来るかと思って、じっとして待っていた。すると真夜半頃になった刻限ソヨソヨと腥風《なまぐさかぜ》が吹いて来ると、何物だかワリワリと林を打ち鳴らして来た者があった。父はそれゃ来たなと思っていると、やがて御堂の縁側をみしりみしりと踏んで、段々と棺箱の方に近寄る物がある。よく見ると、総身に蓑を着たような、六尺豊もある猿の経立《ふったち》であった。それがいよいよ近寄って来て棺箱の蓋を掻き開けたから、父は己《おのれ》ッと叫んで、持っていた斧で、経立《ふったち》の眉間をグチャリと真二つに斬り割った。

村の人達は、あの人ア今頃ア、生神様に食い殺されて、髪の毛筋も残ってはいまいと言い合って、翌朝未明に麓の御堂へ行って見ると、父は斧を持ってあちらこちらを歩き廻っていた。そして怪物はしっかり退治したから安心し申さいと言った。見ると、見たことも聞いたこともないような怖《おつかな》い怪物が頭を真二つに斬り割られて死んでいた。これだこれだ毎年この国の娘を取って食った物ア、去年は俺の娘を取って食った、一昨年は俺の妹を取って食ったと口々に罵って、各々に、斧や鍬でその怪物をさんざんに斬ったり撲ったりした。そのあげくにあちらこちらから薪木を持集めて来てその屍を燃してしまった。

それから村の人達は、お前様こそ真実《ほんとう》の生神様だ。この国の助神様だと言って、手車をして父を館まで連れて還った。そして一同で願って、その館の一人娘の聟殿になってもらって、七日七夜の祝いの酒盛をした。

（祖父の好く話した話。古い記憶。）

二四番　窟の女

ある所に貧乏な男があった。多勢の子供等もあるものだから、食うようも飲むようもできぬような身代《しんだい》であった。ある年の暮に、何か、歳取《としとり》仕度でもするべえと思って、家を出かけたが、ふところには銭《ぜに》一文もなかった。これこれこの歳の瀬にどこかのアワテ者があって、金でも落している者はないかなアと思って、鵜の目鷹の目で道を見て行ったが、何も落ちていない。あきれ果てて押太息《おったためき》吐きながら行くと、道の辻にこういう立札が立っていた。

金欲しい者は
この道を真直《まっす》ぐに来う
銭は望み通り……

その男は眼明《まなくあ》きだったから、それを読んで魂消て、何たら事もあればあるものだ。これこれと思ってその道を真直ぐに、大急ぎで行くと、大きな岩窟《いわや》があって、その入口に、ここだ、と書いてあった。

男がその穴に入って行くと、中は暗くて何も見えぬから、ただ足探りにソロリソロリと歩いて行った。ずっと岩窟の奥の方にポッカリと明るい灯《ひ》の光りコが見える。それを目当に行ったらそこに赤い障子コが立っていた。男はそこに立って、申し申しと言うと、内から柳の葉のような手で障子をあけてハイと言って出て来たのは、目がさめるような美しい女であった。そこで男は、俺は辻の立札の表によって尋ねて来た者だが、金をケるジ所はここだべかと訊くと、ハイここだから内へ上れと言って、その女は男の手を執って内へ引き入れた。そしてうまい酒肴をうんと取り出して、男に御馳走をした。男はその女の愛嬌にほだされて、そこで三日ばかりただ遊んでいた。

三日目の夜明けに、面白くて今まですっかり忘れていた家の妻子のことを、ふと思い出して、ハテハテ俺はこうしてこんな所に面白おかしく暮しているが、歳取仕度に出はったまま帰らない俺のことを家の嬶や子供《がき》どもは、どんなに心配して待っているべやい。これは俺ばかりこんな事をし遊んでいてはならぬと思って、女に、俺はちょっと家さ帰って見て来るからと言うと、女はひどく悲しんで、一度ここを出たら二度と来られないから、いつまでも私と一緒にこうして楽しく暮らしていてクナさいと言った。それでも何でも家へ帰りたくなって、とにかくちょっと帰って来るから、ほんのちょっと様子を見て来るからと言うと、女はさも恨めしそうに、そんなら仕方がないから、立札の表の通りに、金をやります。そこからお前の欲しいだけ、いくらでも持って行きなされと言った。そう言われて岩窟の隅《すま》コを見るとほんに山吹の花色した黄金が山のように積まれてある。男はその金を笊《ざる》で計って持てるだけ風呂敷に包んで持って、女に別れてその岩窟を出た。そして心覚えのある道をたどって、吾が家のある村へ帰って来た。

村へ帰って見ると、すっかり様子が変り果て、どこが吾家のある所であったか、見当もつかないほどであった。あきれはてててここらが吾家のあった辺だと思う所を探すと、そこに一軒の貧乏な家があった。その家に立ち寄って、こういう者の家はどこだか知らないますかと訊くと、そこの婆様は、つくづくと男の顔を見ながら、そういわれれば俺ア曾祖母《ひいばあ》様《さま》から、ここにそんな名前の人があって、ある年の暮にどこさか行ってしまって、行末不明になったという話を聞いたような気持ちがします。それではお前はその人であったかと言って、大変怪訝《けげん》な顔をした。

男もさっぱり、何が何だか様子が分らぬので、ほだらばその人の家の墓場はどこだますと訊くと、その婆様はおれが教《おせ》るから、此方さおでアレ（来）と言われて、村端れの山端へ行って見ると、いかにも雑草がぼうぼうと生えた古墓があった。これがそうだと言われて、男はなんたらこと、それでは吾が妻子がここの土の下に眠っているのかと、泣きながら、背丈《せだけ》も伸びた草を一本一本むしって行くと、なかなか根著いて抜け難い。それでも一生懸命にむしって行くと、中に何だか棒杭のような物が立っている。それを抜いたら妻子の者の髪毛のハジか、骨の折れ欠けでも出て来て見られるかと思うて、うんうんと唸りながら、一生懸命に取著《とっ》いて引き抜くべえとすると、その棒杭のウラ端（先き）から、ジョワショヨワと水が迸《ほとばし》り出る。アレアはッケ（冷）と思うと目が醒《さ》めた。これは怠者の長い夢であった。

（昭和三年四月五日の夜、村の小沼秀君の話の三。）

二五番　三人の大力男

ある所に、十五歳になるまでも嬰児籠《えじこ》に入ったままで口もきけない男の子があった。親達はこれは大変な子供を生んだものだと心配して暮していると、十五年目のある日、この子は突然に大きな声を出して父親ッ《とと》百貫目の鉄の棒を一本買ってケろッと怒鳴った。

父親はびっくらして、あれァこの子が口をきいた。お前は真実《ほんとう》に口がきけるようになったのかヤと言うと、ウンこの通りに口は立派にきける。俺に目方《めがた》百貫目の鉄の棒を買ってケろッと言った。父親はあきれて、まだお前は脚腰も立たないくせに、百貫目の鉄の棒もないもんだと言うと、俺は脚腰が立たないから、その鉄の棒を突張って立ってみたいんだと言うので、父親もその気になった。なにしろ十五年間も口のきけなかった子供が、急に口がきけてその上にこんな小理屈まで言うのだから、これはただの子供ではあるまいと思って、そんだら買ってやると言って、町の鍛冶殿の所へ行って、百貫目の鉄の棒を注文して来た。やがてしばらくたつと鍛冶殿から注文の鉄の棒が出来上ったと言う知らせがあったから、父親は村人を百人程頼んで鍛冶殿へ行って、その大きな鉄の棒を、えんさら、やんさらのほうい、ほういと木遣りを懸けながら担いで来た。そうして嬰児子《えじこ》に持たせた。

嬰児子は大層嬉しがって、その鉄の棒を杖について、ウウンと唸りながら両脚を踏ン張り締めて立上り、やアと丈伸《せいの》びをするとムクムクと丈が伸びて、六尺肥満の大男となった。両親は言うまでもないこと、親類やそこに集まっていた村人等は驚き、まず喜んで、皆酒肴を持って来たり餅をついたりして立ッタリ祝いを挙げ、今まで名前もなかった嬰児子に力《ちから》太郎という名をつけて、大変盛んなお祝をした。

力太郎はまた、それでは皆様に俺の力量《ちから》をお目にかけると言って、その祝の場で百貫目の鉄の棒を水車のようにクルクルクルと片手で振り廻して見せたので、一同は眼《まなぐ》を抜《ぬ》けらかしてたまげ、これはただの人ではあるまい、神童《かみわらし》であるに相違ないと評判し合った。

力太郎は田舎で生れたけれども、人優《ひとまさ》りの珍しい力持ちであるから、一ツ広い世界に出て力試しをし、人助けをしたいものだと思って、両親に三年の暇乞《いとまご》いをした。両親もそれでは世の中へ出て修業をして来いと言って、五斗飯を炊いて、大きな握飯を握って大袋に入れて持たせた。力太郎はその握飯を食い食い、百貫目の鉄の棒をドチン、ドチンと杖について地響きさせながら我が里を後にして何処ともなく旅に出た。

松並木の大道を、行くが行くが行ったところが、向うから三間四方ぐらいの大石をごろごろ転がして来た者があった。さて天下の大道をあんな大石を転ばして歩くなんて太え野郎だと思って行くうちに、その大石が力太郎のすぐ前へ転げて来た。そこでこれ悪戯《いたずら》をするなッと大声をかけて、鉄の棒でガチンと止め、同時に片足を上げて大石を蹴飛ばすと、その大石は五六間向うの田の中に落ちた。すると石を転がして来た大男が甚《ひど》く憤慨して力太郎に喰ってかかった。力太郎は野郎相手になる気か、そんだらば名乗れッと言うと、その男は俺こそは日本一の大力持ち石子太郎という者だッ、そういうお前は何者で、俺の石を蹴飛ばしたかと言った。聞きたからば聞かせべえ、俺こそは日本一の力太郎という者だ。勝負しろッと言うと、石子太郎も承知之助だと呼んで、二人は取ッ組み合ったが、石子太郎は力太郎のために百間ばかりブン投げられて泥田の中にハマリ込んだ。力太郎が、あははッと大きに笑うと、石子太郎は泥まみれになって田から這い上って来て、力太郎の前に両手をつき、降参したから家来にしてケろと言った。力太郎は石子太郎をその場で家来にして引き連れて、またその道をば南へ南へと二人連れで歩いて行った。

二人は旅を続けて南へ南へと行くが行くが行ったところが、ある日向うから四間四面の赤い御堂を頭に乗せてウンウン唸って来る者があった。またもって日本一を名乗る畜生めが来たかと、力太郎主従は笑い話しをしながら行くと、御堂につかえて人の通ることもできないありさまだから、力太郎が鉄の棒で御堂をドンと突きのめすと、御堂はグヮラグヮラと大きな音して大男の頭から壊れ落ちた。するとその男はとても憤慨して、何奴であって俺の頭の上の御堂をこのように打ち壊したか、この日本一の力持ち御堂太郎の名前をばまだ聞いたことがないかッ、その分にはしておかぬぞッと怒鳴って喰ってかかって来た。力太郎は少しも騒がずセセラ笑って、お前が日本一の力持ちなら、ここにはその上の三国一の力持ち様が二人御座る。これが俺の子分の石子太郎という日本一の力持ちだから勝負してみろと言うと、心得たと言って御堂太郎と石子太郎とが、取ッ組み合ったが仲々勝負がつかない。そこで石子は止めろ、今度は俺が相手になってやると言って、御堂太郎の首筋を引ッ摑みブンと一振り振って百間ばかり向うへ投げつけた。すると御堂太郎は泥田の中にハマッて見えなくなった。そこで力太郎主従が大笑いをしていると、御堂太郎は泥まみれになって田から這い上って来て、二人の前に両手をつき、今までどんな力持ちに出会っても、勝負に負けたことがなかったが今度ばかりは降参した。どうか俺を家来にしてケろと言うので、力太郎はそんだら俺の子分となって一緒に行こうと言って、主従三人がそれからまた南へ南へと旅を続けて行った。

旅を続けて行くと、ある夜千軒の町へ入って行った。不思議なことにはその町ではヒンともシンとも人間や畜生の姿や音がなかった。三人はこれには何か訳がある事だろうと語り合って、町中隈《くま》なく廻り歩いて見ると、ある横丁に一人の美しい娘が軒下にうずくまっていてしくしくと泣いていた。どうして泣いているか問うて見ると、娘はこの町に二三か月前から化物が出て来て人間を取って喰います。それで夜になるとこの通り灯を消して皆家の中さ入って、息の音を潜めています。それなのに今夜は私が喰われる番に当って、こうして私はここで泣いていますと言った。三人はそれを聴いて、よしよし俺達がその化物を退治してやッから泣くのは止めて、これからすぐに俺達をお前の家さ案内しろ、決して心配することはないと言うと、娘は喜んで三人を自分の家へ連れて行った。

夜半頃になると、三人が待ち構えているとも知らず、化物は娘を奪《と》りに、大きな声を出してオウオウ唸りながら娘の家の戸を開けて入ってきた。それッというので第一番に子分の御堂太郎が出て化物と格闘したが、危いので次いで石子太郎が出てかかった。これも危いので、親分の力太郎が出て奮闘の結果遂に化物を退治した。

娘は申すまでもなく家族や町の人達は、この町の生命《いのち》の恩人だといって、三人に取りすがってよそへ旅立つことを泣いて止めた。仕方なく力太郎は救った娘と夫婦になり、石子太郎、御堂太郎にもそれぞれの女房を持たせて、分家として三人諸共に永くその町に住むことにした。そして力太郎はその町の殿様になった。

（江刺郡米里村の話、佐々木伊蔵という五十四歳の人の談話の筆記の一、昭和五年六月二十七日。)

二六番　夢見息子

ある所に母子があった。その子は一人息子だからおおよその我儘は通させていた。ある時息子が母親に言うには、母々《あっぱ》、俺に刀一丁買ってケろ。垣内《かくち》の梨の木さ毎夜、どこからか天狗が飛んで来てブウブウ唸っていッから、俺は彼《あれ》を斬《きん》なぐッてしまう。なアなア母《あっぱ》俺に刀一丁買ってケろとせがんだ。母親は早速町へ往って、古道具屋から古段平《ふるだんびら》を一本買って来て息子にあずけた。息子はひどく喜んで、その刀を持って、毎夜裏の梨の木に登って、刀を抜いて天狗の来るのを今かと待っていた。するとある夜半だと思う刻限に、天狗がばふばふと飛んで来て梨の木に止った。ここだと思って息子はやッと刀で切り掛けた。ところが天狗は物も言わず息子の鬢毛《びんけこ》を引下《ひっさ》げて、どことなく、ふわりふわりと飛んでいった。

息子はそうして天狗に下げられて、天を飛んで、連れられて往きながら、これやことだ、俺はどうなるべと思って魂消ていた。天狗は黙って、山越え野越え行くが行くが行って、とうとう海の上さ飛んで行った。その時天狗は息子の鬢毛から手をそろッと放した。息子は海の真中に堕ちて、ブクブクと泡沫《あぶく》を立てて浪の中に入り、それから海の底へだんだんと沈んで行った。そして海の底に往き着いたと思うと、ドタンと何でも高い所からでも落ちたような工合にある所に出抜けた。はッと思って目を開いてみると、そこは目が覚めるような明るい広い広い野原であった。

息子は途方に暮れて、暫時《しばらく》そこにそのまま突立っていた。ああここはどこだべヤ、この俺はナゾになるべと思って泣きたくなったが、でもいつまでもそうしてもおられぬから、とぼりとぼりとその野原を歩いて行った。するとちょうどいいアンバイに小流コ《こながれ》があった。その小川の流れる通り、どこまでもどこまでも行くとあるひとつの村里へ辿り着いた。この家は見たことのない造り格構であった。そんな家が多く建並んだ所まで来ると、ある大きな屋構えの家があって、その家には見たことのない着物を着た大勢の人達が出たり入ったりしていた。そしてその人達は男も女もみんな声を立てて、おウいおウいと泣いていた。息子は不思議に思って、門前に立寄ってそれを見ていた。するとますます出入りの人達は多くなり泣声も高くなった。あれヤ何したべと思っていると、ちょうどそこへその家から一人の婆様が泣きながら出て来た。婆様婆様お前達は何してそう泣いているのシと訊くと、婆様は初めて息子の姿を見つけて、魂消て、お前さんはどこから来た人だと言った。息子は俺は日本から来た者だが、何してお前達はそう泣いています。訳を聴かせてがいと言うと、婆様はこれには訳がある。その訳はこうこうだと委しく話して聴かせた。その訳というのは、ここは竜宮という国であるが、この家はこの国の殿様殿の館で、その殿様に一人の美しい娘がある、ところがその娘は今夜という今夜、この国の鎮守の生神様のために人身御供に取られるので、それで、みんながこう泣き悲しんでいますと言って聴かせた。

それを聴いて息子はまだ自分の手に握っている大刀《だんびら》に気がついた。一つこれでその生神を退治してみべかと思った。そこで婆様に、俺は実はこの上の天の日本という所から、今ここに来たばかりの者だが、話を聴くとその娘が可愛想《むぞ》くてならない。俺はその娘の身替りとなって生神のところに食われに行ってもよいが、そのことをこの家の館の人達に言ってくれぬかと言うと、その婆様はその話を半分も聞かないうちに大声を上げて門内に、これこれの事だと叫びながら引返して行った。すると館から大勢の人達が歓んで、息子を迎えにぞろぞろと出て来た。息子は救いの神様だと言って館に連れ込まれた。

それから息子はひどく御馳走になってから、いよいよその夜娘の身代りになることになった。先ず白木の棺箱に入れられて、山の麓の鎮守の社の長殿《ながどこ》へ、村人に担がれて行った。そして村人は、生神様に申上げます、人身御供を持って来ましたと言って、テンギ（拍子木）をタンタンタンと三度叩いてから、恐しがってみな吾先と逃げ還った。息子ばかりが暗いシンとした長殿にひとり置き残された。

息子は化物の来るのを今か今かと、大刀《だんびら》の柄を堅く握り締めて、その刻限を待っていた。すると夜半過ぎになって、だんだん丑満つ時頃になると、颯々と気味の悪い腥《なまぐさ》い風が吹いて来た。そう思うと何だか社殿の方から、びしりびしりと足音をさせて上って来た物があった。いよいよ来たな何態《なぞ》な化物だと思って、かねて付けてもらっておいた箱の小穴からそろッとのぞいて見ると、牛《べこ》のような大きな体で総体蓑《けら》を着たように針毛の生えた、挽鉢《ひきばち》くらいもある赫顔《あかづら》の猿の経立《ふったち》であった。それがみしりみしりと箱の側へ歩み寄って来て、娘アいたがアと言って、蓋に手をかけるとガラリと開けた。そこで息子は、汝《うが》何をするッと言って、跳び上って化物の気無しなところをザッキリと眉間に斬りつけた。猿の経立《ふったち》はこんな乱暴なことは今までないことだったので、しばらくあっ気にとられて突立っていたが、それが娘でないことが解ると、やにわにひどく怒って、ぎりぎりと歯ぎしりをし歯をむき出して、両手を押ッ拡げて、ううと唸って、息子に喰ってかかって来た。けれども、息子は無闇矢鱈に刀を振り廻して斬りまくり、秘伝秘術を尽して防ぎ、切って切ってとうとう化物を退治した。なおもその後刻、青面と黒面の同類の化物が二度までも出たけれども、息子はどれをも退治した。種牛のような化物どもが、枕を並べて三疋そこに斬り倒されて血みどろになって、呼吸が絶えた。そのうちに夜が白々と明けた。

　村の人達は夜が明けたので昨夜の息子はナゾになったことかと思って、ぞろぞろと社殿へ行って見た。すると息子は怪物等の返り血を浴びて真赤になっていた。そして板ノ間にはまた三疋の化物らが見事に斬り倒されて死んでいた。村人は驚いて逃げ帰ろうとした。息子はそれを呼び止めて、何にも心配はない。この化物は皆俺が斬殺して死んでいるから、お前達さはかからない。これでこの国の禍の根も絶えたから安心しろと言った。村人はそれを聞いてやっと安心して、お前様のおかげでこの国の永年の禍もほんとに根が絶えたます。それにしても今までこんな獣を生神様だとばかり思って娘を奪られたがやい、姉を奪られたがやい、妹を奪られたがやい、ナゾにしてもあきたれがないやいと言って大勢の人が、鉈や鎌で化物の顔といわず体といわずじたじたに斬った。そして息子のことをお前様は人間でない、これこそ本当の生神様だと言って拝んだ。息子は俺はそんな者ではない、ただの人間だ、だがこの獣をこのままにして置く訳には行かぬから、社の後に埋めろと言いつけて、村人にそうさせた。そしてさあ帰るべと言うと、村人はお前様をこのままで歩かせては勿体ないと言って、昨夜の箱を横にしてその上に息子を載せて、まるで神様のようにして殿様の館へ連れ還った。

殿様親娘《おやこ》の喜びはいくら言っても言っても尽き申さない。何しろこの国の第一の恩人様だと言われてすぐさま殿様の娘の婿殿となった。やがてその国の若殿様になった。そして栄華な月日を送っていた。

息子はそんなに栄耀栄華な日を送るにつけても、思い出すのは日本に残して置いた母親のことであった。どうかして一目でもよいから、この俺の立身出世を故郷の母に一目見せたい。一日でもよいから母親とここで一緒に暮したいと思った。そのことを話すと、舅殿の殿様は御尤も御尤もと言って、そんだらお前の母親を迎えに、日本に行って来たほうがよいと言った。

そこで息子はいよいよ竜宮のお姫様と一緒に赤い駕籠に乗って、母親を迎えに日本に行くことになった。駕籠の前後には多数の鎧兜の家来どもがついてお伴をした。春の日だったとみえて、竜宮から日本へ来る並木街道の両側には桜の花がぞろりと咲いていた。どこまでもどこまでも道の両側には大勢の見物人が出ていた。息子はいい気になって、お姫様と話をしていると、いきなり駕籠の中へ手を入れて、息子の頭をピシャンピシャンと撲り叩く者があった。息子は魂消て、誰《だん》だ、竜宮の若殿様の頭を叩《はた》く者《もん》は誰《だん》だと真赤になって力むと、この餓鬼《がき》が何を寝言をぬかして居れヤ、早く起きて飯でも食《くら》ヘジャ、お汁も何もみんな冷くなるでアと怒鳴る声を、よく聞くと母親の声であった。母親は布団をはいで息子の頭を叩いていた。この話は夢であった。

二七番　鬼婆と小僧

ある山里の寺に和尚様と小僧とがいた。小僧が山に花コを取りにやってクナさいと言うので、和尚様は山には行かない方がよい、鬼が出て来ると大変だからと言うと、小僧はソンマ（直ぐ）帰って来るからやってクナさい、やってクナさいとせがんだ。そんだらこの守札を三枚やッから、どうしても仕方がない時があったら、これを一枚ずつ投げろと言って与えた。

小僧が山へ行って美しい花コを折っていると、そこへバンバ（婆々）が出て来て、小僧小僧花ア折ってけらアなアと言うので、うんと言って花を折ってもらっていた。そうしたらバンバが小僧小僧いい物ケッから俺家《おらえ》さ行くベアと言うから、うんと言って小僧はバンバに連れられてその家に行くと、バンバは小僧小僧今夜は泊れと言った。うんと言って小僧はそこに泊ることにした。

その夜は雨が降っていた。寝ながら雨垂れの滴《た》る音を聴くともなしに聴いていると、

タンタンたるぎの水はずみ

起きてバンバの面ア見ろ――

と音がした。そこで小僧は夜着の袖口からバンバの方をそっと見ると、バンバが鬼になっていた。小僧はこれは大変だ。どうかして逃げたいと思って、婆様ア俺アバンバ（糞）出るウと言うと、バンバは、ええからここさたれろと言った。小僧はそだて俺アセッツンでなえばたれられなえもと言うと、バンバは小僧の腰に縄をつけてやり、その端を挽臼に結び着けておいて、小僧、えかアと言うから、小僧はまだまだと返辞をした。また少したつと、えか小僧ウと言い言いした。小僧は腰の縄を解いて柱に結んで、その結び目に和尚様からもらって来た守札を一枚さして、小僧と言ったら、まだまだと言えと言い置いて、小僧はどんどん逃げてしまった。

その後でバンバがまだか小僧と言うと、まだまだと守札が言うが、あんまり小僧が遅いので挽臼を踏ン張って見たら、小僧がいなかった。バンバは怒って、小僧のがすもんかと叫んで追って行った。ノンノン（足音）と追っかけて行くと、小僧はかッつかれそうになったので、ここに大きな川が出《で》ハレと言って守札を一枚投げた。するとそこに大きな川が出ハッた。そうしたらまた鬼婆は、その川をくぐって追《ぼ》っかけて来るので、小僧はこんどは、ここに大きな山が出ハレと言って、守札を一ツ背後《うしろ》に投げるとそこにまた大きな山が出ハッた。その山を鬼婆が登り越えて追ッかけようとしたら、上ろうとすればするほど砂

が崩《くず》れて、幾度も幾度も滑っているうちに小僧はお寺へ駈けつけて、和尚様和尚様、俺は鬼婆ンバに追っかけられて来たから早く隠してと言った。和尚様は小僧を戸棚の中に入れて隠した。そこへ鬼バンバが飛び込んで来た。そして和尚ッここへ小僧が帰って来なかったかッと言うので、帰って来ないと言うと、この和尚坊主めッ、ボガ（偽言）吹くな、小僧隠さば和尚から取って喰うぞッと言った。

和尚様はこれは面白いッ、俺を喰えたら食ってみろ。それにャ技倆《きりよう》較べをして負けた方が喰われッこにすべえ。おい鬼バンバお前は豆粒になれんか、なれめえ、なれなかったら取って食うぞッと言うと、この糞タレ坊主がアなれねもんか、これッ見ろッと言って、コロリと小さな豆粒になった。そこで和尚様は焼いていた餅につけて鬼バンバ豆をぱッくりと食ってしまった。

（秋田県角館小学校高等科、柴静子氏の筆記摘要。武藤鉄城氏御報告の一。）

二八番　姉のはからい

ある所に姉《あね》コと弟とがあった。秋の日に山へ栗拾いに行った。姉弟は栗の実に気をとられて、別れ別れになっているうちに、姉は何者かに攫われてしまった。弟はそれと悟って、姉《あね》コやい姉コやい、と呼びながら尋ねて行った。すると柴や木の枝に、姉がかぶっていた手拭《てのごえ》だの、姉の着物の引裂《ひっちゃ》けた巾《きれ》等が引懸っていた。これは必度《きっと》この辺にいるのだと思って、なおなお奥へ分け行って見ると、山奥に大きな構えの館が一軒あった。そして表の黒門の柱に、姉の着物の片袖がちぎれて引掛っていた。これだこれだ姉はテッきりこの館の中に攫われて来ていると思って、入って行くべと思うと、門の傍に黒鬼が番をしていて、どうしても入れなかった。はてナジョにしたらよかべなアと思ってこちらの樹の蔭に匿れて見ていると、その黒鬼は門口を塞ぐように横になった。そうしてぐうぐうと大鼾をかき始めた。弟はこの時だと思って、鬼の体を跨ぎ越えると、誤って鬼の片足を踏みつけてしまった。すると鬼は寝返り打って、ケツナ二十日鼠だ、うるさくて眠られないとつぶやいた。弟は体を潜めて土を這って内へ入って行った。運良く黒鬼に見つけられなかった。

弟は首尾よく一の門をば入って行ったが、また少し行くと、こんどは青い門があって、そこには青鬼が番をしていた。そこでもこれはナジョにすべと思って樹蔭に匿れて見ていると、鬼は門口を塞ぐように横になって寝て、すぐにごおんごおんと大鼾をかき始めた。そだから弟は身を屈めて脚の方を通り抜けべとすると、また誤って鬼の足を踏みつけた。すると鬼は、またかケツナ二十日鼠だ、うるさくて眠られないとつぶやいた。ここでもやっぱり弟は鬼に気づかれないで、首尾よく門を通り抜けて行った。

それからまた少し行くと、こんどは赤い門があって、赤鬼が番をしていた。あれやまたここにもこんな者がいた。ナジョにすべなアと思って樹蔭に匿れて見ていると、赤鬼は先《せん》の鬼共のように門口を塞いで横になった。横になるとすぐごおんごおんと大鼾をかき始めた。そだから弟は屈《こご》まって脚の方を通り抜けべと思うと、また誤って鬼の片足を踏付《ふんづ》けてしまった。鬼はまたどうもケツナ二十日鼠だ、うるさくて眠られないじアと言って、ごろりと寝返りを打った。ほんとうに危いところを、弟は鬼に見つけられないでそこも首尾よく通り抜けて行った。

弟が館の玄関に行って見ると、そこに姉の草履があった。弟が姉々と呼ぶと、姉は出て来て、お前もここへ来たか、速く内さ入れと言って内へ上げて、室の隅《すまこ》の葛籠《つづら》の中に入れて弟を匿した。

夕方《よまがた》、館の主の鬼がどこからか還って来た。そして炉に踏跨《ふんばた》がってあたりながら、これこれ女《おなご》やい、どうも人臭いなアと言った。姉がそんなことはないと言うと、鬼は何匿すなと言って、庭へ下りて行って薄《すすき》の葉を見て、これやこの薄の葉の上の露玉が一つ殖えている。必ずこの館の中さ人間が一人入ったに相違ないでばと言った。そしてまた内に入って炉にあたりながら、室中をじろじろと見廻しているうちに隅の葛籠に目をつけた。その葛籠からは弟の帯の端《ばじこ》が少し出ていた。鬼はあれや何だと言って、ずかずかと立って行って、葛籠の蓋を押しあけて弟を外へ引張り出した。姉は、その子は私の弟だから取って食うことだけは許してケテがんせと言った。鬼は奥歯まで出してせせら笑っていた。

夕飯時、鬼は、それではお客、飯の食い較べをすべえじゃ。そして食い負けた方を取って食いッこだと言った。けれども姉の計らいで、弟の椀《わん》には中にカサコ（小椀）を伏せ入れて、その上にさっと飯を盛り、鬼の椀には捻りつけて山盛りに盛ったから、弟の方が食い勝った。鬼はこれは恐れ入った。勝負というものは何事も三度というものだから、今度は煎豆の食い較べをすべじぇ、そして負けた方をばやっぱり取って食うのさと言った。(負けた方をばついでに取って食うのさとも言ったという。)けれどもその時も姉の計らいで、弟へはあたりまえの煎豆、鬼の方へは小石をがらがらと入れて食わせたので、この時もやっぱり弟の方が勝った。鬼はまた驚いて、これはこれは恐れ入った。待て待ていま一《ひと》遍《かえり》だ。さア今夜ははアゆッくり寝て、明朝早く起きて、木伐り較《くらご》をすべえ。やっぱり負けた方ば取って食いっこさと言った。そう言ってから鬼は自分の寝床に入って、ごほらやいごほらやいと大鼾をかいて眠った。

姉は夜の中に、弟の斧をばエガエガと磨《と》ぎ澄まし、鬼の斧をばごしごしと石で刃をおとして、ボボクシ(棒丸)のように砕いて円めておいた。そして翌朝夜明に、さあさあ早く起きて木を伐ってがんせと言った。鬼はそれでやお客も起きろと言って跳ね起きて、庭に飛び下りて木を伐り始めた。同じ太さの木を弟と鬼は一緒に伐りはじめた。ところが弟の斧は木を丁々と切ってゆくのに、鬼の斧は木の皮ばかりめくッて、少しも幹に刃が立たなかった。鬼は今度こそは、弟に勝って取って食うべと思って一生懸命になって木の幹を叩きのめしているところを、姉は弟の側へ行って、弟々今だ、早く鬼をその斧で斬り殺せと言った。そこで弟は鬼の気無《きな》しなところを、後に廻ってごろりと鬼の首を斬り落した。

首領《かしら》の鬼が斬り殺されたもんだから、あとの家来の鬼どもは、皆姉弟の前に膝をついて降参をした。そこで姉弟は鬼の館にある宝物を残らず小鬼《こおにっこ》に負《せお》わせて、めでたく、吾家へ還った。

二九番　鬼の豆

昔々、ずっと山の奥の方に鬼が住んでいた。ある日鬼が山から出て来て、雫石だと俺の家のような所さ来てグエラ姉捕《さら》って行って妻《おがだ》にしていた。見たえてきかねエがった。するとおんじはだんしたばウナのような弟《おんじ》は毎日毎日姉の所さ行って、見たえてきかねエがった。家の人達はそんだら行け、ただ鬼に喰い殺されないようにして来いと言った。するとおんじはだんだんに山の方さ行ってようやく鬼の家さ辿り著いた。

姉はオンジ、オンジ、何しに来てや。ここは鬼の家で人間が来れば皆捕って喰われる。早く気づかれなえうちに家さ戻って行けと言った。弟は、俺アやんた、姉様見たいと思ってここさ来ただす、戻らなえと言うと、そんだら俺隠してけら、黙って居えやポ、じき鬼テデヤ来るこった。

オンジが黙って隠れていると、鬼テデは山から小山のようにたくさんの薪を取って背負って来てドサッと下して家の中さ這入った。そしてああ人間臭い人匂《かまり》す、ああ人間臭い、人匂すと言って鼻を動かしていた。誰か人間は来なかったか、どうも人臭い人臭いと言った。すると妻が一人の人間が来ているには来ているが、その人間と三つの賭をして負けた方が殺されることだが、どうだと言った。

鬼テデは人間を食いたい一方だから、どんな賭でも自分が勝つものと思い込んで、そのオンジと賭をした。第一番は据風呂を二つ出して、水を汲むことであった。オンジの方はじきに水が一杯になったが鬼テデの方はどうしても一杯にならなかった。それは下の方に密かに穴が明けられてあったからだ。鬼テデは負けてしまった。第二番目は藁縄を綯《な》うことになった。妻は二人に藁一把ずつ与えたが、鬼テデの方は荒藁、弟の方は柔かく打った藁であったので、今度も弟の方はスルスルと早く綯ったし、鬼テデの方はいつまでも、ガサガサしていて綯えなかったので、また負けた。そこで今度は三番目の勝負になった。三番目の勝負は、互に煎豆一升を食うことであった。妻は鬼テデの方には真黒になるまで煎った豆をやり、弟の方へはちょうど味のよい加減の豆をやった。二人は豆を食い初めたが、鬼テデの豆は苦《にが》くてとても食われず、弟の方は甘いから、どんどん食い進んで、見ている間にペラリと食ってしまった。そこでまた鬼テデが負けた。そうして人間を喰い損ねた。

それから黒焦げになって食われない豆を、鬼の豆と言うようになった。

(この話の発端は、父親が自分の娘を、鬼にでも攫われて行けばよいと言ったので、鬼が攫って行ったのであった。最後に鬼は謀られて殺され、姉弟は宝物を持って家に帰って来る。)

(なおまた結末の方でも、鬼テデはさらに三度目の勝負を挑んで、弟と湯の呑み競べをする。姉の計らいで、弟のは口加減に合い、鬼テデの方は熱湯を呑ませられて、腹が焼けて死んだ。そこで弟と姉とは鬼の館の宝物をみんな持って家に還った。)

（また三度目の賭に、カクレカゴをする。鬼テデを木の唐櫃に入れて蓋をして、蓋に穴を開けてそこから熱湯を注いで殺してしまった。そして姉弟は里に還る。田中氏はかく思い出してくれた。同氏御報告の分の五。）

三〇番　山男と牛方

ある時、太郎という牛方が、牛三頭に魚荷をつけて、沢内《さわうち》（和賀郡）へ通っていた。そして山伏峠（岩手郡と和賀郡との境）の頂上で昼飯を食う気になり、焚火をして魚を炊《あぶ》っていると、大きな山男がひょっくらやって来て焚火に踏跨《ばた》がってあたった。そしてああ魚嗅《さかながま》りがするなア、ああ魚嗅りがするなアと言って、鼻をヒクヒクめかした。太郎はおっかなくて面使《つらつか》いをしながら、そうともさ魚荷をつけて来ただもの、魚臭いのがあたりまえさと言った。すると山男はそんだらその魚を俺にケロと言った。太郎はこれは人から頼まれたのだから、ケラれないと言った。すると山男はケラれなかったらウゴ（汝）を取って食うぞと言った。

そこで太郎は仕方がないから、魚荷を一俵、牛の背から下してケた。山男はああ甘《うま》いあ甘いと言いながら、見てる間にそれをペロリと食った。そしてもう少しケロと言った。太郎はあとはワカらないと言った。するとまた山男はそんだらお前を取って食うぞと言った。仕方がないから太郎がまた魚荷をやると、ああ甘いああ甘いと言って、それもペロリと平《たえ》らげてしまった。そんなことで山男はとうとう牛三背中分の魚荷をみんな食い尽してしまった。そうしてから山男はまた何かケロ何かケロ、俺の言うことをきかなかったらお前を取って食うぞと言った。太郎は仕方がないから、そんだらその牛でも食えと言った。そうして山男が牛三疋食っている隙にそこを逃げ出した。

太郎が走せて行き行くと船矧《ふなはぎ》が船をはいでいたので、俺は山男に追《ぼっ》かけられて来た、助けて呉《け》ろと頼んだ。船矧はそんだらそこにある舟でも被って匿れていろと言う。太郎は舟を被って匿れていた。

そこへ山男がやって来た。船矧船矧、今ここサ牛方は来なかったかと聞いた。船矧が俺は知らぬと言うと、山男は偽言《ぼか》吹け、ヘタにまごつくとお前を取って食うぞと言った。船矧は魂消《たまげ》てそこを逃げ出した。そうして行き行くと、大きな淵があった。その岸にはまた大きな松ノ木があったから、それへよじ登っていた。そこへ山男が追《ぼっ》かけて来て、お前はナゾにしてそんな高い所へ上ったと聞いた。船矧は俺はそこにある大きな石を負《しょ》って上って来た。木に登るには石を負《しょ》わぬと分《わか》らぬもんだと言った。山男はそれを真実《ほんと》にして、そこにある一番大きな石を背負って木を這い上って来た。そしてもう少しで船矧のいる枝に手が届くまで上って来た。船矧はこれは堪らぬと思って、鋸でその下枝を挽切って置いた。それとも知らない山男が、その枝に手繰《たぐ》り着くなり、ビリビリッと枝が裂け折れて山男は大石を背負ったまンま下の深淵《ふち》へ倒《さか》さに堕ちて沈んでしまった。そうして二度と浮び出なかった。

それで牛方と船夠は生命《いのち》が助かった。

（岩手郡滝沢村武田採月氏からの御報告に拠るものの一、大正三年頃の蒐集の分。）

三一番　臼掘りと舟掘り

ある山で臼掘りが臼を掘っていると、そこへ鬼が来て、臼掘り臼掘り、お前を取って食うぞと言った。臼掘りは怖《おつかな》くなって、逃げて山を越えて行くと、そこで舟掘りが舟を掘っていた。それで、舟掘り舟掘り、俺は今鬼に追《ぼ》ッかけられて逃げて来たのだが、どこかに匿してケロと頼んだ。舟掘りはそんだらその舟の下にでも入って匿れていろと言った。臼掘りが舟の下に入って匿れていると、そこへ鬼がノチノチと駈けて来て、舟掘り舟掘り、ここサ臼掘りは来なかったかと言った。そんな者は来なかったと言うと、鬼は匿すな、匿せばお前から先きに取って食うぞと言った……

（断片である話。栗川久雄氏が岩手県下閉伊郡安家村字元村で採集したもの、その後この話の元形を知りたくて、安家及び岩泉附近を探訪したけれども遂に知ることができなかった。）

三二番　箕の輪曲げ

ある時、御明神《ごみょうじん》村の小赤坂に、彦太郎という人があった。葛根田《かっこんだ》の山奥に入って、箕の輪曲げをしていると、山姥がやって来て、ああ寒い寒いと言って、彦太郎が焚いている火にあたった。彦太郎はこれは山姥だなア、火灰《ほどあく》でも張掛《はっか》けてやるべえと思った。すると山姥は、彦太郎お前はおれに火灰を張掛けてやるべアと思っているなと言った。彦太郎はこれはことだと思ったが、よしきたそれなら、この頃切れる鉈を買ったから、その鉈で斬ってやるべエと思った。するとまた山姥が、彦太郎お前はこの頃切れる鉈を買ったから、その鉈でおれを切ってやるべエと思っているなと図星をさされた。彦太郎はいよいよこれはことだ、この分では俺はこの怪物《ばけもの》にかかられたらやっぱり食い殺されるコッたと思った。するとまたその事を山姥は言い当てた。

彦太郎はあきれ返って、だまって箕の輪を曲げて火にあぶっていると、輪に火がついて弾けてパラッと山姥に火灰がしたたか（大変）張掛《はっか》かった。山姥は、これは不覚をとった、彦太郎やアお前は心にも無いことする男だなアと言って、笹原の中へガサガサと逃げて行った。そして笹立ちの中でウンウン唸っているから、彦太郎はナゾになったと思って見ると、大きな山姥がそこに倒れていた。彦太郎は恐ろしくなって、道具などを片付けて背負って家へ帰った。

（三〇番同断の二。）

三三番　カンジキツクリ

ある所に五右衛門というキャジキ（カンジキ）作りの爺様があった。いつものように山でキャジキをこしらえていると、五右衛門、五右衛門と呼んで爺様の火の側へ大きな狢《むじな》がやって来た。誰だと思ったら狢か、今日は寒いからあたれと言うと、狢は火の側へ寄って持前の大睾丸を出して、温《ぬけた》まった。そして気持ちがよくなったもんだから、そろそろと広げ出した。爺様はこの野郎、いつもの癖を出しやがったなアと思って、キャジキを曲げていた手を不意に放すと、強い小柴がパチンと弾《はつ》けて行ってその睾丸に当った。狢はアッといって引ッ繰り返って死んでしまった。

（秋田県角館小学校、高等科、清水キクヱ氏の筆記、摘要。武藤鉄城氏御報告の三。）

三四番　大工と鬼六

ある所に大変流れの早い大川があった。なんぼ橋を架けても忽ち流されるので、村の人達も困っていた。いろいろ寄合いで協議をしたあげく、近郷で一番名高い大工に橋架けを頼むことにした。

その大工は腕前がよかったから、ウンと返辞をしたが、内々心配でたまらなかった。それで橋を架ける場所の淵の岸へ行って、つっつくぼ（うずくまって）してじっと流れる水を見ていた。すると水面に泡がブクブクと浮かんで、ブックリと大きな鬼が現われた。そして、この辺での名高い大工どん、お前は何を考えて居れアと言った。大工は、俺は今度ここへ橋架けを頼まれたから、それでどうかして立派な橋を架けたいものだと思って、こうして考えていると言うと、鬼は笑って、お前がいくら上手な大工でもここサ橋は架けられない。けれどもお前の眼玉をよこしたら、俺がお前に代ってその橋を架けてやってもいいと言った。大工は俺はどうでもよいと言って、その日は鬼に別れて家に帰った。

大工が次の日川へ行って見ると、橋が半分架っていた。またその次の日行って見れば橋がもはやちゃんと立派に架け上っていた。魂消て見ていると、そこへ鬼が出て来て、サア眼玉アよこせッと言った。大工は待ってケロと言ってあてもなく山の方サ逃げて行った。

そしてあちらこちらと歩いていると、遠くの方から童衆《わらし》ドの唄を歌う声が聞えて来た。

早く鬼六ア

眼玉ア

持って来ばア

ええなア――

大工はそれを聞いて、本性に返って家へ還って寝た。その次の日大工が川へ行くと、鬼が出て来て早く眼玉アよこせッと言った。大工がもう少し待ってケロと言うと、鬼は、お前がそれ程俺に眼玉をよこすのが厭だら、俺の名をアテてみろと言った。大工はよしきたお前の名前はナニソレだと、わざと出まかせを言うと、鬼は喜んで、そんでアない、なかなか鬼の名前が言いアテられるもんじゃないと言って笑った。大工はまたナニソレだッと言った。ウンニャ違うと鬼は言った。大工はまたナニソレだッと言った。鬼はウンニャ違う違うと言った。大工は一番おしまいにえらく大きな声で、

鬼六ッ

と叫んだ。そうしたら鬼はポッカッと消えて失くなった。

（胆沢郡金ヶ崎の老婦の話を小山村の織田秀雄氏が聴いて知らしてくれたものの一、昭和三年の冬の分。）

三五番　癩　病

飛騨の工匠《たくみ》は偉え人であった。一日に七ツの観音堂を作りにとりかかった。するとその偉さにドンコロ（木の切端）が弟子入りをした。またそれよりも小さな切端はそのまた弟子に、弟子ア弟子イ弟子ア弟子イと順々に次から次へと鋸屑の果てまで弟子入りをして一生懸命に働いた。それで、たった一日に御堂の七ツも作れたのであった。

最後の御堂を建てる時であった。今まで人間の姿になって働いていたドンコロや鋸屑の魂を下げてからぶッつけようと思って、一枚の板を打ち付けずにおいて、弟子どもの数を検べていたが、そのうちに鶏が鳴いた。それでドンコロや鋸屑等はどうぞこのまま人間にして置いて下さいと再三歎願した。工匠もついに断りきれず、お前たちはもともと木である。お前たちは何時かは腐るものである。もしそのまま人間の形をしていても腐る病いにとりつかれる。その病いはドス（癩病）といって自分から他人にウツルものではない。自分から出て自分で腐る。お前たちはお前たちで一緒に廻してやる。こう言い置いてから工匠は雲に乗って（天へ？）行った。最後の一枚は打ち残したままであるが、残された板はその後誰が打ってもハマらなかった。

この時から癩病という病気ができた。そしてまたマギという、その病いのできる家筋もできた。

それに続く話がもう一つ。ドス病いには土ドスというのがある。それはその時鋸屑に土が混っていたのを人数が足りないと思って魂を吹ッ込んで働かした。それでこの分のドスは体が土色に腐って死ぬ。

飛騨の工匠ほどの偉さでも、一人では一日に七堂も作れぬので、そんな物にまで魂を吹ッ込んで手伝わしたのである。

(陸奥、八戸の奥南新報に載った村の話の中からの摘要。昭和四年十月十六日の分。また陸中岩泉地方でも同様の話を聴いたので集録した。昭和五年九月二日の分。)

三六番　油採り

ある所にひとりの体泣《からなき》(怠け者)があった。甘《うま》い物を食って、ただ遊んでいたいと思って、観音様に行って願《がん》をかけた。そして七日七夜の夜籠《よごもり》をしていよいよ満願の日の前夜、観音様が夢枕に立って、お前の願は承知した。明日の朝起きたら前の野原を、どこまでもどこまでも真直ぐに行ってみろと言われた。これはしめたと思って、その男は翌朝いつもよりは早目に起き出して、観音堂の前の野原の一本道をどこまでもどこまでも歩いて行った。行ったば行ったばとうとう海の辺《ほとり》へ出た。そこにエエザマナ(みすぼらしい)一軒家があった。男がそこへ立寄って見ると、白髪ぼッけの婆様が一人炉にあたっていた。男は婆様婆様、この辺に甘い物を食って、ただ遊んでいる所はなかべかな申シと訊いた。すると婆様は、在《あん》ます在《あん》ます。今じきにそういう島さ渡る船が立つところだから、あの船に乗ってゲと言った。見るとほんとに渚に一艘の船が繋がっていた。婆様は炉から立上って、ざいざい船頭船頭と呼ぶと、船の中から船方が出て来た。そしてお客はこの人か、さあさあ早く船サ乗った乗ったと言った。男が船に乗るとすぐさま矢のように走ってある島に渡った。

島の上には、鉄の門に鉄の塀垣を廻《めぐ》らした大きな構えの館があった。その門前に船が着くと中から人が出て来て、よく来てくれた、よく来てくれたと繰返しながら、館の内へ連れ込んだ。そしてその晩はそれこそ山海の珍味を並べ立てて御馳走をしたり、絹の布団を敷いて寝かせたり、下にも置かぬ饗応《もてなし》をした。男はいい気持ちになって、いつまでもそこに泊っていた。

ところがある夜、隣室《となりべや》で人間の唸《うめ》き声がするので、夜半に目を覚して、襖《ふすま》の隙からのぞいて見ると、一人の男が桁《けた》から倒さまにつるし下げられて、その下には炭火がカンカンと燃えおこっていた。そしてその傍には恐ろしい形相をした男が、大きな皿を差しのべて、その倒づりになった男の目鼻耳口から滴《た》れる人油を採っていた。つるされた男はハア（もう）青黒くなって死ぬばかりになっていた。油取の男は、ああ隣室の男もよい加減に油が乗った時分だから、明晩はあの男の番にするベアとひとり言を言った。そのことを聞いた男は、これは大変だと胆を潰して、その夜あわてて館から遁げ出した。

その物音に、館中の男どもは気がつき、五六人して男を追《ぼっ》かけて来た。男はまるで猪《くさい》のように土を這って逃げた。そして渚辺へ来て見ると幸いに船が繋がっておったから、それに飛び乗った。綱を解いて沖へずっと押出して、漕ぐが漕ぐが、漕いで漕いでやっと対岸《むこうぎし》の渡場まで漕ぎ着けた。そして先の一軒屋へ駈込んで、炉傍にいた婆様にわけを話し、どうぞどこでもいいから俺を匿まってくれろと言うと、婆様は、それはならぬ、実はこの婆々《ばあばあ》はあの人買島の人達のおかげで、こうしてその日の暮しをしているのだから、お前一人を助けることはなり申さないと言った。けれども男が強《た》って泣きながら頼むと、婆様はそんだらこの火棚《とちだら》の上の橡俵の中サでも入って居れやと言った。そこで男は大急ぎで火棚の上の橡俵の中に入って匿れた。

男が橡俵の中に入って匿れるか匿れぬかのうちに、追手の者どもがどやどやと精《せ》きらして駈込んで来た。そして婆々ここさ男が逃げて来たべ、あの体泣男《からなき》が、たしかにここさ逃げ込んだのを俺らア見かけて来た。さあ出せ出せと大きな声で言った。けれども婆様は俺はそんな者は見なかったと言った。するとまた荒くれ男どもが、何吐《こ》きゃがるこの糞垂《くそたれ》婆々が、あの体泣男を出さなかったらその分にはして置かねえぞと言った。そう言う声が余り大きく恐ろしいので、一体どんな奴等が来ているべと思って男が橡俵を少し押開けて見るべとすると、何しろ橡の実があんな丸いころころしたものだから、ポロリと一つ落ちて行って、下で今どなり散らしている男の額頭《ひたいがしら》にコチンと当った。これヤと言って上を見上げると、ハッタリと俵の中の男と顔を見合せた。あれヤ何でアと言いしな、男は顔を引ッ込ませる隙もなく火棚から引きずり落された。

……と思って体泣男は夢からはッと覚めたとさ。すると自分が夜籠をしていた観音堂の高縁から真倒《まつさか》さまに転び落ちたところであったと。ドットハライ。

（椽でも何でもなくただの古俵とも言い、また古俵から煤がこぼれ落ちて追手の男の眼に入ったシオに見つけられたというようにも話されている。）

三七番　よい夢

昔はありましたとサ。ある所の家の童《わらし》は、朝《あさま》に起きると、

ああ良《え》夢見た

ああ良《え》夢見た

と言った。このワラシア何そら程良《え》夢見たてヤ。サベて（言って）知《すか》せでなエかと母《あっぱ》が聴いた。それでも童は、

ああ良夢見た

ああ良夢見た

と言い続けているので、この童ア馬鹿になったフダ、流してやらねアばなねアと言って、

舟《ふねこ》さ入れて流してやった。

童がだんだん沖の方へ流れて行くと、遥か向うの岸の上で鬼どもがそれを見て、あれア、人虫《ひとむしこ》ア流れて来た、捕って食えでアと言って、皆で海の水を呑み始めた。

大きな口を開けて、どくどくと呑み始めると、だんだん海の水がなくなって、しまいには鬼の国の方へ小船がだんだんと流れ込んで行くので、童は、

シズコ

ポンポン

と言って、自分の睾丸コを叩くと、鬼どもはあははッと笑って、呑んだ水を皆ホキ出してしまった。すると童の船がまた沖の方へと流れ戻った。

ああ良夢見た

ああ良夢見た

とまた言い続けて行くと、先の鬼どもは今度こそはと、再び海の水をどッくどッくと呑み出した。童の船は忽ちにまた鬼の国の側へ流れ込んで行った。そこでまた童が、

シズコ

ポンポン

と言って叩いて見せると、鬼どもは、あははッと笑って、せっかく呑んだ水をみんな吐き出してしまった。そこで今度は鬼どもが、いったいお前は良夢《ええ》見た見たと言うが、どんな夢を見たか、話して聴かせろ。そしたら宝物をやると言った。童がその良夢のことを話

すと鬼どもは宝物を与えた。その宝物は水の上を渡る浮靴と、死んだ物を甦《い》かす生針《いきはり》であった。

童は鬼からもらった浮靴を履いて陸へ上った。そしてそこについている細道を辿って行くと、駒が死んで人々が騒いでいた。童がその駒の傍へ行って、生針で刺すと駒は一声いないて甦生《いきかえ》ったので、人々は神様のようにありがたがった。

その駒に乗って行くと、向うの村に大きな長者の館があって、一人娘が急病で死んだと言って、皆オイオイと泣いていた。

童は私が甦生《いか》してあげますと言って、その娘に生針を立てると、これも急に眼をパッチリと開いて生き還った。長者どのの喜びは限りなく、その童を養子にして娘と夫婦にすることにした。ドットハライ。

（田中喜多美氏御報告の分の六。摘要。この話はまだまだ複雑であったと思うが、姉に聞き返すと以上の如くであったと言っておられる。誰が見ても不備な点がある。殊に死馬を甦生させるには村人と何かの約束があったから、生かしてからその馬に乗って行ったことであろう。江刺の話と比較して見ると内容がよく分るように思われる。）

三八番　嬰児子太郎

昔、ある町に、日本のテンポ（うそつき）という看板を掲げた者があった。ある日そこへ唐《から》のテンポが法螺吹き比べに訪ねて来た。ところが日本のテンポが留守でその子供だという十歳ばかりの童がエジコ（嬰児籠）に入って手遊びをしていた。

唐のテンポが、父さんや母さんはどこへ行ったかと訊くと、嬰児子《えじこ》太郎は、親父《おやじ》は富士ノ山がオッカエル（倒れる）と言って麻殻《おがら》三本ショッテ走せたし、母親《おふくろ》は海の底が抜けると言って、フシマ（小麦粕）三升ショッテ行ったと返答した。

唐のテンポは内々驚いて、そうか折角訪ねて来たのに留守で残念だった。時に先だって私の国から寺の大釣鐘が吹っ飛んで来たはずだが、この辺で見当らなかったかなアと言うと、嬰児子太郎は即刻に、ああそれだなア、実は先だって私のとこの厩と便所の間の蜘蛛の巣に、どこから来た釣鐘だか、麻煮桶《いとにこが》のような大鐘が来て引ッかかって、ブラ下ってたと親父《おやじ》が言うのを耳にしたが、伯父さん今もブラ下っているかどうかちょっと行って見さいと言った。

唐のテンポは閉口して、子供でさえこんな大法螺吹きだもの、これの親父だらどんなに偉い奴か、これはとても敵《かな》わぬワと思って、そんだらまた来ると言って早々退散した。

その夕方父母が帰って来て、嬰児子太郎に、今日は誰も来なかったかと訊いた。すると太郎は唐のテンポという人が来て、かくかくの事を言うから、俺がかくかく言うと驚いて帰ってしまったと言った。すると父親は大層怒って、俺がテンポの看板を掲けてもそれくらいの偽言《ほら》は吹けないのに、貴様はまだ嬰児子の分際として、そんな形のない偽言《うそ》を吹くなんて大それた末恐ろしい餓鬼だ。お前のような者はこの家に置かれぬからと言って、盥に乗せて（入れて）海の中へと流し棄てしゃった。

嬰児子太郎は盥に乗って流れて行くうちに、波間に猫や犬の屍体が浮んでいるのを見つけた。この時太郎は何とはなしに家の宝物の生針を盗んで持って来ていたが、その猫の屍体に刺してみたくなってチクリと刺してみたところ、その死んだ猫がムクムクと動き出した。またチクリと刺すとパッチリと目を開き、またチクリと刺すと立って歩き出した。そしてニャゴニャゴと鳴きながら岸へ泳ぎ着いてある家に駈け込んだ。それを見て太郎は面白いもんだからまた犬の屍体にも針を刺してみた。三度刺すとその犬も蘇生《いきかえ》ってクヮンクヮン啼きながら岸辺に泳ぎ着くので、嬰児子太郎も盥を岸に着けて犬の行く方へ、後をつけて行ってみた。すると山根の大きな長者どんの邸へ行きあたった。

長者どんの家へ犬が駈け込むと、玄関先きにいた下婢が、あれア死んだ犬子《いぬこ》が蘇生《いきかえ》って来たヤと叫ぶと、座敷の方で、何言うンだア、死んだ物が帰って来るもんでアと言う声がする。下婢はいえいえ全くほんとうだ、家の赤犬子が蘇生《いきかえ》って来たと騒ぐと、家の内からぞろぞろと、旦那様も母親様も出て来て、あらア本当に家の赤犬だと言って驚いた。そうしてそこに見知らぬ子供が突立っているものだから、不審に思って、お前は誰だアと言うと、嬰児子太郎は、はい私は大島という国から、人間でも畜生でも一旦死んだ者の生命を助けるために渡って来た者だ。先刻海の中に犬や猫の屍体があったから一寸試みに手当をしてみたところ、御覧の通りこの犬が忽ちこんなに蘇生《いきかえ》って、私の側を離れぬのでどこの犬だかと思って実はこうしてついて来て見ましたと言った。すると長者夫婦は大層喜んで、それでは早速御願い申しますが、家の一人娘が病気のところ、たった今シ方命《め》を落しました。どうか娘を蘇生《いきかえ》さしてクナさいと膝をついて頼んだ。嬰児子太郎が座敷に入って見ると、美しい十六七の娘が今死んだばかりで、体の温味《ぬくみ》もまだ去らないで眠ったように横になっていた。そこで皆々様決して御心配はいりません。私がすぐに蘇生《いきかえ》してあげますと言って、両親の見ている前でその生針を右の脇の下へチクリと刺すと、死んだ娘は忽ち息を吹き返して目をぱッちりと開いた。また今度は左の脇の下へチクリと刺すと体が動き出し腹にチクリと刺すともう起き上って膝をついた。両親初め一家眷族は大層喜んで、その場で嬰児子太郎を長者どんの聟にした。その婚礼のお祝いは七日七夜がほど続けられた。

（江刺郡米里村の話、佐々木伊蔵氏談の二。昭和五年六月二十七日聴書。）

三九番　馬喰八十八

ある所に、馬喰八十八という貧乏な馬喰が、たった一疋の痩馬を持っていた。八十八の隣家《となり》の長者どんには立派な馬が四十八疋もあった。八十八はある馬市に一日でもよいから隣家の長者の馬のような立派な馬を引いて行きたいものだと思って、長者どんの所へ行って、明日の馬市に旦那の所の馬を引いて行って、人々に見せてやりたいが、一日貸してケませんかと言うと、長者は、これが俺ア隣家の旦那の馬だと言って、上町《かみちょう》から下町《しもちょう》まで曳いて歩くなら、四十八疋皆貸してもよいと言った。八十八はそれでは旦那の言う通りにフレて歩くから貸シ申せヤと言って、長者どんの四十八疋の馬を借りてその翌日馬市へと引いて行った。

八十八は隣家の長者の四十八疋の馬の一番シンガリに自分の痩馬を引ッかけて曳いて、賑かな馬市へゾロゾロさせて乗り込んで行った。人々が魂消て、八十八どこでそんな馬ドを買って来た。大したもんだなアと褒めると、得意になって、なに隣の長者の薄馬鹿が俺に全部《みんな》売ったのさ。四十九疋目のあの痩馬ばかりが長者の馬だと言いフラした。ところが長者の旦那が、世間の人達がどんなに自分の馬を見て褒めるか、それを聴きたいものだと思って、町へ行って隠れて八十八の曳いて通るのを見ていたところが、八十八がそんな嘘《ぼが》を言いフラして歩いているので、ゴセ焼いて、一足先きに家に還って、八十八が還るのを今や遅しと待ち構えていた。そこへ八十八は馬をゾロゾロと引いて戻って来たものだから、この野郎、今日町で何と言った。よくも俺に赤恥をかかせたなア、その返報は打ってやるから覚えていろと言って、八十八の痩馬の頭を、斧でもってグヮンと叩いて打ち殺してしまった。

八十八はもともと自分が嘘《ぼが》を言ったのが悪いのだから、仕方がないとあきらめて、その馬の皮でも剝いで皮だけでも売って酒コ飲むベアと思って、その馬の皮を剝いで持って、翌日町へ行った。その日は大雪降りで、オメトッテ（難渋して）やっと原中の一軒屋までたどり着いた。縁側に腰掛けて憩んでいると、何だか家の中でヒソヒソ話の声がきこえる。そっと戸の隙穴から覗いて見ると、その家の嬶がどこか外《よそ》の男を引き入れて、今酒盛最中のところ、これは怪しからぬと思っているところへ、表の方で嬶今帰ったぞと言う声がした。すると炉傍の嬶と男は大あわてにアワテて、男をば戸棚の中の大葛籠《つづら》の中に入れて押し匿し、御馳走の御膳は小座敷に匿し、蛸の脚をば箒掛けの釘などにかけたりしてその場をとりつくなってから、やっと口を拭いて主人を出迎えた。主人はああ今日はとても寒かった。よく火をこんなに燃しておいてくれたなと言うと、お前が帰って来る時分だと思ってと、嬶は眩しいような顔をして言った。そこへ八十八が入って行って、私は旅人だが、とても雪降りに困って歩かれないから、一寸炉傍にあたらせてケ申せと言うと、主人は心よく、さあさあ御遠慮なくずっとこちらへと言ってくれた。そして旅のお客様は何商売だと訊く。八十八は口から出任せに俺は八卦置きだと言った。そして甚だ無調法な話だが、どうにも旦那様は明日と言わず今夜のうちにもとんでもない災難に出遭う相が顔に現われている。もっとも藪から棒にこう言っても、旦那様は真実《ほんとう》にしなかべから、その前に俺はいろいろな八卦を置きますと言って、背中から風呂敷包みを下して、中から馬の皮を取出して、それをゴソゴソ揉《も》んで嗅いでみてから、それ宜《よ》うがんすかナ、この家の奥座敷には御膳立がして酒肴があるから行って御覧じろと言った。旦那はそんな事があるものかと思ったが、試みに行って見ると、いかにもその通り立派な膳立をして酒肴がある。魂消《たまげ》て八卦置殿なるほどありましたと言うと、八十八は、それどころではない、台所の箒掛けの釘には蛸の脚がかかっておりますぞと言う。行って見るとやはりその通りである。そこで八十八はいよいよ勿体らしく馬の皮を揉んで嗅いでみて、今度こそは大変だよ旦那様、その戸棚の中の葛籠《つづら》の中を御覧じろ、その中には今夜お前さんの生命を取る化物が入っているからと言った。主人はすっかり青くなって、それは大変だ。八卦置殿、何とかして私の生命を助けてクナさいと泣きそうになって言うので、八十八は戸棚の下から葛籠を引きずり出して、これ化物《ばけもん》よく聴け、お前は何の怨みがあってこの家の主人の生命《いのち》を取ろうとするのか、次第によっては、ケッチャ（反対）にお手前の生命をもらうからそう思えと言うと、中の男は恐しさに葛籠がぐらぐらと揺《ゆす》ぶれるほど顫えている。これ見たかこの通りだと言うと、主人は金百両出すから、どうかその化物をどこかへ持って行って捨ててクナさいと頼んだ。八十八はこれは仲々俺の手にも余る代物である。とても百両ごときでは引受けられないと言うと、主人はそれではもう五十両足すから、どうかこれを退治してクナさいと泣いた。じゃア百五十両に負けると言うて、それだけの金を取り葛籠を背負って出ようとすると、その家の主人はお前様のその嗅ぎ皮という物を俺に売ってはくれぬか、五十両出すと言う。どうしてどうして、これは俺の職業《しょうばい》道具だ。五十両ぐらいにア売られるものかと言うと、それじゃアと言って五十両足した。そこで八十八はあんな痩馬の皮を百両に売っ払って、さていよいよ葛籠を担いでその家を出た。

　八十八は間男の入った葛籠を担いで、村端れの大川の橋の上まで行った。そして橋の上にその葛籠をどッかと下して、さあ化物観念しろよ。今この八卦置様がいよいよお前を退治するために、この川の中に打ち込んでやッから、覚えているなら念仏の一つも唱えろと言うと、中の男はすっかり弱って、どうぞ八卦置殿お慈悲だ、生命ばかりは助けてクナされと泣き出した。八十八が只では許されぬと言うと、そんだら百両出すッからと言う。不足だと言うと、それじゃもう五十両足すッから、それで許してくれと泣く。そんなに泣かば可愛想だから百五十両に負けておく。ただこの後決してあんな悪心を持つな。人の生命などを取るべなどとは思うな。また人の嬶などを取るな。いいかと言うと、決してそんな真似は致しませんと言う。それではと葛籠の紐を解いてやり、男から百五十両の金を取って、ほくほくもので八十八は家に帰った。

その翌日八十八は隣家の長者どんへ行って、旦那様アまず大したこともあればあるもんだ。旦那様に殺してもらった家の痩馬の皮を剥いで、昨日町さ持って行くと、近いうちに戦争《ゆくさ》が始まるといって、陣太鼓を張るために馬の皮のひッぱく、あんな痩馬の皮が一枚これくらいに売れましたと言って、昨日取って来た金をズラリと旦那の前に並べて見せた。すると根が余り利巧でない長者どんはすっかり乗って、それじゃ俺も馬の皮を売ろうかなア。そうしなさい、そうしなさい。第一生きていれば飼葉を食う、手入れをしなくてはなんねえ。それよりは皮にして高く売った方がよい。それじゃ今殺すべえ。八十八お前も手伝って殺せいということになり、下男や村の人達まで狩り集めて、四十八匹の立派な馬どもを片端から斧や棒で撲ち殺してしまった。やっぱり一番殺シ方の上手なのは八十八だった。その上に八十八におだてられて、馬一疋分の皮代を御《ご》大儀《たいぎ》振舞《ふるま》いだと言って、酒肴を買わせ村の人達を呼んで大酒盛をやらかした。

それから多くの下男どもに、その皮を背負わせて町へ持って行った。そして上町《かみちょう》から下《しも》町《ちょう》まで、軍《いくさ》の陣太鼓を張る馬の皮、一枚三百両に負けたッ、ああ安い安いと振れ歩かすと、あれあんな馬鹿者も世の中にはあるもんとみえる。やっぱり気が違ったこッだべと蔭口ばかりして、誰一人見向く者もない。そこで長者どんもこれは隣家の八十八に一杯喰わされた、畜生覚悟しろと、真赤になって怒って帰って、馬を殺した大斧を振りかざして、八十八の家に大暴れにあばれ込んだ。

それより前に八十八はたった一人ある年取ったお母《ふくろ》が、余り物を食わせないで置いたので死んでしまったが、葬式を出すには銭がかかる。ハテどうすべえと思案しているところへ、隣家の旦那がそんな風に、大斧を振りかざして暴れ込んで来たので、お母《ふくろ》の死室へ飛び込んで隠れた。どこに入って隠れたって、今度ばかりは許さんないと言って、斧でそこらを切り廻すと、八十八はお袋の屍体を戸口へ投げ出した。何しろ旦那は無我夢中になっているので、誰彼の見境もなく斬り立てると、誤って婆々の屍体の腹を切り割ってしまった。すると八十八はわッと大声を立てて泣き出し、隣家の旦那にたった一人しかないお母《ふくろ》を斬り殺されたとわめいた。そう言われて、隣家の旦那も初めて気がつき、これは大変なことをしたものだと目が覚めて、八十八これは悪い事をしてしまった。許してくれと言うと、八十八は許すべえと思ったってどうすべえようもない。たった一人の母親を斧で腹ア斬り割られて、これこの通り押ッ死んでしまった。明日にも御代官所へ届けなくてはなるまいと言う。隣家の旦那はいよいよ青くなって、隣同志のよしみで、どうか内聞にしてくれ。その代りに金を百両出すと言う。否々百両ばっちの金で一人の母親の生命は買われない。そんだらもう百両出す。いやとても聞かれぬ。そんだらもう百両出すべえ。そんだら仕方がないから内聞にしてやると言って、えらく恩に着せて、旦那から三百両の金を取った。

それから八十八は村の馬喰の所へ行って年寄馬を一疋買って来て、母親《おふくろ》の屍体をその馬に乗せて、村人の誰も知らぬことをいいことにして、俺も母親を湯治に連れて行くと言って引いて出た。そして峠の下の茶屋まで行って、そこの杭《くい》に馬を繋いで置いてその茶屋へ入って行くと、所の遊び人どもが四五人連れで酒を飲んでいた。八十八がその人達の前にあった盃をいきなり取って飲むと、その人達は大変に怒って、こいつは太い野郎だ。どこの馬の骨だ。それくらい酒が飲みたけれやこれでも飲ましてやると言って、炉にあった鉄瓶をとって、八十八めがけて投げつけた。ところが八十八は逸早く身をかわしたので、それが八十八には当らず、ブンと唸って飛んで行って、馬上の八十八の母親の屍に打ち当り、勢いで屍が馬から真倒さまに落ちた。そこで八十八は、あれアこの男に俺アお袋が殺された。人が湯治に連れて行くところだったのに、こんなに殺されてしまったと言って、大きな声で吠え立てた。男どもも始めて事の意外な事に魂消て、とうとう金を五十両ばかり強《ゆ》請《す》られてしまった。八十八は殺された母親を湯治にでもあるまいからと言って、家へ持って還って、裏の柿の木の下に埋めて置いた。その翌日また隣家の長者どんへ行って、こちらの旦那様に殺された家の母親を、昨日五十両に売って来た、何でもこの頃人の肝で薬をこしらえるといって、人肝買いが山の下の茶屋まで来ておった。旦那様どうでがんす、お宅の祖母様《おばあさん》もああやって役にも立たぬ者を養って置くよりは、叩き殺して売った方が得でがすぞと言うと、旦那もそれもそうだと言って、祖母様をば斧で叩き殺した。八十八に騙されて今では一疋の馬もないものだから、八十八の所の馬を借りて、祖母様の屍体をつけて山の下の茶屋まで行った。そして訊いてみると、そんな物を買う人なんて来ないと言う。また一杯喰わされたかと、とんでもなく腹を立ててプリプリになって家に還った。長者の旦那は一度ならず二度も三度も、八十八に騙されて、馬を殺したり祖母様を殺したりしたので、あんな畜生を生かしておいたらこの後どんな目に遭わされるか分らない。これは今のうちに撲殺《うちころ》してしまった方が世の中の為だと思い、多くの下男を呼んで、八十八を捕えて大川の淵の底に沈めて来いと言いつけた。多くの下男どもは八十八がまだ眼を覚まさない寝込みに押し寄せて、布団ぐるみに縄でぐるぐると引っカラがいて、ウンサ、ワンサと引担いで川岸の土手を走せて行った。八十八は驚いて、お前達はこの俺をどうしようと言うのだと訊くと、お前のような悪者を生かしておいては、今後どんなにこの村が迷惑するか分らぬから、それで俺《おら》が旦那がお前を大川の淵に投げ込んで殺すのだと言った。それを聴いて八十八は、なるほど俺も八十八様だ。殺すというなら男らしく殺されてやるべえが、ただお前達も知っている通り俺もこの頃は有卦《うけ》に入って、生《なま》千両の金を貯めてある。俺が死んでしまってはその金も無駄だ。これまでお前達とは朝晩顔を見合せて随分世話にもなったから、その礼代りにやるから分けるといいやと言う。下男どもは八十八に悪銭のたんまりあることを知っているもんだから、互に顔を見合せて、それじゃその金がどこに有れアと言うと、あれあれ俺家《おらえ》の裏の柿の木の根元さ埋めておいたから、誰か行って掘り起してみろ、ここには俺の番人一人ぐらい残しておけばいいじゃないかと言う。すると皆は欲だから、何お前の番なんかしなくともそう縄カラがきになっているから大丈夫逃げっこがない。それじゃ俺達はこれから引ッ返して柿の木の根元にある金をもらって来るから、お前は黙ってここで待っておれと言って、八十八ばかりを土手の上に投げ出しておいてドヤドヤと後へ引ッ返して行った。

八十八が布団ぐるみの中で笑っていると、そこへ、牛方が牛に魚荷をズッパリ（多く）つけてやって来た。よく見るとその牛方はとてもきたない目腐れであった。これはよい者が来たと思って、オット目腐眼《まなく》の御用心御用心と言っていた。牛方は不思議に思って側へ寄って、お前は何の訳でそんな事をしていると訊いた。八十八はよく聴いてクナされた、俺は余り目腐れがゲエ（ひどく）で直らないから巫女さ行って訊くと、それは何の訳もないもんだ、布団にくるまってぐるぐる縄カラがきにしてもらい、街道《みち》ばたで、目腐眼ア御用心御用心と言ってみろ、忽ち治ッからと教わって、こうしているが、ありがたいことにはこれこの通りすっかり直った。お前様も見れば目が悪いようだが、一つやってみてござい と言うと、その牛方は自分のつらいのに騙《だま》されて、ケナリく（羨ましく）なり、それでア俺も少々その布団を借りて縛られてみべえかなア、お前様はそんなに快くなったから出てもよかんべアと言って、縛った縄を解いて、八十八を出し自分が身代りに布団に巻《ま》くたまってぐるぐるカラげにしてもらいながら、そこでアこの牛の魚荷を町さ届けてクナえ、お礼は後ですッからと言う。八十八は何お礼にア及ばないよ爺様、どうせ俺はこれから町さ帰るんだからと言って、牛を曳いて笑ってそこを立ち去った。

一方下男どもは走せて行って、八十八の家の裏の柿の木の根元を掘って見ると、何の金どころか婆々の腐ったのが出て来た。皆が呆れて、それから火のようになってゴセを焼いて、少しも速く八十八の野郎を殺さねばなんねえべ、俺が馬鹿旦那ア騙してまだ不足で俺等まで騙しやがったと言って、どんどん先刻の土手に駈け戻って来た。すると布団つつみの中から、目腐眼の御用心御用心と叫んでいるので、この野郎がそんな寝言いってゴマカスべえと思ってか、態《ざま》ア見ろと言って、爺様を淵の底に投げ込んで殺してしまった。

男どもは旦那様の所へ還って、八十八の野郎を今度こそたしかに淵さ打ッ込んで来た。なんぼ八十八でも今頃は立派に往生したべえと語っているところへ、八十八は外から牛に魚荷をつけて引ッ張って来た。いや皆さん先刻はありがとう。おかげであれから淵の底へ行くと、とても立派な御館があって、そこに綺麗な女がいて、八十八さんお前さんはよくここに来てくれたと言って、こんな牛だの魚だのもらって来た。もう少しいて今夜は泊って行けッて責められたけれども、何しろ早く帰って旦那様さ申訳すべえと思って、これだけしかもらって来なかった、もっと居ればどんないい宝物がもらえたかも知れないから、これからまた行って来るべえと思っている。まずまずこれは旦那様さのお土産だと言って、牛の魚荷を皆玄関に下して積んだ。すると旦那様は不思議に思って、俺も淵の底へ行って、その美しい女から、いろいろな宝物をもらって来ッかなと言って、八十八にそこさ行くにはどうすればよかっケなどと訊いた。すると八十八は、なあに造作はないです、この俺でせいこれ程の物もらって来たんだもの、旦那様などア行ったらそれこそ大変だべえとおだて、旦那様はまたすっかりその口車に乗って、八十八に連れられて前の淵の所へ行った。そして八十八に淵の中さ突き落してもらった。八十八は、ささあ旦那様ア宝物をウントもらって来てございと言ってそこを去った。

その八十八は隣家の長者どんの家へ行って、嬶様シ嬶様シ、旦那様は竜宮さ行って二度と家サば還らないから、俺の家も女房も八十八サくれると言いました。ほだから俺と夫婦になってございと言って嬶様と夫婦になって長者になった。

(この話とほぼ同筋の話が、田中喜多美氏の話にもあったが、主人公は嘘五郎というとなっていた。また隣家の長者は高野様ということになり、『紫波郡昔話』の阿野様〈一一四〉と内容がより多く同じい点があった。同じ話が紫波と岩手に分れてこのように変化して話されたものらしく思う。)

四〇番　鳩提灯

ある所に、熊吉という、貧乏なひとりものがあった。働くことが嫌いで、日々毎日《ひにち》寝てばかりいた。そして何か世の中によい事はないかと考えていた。第一番に思った事は、近所の長者どんの一人娘の聟になりたいということであった。ナゾにしたら長者どんの聟になるによいかといろいろ工夫をしたそのあげく、町へ行って赤い小提灯を一つ買い、また鎮守の森の八幡様のお宮に行って小鳩を一羽捕って来た。そうしてある夜それを持って長者どんの垣内《かくち》の氏神様の大杉の上に登っていた。

長者どんの檀那様は夜中に裏庭へ起きて出る癖があった。その夜も起きると、氏神様の大杉の上からこれやこれやと言う声がした。檀那様は不思議に思って、誰《だん》だと言うと熊吉は作り声をして、俺こそはお前の家の氏神だが、お前のとこの一人娘によい聟を授けべと思って今夜わざわざこの木の上に降《くだ》った。お前のとこの聟には隣の熊吉こそよいぞと言った。そして鳩の脚に小提灯を結び付けてばたばたと飛ばした。鳩は八幡様の森の自分の巣へ飛んで行った。

長者どんでは氏神様のお告げだからと言って、その翌日近所の世話好き婆様を頼んで熊吉の所にやった。婆様が隣の長者どんではお前を聟に欲しいというが、聟になる気はないかと訊くと、熊吉は俺のようなもんでもよかったら承知したと言った。そしてこんな男が長者どんの聟になって出世した。だから男というものは働くばかりが能でない。働きの男よりも量見《くばり》の男だということである。

（四番同断の四。）

四一番　悪い寡婦

ある所に、カバネヤミ（怠け者）の若者があった。毎日毎日ぶらぶらしてなすこともすることもなく暮していた。ある寡婦《やもめ》がそれを寄せつけて、道を歩く時は何でもいいから目についた物を拾って来るもんだと、悪智慧を授けた。言いつけられた若者は、往来から布切れや木屑などを拾って来て、寡婦の生計《くらし》の手助けをしていた。

ある夜、若者が若い女の屍を拾って来たら寡婦は、これはよい物を拾って来たと言って、死人の髪を梳《とか》してやったり、白粉朱《おしろいべに》をつけて化粧をさせ、こさっぱりと身仕度をさせてかそれを若者に担がせて、自分も樽《も》を持って一緒に酒屋へ行った。そしていいアンバイに死人を戸に凭《もた》せかけて置いて、申し申し酒《さけ》くんつアえと言い棄てて二人は家へ逃げ帰った。

酒屋の番頭は、お客かと思って戸を開けると、その拍子に樽を持った若い女が倒れて死んだ。あれアこれアことな事をしたと言っているところへ、先刻の二人がまたやって来て、にあれア大変だ、此方ではおら家《え》の嫁を殺したでアと言って難題を吹っかけた。何を言うにも自分の家の前で倒れて死んだので酒屋は理に詰まって、金を百両出してあやまった。寡婦と若者とはその金で喜び繁昌した。

（大正七年の頃、遠野町、佐々木縁子氏の手紙の中の五。ただしこの話は旧仙台領気仙郡地方に行なわれたものである。南部領仙台領とは昔話まで人情が違っている。この事はかなり面白い問題であると思っている。）

（この話のカバネヤミすなわち怠け者のことなども、南部ならばカラナキと言うはずである。報告者の母堂は旧仙台領の気仙郡の生れであった。）

四二番　夜稼ぐ聟

ある所に、非常にセッコキな聟があった。昼間は寝ていて、夜は遊んで歩く、何か仕事を言いつけると、かえって悪い事をするというようで、博打《ばくち》などばかり好きで、打って廻っていた。

ある時、舅が夜になって働きに行って来いと言うと、お寺の墓場へ行って死人を掘ッくり返して担いで来て、戸口に置いた。

翌朝、舅が、聟に、お前は昨晩、何を稼いで来たかと聞くと、昨夜の仕事は戸口にありますと言った。戸口へ行って見ると、一人の若い女の死骸があった。舅はその死人をよく洗い浄めて、髪を立派に結って美しく着飾らせて、駕籠に乗せて、あるお宮のお祭礼にかついで行った。そしてお宮の玄関で、その死人を出してオイオイと泣いていると、御参詣にお出でになった殿様がこれを見て、そのわけをたずねた。そこで舅が今日の御祭りに娘を連れて参詣に来たが、娘が玄関でつまずいて死んだので、こうして泣いていると申し上げると、殿様は不憫に思ってたくさんの金を与えて行った。

（雫石村の話、田中喜多美氏の御報告の分の七。）

四三番　偽八卦

ある所に大層悋気《りんき》病みなゴテ（夫）があった。いつも外から帰って来ると、おい見届けたぞ、今日は誰某《だれそれ》が来たなアと言うのが癖であった。それがまたよく当るので女房も呆れて、なに、この偽《うそ》八卦がと言っていた。

ちょうどその頃、仙台の殿様の金倉を破って千両箱を十箱盗んだ者があった。いくら厳しい詮議をしても泥棒が捕まらないので、殿様は近所近国によい八卦置きはないかと訊ねた。家来の者がいい八卦置きが南部の国にあるズ話で御座りますと申上げたら、そんだら一刻も早くその八卦置きの処へ行って八卦を置いてもらって来ウと仰せ出られた。そこで主立った家来どもが勢揃いをして、南部の八卦置きの所サぞろぞろとやって来た。ある日、偽八卦置き夫婦が家で話をしていると、表サ立派なお侍様達が駕籠に乗って、大勢どやどやと御座って、南部の名高い八卦置き殿は御在宅かと言って入って来た。夫婦は魂消てハイおりますと申し上げると、それでは申入れるが、今度仙台様の金倉から千両箱が十箱盗まれたによって、それでお前を頼んで八卦置いてもらうべエと思って、こうして吾々がお前を迎えに来たのだ、早く仕度をして俺達と一緒に行《あゆ》でケろと言った。女房はそれを聴いて驚いて、そだからお前が偽八卦など置かねばアええのにと悲しんだけれどもハヤ追ッつかないから、ともかく仕度をさせて、お前度胸をきめてしっかり八卦を置いて来もセと言って、夫を送り出した。偽八卦は迎えの駕籠に乗せられて、仙台のお城下指して連れて行かれた。

偽八卦の乗った駕籠が、南部と仙台との国境の五輪峠でしばらく一時《いっとき》の憩《やす》みをした。中《ちゅう》間《げん》や雲助どもは木蔭へ行って休みながら、アノ男はタダの八卦置きではなかンべえ、なんでも神憑《かみつき》に相違ない。アレが行ったらきっと金箱もオキ出されるに違いない。早く咎人のお仕置きを見物したいもんだと語り合っていた。それを聴いて頭のお侍は、偽八卦の駕籠の側へ寄って来て、ちょッとお前に折入って頼みたい事があるが、聴いてくれまいかと言った。偽八卦がそれは何だと言うと、侍は人払いをしてから、さてさて八卦置き殿やい、アレあの家来どもが今言うておる通り、お前が行けば殿様の盗まれた金箱も見現わされるに違いがない。そうするとこの俺の首も胴中さついてはいまい。そこでお願いだが、実は俺はその千両箱の在る所をチャンと知っている。そのうち一箱はお前が取り一箱は俺がもらって、あとの八箱はお前が八卦で当てたように見せかけて殿様サ返してやるべエ。どうだこの相談に乗る気はないか、もしも不承知なら、不憫ながら今ここでお前の生命《いのち》を俺がもらうベアと言うのであった。ソレを聴いて偽八卦は青くなって、よいからお前様の言う通りにすべエが、ほんだらその金箱がどこに匿してあると訊くと、お城の後の泥の中サ匿して置いたからという。そんだら俺がその通りに言うからよいと言うと、お侍はお前のおカゲで俺も助かると言って大層喜んだ。それから偽八卦を連れて勢いよく殿様のお城に乗り込んで行った。

偽八卦は仙台の殿様の御殿に行って、八卦をオイて、盗まれた金箱はお城の堀の中にあるが、十箱のうち二箱は既に人手に渡って西国に行ったので探しても無駄である。八箱だけ早く引き上げろと言った。殿様はもう少し早かったら十箱の金みんなを取り返せたのに、お前を頼むことが少し遅かった、それでも八箱あるならモッケの幸いである。シテその泥棒はどこの者でどうなったと訊いた。偽八卦は、それは今言う通り西国の大泥棒で今西国の方サ行っている。探しても無駄だと答えた。殿様はそれでは仕方がない、アトを取られないうちに早くその八箱を引き上げろと言った。そこで多勢の人夫どもが堀の中に入って探すと、いかにも金箱が八箱ソックリとしてあった。（二箱は前夜のうちに侍と偽八卦とが取り出して匿して置いたからなかった。）

殿様は大層喜んで、お前のような偉い八卦置きは世界中にアンべかなアと言って、礼に千両箱一箱を与えた。偽八卦は見たことも聞いたこともない金箱を二ツまでも持って小踊りしながら家へ帰った。そしたら嬶も喜んで、ソレ程お前は偉い技倆のある人とは思わなかったと言って、夫婦仲よく暮した。

（一番同断の四。）

四四番　御篦大明神

ある所に大法螺吹きがあった。あまり偽言《ぼか》ばかり吐き歩くものだから、世間では誰も相手にする者がなくなって、ひどく貧乏になった。法螺吹きもその事にやっと気がついて、これはいけない、俺も何とかして世間並の付合いができるようにならなくてはいけないと思って、改心して、村の観音堂へ行って、七日七夜のお籠りをした。そしてどうぞ観音様もうし、俺を世間並の真人間にしてクナさいと願った。

一夜二夜三夜とお籠りをして、七日七夜の満願の日の朝になったけれども、別段これぞという霊験《しるし》もなかった。そこで少々向っ腹で、ぶらぶらと御堂の前坂を下りて来ると、偶然に鳥居の下に赤い小篦が一丁落ちていた。ぜえッこんな物かと思ったけれども、いやいやこれでも何かの役に立つこともあるかと、それを拾って、ふところに入れて、またぶらぶらと広い野中を歩いて行った。すると急に裏心がさして来たので、路傍の藪蔭に入った。

そして用をすませてから何かないかなアと思って、腰のあたりを探ると、先刻の小篦に手が触れた。仕方がないからそれで尻を拭いた。するとお臀がいきなりこんな調子で鳴り出した。

オッポコ
コッポコ
すッてンねンジン
白楽源治のさんがんか
清水観音の六角堂の
鳴らば鳴れ鳴れ
タケッ
シッチリ
四五六ろッパイ
ガタビチ
ガタビチ

法螺吹きはひどく魂消てしまった。これはことだ。ナゾにするこったでエやい、と思ったがどうすることもできなかった。閉口して呆気にとられてその篦を見ると、その篦は片面が朱塗りで片面は黒塗りであった。これには何かわけがあることだべと思って、今自分が拭いた赤い方ではなく、裏の黒い方でテラリと撫でてみると、今までの大変な鳴り音がピッタリと止まってしまった。フフンこれは成程面白いものだと思った。

法螺吹きどのは、それを持ってぶらぶらと町の方へ行った。すると町端れにジョヤク馬(雌馬)が一匹、ざアざアと小便をしていた。そこで試みにその小篦で、テラッと馬の尻を撫でてみる。と、案に違わず、

オッポコ

コッポコ

すッてンねンジン

と、それが馬の尻であればなおさらどえらい音を出して鳴り渡った。小店前に腰をかけて、弁当の蕎麦焼餅を食っていた馬主は、飛び上って魂消て、ああこの馬が何に憑《つ》かれたべやい。事なことア起った、山伏法印様さ行って来なくてはならぬと、大騒ぎで狼狽《あわ》て出した。そこで法螺吹きは、何これしきの事でそう騒ぎなさんな、俺が直してやるからと言って、蔭へ廻って、例の小篦の裏の方でテラリと撫でると、ぴたッとその大きな鳴音が止まった。馬主はひどく喜んで、法螺吹きに酒を買ってお礼をした。法螺吹きはますますこれはいい物だと喜んで家に帰った。

法螺吹きと同じ村の長者どんに美しい娘があった。法螺吹きは、かねてその娘に惚れていたが、言いかける折がなくて、愁えていた。そして何とかして娘の聟殿になりたいものだと常に考えていた。

そこである夜、長者どんの雪隠《せっちん》に忍び入って匿れていると娘が小走りで入って来た。法

螺吹きは待ちかねていたので、物蔭からそろりと出て、娘の白い尻を小箆でテラリと撫でた。するといきなり、

オッポコ

コッポコ

すッてンねンジン

ガタビチ

ガタビチ

と鳴り出した。娘はひどく魂消て、おいおいと泣いて奥の座敷に駈け込んだ。それから娘の鳴物が一向止め度なく夜昼そう鳴り続けるので、お笑止《かし》がって、青くなって、座敷から一向出ハらなくなった。長者どんではそれで大騒ぎが持ち上った。型通り医者よ法者よと呼び寄せて手を代え品を代え療治をしてみたけれども、何の甲斐もなかった。仕方がないから門前に高札を立てて、この家の一人娘の不思議な病気を直した者には、何でも望み次第と言う文句を書きつけた。

その立札を見て、日々毎日《ひにちまいにち》、俺こそ、俺こそと言って、いろいろな人がやって来たが、誰一人として満足に行《や》った者がなかった。一家親類が寄り集まって、顔を集めて青息ばかり吐いていた。そこへ法螺吹きが行った。そして俺は表の高札の文句の事で来たのだが、娘様の病気を直して見せると言った。長者どんでは、来る者来る者きっとそうフレ込んで来るので、またかと宛《あて》にもしなかったが、表の高札の手前もあるものだから、ともかく、

そんだらと言って、法螺吹きを奥座敷に通した。

法螺吹きが奥座敷へ通って見ると、あたりに金屏風を立て廻し、大勢の法印や医者どもが詰めかけて、皆青い面をしていた。そして俺達でさえこの病気は直せぬものを、お前のような素人になんで直せるもんかという顔をして、じろじろ見るのであった。その態《さま》を見るとおかしくてならなかったが、我慢をして、娘の側に摺り寄った。そして周囲にさらりと屏風を立て廻させて、どこからも見えなくして置いて、娘の小さい尻を、小篦でテラリと撫でた。すると今まであんなに大鳴りをしておったものが、蓋をしたように、ぱたッと止まってしまった。娘は、あれやッ、おら直ったッと言って、踊を踊って奥座敷から駈け出した。長者どん夫婦も大喜びで、お蔭様だ、お蔭様だと言って小踊りをした。そこに控いていた者は面目玉をつぶしてしまって、こそこそと何時の間にか、皆逃げていなくなっていた。

こういうわけで、法螺吹き男は遂に長者どんの聟殿となって、えらい出世をした。それも何もかにもその小篦のおかげだというので、後でそれを神様に祀って、御篦大明神様と申し上げた。

(二番同断の五。)

(この話は拙著『紫波郡昔話』の中の(九九)にも「朱塗小篦、もんじゃの吉片噺その四」としてその類話を出して置いた。その方の話では、法螺吹き男に当るのが、モンジャの吉という博奕打ちになって居、石地蔵様と博打をして朱塗小篦を取ることになっている。そして娘の尻

の鳴りようも違う。これも人によってさまざまに聴き覚えているようである。私の母の語るのを聴くと、

ヒッチコ
ケエッチコ
トンゲエジイ
あいうちうちの団扇は
清水観音の御夢想だ
ドッチビチ
ドッチビチ

と鳴ったと言い、また村の字野崎の佐々木長九郎という爺様のは、こう語っていた。

ぶりつぶウつ大仏
スッポンベエチ
清水ノ観音堂の
六角堂の太鼓の皮にも
鳴らば鳴レ
鳴らば鳴レ
さくらくデッチの三貫かェ
ゴフクヤミにア

こッたんない
はくらくデッチのデッチデッチ
ドフンドフン
また村の大洞犬松爺様の話では、
清水観音ヤ
すてビんのウ
どんがらやいッ
どんがらやいッ
ベッチコ
ヘッチコ
と鳴ったと言う。私の『紫波郡昔話』参照。)

四五番　南部の生倦と秋田のブンバイ

ある時、南部の生倦《いきあき》だという看板を掛けて、方々を廻国する乱暴者があった。いつもかつも、ああ俺は生倦きた、生倦きたと言いのさばって押し歩き、誰《だん》でもええから殺されたい。はてさて俺を殺せる奴が、この世界中に一匹もいやがらないのかなア、どうだいと、天下を踏反《ふんぞり》かえってギシコイたてて威張って歩き廻っていた。しかしこの乱暴者には、どこでも誰一人として負かされぬ者はなかったので、ますます傍若無人になって、諸国を歩き廻ったあげく、遂に秋田の国まで行った。

その時、秋田に、ブンバイと言う剣術使いの達人がいた。そして生倦の傲慢を聞いて、世間には随分人を喰った大馬鹿者もあるもんだなア、いいから俺が一ついじめてケると言って、南部の生倦、秋田のブンバイがお前を殺してケルから、何時でも来うという立札を家の門前に立てて置いた。方々の国を廻ってそこに行き当った生倦は、ブンバイの立札を見て、ああ俺を殺してケルじ人もある風《ふう》だ。さあ早く殺されたい、俺は南部の生倦だと言って、そのブンバイの家へ行った。ブンバイはアアお前が南部の生倦か、俺は秋田のブンバイだ。俺が一つお前の命を仕止めてやるから安心しろと言った。すると生倦はそれでは尋常に勝負をして、お前に殺されたい。何日《いつ》がいいか訊くと、それでは明日この下の川原サ来う、そこで尋常に勝負すべえとブンバイは言った。

その日は朝から、川原サいっぱいに見物人が集まっていた。ブンバイは大刀を引ッつま抜いて身構えをして、さあ南部の生倦、かかって来うと言う。生倦は素手で何にも持たず、ただ川原に薪木を山と積んで、それに火をつけて、どがどがと燃やし始めた。ブンバイがさあ始めろッ、かかって来うと呶鳴ると、生倦は何時でもよいと言って、その燃え木尻《きにしり》をとって、相手目がけてプンプンと投げつけた。その術《わざ》のすばやいこと、とても人間業とは見えなかった。さすがの剣術使いの名人、ブンバイもとても及ばなくなって、しまいには眉間に燃え木を撲《う》っ付けられて、打《ぶ》ッ飛んで仰向けに転んで息が絶えてしまった。生倦も、その時は余程ひどかったものとみえて、燃え木を投げつけ、投げつけしてはいたが、遂に全身まるで火になって、これもやっぱり息が絶えてしまった。

(家の老母の話。)

四六番　島の坊

昔の話である。閉伊郡山田の関口の岩窟《いわや》の中に、どこから来たか一人の大入道が来て住んでいた。桐の御紋のついた鍋などを持っていて、誰言うとなく島の坊と呼んでいた。ある時土地の者どもが、坊の留守中に岩窟へ行って、鍋の中に糞などをして悪戯をして帰った。すると坊はひどく怒って、山田の町に下って来て放火をしたりして暴れ廻った。そこで捨て置けず捕手が差し向くと、坊は大きな棒を手にして一枚歯の高足駄を履いて、町屋の屋根などを自由自在に飛び歩き、その態《さま》はまるで神のようであった。けれども遂に衆人のために撲り殺されてしまった。

ところがそれからは浜に漁がなかった。誰言うとなく島の坊の怨霊の祟りだと言うようになって、大島という所に葬った屍体を掘り起して、大杉神社に移して祀った。後には専ら漁夫の神となった。

(これは山田町佐々木喜代治氏の談である。大正九年八月二十二日の夜聴いた。しかしこれはやはりトウセン坊系統の御霊信仰から出た譚であろう。今次に奥州に残っているトウセンボウの話の荒筋を記してみる。昔稗貫郡の高松の高松寺というに宗元という坊がいた。性来の愚鈍で、聖経を学んでもさらに一字一点も暗ぜない。宗元は一層のこと学問等は止して、別の道で、天下後世に名を挙げた方が近道だと思って、霊験無双の聞えの高い、寺内の観音堂に行って、私に天下無双の大力を授け給えと百日の願をかけた。すると満願の暁に観音様からいろいろな戒めがあったあげく、手毬の精なる物を投げてよこされたので、それを取って服すると思って、夢から覚めた宗元は、これはいよいよ俺は力を授かったのだなアと思って、試みに庭へ下りて、力足を踏んでみると、足は大地に一尺ばかりも踏み込んでしまった。

その後諸人と力を争うてみるが何人も宗元に勝つ者がなかった。方々の田の草相撲では宗元のために小脛を折られたり肋骨《あばらぼね》を摑み挫かれて死んだりする者が多く出るので、後には鬼元と言うて誰も相手にする者がなかった。

ここに三月二十五日は高清水の天神様の祭礼であるによって、年毎に方々の村々から諸人群集して押し寄せる。宗元も見物しようと出かけて行った。この辺は春が遅いから、ちょうど桃桜の花盛り、人々は喜びさざめいているけれども、宗元はもとより連れもないから、社の傍へ廻り人目を憚って、そこにある一抱えばかりもあろうと思われる桜の老木をやおら捻じ折り、地上に伏せてその上に悠々と腰をかけて、知らん振りをして向うの方を眺めていた。諸人はそれが宗元のわざだとは気が付かぬから、ハテ不思議なこともあればあるものだ。今朝までは何事もなかったこの木が、何故にかく折れたであろう、怪しい怪しいとて人々が大勢寄って来て、宗元のように木に腰をかけたり、若者や童子は花の小枝を折ろうとして、争って木にたかった。それを宗元は黙って見ていたが、いいかげんに人だかりのした頃を見計らってサラリと腰を外《はず》すと、その樹が元のように起き直るはずみに、その樹に取りついていた多くの人々は老若共に中天に打ち上げられて、礫のように吹ッ飛んだ。

万人肝をつぶして宗元の仕打を憎み憤ったけれども、鬼神のような男であるから、一人も手出しをする者がなかった。その様な事が度重なり自分の力を自慢しての悪業も積り積ったので、郷人に嫌われ相手にされなくなった。宗元もさすがに高松の居住が面白くなくなったので、一山に名を得た稚児《ちご》を一人盗み出して秋田の仙北へ立ち越えた。それからまた能登の石動《ゆするぎ》の山に行ってトウセン坊と名乗っていたが、そこにも永住ができず、越前の三国《みくに》の浦に行っていた。ここでもいろいろな悪業ばかりしていたので、里人はどうしてこれを除こうかと相談した結果、四月八日の花見に事寄せ、浜の者大勢が打ち連れて宗元を誘い出し、絶景な海岸の断崖の上の巌の上に登って、酒盛をした。かねての計画であるから宗元には皆でウント酒を飲ませて、千鳥足になった時分を見計らい、景色を眺める風をして宗元を巌頭に誘い出した。そして、宗元が何気なく海の景色を見ているところを、剛の者八人がかりでいきなり背後から不意を喰わせると、宗元は心得たりとて左右にそれらの人間を掻き抱いて海の藻屑と消え失せた。このトウセンボウの怨霊が、その入水した四月八日前後に北国の海面を吹き荒らすのだというのである。）

（吾妻昔物語、トウセン坊風の由来摘要。）

四七番　旗屋の鵺

昔、上郷村字細越《ほそごえ》、旗屋《はたや》という所に、鵺《ぬえ》という狩人《またぎ》の名人があった。この狩人には一人の娘があった。娘がある日家の窓際で機を織っていながら、時々機《ひ》を打つ手を休めては、独語《ひとりごと》を言ってケタケタと笑い、独語を言ってはケタケタと笑っていた。父の鵺はそれを見てこれには何かわけがあることと思って、物かげから窺って見ていると、一疋の小蛇が窓際に絡《から》まっていて、尾端をプルプルと顫動《ふりうご》かすと、その度毎に娘が笑ったり囁いたりした。鵺は彼奴の仕業だと思って、すぐに鉄砲を持って来て射殺した。そしてその屍を前の小川に投げ棄てた。

その翌年の雪消の頃になると、前の小川に今まで見たことのない小魚が無数に群れ集まった。あまりに珍しいので獲ったが、なんという魚だか名も知らないから、鵺は先祖から口伝えになっている呪《まじな》い事をして、それから茅の箸でガラガラと掻廻してみた。すると今まで魚とばかり見えていたものが、ことごとく小蛇に化《な》った。鵺は前の秋の事を思い出して、驚き恐れてそれを近くの野に持って行って棄てた。夏になるとその辺にまた異様な草が生えてひどく繁茂《しげ》ったが、その草を食った牛馬は皆死んだ。

＊

鵜はある日山へ狩猟に行った。そしてマタギの法のサンズ縄を張り、枯木を集めて焚火をしてから鉄砲を枕にして寝ていた。すると夜半にぱッちりと目が覚めた。何気なしに向うを見ると、一疋の小虫が自分の方に這い寄って来るのを見つけた。そこで鵜がその虫を取って外へ投げると、またすぐ這い寄って来たが、最初よりは少し体が大きくなっていた。鵜がまた取って外へ投げると、すぐに引っ返して這い寄って来た。その時にも先刻よりはずっと体が大きくなっていた。こういうことが五六度繰り返されると虫の体はずんずん大きくなって、既に手では取って投げられない程になった。

鵜も気味が悪くなったので起き上って、その虫を足で踏み潰そうとしたがなかなか潰れない。かえって踏む度に体が大きく伸びて、しまいには一間余りの奇怪な大虫になった。鵜もこれは大変だと思って鉄砲を取って撃《う》ったが、弾丸ははじけて少しも通らなかった。鵜は初めて恐しくなって、急いでそこを立ち退いて、家へ帰ろうとどんどん駈け出した。ところがもと来た路も変り山のアンバイも別になっていてひどく深山の中に迷い込んでしまった。仕方がないから、谷川に添うて逃げ下りたが、終いには山が立締《たてしば》って来たからこの辺で川を渡るべと思って川に入ると、水がひどく漲ってどうしても渉《わた》れなかった。さアどうしたらええかと思ってまた岸へ上って無理矢理に歩かれない所を歩いて行くと、幸いに大木が倒れて川に橋渡しになっているのを見つけた。それを渡る。鵜はこれを幸いとそこに一匹の白馬《あしげうま》が、ちょうど自分を待っているように立っていた。

馬に乗って家に帰った。そして家の門口で下りるとその馬が忽ち翻ってもと来た方へ駈け戻って行った。

鵺は怪虫におびやかされたのが口惜しくて、それから再三山に射止《しとめ》に行ったが、その時の姿《かたち》の山や川はもとより、自分が助けられた白馬にもとうとう出会わなかった。

＊

鵺がある時狩山に行って泊っていた。すると近くの大きな樹から光が射して、その側に一人の女が糸車で糸を紡っていた。これはてッきり狐か狸の仕業だと思って鉄砲で撃《う》っと、女はケタケタと笑って動かなかった。再三撃っても女はやッぱりケタケタと笑ってばかりいた。呆れてその夜は家に帰った。

翌朝鵺が親父《おやじ》に昨日の夜山《よやま》の事を話すと、そんな物には普通の鉄の丸《たま》で普通の射方では当らないもんだ。同じ鉄の丸でも五月節句の蓬、菖蒲にクルンデ込め、鉄砲の筒穴に草葉でも木の葉でも詰めて撃つとよく命中《あた》るものだ。なおそれでも魔物が平気だら取置《とっと》きの黄金の丸で打つより仕方がないと教えた。その外種々なことや秘伝を教わって、その夜またその山へ行った。するとやっぱり前夜と同様に大木から光が射して、その側で女が糸車をくるくると廻していた。父親から教わった通り五月節句の蓬、菖蒲にクルンダ弾丸《たま》を込めて打ったが、その女は一寸顔を上げてこちらを見たばかりで、やはりケタケタと笑ってばかりいた。こうなっては仕方がないから思い切って先祖伝来の秘蔵の黄金の弾丸を込めて、しっかり狙いを定めて火縄を切った。すると女はギャッと一声鋭く叫んで光も何もペサッと掻き消えてしまった。

翌朝夜が明けてから血の引いた通りに探し求めて行くと、ある岩窟《ゆわあな》の中に見たことのない怪獣が斃《たお》れていた。それを背負って来て父親に見せると、猿の経立《ふったち》とはこれのことなんだと言った。皮を殿様に献上すると、ひどく褒められたあげくに、鵺という名前をその時与えられた。

＊

ある夜鵺の夢枕に山ノ神様が現われて、これから東南《ひがしみなみ》の深山に大樹があるが、その朽穴に恐しい毒蛇が棲んでいる。俺が力を貸すから明日雷が鳴り出すのを合図に、機《とき》を逸《はず》さぬように鉄砲で打って殺せ、そうしてその山はこういうアンバイの山で、こういう風の樹木だと、その態《ありさま》まで、まざまざと告げられた。鵺は不思議な事もあればあるものだと思って、翌日夢のお告げのあった方角の深山へ行くと、木も石も果して夢に見た通りであった。その奥に恐しい大樹があった。あの樹の中にいるなと思って、物蔭に匿れて窺っていると、にわかに天が暗くなって、ガラガラガラと雷が鳴り轟いた。すると大樹が二ツに裂けて青い焔を吹き出すこと頻りであった。雷様が解《と》けたなと思う間に、恐しい大蛇が朽穴から躍り出た。昨夜の山ノ神様のお告げはこれだなと思って、鉄砲を撃《う》つと、弾丸《たま》は誤らないで大蛇の胴を貫いた。すると大蛇は猛り狂って、鵺をただの一呑みと躍りかかって来た。さすがの鵺もその勢いに怖れて逃げると、大蛇は大口を開いて後からどんどん追《ぼ》ッかけて来た。鵺はとうとう家まで逃げて来て門を締切ると、大蛇は垣根を乗越えて内へ入ろうとした。その時玄関から黄金《きん》の丸《たま》で大蛇の咽喉笛から頭を射貫いて首尾よく射殺した。その大蛇のろくろ骨を玄関の踏台にしてつい近年までその家にあった。

その山は今の気仙郡の五葉山であるとも、また閉伊《へい》の仙盤ヶ岳であるともいう。とにかく古来鬱気のために入った人は横死するといわれたこれらの山が、その後何事もなくなったと村人は語る。

＊

鵺がある時、片羽山の深沢の沼のほとりで狩猟をしていた。その日鵺は大きな十六枝の白い鹿を射止めた。そこで皮を剝ぐと、片側剝げば片側がもとのようにくっつき、片方を剝ぐと片方がまた元のようにくっついた。そして蘇生《いきかえ》って走せた。鵺はそれを追うて、今の死助《しすけ》権現の嶺まで追っかけて来てとうとう斃した。その鹿の眼玉は如意の珠という物であった。手に取ると忽ちにそこに葦毛の駒が現われたから、その背に乗って家に帰った。そして下りるとまた忽ちにその駒は山の方へ駈けて行って見えなくなった。

鵺はそれからマタギの事は何でも意の如くになった。この珠は代々この家の宝物であったが、大正五年頃の火事の時、どこへか飛んで行ってしまった。それからはやはり家運が昔日のようでないと村人は語る。

＊

鵺は仙盤ヶ岳に古鹿がいるということを聞いて、喜び勇んですぐ山へ出掛けた。そして神様に何卒この深山にいる古鹿を得させ給えと祈願して待っていたが、鹿の姿は見えなかった。仙盤ヶ岳の大石の上に登って毎日毎夜待って待って、ちょうど九百九十九晩、その石の上にいた。そうしてあたかも千晩目の真夜中頃に、えらい山鳴りと共に現われたのが、額に小松の生えたような十二枝の角《つの》のある大鹿であった。

鵺が狙いを定めて放った弾丸はたしかに手答えがあったが、鹿は倒れない、血を流しながら逃げた。鵺がその後を追いかけて行くと、山を越え谷を渡って、遂に一つの大きな嶺の頂上で倒れた。鹿が余り大きなために皮だけを獲《と》ろうと思って、皮を剝ぎかけると、今まで死んでいたのが立ち上ってまた逃げ出した。

鵺はまたその鹿を追い追い、今の笛吹峠の辺まで来ると、忽然として鹿の姿も足跡も掻き消すように見えなくなった。それで、これはただの鹿ではないと思って、その山の頂上に祠を建てて祀ったのが、今の死助権現である。

そして千晩籠《こも》った故にその山は千晩ヶ岳、鹿の片羽《かたは》を剝いだ山をば片葉山と称して、土地でのいわゆる御山《おやま》である。三山共に権現を祭った祠がある。

四八番　トンゾウ

鼠入《そにゅう》川の館石の分家に、佐平殿《どん》とて世の中のこともよく分った、衆人にすぐれて力も強いマタギがあった。ある日の夕方宮ノ沢という所へオキジシに出かけたが、その夜に限ってさっぱり鹿が寄らない。そのうちに、もう夜も明けて朝日も登ろうとする頃、家に帰るべエと思って、山を下って来たら、傍らのムズスから突然に真黒いコテエのような大きな物が飛び出して来た。

佐平殿はそれを見て魂消《たまげ》てしまった。鉄砲も何も向けられない程近づいたし、これア俺アこれに取って食われて仕舞うべエかと思ったら、急に怖《おつかな》くなって、腰の切刃《きりは》に手をかけて後尻退《あとしんざ》りしていた。ところがそのバケモンが人間のような大きな声を出して、俺アトンゾウだ。貴様俺を打ってみろ、打ったもんなら握り潰《つぶ》して仕舞アべアと吶鳴った。佐平殿はオッカナマギレに夢中で山から逃げて戻った。そうして考えてみると、今まで獣が物言うたのを聞いたことも見たこともない、どうも奇態なことだ、きっとあれア化物に相違ないと思っていた。

しばらくたってからまた横長嶺という所へオキジシかけに出かけた。長根の一本栗の樹のところで、オキを立てていたら、大きな大きな地揺ぎをさせて、どこからかその栗の樹目がけて飛びついて来た物があった。そしてその樹をブッコロバスほど揺りつけると、枝がばりばりとへシ折れて下に落ちた。佐平がよく見るとそれはこの前の化物だから青くなってしまった。トンゾウはまた大きな声で、貴様アよくもよくも先だってうちからこの山を荒しやがるなア、これから来てみろ、来たらば今度こそツカミ殺してくれッから、そう思えッと言った。佐平は怖くてたまらない。これから以来来ねアすケ、堪忍してくだンせえと言って、そのまままた家へ逃げ帰ったが、それからこの人は病みついて十日ばかりたつと死んだ。トンゾウとは何物であるか、ただコテエ（牡牛）のようなもので、そして飛ぶ化物だと言い伝わっているばかりである。

（陸中閉伊郡岩泉地方の話。野崎君子さんの御報告分の二。）

四九番　呼び声

タラギの右源太という人があった。下岩泉の下のカゲに鱒梁《ますやな》をかけておったので、毎夜水マブリに出かけておった。

ある夜も水マブリに行くと、ソウジボナイという沢の方から、大きな行燈《あんどん》に似た不思議な光物がブラブラと出て来た。そして自分の歩く一間ばかり前を、ユラリユラリとちょうど同じような合間を置いて飛んで行く。奇態なものもあるもんだ。これアヘタをするとダマされるか、カカられて殺されてしまうかも知れないと思って、用心していたが、別段そんなような模様もない。ただ足もとを明るくしてくれながら行く。右源太も怖れながらそのアトについて行くと、やがてカゲに着いて梁場へ下りる細道に入った。するとその火塊《ひだま》はツツと飛び方を速めて遠くへ消えて行った。気味は悪かったが、これアお蔭で助かったと、一晩げえ梁場を守《まぶ》って翌朝家に帰った。

その次の晩からは先祖伝来の銘刀を腰に打ち込んで梁場に行った。ある夜水際で火を焚いて守っていると、夜ふけにカゲの山から、ホイホイと呼ぶ者がある。この夜ふけに不思議だナ、ゾウヤこれア俺を呼んでいるベエが、もしかしたら化物ではなかんべエかと思って、腰の刀に手をやって握り締めていた。向い山からは頻りに、ホイホイと呼ぶ、しばらくたってその呼び声が止んだと思ったら、今度はとても大きな声で、

銘はあるにはあるが

手のうち三寸に疵《きず》がある

と三遍繰り返して叫んだ。これアいよいよ奇態なことだ。銘はあるにはあるが手の内三寸に疵がある……きっと俺の刀を見て言うのだろうか、一体何物だべエと思ったら、とても怖くて、すぐに大急ぎで家に帰って来た。そして思いついて刀を抜いて検べてみたら、なるほど鍔際から三寸ばかりの所に刃こぼれがあった。これは俺もさっぱり知らないでおったのに、よくもこれを見すかしたもんだ。あれはきっと化物だと言って、その翌夜からは一人では梁場に行かなかった。

五〇番　糸績み女

鼠入《そにゆう》に卯平というマタギがあった。殿様の前でもこの卯平は、世の中のことで知らない

ことはない、また俺の思うことで何でもできないことはない、ただ惜しいことには天を飛ぶことばかりがまだできないと豪語して笑われたという人物であった。

この卯平マタギが友人の川台の小作マタギという人と二人で、松格岳《まつかく》へ鹿打ちに出かけた時のことであった。二人が山小屋に泊っていると、ある夜の夜ふけにどこからか若い女が出て来て、小屋の炉に燃えている火を盗んで、すたすたと山を登って行った。

二人のマタギがこれは怪しいゾと話をしていると、小屋から見える向うのソネに火が燃え出した。見ると先刻の女が座《ねま》って麻糸なオンでいながら、度々小屋の方を向いてニヤリニヤリと笑っていた。

卯平は小作に、お前アレを打ってみろと言った。小作がその女を狙って鉄砲を打ったが、幾度打ってもその都度ただこちらを向いてニヤリニヤリと笑うばかりで、少しも手答えがなかった。卯平はそれでア分《わか》んねえ、あの女でなく横の績桶《おむけ》を狙って打ってみろと言った。績桶を打つと火も女もペカリと消えてなくなってしまった。

翌朝そこへ行って見たら、大きな木の切株のような大きな古狸が死んでいた。

（前話同断の四。）

五一番　荒滝の話

青笹村に荒滝という力士があった。子供の時から小力が強くて、村の祭場などでは常に角力の大将になっていた。そして方々のスバ（角力場）を踏んで歩き廻ったが、どの村へ行っても荒滝に勝つ者がなかった。そこで俺は余程の大力なんだなアと思った。

荒滝はますます大力になりたいと思って、遠野郡での御山（高山）六角牛山《ろっこうしさん》に願をかけて、冬の雪山を、裸体《はだか》で素足《はだし》で毎夜お山かけをした。雪山はいつも腰きり深かったが、精神をこめていたから体には少しも障らなかった。ある夜、常のように御山の御頂《ごてん》へ行って、御堂の内で一生懸命に拝んでいるとこの山の主の若い女の神様が現われて、片肌を脱いで白い乳房を出して飲ましてくれた。それからは毎夜神様が乳を飲ましてくれた。この山の神様は他の石上山、早池峯山の山々の女神達と御姉妹で、その中の一番の姉様であった。荒滝に逢う時には大変黒い長い髪を引いておった。

荒滝はどんな強敵に出会っても、土俵で六角牛山の方を向いてジダシブミ（四股）をすると、必ず勝ったという。ある年その当時江戸相撲で横綱の日ノ下開山秀之山という角力取りが来たことがあった。その時荒滝は飛入りに入って秀の山の一番弟子を難なく負かしてやった。そして土俵を廻って降《お》りようとする時、秀の山が立って来て、どうもお前はよい体格《からだ》だなアと言って背をそッと撫でた。ただ撫でたように見えたのだったが、その実は荒滝の肋骨《あばらぼね》が二三本折られていた。それから病気になってとうとう死んだ。まだ生きている老人で、この人を覚えている人たちもある。七十年ほどばかり昔のことでもあろうか。とにかく遠野郷ではそれから荒滝という角力名を禁じている。

（故郷の伝説であるという点で採録する。あえて珍しい譚ではないが、彼の秋田の三吉神の話等を思い起させる。彼の山ノ女神と里の男との関係を話した赤子抱きの話などを参照してみて下さい。）

五二番　扇の歌

ある所の、ここならば八幡様のような大きなお宮の秋祭礼《まつり》を見に、美しい和公《わこ》様が行くと、五六人のお伴を連れた美しい姫《あね》様から一本の扇子をもらった。その扇の表には、

吹けば飛ぶ
吹かずば飛ばぬへの国の
千本林を右手《ゆで》に見て
ヒイロロ川に架けたる
腐れの橋を渡って
たずね御座れや……

という文句の歌が書いてあった。若者は扇子の歌が何のことだか解けなかった。そしてそれをくれた姫様の美しい顔や姿が目にちらついて、どうしても忘れられないので、その姫様の家を尋ねて旅に出た。そして二日も三日も旅を続けて行ったが、どこの里の長者の姫

様だか少しもわからなかった。するとある日六部に逢ったから、扇を出してその歌の意解きを頼むと、六部はそれを読んで、これはこうだと教えてくれた。すなわち吹けば飛ぶ吹かずば飛ばぬへの国とは、糠部の郡で、千本林とあるからは、それは竹林のことであろう。そしてヒイロロ川とは鳶川《とびかわ》で、腐れの橋とは勿論石の橋である。そこの長者どんのお姫様であると解いてくれた。若者はそこを尋ねて行った。けれども身分の相違や何かでどうしても名乗り出ることができないので、長者どんの門前を行ったり来たりしていると門前の小さな家から婆様が出て来て、これこれお前様は何して朝からそうして、何度も何度もそこを行ったり来たりしてい申セやと声をかけた。若者が私は何か仕事をしたいが何かないものやらと言うと、婆様はそれはちょうどよい所だった。実は前の長者どんでこの頃、竈の火焚き男をほしいと言っていたが、お前がやってみる気はないかと訊いた。若者は俺は何でもよいから是非頼むと言うと、婆様はすぐに長者どんへ行って話をきめて来てくれた。若者は長者どんの竈の火焚き男に住み込んでから、ナゾにかして姫様の姿を見たいものだと思ったが、なかなか見る時がなかった。ある時、門前の婆様に訊くと、長者どんには確かに美しい姫様があると言った。その姫様を一目見たいと思うけれどもそれもできない。何もかにも時節を待つより仕方がないとあきらめて、一生懸命に働いていた。昼は竈の火を焚き、手《て》面目《づらめ》面《づら》に真黒く炭を塗って働いていても、夜になれば人仕舞いながら湯に入って、髪を上げて、自分の室に引籠って書物を読んでいた。ある夜長者どんのお姫様が遅く厠に起きると、珍しくも下男部屋から燈影《あかり》が見えるので、何をしているかと思ってそっと忍び寄って、戸の節穴から内を覗いて見ると、いつか秋の祭礼で見てからというものは片時も忘れたことのないどこかの和公様が其室《そこ》にいた。姫様は魂消て自分の座敷へ戻って来ると、そのまま病気になってしまった。

長者どん御夫婦は、娘の病気が何だかは知らないから、大層心配して、ありとあらゆる医者や法者を呼んで見せるが、少しの験《けん》もなかった。ところが門前の婆様が来て、お姫様の病いは医者でも法者でも直らない。館中の多くの召使いの中に、思う人があるから、その人と夫婦にすればよいと言った。長者どん御夫婦は娘の生命《いのち》には何事も替えられないから、そんだら早く多くの召使いの者どもに娘の機嫌を伺わせてみろと言った。そして七十五人もあった男どもに、一人一人湯に入れて髪を上げさせて、奥の座敷へ姫様の御機嫌伺いに出させた。

七十五人の下男共は、俺こそはここの長者どんの美しい姫様の花聟になりたいと、湯に入って顔を洗い、奥の姫様の寝ている座敷に、しょナくナめかして行って、お姫様もし、おアンバイはいかがめされましたと言っても、姫様は脇面《そつぽ》向いたきりで返事もしなかった。入れ変り立ち変り一人一人、お姫様もしおアンバイはいかがめされましたと、行くが、誰一人として返事をかけられた者はない。そうして遂に七十五人の者が七十四人まで行ったけれども、誰もかれも見向きもされない。返事をかけられた者もなかった。次のお座敷にひかえていた長者どん御夫婦は、これでも分らないかと思って大層心配していた。そしてもうあとには誰もいないかと訊くと、あの竈の火焚き男の外には誰もいない、あの竈の火焚き男を出したなら、かえってお姫様のおアンバイがワリくなるべエと答えた。すると門前の婆様がいやいやそうではない。是非あの男も出せと言った。そこで竈の火を焚いていた男を風呂に入れて、髪を取り上げさせて、お姫様の座敷に伺い出ろと呼び出した。

竈の火焚き男は風呂に入って、髪を取り上げて、静々と座敷に入って来た。それを見ると、見たことも聞いたこともないほどの美男であった。若者は奥の姫様の座敷に行って、屏風の蔭から、お姫様もしおアンバイはいかがで御座いますか言うと、姫様は顔を真赤にして、お前様はどうしてここに来ましたと訊いた。若者はお前様を見たいばかりに永い旅を続けて来て、かくかくの苦労をしていると物語った。それを聴いて姫様は初めてにかにかと笑った。

長者どん御夫婦はあれだあれだといって喜んで、その和公様と姫様はめでたく夫婦となって孫繁げた。

五三番　蛇の嫁子（その一）

ある所に長者があって、美しい娘を三人持っていた。ある日ツボマエ（庭）を眺めていると、池のほとりで蛇がビッキ（蛙）を呑むべとしていた。蛙が苦しがって悶いているので、長者は見るに見かねて蛇々、そのビッキ放してやれ、その代り俺に娘ア三人あッから、その中の一人をお前のオカタ（女房）にけッからと言った。すると蛇は呑みかけた蛙を放して、草叢の中へするすると入って行った。

翌朝になったが、長者が朝飯時になっても起きないので、娘どもは心配して、一番上の姉が父親の寝床に行って、父《とと》な起きて飯食《ままた》べてがんせと言うと、父親は、起きて飯食うこともいいが、実は俺は蛇さ娘一人をオカタにやることに約束した。汝《うな》行ってくれないかと言った。娘はそれを聞いて誰ア蛇などのオカタに行く者があるべ、俺ア嫌ンだと言って、ドタバタと足音を立てそこを去ってしまった。

その次に二番目の娘が父親を起しに行ったが、その事を聞いて、やっぱり姉と同じく、誰ア蛇などの嫁に行く者があるもんだえと言って、足音荒く枕元を立ち去った。その次に三番目の娘が父親を起しに行ったので、父親は蛇に娘一人を嫁にやる約束をした話をすると、娘はそれでは俺が蛇のところへ嫁に行くから、はやく起きて御飯をあがってがんせ。そのかわり俺に縫針千本と、瓢箪《ふくべ》さ水銀一杯を入れてケてがんせと言った。父親は喜んで起きて御飯を食って、それから縫針千本に瓢箪や水銀などを買いに町さ行った。

その日の夕方、蛇は羽織袴で、立派なお侍様になって玄関に来て、昨日お約束した娘を一人嫁にもらいに来たと言った。そこで三番目の娘は赤い絹子小袖《きんここそで》を着て、縫針千本と水銀の入った瓢箪を持って、その男の後について行くと、男はずっとずっと奥山の深い渓合《たにあ》いの沼のほとりに行って、娘に、ここが俺の家だから入れと言った。娘は入ることもよいが、この瓢箪を水の中に沈ませたら入ると言って、沼さ瓢箪を投げ入れると、それを沈ませべえとして、聟殿が一匹の大きな蛇の姿になって、沼に飛び込み、噛み沈めようとした。瓢箪はなかなか沈むどころか、チンプカンプと水の上をあちらこちらへ浮び踊り廻った。すると沼の中から大勢の蛇どもが出て来て、瓢箪を真中にしてグレグレめかした。その時娘は縫針千本を、バラリ、バラリと水の上に撒くと、鉄の毒気が蛇の体に刺さって、それほどの多くの蛇どももみんな死んでしまった。

娘はそうして蛇の難をばのがれたが、夜ふけの奥山なので、どこへ行ってよいかわからなくて、泣きながらとぼとぼと歩いていると、遥か向うの方にペカペカと赤い灯《ひ》の明りコが見えた。あれあそこに人の家がある、あれを便りに行くべと思って行って見ると、一軒の草のトッペ（結び）小屋があって、内に一人の婆様がいた。その婆様は大層親切に泊めてくれた。そしてその翌朝、お前様がそんな美しい姿《なり》をしていては、この先難儀をするから、これを着て行けと言って、今まで自分が着ていたツヅレ衣物を脱いで着せて、娘の赤い衣物をば笹の葉につつんで背負わしてくれた。そしてこの婆々は実はお前様の父親に先だって助けられた蛙だ。この後も、さし困った事があったら、俺の名前を呼べ、そしたらどこにいても必ず行って助けてあげると言った。

娘は蛙の婆様からもらったツヅレ衣物を着ると、蛙の婆々と寸分違わぬ齢寄《としより》の汚い姿になった。そして婆様から教わった通りの路筋を通って谷を下りて行くと、山々にいる鬼どもが、あれあれあそこを人間が通る。よい酒の肴だと言って集まって来た。するとその中から一人の鬼が、何だあれはこのカッチの古蝦蟇《がま》だ。とても小便臭くて食われた品物じゃないと言って笑いながら、またどやどやと戻って行った。また行くと今度は大きな川があった。困ったと思ってその岸にウツクダマッテ（うずくまって）いると、そこにもまた山の鬼どもがどやどやと来かかって、あれアここに見慣れない石がある。力較べをすべえと言って、取ってブンと川向うに投げ越して行った。そこで娘は無事に川を渡って里辺に出て行った。

里辺に出て、大きな館の前まで来て佇んでいると、その家の門から一人の男が出て来て、婆様婆様お前はどこから来たか知らないが、この家の釜の火焚きになってくれないか、この家の釜の火焚き婆様が急に家さ帰ったので、俺が今人頼みに行くところだと言った。娘は言われるままに、その家の釜の火焚き婆々になった。そして夜昼蔭日向なく立ち働いた。夜になるとそっとツヅレを脱いで、笹葉に包んだ絹子小袖を出して着て、皆が寝静まると書物を読んでいた。

ある夜、長者の和子様が手水に起きると、火焚き婆様の室から灯影が洩れているので、不思議に思って隙間から窺いて見ると、とても美しい娘が立派な衣裳を着て、書物を読んでいた。それから毎夜夜中に起き出て、娘の室を隙見していたが、遂に恋の病となって床についてしまった。

そんなことは何にも知らない長者夫婦は、大事な和子の病気に魂消て、毎日毎日医者よ法者よと大騒ぎしたが、少しも利き目がなかった。そうしているとある日、門前に八卦置婆様が来た。困っている時だから、早速呼び入れて、和子の病気を卜《うらな》ってもらうと、これは召使いの者についての恋の病であるから、その者と夫婦にすればすぐに直ると置いた。そこで明日といわずすぐに七十五人もある下婢下女を一日休ませて、湯に入らせ化粧させて、一人一人和子様の座敷に御機嫌伺いに出したが、誰が行っても一向見向きもせず、頭を振るばかりであった。七十五人の召使いが七十四人まで行って、残ったのはたった一人釜の火焚き婆様だけになった。女子どもは笑って、俺達が行っても和子様は見向きもしてくれない。どうだ火焚き婆様が行って、この家の花嫁子になってはと言って、肱突き袖引きをした。釜の火焚き婆様の娘が遠慮していると、長者夫婦はたとえ何であろうとて婆様も女だ。和子の生命には替えられないから、婆様も早く仕度して和子のところに行ってみてくれと言った。そこで娘は一番後から湯に入ってお化粧して、笹の葉つつみから赤い絹子小袖を出して着て、静々と座敷へ通る姿を見ると、皆は魂消て開いた口が塞がらなかった。和子様のお座敷に行って、和子様の枕元に膝をついて、和子様御案配《ごあんばい》がいかがで御座りますと言うと、和子様は初めて顔を上げて、ニコニコと笑って、話をして一寸も娘を自分の側から離すべとはしなかった。そうして和子の病気がけろりと良くなった。長者夫婦も大喜びで、すぐに婚礼の式を挙げて七日七夜のお祝いをした。

(私が子供の時の遊び友達のハナヨという娘から聴いた話。この女は早く死んだが、不思議にも多くの物語を知っていた。今思い出すと百合若大臣の話なども完全に覚えていた。私の古い記憶というのは大凡この娘から聴いたものであるらしかった。

田中喜多美氏の話集にもこの譚があった。『紫波郡昔話』にある譚とほぼ同じであった。ただ蛇の嫁子が、蛙の婆様から姥皮のほかに浮靴というものをもらっていて、その靴で谷川を渡ったというのが異っていた。）

（その二）

ある山里に美しい一人娘を持った爺様があった。この爺様は前田千刈後田《うしろた》千刈の田地を持っていた。その田に水が一滴もないようなギラギラ旱続《ひでり》きで、爺様は毎日毎日田圃に出て見たり、天を仰うで見たりしていたが、田の苗はだんだんと枯れて行くばかりであった。旱なので遂に思案に余って、近くの山の谷合にある大沼に行って、何の後前《あとさき》の考えもなく、ただただ田に水をかけたいばかりに、実際恐しい頼み事をその沼の主にしてしまった。主殿《ぬし》主殿お願いだから、俺の二千刈の田に水を引いてくれぬか、もしこの事が叶ったら俺の可愛い娘をお前の嫁にやるから、どうか俺の田にばかりでもいいから、雨を降らせてくれと言うと、その晩方から空が一ペンに曇って大雨がザアザアと降り出した。そして一夜のうちに爺様の田にばかり水がタップリと湛《たま》った。

爺様はそれを見て一方では喜び一方では大層悲しんで、娘の座敷へ行って、昨夜自分の持田にばかり雨が降って水が湛った事のわけを話し、どうか可愛想だがお前はあの沼の主殿の所へお嫁に行ってはくれぬかと言うと、平素《ふだん》から親孝行である娘であったから、厭な気もなく返辞をして、ではお父様の言うことだから行きましょう。だが私に瓢簞千個に小刀千丁、これだけ買って来てくださいと言うので、爺様はすぐ町へ行って言う通りの品物を買って来た。

そうしているところへ表玄関に立派な若侍が傘をさしてやって来て、お頼み申す、お頼み申す、約束の娘さんを嫁にもらいにまいりましたと言った。娘は瓢箪千個、小刀千丁を持ってその侍に連れられて山奥の大沼のほとりへ行った。するとその男は、娘にここが我が家だから入れと言うので、主殿主殿私は入ってもよいが、その前にこの瓢箪を沼の底に沈めさせ、この小刀を水の上に浮べてくれたら何でもお前の言う通りになりますと言うと、侍は大きに喜んで、その瓢箪を沈めよう、小刀を浮べようとあせっているうちに、段々本性を現わして大蛇となり、一生懸命にグレグレめかして働いたけれども、遂に瓢箪は水の中に沈まず、小刀は水に浮ばず、自分は疲れきって苦悶したあげくに死んでしまった。

(秋田県仙北郡角館町、高等小学一年生の鈴木貞子氏の筆記摘要。昭和四年頃。武藤鉄城氏御報告の分の四。)

五四番　蛇の聟(その一)

ある山里の家に一人の美しい娘があった。齢頃になると毎夜どこからとなく美しい若者が通うて来るようになった。母親はそれに気がついて心配して、毎夜お前の室に話声がしているが、誰か来るのかと訊いた。娘は先だってから毎夜どこの人だとも分らない人が来るが、名前も所もどうしても話さないますと言うと、母親はそれでは今夜来たら、その男の衣物の襟に縫針を刺してミズ（糸）を長くつけておけと教えた。娘はその通りにした。

翌朝起きてみると、昨夜帰って行った男の衣物の襟に刺した針のミズが障子の穴から通うて外へ引かれ、そしてどこまでもどこまでもずっと長々と引かれてあった。娘は怪しんでそのミズ糸の通りにどこまでもどこまでもその跡を求めて行ってみた。

その糸は奥山の岩窟の中に引き入れられてあった。その岩窟の入口には格子戸が立っていてなかなか入れなかった。中には何者かがうんうん苦しそうな唸り声を出していた。娘が、俺ア来あんしたと言って訪れると、中からいつもの男の声だけして、ああお前が来たか、お前がくるべえと思《も》っていた。俺は今大変な負傷《けが》をしているからお前に逢われない。今日は黙って帰れ。そしてもう二度とお前には逢われないスケこれが縁の切れ目だと言った。娘は悲しくなって、俺アどんなことアあっても魂消《たまげ》なえシケ話すとがんせ。そしてもう一遍どうか顔見せてがんせと言うと、男はどんな事アあっても魂消んなと言って顔を出した。すると昨夜衣物の襟だと思って刺した縫針が、大蛇の眉間に刺さって顔が血みどろとなっていた。大蛇は、俺はこんなになってしまったが、一向お前を怨まない。それどころかお前の腹に宿った子を大事にして生んでくれ。きっと偉い者になるべえシケにと言って命《め》を落した。

（昭和五年七月二日夜。野崎君子氏の談話の五。下閉伊郡岩泉地方の譚。）

（その二）

昔、タカバタケという所に一軒家があった。夫婦の中に美しい娘が一人あった。ある時両親が親類のところに御法事があって行っている留守の間に、娘がただ一人で麻糸《あさ》を紡んでいると、そこへ立派なお侍様が、いたかと言ってひょっこらと入って来た。そしてじェじェお娘と声をかけて、笑い小立てて側へ寄って来た。娘が返辞もしないでいると、とうとう炉傍に上って来て、娘の帯を解くべとした。娘は魂消たが、どうもそのお侍様の様子が変なので、ハリ（縫針）にミズ（糸）を通してそっとお侍の気のつかぬように袴の裾に、それを深く刺し通した。するとお侍は顔色を悪くしていたが、間もなく娘の側を放れて立ち去った。

親類の法事から両親が帰って来ると、娘が青い顔をしてしおれていた。なにしたと訊くと、娘はお前たちのいないところへ、どこかの立派なお侍様が来たった。それでおれがその人の袴の裾にミズを突刺してやったと言った。それで父親は翌朝、ミズ糸の通りどこまでもとめて行って見たら、裏の藪の中に大きな蛇が脳天に止目《とどめ》を刺されて、転び廻って苦しがっていたが、間もなく命《め》を落した。

（タカバタケ、岩手郡西山村大字長山のほとんど中央部の野原で、今の小岩井農場の域内である。昭和二年十月十六日。大坊直治御翁報告に拠るもの一。）

（その三）

近年、遠野町の某という侍の家に美しい女房があった。夫が江戸の方へ行って留守のうちに、どこからか知らぬが、見たことのない美男が毎夜通って来た。その女房がよくよく考えてみると、どうもその男の通うて来るのに戸障子を開け立てする様子は少しもなかった。ただ寝室から庭前に向った縁側の障子の穴が濡れているだけであった。女房が毎夜のように、お前様はどこの人で、私の許にどこから忍び入って来ると聞いても、なんとも返辞をしなかった。その上にその男は毎夜来て泊っても物一言も言わないのが不思議でならなかった。

女房はかねて聞いていたことがあるものだから、ある時男の知らないように、その衣物の裾に縫針にミズを通したのを突き通してやった。するとその男はいつもの障子の穴から出てずっと庭前にその糸を引いて行った。そして庭の片隅のマダノ木株の穴に入って、中でウンウンと唸って苦悶している様子であった。そして夕方にはその唸り声も聞えなくなった。掘ってみると穴の中には大きな蛇が眼に針を突刺されて斃れていた。

後で気がつくと、その蛇《ぬる》は、女房が毎夜腰湯をつかって、その盥の湯をこぼさないで縁側に置くのに体を浸して温めてから入るのであった。

（大正十四年の冬頃。遠野町、岩城氏談の中の一。）

（その四）

ある所に美しい娘があった。齢頃になると毎夜どこからともなく名も知らぬ美男が通うて来た。毎晩娘の室から睦まじそうな話し声が洩れるので、両親は心配して障子の隙穴から覗《のぞ》いて見ると、美しい若者が来ているが、どうも様子が変っていた。そこで娘にこの次に来たら何かで試してみろと言いつけた。

その次の夜、娘は炉に鍋をかけて豆を炒っていた。そこへ男が来たから、おれは裏さ行って来るから、お前がちょっとこの豆を炒っていてケてがんせと言って、裏の方へ立って行った。そうして裏口の障子の破穴から覗いて見ていると、その美男は一疋の蛇になって、釣鉤《つりかぎ》にからまって尾《おつぺ》で鍋の中の豆をがらがらと掻き廻していた。娘はそれを見て魂消て母親《おふくろ》に言って聞かせた。すると母親はそれではええから黍団子をこしらえて食わせてみろと言った。娘は今夜はお前にご馳走するからと言って、黍団子をこしらえて食わせた。すると男は食っていたったが、今夜は俺は急に腹が痛くなったと言って、泊らないで出て行った。

その翌朝娘の父親は、はてあの蛇はどこに行ったべと思って、家の周囲《ぐるり》の土を見ると、土に何かのたうち廻ったような跡がついていた。それからずっと棒切でも引張ったような跡がついておったから、それをとめて行くと、裏のマダノ木株の根もとの穴の中に大きな蛇がのたうち廻って苦悶していた。それを鎌でジタジタに切り裂いて殺した。それからは娘のもとに美男が通って来なくなった。
(母の話。私の古い記憶。)

五五番　蛇息子

閉伊ノ郡に刈屋長者という長者があった。ある時ツボマエで一疋の蛇を叩き殺したら、三ツに切れて死んだ。長者には子供がなかったがそれから間もなく妻女が懐妊した。今まで欲しい欲しいと思っていたのだから、その喜びようはなかった。そのうちに月が充ちて、玉のような男の子が生れた。それから年々通し子に先にもまさるような美しい男の子を二人生んだ。男の子ばかりの三人兄弟だものだから、長者はなんぼか心丈夫に思って大事に育てていた。三人の兄弟はまた類のないほど仲が良かった。長者夫婦も非常に喜んでいると、総領が二十歳の時に死んだ。それからは続けて二十歳になれば子供が死に死にして、遂に三人とも亡くしてしまった。

長者夫婦はそれをひどく泣き悲しんで、どうしても亡くなった子供の事は忘れられない、忘れられないと言って嘆いていた。すると旅の六部が来て、田名部の恐山にお詣りをすると、死んだ子供等の姿が見えると言った。そこで長者は身上を皆売って、妻を連れて恐山詣りに出かけた。

恐山に行って、お上人様にかくかくの訳であるから、どうぞ子供等の姿を一目なりとも見せて下されと、願ったら、お上人様はそれでは見せてやるが、姿を現わした時、少しでも声を出してはならぬ。そして儂《わし》の衣の袖の下から顔を出して見ていろと言った。そしてお上人様がお経を上げ始めると、遠くからにぎやかな音が、だんだんこちらに近づいて来るのであった。いよいよ須弥壇の所まで来て、壇をぐるぐると廻るのは、懐かしい吾子三人であった。夫婦は初めのうちは、お上人様の衣の袖の下から黙って見ていたが、あんまり懐かしさに、思わず知らず子供等の名前を呼んだ。すると忽然と三人の姿が一ツになって大きな蛇に化《な》った。そしてその大蛇が、長者殿実は俺等はお前に殺された蛇である。それでお前だちの子供に生れ変って讐を取ろうと思って、天を探しても地を分けても草葉の露ほども子種とてないお前だちの子供として生れたのだが、お前だちにあんまり大事にされるので、俺等の本望を遂げかねたのが口惜しいぞやと言って、ペカッと消えてしまった。

(閉伊郡橋野通にあった話。菊池一雄氏御報告の分の一。)

五六番　母の眼玉

ある山里に、ひどく仲の良い夫婦があった。別段何の不自由なこともなく暮しておったが、ただ夫婦の間に子供のないのが不足だった。そのうちにあれ程丈夫であった妻がフトした風邪がもとで死んでしまった。

夫は泣く泣く野辺の送りをすませた。けれどもそれからは全く気が抜けたように、ぼんやりとして月日を送っていた。するとある日のこと、どこから来たのか、若い美しい姉様が来て一夜の宿を貸してクナさいと頼んだ。男も淋しくていた時だから、入って泊ってもよいと言った。その晩女は泊って、翌朝になったが立って行くフウもなく、いろいろと家の仕事をしていた。その翌日も女はそうしているので、いつの間にか二人は夫婦になってしまった。

月日はたって女は懐妊をしたと言った。やがて生み月になった。女が夫に言うには、妾のお産の時には囲いを造ってクナさい。そして妾が産の紐を解いて出て来るまで、産室の中を決して決して覗いて見ないでクナさいとくどくどく言って頼んだ。夫はそれを承知して、にわかに囲いを造ってその中に女房を入れた。女はなおも繰返し繰返し決してこの内を覗いて見てクナさるなと念に念を押して産室に入った。

男は初めのうちは女の言うことを聴いて産室の中を見ないでいたが、一日たち二日たちするうちに、どうしても内の様子が心配でたまらず、ハテ女房は今頃は子供を生んだか、それとも病んで苦しんでいるのではないかと思って、女には決して気づかれないように、コソッと忍び寄って行って、静かに囲いの板の小さな節穴コからそっと内の様子を覗いて見た。すると中には一疋の恐ろしい恐ろしい大蛇が赤子を真中に置いてとぐろを巻いていた。それを見て男はあまりの恐ろしさに思わず声を立てようとしたが、否々ここで心を落着けなくてはならぬと思って、なおまた例えどんな魔性の物だとはいえ、一度は夫婦の契りを結んだものだもの、ああ俺は見ては悪い物を見てしまったと後悔して、そのままそっと足音を立てないようにして母屋の方に引ッ返して来て黙っていた。

そのうちに七日の枕下げも過ぎたから、女は囲いの中から綺麗な男の子を抱いて出て来た。そしてしばらくさめざめと泣いていたが、妾はお前と末永く夫婦の契りを結びたいと思って子供まで生んだが、もう今日きりこれで別れねばならない。どうしてお前はあれ程見てくれるなと頼んだ産室の中を覗いて見たかと嘆いた。それでお前に妾の本体を見られれば、もう恥かしくてここに止まっていることができないし、また永く人間の姿もしていられないから、妾はもとの山の沼へ還るから、この子供ばかりは大事にして育ててクナさいと言って泣いた。男は待て待て、見るなと言うたのを見たのは俺が悪かった。それもこれもみんな俺がお前の体を案じてしたことであるからどうか悪く思ってくれるな。今お前にこの赤子を置いて行かれたら乳もないし、俺がナゾにして育てることができるか、せめてこの子が三つ四つになる齢頃までいてくれろと頼むと、女はそれでも妾は一旦本性を見られれば、どうしても行かねばならぬから行くことは行くが、本当にこの子もムゾヤ（可愛想）だから、それではこの子が泣く時にはこれをなめさせてクナさいと言って、女は手ずから自分の左の眼玉をクリ抜いて取って置いて、忽ち大蛇に化《な》ってずるずると山の沼へ走って行ってしまった。

男は子供の名前を、坊太郎とつけて、泣く時は、そのオフクロ（母親）の眼玉をサズラセて育てていた。坊太郎はその眼玉をサズッたり持って遊んだりして育っていたが、日数がたつうちに眼玉がだんだん小さくなって、とうとうみんなシャブリ上げてなくしてしまった。眼玉がなくなると、坊太郎は泣いてどんなにダマシ（あやし）ても泣き止まぬので、父親は仕方なく、坊太郎をオブって坊太郎の母を尋ねに出かけた。たずねてたずねて山の奥の奥の沼に行った。そして沼のほとりに立って、坊太郎アオガア（母）どこだべなア、坊太郎アオガアどこだべなアと呼ばると、沼の中から大蛇が出て来て何しに来たマスと言った。夫は俺ア何しにも来ないがお前がいなくなってから、この子に毎日毎日お前の眼玉をサズらせて、今日まで育てて来たけれども、もうその眼玉もなめあげてしまったので、坊太郎が泣いて仕方がないから来たと言うと、大蛇は悲しそうなフウをしていたが、父な、それではもう一ツの眼玉をあげるが、これで妾の眼玉はもう一ツもなくなって、夜明けも日暮れも解らなくなり、不自由になるから、お前がこの沼のほとりに鐘を釣るして、明け六ツ、暮れ六ツの時刻に、その鐘をついて鳴らして知らせてクナさいと言って、手ずから自分の残りの右の眼玉をクリ抜いて、それを坊太郎の手に持たした。そして別れるのは悲しいがコレで妾は還ると言って顔を血だらけにして沼の中に沈んでしまった。

父親は妻の大蛇が目がなくて不自由だろうと思って、沼のほとりの峯寺に大鐘を納めて明けの六ツ、暮れの六ツにその鐘ついて、時刻を知らせた。

坊太郎は眼玉をサズってだんだん大きく育った。そして俺の母が沼の中に入っていると いうことを聞き、ある日沼のほとりへ行って、坊太郎アオガア出ておでアれ、坊太郎アオガア出ておでアれと呼ぶと、大蛇の母はもとの人間の姿になって出て来た。それでも盲目だから坊太郎が見れないので、坊太郎の顔を手さぐりにさぐって見た。坊太郎はお母をおぶって家に連れて帰って、座敷を造ってそこに入れておいて、毎日毎日母の好きな物を食わせて孝行した。

（江刺郡梁川村字口内辺にあった話、菊池一雄氏が母上から聴かれて知らしてくれたものである。昭和三年の冬の分。同氏御報告分の二。）

五七番　搗かずの臼

気仙郡竹駒村無極寺に残っている譚である。昔この寺では毎朝毎朝未明から小僧どもに踏唐臼《ふみからうす》で米を搗かせた。ある時この辺では見慣れぬ美しい女が寺へ来て、どうかお住持様に逢わせてクナされと言った。何事かと思って和尚様が逢うと、その女の言うには、妾は真《ほんと》に恥かしいが人間ではない。幾年となくこの寺の真下になっている淵底に棲んでいる主である。妾は今身重になって臨月も最近になり産室に籠っているけれども、お寺で毎朝毎朝米を搗く杵の音が体に響いてたまらない。何卒慈悲をかけて身が二ツになるまで、米を搗くことを延ばしてはクナさらぬか、お願いであると嘆くのであった。和尚様は快くその乞いを入れて翌朝から臼を搗かぬと約束すると、女は喜んでそのまま帰って行った。

それから幾日もたたないある日のことまたその女がお寺に来たが、その時は玉のような赤児を抱いていた。そして先日の礼を言い、一個の包み物を置いて還った。後で開いて見ると、竜の玉、竜の爪、縫目なしの帷子《かたびら》の三品であった。これはこの寺の宝物として今でもある。そうしてその踏唐臼は永久に搗かずの臼として縄で縛っておいた。

（同村生れにて私の村へ聟に来た菊池田四郎翁の話。しかし及川与惣治氏からの報告に拠ると、気仙麻の記事か何かからに拠って、無極寺のドウヅキツキの場合に女が出で来たという風になって、搗かずの条は無い。けだし別譚であろうか、調査すればすぐ分る話でありながら、ここには自分の蒐集したままの物を書いてみる。）

五八番　お仙ヶ淵

小友《おとも》村に上鮎買《あゆかい》という家があった。この家の全盛の頃、お仙という下婢があった。この女は毎日毎日後の山へ往って小半時もいて帰るのが癖であったが、とうとうそのまま還って来なかった。まだ乳放れのしない幼児があるので、その夫は悲しみかつ困って、子供を背負って山へ登り、

お仙お仙、
童《わらし》さ乳《ちち》けてけろオ

と呼ぶと、常の姿のままで出て来て、子供に乳を与えた。お前がいないと俺もこの子も困るから速く家へ還ってくれと頼むと、もう物も言えなくなりただ頭を振るだけであった。そのような事が四五日も続いた最後の日には、お仙の胸に蛇の鱗が生え出していた。そして手真似で、もう二度とここへ来るな、いくら自分の子でも夫でも、だんだんと吾が性が変って来ると取って食いたくなると言うようで、形相恐しくそこにある池の中に入ってしまった。その後は夫も子供を連れて行かなくなった。

それから七日ばかりたって大雨が降って、大洪水が出た時、お仙は立派な蛇体になって、主家の前を流れて通り、そして小友川の水口《みなぐち》の淵という淵に入ると、もとのお仙の姿になって水上に立ち上ったが、忽ち淵底に身を隠してそこの主となった。そこをお仙ヶ淵という。

お仙が子供に乳を与えた山を蛇洞といって、今も古池がある。この話は余り古い事ではないらしい。

（大正十年十一月、同村松田新五郎氏からの報告に拠れば、このお仙は物を言わぬようになったということはなく立派な我が性を換えて蛇性となったので、実子でも人間は食いたくなる。それで以後決して当山に来るな云々と言ったという。本話の分は松田亀太郎氏の母堂から聴いたのを記す。松田氏御報告分の六。）

五九番　蛇ノ島弁天

盛岡の北方十町ばかり川上、北上川の中洲に蛇ノ島という所がある。ここに昔一人の美しい娘があった。ある夏の夕暮時、野良から帰って森の下の川岸で足を洗っていると、すぐ近くの木下蔭に一人の齢若い美男が釣をしていた。そして娘と次の日もまた逢おうとの約束をした。その娘はそれからは毎日毎日若者の来るのを待っていたが遂に二度と来なかった。それから秋になり、冬になって、娘は下の川岸で男を待ちつつ、ある吹雪の烈しい夜に凍死した。

その冬も過ぎて春になった。川岸に若草が生い出す頃になると、そこに赤い小蛇が出てありし日の娘のように毎日毎日そこを離れなかった。村人は、これは娘の化身だろうというので小さな祠を建てて弁天として祭った。

その蛇ノ島という中洲がいかなる洪水にも流されぬのはこの弁天祠があるからで、もしそれが流れたらその待っている男が来ても所在が分らぬからだろうというている。

（大正十三年夏。吉田政吉氏より聴いた話の中の一。）

六〇番　お菊の水

紫波郡片寄村中曾根屋敷に十兵衛という狩猟の名人があった。荒熊を手取りにしたり、五郎沼の大蛇を打ち殺したりする程の剛の者であった。ある時孕んだ猿に出会して鉄砲を差し向けて、猿が涙を流し手を合わせて拝むのを撃ち殺して家へ持って還った。その時懐妊中であった女房はその猿のことを痛く嘆いていたが、やがて産月が来て生んだのが熊の手足に猿の顔の子供であった。そんな奇怪な子供を三度も続けて生んだが、四度目に生れたのが玉のような女の子であった。夫婦は喜んでお菊と名をつけて可愛がっていた。

お菊は二十一の齢《とし》になった。降るように方々から申込まれる縁談などは耳にも入れなかった。そしてある日父親に向って、

雨と降《ママ》らせて行くべか
風を吹かせて行くべか

と言った。そして必ず必ず妾の室を覗いて見てはなりませんと言った。

父親は娘の言葉を不審に思って、堅く堅く覗いて見るなと言われた娘の室を覗いて見ると、十六の角《つの》をささえた大蛇が長持《ながもち》を巻いて蟠踞《うずくま》っていた。そうして父親に言葉をかけた。妾はもとは五郎沼の主のお前に殺された大蛇である。どうかしてその怨恨《うらみ》を晴らそうと思

って、母の胎内を借りて人間と生れて来たけれども養育の恩に感じて恨みも罪も忘れてしまった。正体を見られた上は親子の縁もすでにこれまでであると嘆いて、長持から一個の珠《たま》を取り出して父親に与えた。

この玉にむかって妾の名前を呼んだら、何時でも妾は今までの姿となって現われましょう、またもし父様に飢渇の苦しみがある時には、この玉を嘗《な》めていてクナさい。これから妾は隣国の仙台領東山ホロハ山の麓の深谷を棲家として身を隠しましょうと言い棄てて、大暴風雨を起して飛び去った。

しかしながら保呂羽山の麓の大権現に恐れて、その深谷には入れず、道を転じて南小梨のマタカの堤に移った。それでも、また神様達の怒りに触れ、雷神が頻りに祟るので止むなく北小梨川へ飛び込んで、橋を流したり堤を破ったりして川を下った。そのために黄海などは海のようになった。そして大蛇は追われに追われて遂に北上川に入ったが、そこで雷神に打たれて七裂《さき》八裂《さき》にされてしまった。この時の大洪水は寛政三年十月十六日の大暴風雨で、お菊の水といったという。

（千葉亜夫氏御報告の二。大正十二年秋の頃。）

六一番　雪　姫

ある所に、大変な地所や下人を持った長者があった。下男下婢の数は三百六十五人、ちょうど一年の月日の数程あったので、一日休ませると、ちょうど一年休んだことになるといって雨風を詛《のろ》うくらい貪婪であった。長者の妻女が、ある年火難に遭って家屋《いえ》倉をことごとく失《な》くしてしまったので、あまり悲嘆したあげく気が狂って、お庭の池に身を投げた。すると忽ち髪が振り乱れ口は耳の根まで引裂けて、額に角の二本生えた蛇体になった。そしてその辺で、アレアレと言って立ち騒ぐ人々を取って食った。その後その池を広めて棲居としたが、ある時池の中から大きな声で村中に聞えるようにこう叫んだ。

一年に一人ずつ
良い娘を喰《く》わせねアごったら
ここ辺《えら》じゅう泥の海に
してしもウぞッ

それからというものは、その村では一年に一人ずつの娘を、池の主に生贄《いけにえ》に供えなくてはならなくなった。もしそれを守らないと郷一体が泥の海にされるはずだった。ところがある年に郷の豪家の一人娘の順番になった。その家ではひどく嘆いて、娘の代理に立つ者を諸々方々の村々に人を出して探させた。

一人の使者《つかい》が、生贄になる娘を尋ねてある山中に差しかかった。そしてあまり疲れたので谷間の一軒家に立寄り、少々憩《やす》ませてもらいたいと言って入って行くと、その家に母娘《おやこ》の者が二人ッきりで住んでいた。そして心よく使者を憩ませた。使者がよく見ると、娘の美しいことは、世に類いないほどであった。そこで娘さんの名は何と言いますかと訊ねると、母親はこれは雪姫という子だますと言った。使者はこの娘なら主人の愛娘の身代りにしても恥かしくないと思って、自分の役目をそこで打明けた。そうして俺はそういう人買いである。私にこの娘御を売ってくれぬか、代価は黄金を山に積もうと言った。雪姫はそれを聴いて、はい私でよければ買われて行きますと言った。そして嘆く母親を慰めて、しばらくの間の別れだから決して心配しないでいてがんせ、私は用がすんだらすぐ帰って来ますからと言って、その人買いと一緒に家を出て行った。

長者の家では、雪姫を見て、お前のおかげで一人娘の生命が助かると言って非常に喜んだ。そして雪姫は村の人達に見送られて、池のほとりの櫓《やぐら》の上に登った。大蛇は雪姫の影が水に映《さ》すのを見て、水の上に体を現わし、ただ一口に雪姫を呑もうとした。その時雪姫はアアこれこれ魔神《ましん》のものしばらく待てッと言って、何やらお経を口の中で誦《よ》んだ。すると今までの恐しい形相の蛇体から額の角がポロリポロリと滴《こぼ》れ落ち、鱗の生えた顔が梅ノ花《はなこ》のように美しくなった。そしてもとの長者の妻女の姿に返って涙を流して、雪姫の前に伏して厚くお礼を言った。それから村の態《さま》も昔通りの静かな里となった。

雪姫は長者からは余分の黄金をもらい、また蛇体であった妻女からも、お礼だと言って、宝ノ珠をもらって、もとの山中の母親のもとへ帰って来た。家へ還って見ると、恋しい母はいないで後《うしろ》の山の方で、

雪姫恋しいじゃホウイ

雪姫恋しいじゃホウイ

と叫ぶ声がした。雪姫は泣きたくなって後の山へ走って行って見ると、母は娘恋しさに目を泣き潰して盲目《めくら》となって、鳥コを追っていた。

雪姫はもらって来た宝珠で潰れた母親の目をコスルと眼が開いた。母親は喜んで家に還った。そうして長者どんからもらった黄金で一生豊かに暮した。

(大正三年頃、岩手郡滝沢村で小学校教員をしておられた武田彩月兄からの報告に拠るその三。別に村の大洞犬松爺が話した「蓑笠の始まり」というのには、ある所の長者が、家来下男を三百六十五人使っておった。その多くの召使人を寝せる時は一本の長い材木を枕にさせて置いて、朝未明にその端を大槌でドンと打って皆を起した。またその当時は十日に一度の雨降りがあったが、一日休ませると一年の月日を休ませたと同じだといって、その家のお内儀様《かあ》は蓑笠という物を工夫して、それを下人に被せて雨天でも野良へ働きに出した。そんなことから神様が怒って、月に三度ではなく不規則に雨を降らせるようになったともいうている。)

六二番　蛇女退治

ある所に兄弟が三人あった。兄は太郎、中面《なかづら》を次郎、末子《ばっち》を三郎と言った。ともに武芸を上手につかった。その頃奥山に大変悪い化物がいるということを聞いて、兄の太郎は、俺が行ってその化物を退治して来ると言って家を出て行った。

太郎はその化物のいる山を目差して、行くが行くが行った。そしてその山の麓まで行くと、谷合に萱のとッちぺ小舎があった。道を訊くべと思って立寄ると、白髪ぼッけの婆様が一人いて、兄やどこさ行くと訊いた。太郎が俺はこの奥山の化物退治に行くべと思うが、どう行けばよいかと言うと、婆様は溜息をついて、兄々お前も化物退治に来た人か、それは止めたらどうだ。あたら生命《いのち》を棄てるから、これからすぐ家さ還れやいと言った。太郎がそれでも行くと言うと、それではは仕方ない。この婆の言うことをきかないなら、向うの谷川の滝の鳴音に依って往くとも還るともしろ。決してこの婆は悪いことは言わぬからと言った。太郎は薄笑《うすわらい》をして行った。谷川のほとりへ行くと、大きな滝があってその水音がこう鳴った。

戻れやトントン

還れやトントン

太郎はそれでも何《なあに》と思って行った。するとまた笹立ちがあって、笹叢に風があたってこう騒いだ。

戻れやガサガサ

還れやガサガサ

それでも太郎が行くと、川に一本橋が架かってあって、その丸木橋の下に一つの瓢箪《ふくべこ》が浮んだり沈んだりしながら、またこう言った。

戻れやツプカプカ
還れやツプカプカ

太郎はそれでも行くと、深い谷があって、大きな樹木がいっぱいに茂り、暗がりが入って気味が悪かった。すると向うから一人の美しい女が歩いて来て、太郎と行会った。女はにっこりと笑って、和公《わこ》様はどこさ行きますと訊いた。太郎が俺はこの山の化物退治に来たと言うと、女はそれやまだまアだ遠い。ちょっとここで憩んで行ってがんせと言った。太郎が立ち止まると、女は立って休まば座《ねま》って休めということがあるから、座って休んでがんせと言った。太郎が女の側に座ると、座って休まば寝て休めということがあるから寝て休んでがんせと言った。太郎が寝ると女は大蛇になって、太郎の体をぐるぐると巻きつけて絞め殺してしまった。

家では、いくら待っても待っても山から太郎が還って来なかった。それで次郎は兄を迎えかたがた様子を見に奥山へ出かけて行った。すると山の麓の萱小舎の婆様が太郎に言った通りのことを言い、また谷川の滝の音も、笹立ちの笹葉の騒ぎも、一本橋の下の瓢簞のツンプカプめく音も、みな戻れや還れやという音であった。それでも行くと暗がり林の中に行き、向うから美しい女が来て、太郎に言った通りや、した通りのことをして、そのあげくとうとう殺されてしまった。

今度は二人の兄を尋ねて三郎が奥山に行った。一番の兄がしたように山の麓の萱小舎に立寄って道を訊くと、この時ばかりは小舎の婆様も引止めなかった。お前なら行っても安心だと言った。また谷川の滝の水の音もこう鳴った。

往けやトントン
往けやトントン

それから笹立の笹の葉も風に騒いでこう騒いだ。

往けやガサガサ
往けやガサガサ

それから谷川に架かった丸木橋の下の瓢簞も、浮んだり沈んだりしてこう言った。

往けやツプカプン
往けやツプカプン

三郎が暗がりの林にさしかかると、向うの樹蔭から美しい女が歩いて来て、三郎さん三郎さんどこへ行くと訊いた。三郎は俺は兄の仇討に、またこの山の化物退治に来たと答えた。するとその女はその山はまだまだ遠い。まずまず憩んで行ってがんせと言った。三郎が立止まると、立って休まば座《ねま》って休めということがあるから、座って休んでがんせと言った。三郎が座って休むと、また女は座って休まば寝て休めということがあるから寝て休めと言った。三郎は寝て休んだが、右の目をひッくれば左の目を開《あ》き、左の目をひッくれば右の目を開きして女の様子を見ていた。するとその女が大蛇になって絡み着いてきたから、いきなり刀を抜いて斬ってかかった。大蛇も仲々きかなかったが遂に三郎に斬殺されてしまった。

三郎は大蛇を退治してから、先刻女の出て来た大木の蔭へ廻って見ると、大変おびただしい人の骨が山と積まれてあった。これだこれだ、あの化物女に兄共も取って食われたのだと思って、よくその辺を見ると、数多《あまた》の大小がごちゃごちゃとある中に、見覚えのある兄共の脇差も交っておった。三郎はその兄どもの脇差を持って家に帰った。

その手柄が、殿様に聞えて、殿様の御殿に三郎は呼び出されて、大層御褒美をもらって、そして立身出世をした。

（祖父のよく話した話。自分の古い記憶。）

六三番　蛇の剣（その一）

小友村の松田某という人の先祖はどこかの武士の流れであった。昔は大層富みかつ威張っていた。その当時の主人は、二代藤六行光という太刀を佩いて歩いていたそうである。ある時遠野の町からの帰りに、小友峠の休石というに腰を掛けて一憩みをしたが、立つ時右の太刀を忘れて置いて帰った。大きに驚いて従僕をやって尋ねさせたところ、峠の休石の上には大蛇が蟠踞しており恐しくて通行ができなかった。帰ってその事を主人に告げると、今度は主人自身で行って見た。従僕があれあれあの通りの大蛇がいると言うて指差す方を見ると、それは先刻自分が忘れて行った太刀であった。

（その二）

遠野の侍で名刀村正という物を持っている人があったが、この人釣魚《つり》が好きで、ある日松崎村の金沢の淵へ行って釣魚をしていたが、疲れたものだからその小刀を枕にして淵岸の往来傍らに昼寝をしていた。すると通行の人達には、侍が赤い大蛇を枕にして寝ているように見えて大騒ぎをした。

（その三）

金沢村の月山という家、その家に月山《つきやま》ゲッサンという名刀があった。この名刀は夏の夜などは夜半ひそかに座敷の床の間から抜け出して野原へ出で露を吸うた。ある時家に盗人が入ると、座敷一杯の大蛇がいるので一物をも取らずに、怖れ遁げ帰った。

近年この家ようよう家計不如意になって、家宝のこの名刀をも大槌町かの質屋へ入れた。すると夜分蛇になって、質屋の土蔵を抜け出して家に還って来た。いずれにしても稀代の名刀であることは疑われない。

（その一話は小友村松田新五郎氏報。その二は岩城氏の談の二。その三は村の百姓男栄三という人の度々する自慢話で何でもこの人とその名刀のある家は親戚か何かである理由であるらしい。いずれも岩手県の話である。）

六四番　野　槌

河原の某という者があった。朝草刈に片沢という所へ行って、いつもの通り何の気もなしに草を刈って背負って来て、馬に喰わせべえと思って見たら、胴ばかりの蛇が刈草の中に入っていた。

次の朝また片沢へ行って見たら、胴の無い藁打槌のような格好の蛇が眼を皿のようにして睨んでいた。これはきっと昨日の蛇だと思って、これからこの沢に入りませんし、オドコ(祠)を建てて祭りますから、祟らないでケロと言って帰った。

その後何代かが過ぎて喜代人という人が、その言い伝えを訊かずに、そこへ草刈りに行くと、頭ばかりの槌のような蛇がいたった。見て帰って病気になって死んだ。それからは現在もそこの草は刈らないことにしている。

(閉伊郡遠野郷佐比内村の話。菊池一雄氏御報告分の三。この野槌の話は私の村にもあった。すなわちある男が例の通り朝草刈に行くと間違って鎌で蛇の頭を切ってしまった。その男は老人達の話を聴いていたものだから、すぐに蛇に、これは俺の故《せい》でアないよ。鎌の故だよ。祟らば鎌さ祟れと言って帰った。それからちょうど三年目にそこで草を刈っていると、藁打槌のような頭ばかりの蛇が、草の中からいきなり鎌に嚙みついた。その時鎌で突詰めて真実に殺したというのであった。)

六五番　蛇と茅と蕨

ある時野原の蛇が茅萱畑《ちがやばたけ》に昼寝をしていた。ぐっすりと眠っているうちに茅《ちがや》の芽が萌え出て自分の体を貫いて伸びていた。

蛇は前へも行かれず後にも退かれず、体が動けなくなって困っていると、そこへ蕨《わらび》の芽が萌え出して蛇の体を自然と持ち上げて、茅の芽から抜いてくれた。

だから野原などで蛇を見たらこういう呪い語《まじなごと》を唱えれば害はせぬという。

蛇々

茅萱《ちがや》畑に昼寝して

蕨の恩顧《おんこ》を忘れたか……

アプラウンケンソワカ

こう三遍唱えれば、蛇は蕨の恩顧を思い出して必ず路を除けてくれるという。

(私の幼時の記憶。村のお秀婆様からの伝授。また村の子供達が夏の野などを行く時の蛇除けの文句はこう言う。

蛇ア居たら　ガサガサ　大工殿《どん》の鉄火箸《かなひばし》　赤く焼いてれ　打《ぶ》つけんぞッ　打《ぶ》つけんぞッ)

六六番　上の爺と下の爺

昔、上の爺と下の爺とで川さ筌《どっこ》かけをした。朝早《あさま》く、上の爺が筌上げに行って見ると、自分の筌の中には大きな木の根コが、ゴロゴロ入っていたので、ひどくゴセを焼いて、何だこんな根《ね》コきれッと言って、それを下の爺の筌に投げ込んで、下の爺の筌に入っていた雑魚《ざっこ》をばみんな取って持って来た。

その次に下の爺が筌上げに行って見ると、自分の筌の中に大きな木の根コが入っているから、あゝあゝこれでも天日で乾かしておいて割ってクベルといいもんだと言って、拾い上げて家に持還って日向コさ干しておいた。そうしていい加減に乾いたから割ってみるべえと思って、斧を持って来て、ガッキリ、ガッキリと割ると、その根コの中で、

爺様

静かに割れッ

爺様

静かに割れッ

という声がした。これア不思議なこともあるもんだと思って、言われる通りに静かに割ると、中からメンコイ（可愛いらしい）小さな犬コが一匹出て来た。そこで爺様は婆様とし

て、炉傍の木尻《きにしり》に置いて大事にして育てた。

この犬コは、なんたらメゴカベアと言って、カサコで御飯を喰わせればカサコだけ、今度はお椀で喰わせればお椀だけ、今度は手桶で喰わせれば手桶だけ、臼で喰わせればその臼のように大きくおがった。

その犬コがある時、爺様爺様今日は山さ鹿取りに行きますべと言った。そうして爺様の斧だの鎗だのお昼《ひる》飯だのを俺に背負《しょ》わせろと言うから、否々《いんにゃ》そんな物は俺が持って行くからいいと言うと、いいからつけろ、いいからつけろと言うから、そんな道具を犬コの背中に付けると、犬コは爺様の先に立って、チョッコ、チョッコと山さ走せて行った。そして爺様さ、

あっちの鹿もこっちゃ来ウ
こっちの鹿もこっちゃ来ウ

と呼べと言うから、爺様がそう呼ぶと、あちらの鹿もこちらの鹿も、みんなビングリ、ビンゲリと駈けて来たので、犬コはそれをみんな喰ッけアし（喰い殺し）てしまった。そしてその鹿を犬と爺様として背負いきれない程背負って来て、町さ持って行って高く売って、赤い着物や米肴をたくさん買って来て、爺婆して着ったり喰ったりして喜び繁昌ゥしていた。

上の家の婆様はそれを見て、下の家の人達ナ、お前達アどこからどうして、みんな美しウ衣物《きもの》を着たり米の飯を食ったりして居申せヤと言うから、俺ア家の犬コを山さ連れて行

って、

あっちのスガリもこっちゃ来ウ

こっちのスガリもこっちゃ来ウ

と呼ぶと、あちらの山の鹿もこちらの山の鹿もビングリ、ビングリと駈けて来たから、それを殺して町さ持って行って売って、衣物だの米だのを買って来たのシと言った。すると婆様は、あれアそれでア俺ア家の爺様も鹿取りにやりたいから、その犬コを明日貸してケ申せヤと言って連れて行った。そして犬コが山さ行くべとも言わぬうちに首に縄を結び着けて、ムリムリ山へ引っ張って行って、

あっちのスガリもこっちゃ来ウ

こっちのスガリもこっちゃ来ウ

と呼ぶとさあ事だア、あちらのスガリもこちらのスガリも山中の蜂どもが、ガンガンと唸りながら飛んで来て、上の爺様のケエッペ（睾丸）をさっぱり刺してしまった。爺様は雷様のように怒って犬コを打ッ殺して、コメの木の下に埋めて来た。

下の爺の家では上の爺様が次の日になっても、メンコ犬コを返してくれぬので、行って見ると、なに、犬ッ、あの犬のおかげで俺アこんなに体中蜂に刺されて寝起きもロクロクできねえようになった。あの畜生は打ッ殺してコメの木の下さ掘込んで来れアと上の爺は言った。

そこで下の爺様は泣きながら、そのコメの木を伐って来て、座敷の真中にゴザを敷いて、

木摺臼を置きその上にコメの木を立てて、
　　銭金《ぜにがね》ア降れエバラバラッ
　　米、酒ア降れエバラバラッ
と言ってホロク（揺る）と真実に銭金や米や酒の入った錫コなどが降って来て、まアた長者どんになって、米の飯を煮て食ったり酒コを飲んだりしていた。
そこへまた上の家の婆様が来て、あれア、汝達《そんだち》はまた米の飯だの酒コを飲んでいるア、ケナリ（羨ましい）事ケナリ事と言うので、わけを言ってそのコメの木を貸してやると、上の家の爺婆は座敷の真中にゴザを敷いてその上にその木を建てながら、
　　牛《べこ》の糞ア降れエベダベダア
　　犬《いん》の糞ア降れエベダベダア
　　猫《にあご》ア糞ア降れエベダベダア
と唱えると、真実に牛や犬の汚い糞が座敷中一杯に降って、臭くて臭くて、とても寄ッ着かれなかった。上の爺様はひどく怒ってその木をヘシ折って竈ノ口さクベてしまった。
次の日になっても上の爺様がコメの木を返さないので下の爺様が行って見ると、上の爺様は大変怒って、何のコメの木、あれア糞ばかり降るのでヘシ折って火さクベてしまったと言った。それではその灰《あく》コでもいいからと言って、その灰コを持って来た。そして夕方になったから屋根の上へ登って、
　　雁《がん》ア目《まなく》さ入れッ

雁ア目さ入れッ

と呼んでその灰を蒔くと、ちょうどその時空を飛んで通る雁々の目サ灰が入って、雁々がぼたぼたと下へ落ちて来た。それを拾って下の家では雁汁を煮て食っていた。そこへまた上の家の婆様が来て、あれア汝達はケナリこと、どこからそんな雁を捕って来て、雁汁など煮て食って居申せヤと言った。そしてわけを聞いて、それでア俺家の爺様にも雁を取らせるから、その灰コを貸せと言って持って行った。そして上の爺様は雪隠《せっちん》の屋根に上って、

爺々《じんじ》ア眼さ入れッ

爺々ア眼さ入れッ

と呼んで灰を蒔くと、ほんとうに爺様の眼に灰が入って、目が見えなくなって、屋根の上からゴロゴロと転がり落ちた。下で棒を持って雁が落ちるのを待ち構えていた婆様は、それア大きな雁が落ちて来たアと言って爺々を棒で叩き殺して、大きな鍋に入れて煮てしまった。

六七番　瘤取り爺々（その一）

昔ある所に、額に拳ほどの瘤のある爺が二人あった。二人の爺どもは、その瘤がいかに

もみっともないから、取ってもらおうと、ある山奥の神様に詣って願をかけて夜籠りをしていた。真夜中頃になると、何だか遠くの方で音がする。それが追々近くなると、賑やかな笛太鼓の囃《はやし》の音になった。何だろうと思っているうちに、はやその音が一の鳥居の処までやって来た。

トレレ、トレレ、トヒャラ、トヒャラ
ストトン、ストトン

という囃の音が、神様の長殿《ながとこ》に入って来た。これはたまらぬと二人の爺が片隅の方へ隠れようとすると、隠れるか隠れぬうちに、社の戸がガラリと開いて、丈《たけ》が六尺もある赤ら顔の鼻高どもが、四五人連れで入り込んだ。天狗であった。

トレレ、トレレ、トヒャラ、トヒャラ
ストトン、ストトン

こうその天狗どもは囃していたが、いかにも囃ばかりで舞い手のない神楽には、天狗どもも倦きると見えて、たがいに舞を勧め合うた。けれどもどうしてかその中に舞のできる天狗がいなかった。そこで一人がいまいましそうに脇を向く拍子に、隠れていた二人の爺は見顕わされた。何だ、そこに人間の爺どもがいたのか、そんなら早く出て来て舞を舞えと、立って来て一人の爺の袖をひいて皆の真中に突出した。怖いことこの上もない、だが、その囃方がいかにも面白かったので、その爺は調子に乗せられて、こんな歌を唄いながら踊った。

くるみはパッパぱあくずく
おさなきやアつの
おッかアかアの
じゃアるるウ
すッてんがア

この歌を三度繰返して歌いながら舞うと、天狗だちは、すっかり興じて、手を叩いて褒めはやし、そして皆でこう言った。せっかくのよい舞だが、どうもお前の額の大瘤のために、面の作りがよく見えね。その瘤を取ってやろう。ほんとによい舞人《まいと》だと言いながら、天狗どもは爺の額の瘤をきれいに取ってしまった。爺は急に頭が軽くなったような気がして、喜んで引下った。

さてその次には、もう一人の爺のほうが、円座の真中に引張り出された。さあさお前も舞ってみいと言って、天狗どもは囃し立てた。

トレレ、トレレ、トヒャラ、トヒャラ
ストトン、ストトン

しかしこの爺は、あまり怖いので体ががたがたと顫えて、膝が伸びなかった。だが皆にせき立てられて、仕方なくこう歌いながら、体を動かした。

ふるきり、ふるきり、ふるえンざア

コオさアめの降る時は
いかにさみしや
かろらんとも、すッてんがア

だがせっかくの歌も声が顫え、歯ががじゃがじゃでは了《お》えない。おまけにひどく調子が低いので、陽気好きの天狗どもは厭な顔をして、もう少し元気よくやってくれとせがんだ。爺はいよいよ縮み上り、とうとうそこに尻餅をついて、わわわわと泣き出した。

天狗どもはさんざんに機嫌を悪くし、臆病にも程がある、それほど俺達の顔が奇態だと言うのかとの言い分、せっかくの面白い神楽を泣き潰してしまった。二度ともうお前のような爺には逢いたくない。この瘤でも持って還れとばかり、先の爺から取った瘤をその爺の鼻の上に投げつけた。爺は驚いて鼻の上をこすり廻したが、もう遅かった。前の瘤の下にまた一つ大きな瘤ができて、まったく変な爺になってしまった。

（和賀郡黒沢尻町辺の話。家内が祖母から聴いて記憶していたものの分。）

（その二）

ある所に額に大きな瘤のある爺様があった。ある日山へ木伐りに行って、もう少しもう少しと思っているうちに日が暮れてしまって帰れなくなったので、そこの山ノ神様の御堂の中に入って泊っていた。

そうすると夜半頃になると、山奥から大鬼や小鬼どもが大勢下って来て、走せッドして、御堂をぐるぐる廻りながら、こう歌った。
一ボコ
二ボコ
三ボコ
四ボコ……
そして変な格好して踊り廻るので、瘤爺も初めのうちは怖くて御堂の隅コから黙って見ていたが、その踊りの調子がだんだん面白くなって、とてもじっとしておられなくなったので、いきなり御堂から飛び出して、鬼どもの後に立って踊りながら、鬼どもの歌にこうつけ加えた。
……俺も足して
五ボコ
鬼ども、
一ボコ
二ボコ
三ボコ
四ボコ
瘤爺様、
俺も足して

五ボコッ

そして爺様は鬼どもと一緒になって、夢中になって夜明けまでそうして踊り廻っていた。そのうちにどこかで鶏が啼くと、それやッ夜が明けると言って、鬼どもが大層あわて出し、爺様爺様、お前の踊りも歌もとても面白いから明日《あす》の夜も来えッ、それまでそのお前の額の瘤を預って置くと言って、厄介物の額の瘤をぽつりと取ってしまった。爺様はわざとあわてて、「鬼様鬼様、その瘤は宝瘤だから」と言うと、鬼どもは笑って、明晩来たら返すと言って、わりわりと奥山の方へ帰って行った。

爺様は急に身軽になったような気持で喜んで家に還った。

隣家にも同じような瘤爺があった。その家の婆様が来て見て、爺様の額の瘤がなくなったのを見て驚いてそのわけを問うた。昨夜の事を話すと、それでア俺家《おらえ》の爺様もそこさやんべえと言って、隣家の婆様は帰って行った。

隣家の瘤爺も婆様にすすめられてその山の御堂に行って夜籠りをしていた。すると話のように夜半頃になると、奥山から大鬼小鬼どもが下りて来た。

一ボコ
二ボコ
三ボコ
四ボコ

と歌って御堂をぐるぐる踊り廻った。ここだとばかりその爺様も御堂から飛び出して、そ

れに調子を合わせて、一緒になって、

……三ボコ

四ボコッ

と言って走せ廻った。すると鬼どもが大層不機嫌で、爺様昨夜のように歌えッと言った。それで爺は益々一生懸命に、

三ボコ

四ボコッ

と繰り返した。鬼どもは手を叩いて、あとは、あとはと囃し立てた。けれども爺々はやっぱりその後を知らなかった。鬼どもは大変ゴセを焼いて(怒って)、お前があれくらい大事がった物ッ、それやッ返してやるッと言って、昨夜の爺様の瘤を取り出してぴったりと額に打ッつけて、それやッ早く帰れッと言った。

(西磐井郡湧津村に残っている話。昭和五年六月某日、亀島光代氏の談話。)

六八番　鼠の相撲

ある所に貧乏な爺様婆様があった。爺様がある日山へ柴刈りに行くと、向い山の方から、

デンカショッ、デンカショッという声が聞えるから、ハテ不思議だと思って、その音を便りに行って見ると、痩鼠と上々の鼠とが一生懸命に相撲を取っていた。

木の間に隠れてそれをよく見ていると、その痩鼠は爺が家の鼠、上々の鼠は長者どんの所の鼠であったが、爺の家の方のが力が弱くて、長者どんの鼠にスポン、スポンと取って投げられるので、爺様はモゾク（可愛想に）なって、家に帰った。そして婆様に山で見た事を言って、家の鼠がモゾヤだから餅でも搗いて食わせて力を強くして、相撲を取らせたいと言って、爺婆して餅を搗いて戸棚に入れて置いた。

その晩、鼠はうんと餅を食った。

その次の日も爺様が山へ柴刈りに行くと、昨日のように、デンカショウ、デンカショウという掛け声が聞えるから、その音を便りに行って見ると、また昨日の鼠どもが相撲を取っていた。爺様が木の間から見ていると、爺の鼠と長者どんの鼠とはどうしても勝負がつかなかった。そこで長者どんの鼠がお前はどうしてそう急に力が強くなったと訊くと、爺の鼠は、得意になって、実は俺ア昨夜餅をウンと御馳走になったから力が強くなったと言った。すると長者どんの鼠はケナリ（羨し）がって、それじゃ俺も行くから御馳走してケロと言うと、爺の鼠は、俺ア家の爺様婆様は貧乏だから、めったに餅などア搗けねけども、お前が銭金をうんと持って来たら御馳走してもよいと言うた。そんだら持って行くから御馳走してくれと言った。

爺様は鼠の話を聴いておかしくなり、家へ還って山での事を婆様に話して聴かせ、その夜も餅を搗いて二匹分置き、その側に赤い褌を二筋揃えて置いた。

長者どんの鼠は銭金をうんと背負って、爺の鼠のところへ来てみると、そこには餅もたくさんあれば、その上に赤い褌まであったので大喜びで、餅を御馳走になって金を置いて行った。

爺様はその次の日も、いつもの通りに山へ柴刈りに行くと、今日はいつもにも増して元気よく、デンカショウ、デンカショウと掛声して相撲取っている音がするので、木の間から見ると、二匹は赤い褌を同じように締めて取り組んでいたが、爺の鼠も今では長者どんの鼠のように力が強くなって、いくら取っても勝負つかずであった。

爺様は鼠からもらった金で、大金持になった。

(秋田県角館小学校高等科、柴静子氏の筆記摘要。武藤鉄蔵氏御報告の五。)

六九番　豆　子　噺（その一）

昔々、ある所に爺様婆様があったど。朝マ起きて婆様ア内を掃き、爺様土間《にわ》を掃くと、豆コ一つ拾うたど、
婆様婆様豆コ一ツ見《め》ッけたかやえ
畠さ蒔いて千粒にすべエが

臼でハタいて黄粉《きだこ》にすべエが

そう言って二人で相談コしていると、豆コがポロッと爺様の指の間からこぼれて、ころころころッと転んで行って、土間の隅《すまこ》の鼠穴へ入ってしまったど。あれアこれアことだ。折角拾った豆コ失くしたがやい。婆様婆様早く木割コ持って来てくれ申せやと言って、婆様が木尻《きにしり》から持って来た木割をたないて、その鼠穴を掘りながら、爺様はだんだん奥の方へ入って行ったじもな、……

爺々ごろがした豆コウ知らねアか
爺々ごろがした豆コウ見なかったかア（一）

こう唄いながら入って行くと、路の傍らに石地蔵様がいたじもの。それで爺様は、もしもし地蔵様シ爺々転がした豆コ見なかったますかと訊くと、見たったども俺が拾って炒びって食ったと地蔵様は言ったど。そいじゃよイがア俺ア家さ行くからと言って、爺様が帰るべとすると、地蔵様はモッケ（気の毒）がって、爺様爺様ちょッと待て、それだけのことはしてやるからと言ったど。爺様はそんだら地蔵様なに教《おせ》べヤと言うと、ほだからさ、これから爺様がだんだん奥に入って行くと、赤え障子コが立って鼠どアずっぱり（多く）嫁子取り支度をしているから、そこへ行ったら唐臼搗きでもしてすけ申さい。それからまた奥に行って黒え障子コの立っている所へ行くと、鬼どアずッぱりいて博奕打ちしているから、そこに行ったら鶏の鳴く真似をして金をさらって来もせアと教えたちもの……

爺様は地蔵様に、はいありがとがンすと言って、奥さ行くと、地蔵様の言った通り赤え障子コが立っている所があるから、ハイおめんとごワりますと言うと、中から鼠の娘《あねご》が出はって来て、爺様は何しに来たますと言ったと。爺様は俺ア此家《こっち》に嫁子取りがあるじから唐臼でも搗いて助《す》けさ来たと言うと、あれアそれアよい所さ来たます。早く入って助《す》けてがんせと言うから、よしきたと言って爺様が内へ上って見ると、その家の立派なこと、一《いち》の座敷には朱膳朱椀に唐銅火鉢があったり、二の座敷にはずッぱり（多く）絹子《きんこ》小袖の衣装が掛けてあったり、三の座敷に行って見ると多勢の鼠どもが、臼に黄金を入れて、ジャクリ、ジャクリと搗きながら、

　よいとさのやエ
　よいとさのやエ
　ニャゴという声
　聞きたくねアじゃやエ……（二）

と歌っていたじもな。爺様がそこへ行って唐臼を搗いて助けると、鼠どはひどく喜んで、美しい絹子小袖をズッパリくれてよこしたど。それからまた鼠からもらった赤い衣物を持って、ずっとずっと奥の方に行くと、黒い障子コが立っていて、多勢の鬼どがいて、ビッタクタ、ビタクタと博奕打ちをしていたから、爺様は鬼どの知らねアようにその家の厩桁の上サ上っていて、夜中に箕をパタパタと叩いて、

　ケケロウ……

と鶏の時立てる真似をしたじもの。すると、鬼どはあれアはア一番鶏だが、と言ったじも

の。爺様はまたしばらくたってから、箕をパタパタと叩いて、

ケケロウヤエ

と言うと、あれアはア二番鶏だがと鬼どは言っていたじ。爺様はしばらくたってからまた箕をパタパタと叩いてから、

ケケロウ、ケケロウ

と言うと鬼どは魂消て、それアはア三番鶏だ、夜が明けたらことだッと言って、銭金をそのままそこらさ打散《ぶっち》らかして我先きとワリワリとはアどこさが逃げて行ってしまったど。爺様はその時厩桁からソロソロと下りて来て、その金をみんな持って来たどさ。そして婆様として今まで着ていたチヂレ衣物ば脱いで、鼠からもらった絹子小袖を着て、金をチャラン、ポランと升に入れてはかッて喜び繁昌していたど。

そこへ隣の婆様が、いたますか、カランコロン、火コたんもれじゃと言って来て、あれアあれア汝達《そんだち》何してそんなに喜び繁昌して居申すやと言ったど。爺様婆様は俺はこういうわけで、赤い衣物《のの》だのズッパリ金だのをもらって来たから、これこれ見てケ申せと言ったど。隣の婆様は、それアまた何たらケナリ（羨しい）話だべ、それでア俺らも早く家さ帰って爺様をそこさやんべえと言って、ソソクサと帰って行ったど。そして隣の爺様婆様のしたように、婆はウチを掃き、爺はニワを掃いたが、どうしても豆コが出て来なかったじもな。そこで大きな声で、婆ア婆ア早くそこの俵《たら》から豆一つかみ持って来ウと言って、婆の持って来た豆を一つかみ、鼠穴に入れて、そのあとから木割でガッチラ、モッチラと土

を掘って中に入って行ったど。すると話の通りに路傍に石地蔵様がすわってござったから、ここさ豆が転がって来なかったかと訊くと、地蔵様は、ああ来たったども俺ア拾って食ったと言ったじもの。すると爺は、なんたらこと言うこの地蔵野郎、人の豆を拾って食ったりして、人ウ馬鹿にしている。その代に絹子小袖だの金だのをよこせと言うと、地蔵様は苦い顔をして、前の爺様に教えた通りのことを教えたじもの。そこで爺はこう唄って行ったじます。

俺ア豆を誰《たれ》アぬすんだッ
俺ア豆の代《だえ》よこせッ

しばらく行くと、ほんとうに赤い障子が立って、鼠どア、

よいとさのやエ
ニャゴという声
聞きたくねアじゃやエ

と歌をうたいながら、ジャクリ、ジャクリと臼で黄金を搗いていた。爺が覗いて見ると、前の爺様の時のように、赤い衣物だの、朱膳朱椀だの、金だのがうんとあったじ。爺はそれが欲しくなって、これア猫の真似したらあの宝物どをみんな取るによいと思って、ひどく大きな声で、

ニャゴウ
ニャゴロッ

と叫ぶと、今まで明るかった立派な鼠の館が、ぺッかりと灯《あかり》を消したように暗くなって、なんにもかんにも消えてなくなった。爺はこれは何の事だッと思って暗《くら》しまを這って行くと、今度は黒い障子のトガイ（向う）でビッタ、カッタと音がするので、これやなんだべと思って覗いて見ると鬼どが集って博奕打っていたど。そうだ石地蔵から聞いて来た事はこの事だと思って、鬼どに気づかれないように、ソロッと馬舎桁に這い上って匿れて、夜中に、そこにあった箕をバタバタッと叩いて、大きな声で、

ハア一番鶏ッ

と呶鳴ったど。すると鬼どは驚いて、あれア何だッとヒョウヒョウ面《づら》になったど。すると爺はまたここだと思って、大きな声で、

ハア二番鶏ッ

と呶鳴ったど。すると鬼どはまた、サアあれア何だッ何だッと騒ぐから、爺は今度こそ鬼どを魂消《たまげ》がして追《ぼっ》たくる気になって、ますます大きな声で、

三バンウドリッ

と呶鳴ったど。すると鬼どは、何だあの声は昨夜もニセ鶏で俺の金を攫って行った者があるが、今夜も来ていやがる、ええからフン捕《づか》まえろと言って、どやどやと厩桁に上って来たど。鬼どは大急ぎで上って来たもんだから、鉤鼻《かぎはな》に鼻の穴を引掛けて中合にブラ下ったりした者もあったど。爺はそれを見て、エへッ、エへッと大笑いをしたじもの、鬼どはいよいよゴセを焼いて、その爺《じん》ゴ逃がすなッと、多勢で爺を捕まえて、この爺《じん》ゴッ昨夜《ゆんべ》も俺

ら金取ったッと言って、打《ぶ》ったり蹴ったりしたど。爺は体中傷だらけにして、赤い血を流し、血ぐるまになっておウいおウいと泣きながら土穴から這い出して来たじます。

家で待っていた婆は爺の泣声を聞きつけて、あれアあれア俺家の爺様ど、赤い絹子小袖を着て、あんな歌コを唄って来るがと、着ていたボロチヂレをば火サくべて裸体になって待っていたど。そすると爺がそんな有様で、やッと土穴から這い出し、おウいおウい泣いたどさ。ほだからワリ（悪い）爺の血だらけ、ワリ婆のセンタク（衣物）焼きだとサ。ドンドハライ、法螺の貝コポウポホと吹いたとさ。

（この話は私の『紫波郡昔話』の〈九〉の畠打、〈二七〉の豆子噺にもその要素が出ている。もっとも本話は以上の如く二つの素質を持った話のようであるが、これは私が最近聴いた通りに記録してみた。村での話。）
（一）この部分は他の豆子噺の如く、爺様に石地蔵の膝に上れ、肩に上れ、頭に上れというように話されるのが普通であるようだが、話手に随ってその部分は入れなかった。
（二）この鼠の歌も種々ある。私の家内の知っているのはこうだ。
猫コニャゴと言《や》アば　おら早《はえ》く逃げるウ　ケセネ搗《つき》アコワイども　田所《たどこ》の嫁になりたい
ジョエアサア　ジョエアサア
というとある。ケセネは穀物、主に稗米のこと、コワイは疲労である。
なお他に三戸地方ではこの鼠の歌を、
この世の中で　五十になるべが百になるべが　ニャゴという声　聞きたくねアじゃなア

と唄っていたともいう。そして本話では臼で搗いていたものは黄金ではなくて、大凡はケセネである。

（その二）

昔々ざっと昔、ある所で婆が座敷を掃いていたら、豆が一粒落ちていた。婆が拾うべとしたら、豆はコロコロと転がって行った。婆が拾うべと思って追いかけて行ったら、どこまでも転がって行くので、

豆どん豆どんどこまで御座る……

と言って追って行くと、道端の地蔵さんのお堂の中で見失ってしまった。そこで婆は地蔵さんに、地蔵さん、地蔵さん、豆ころがって来えんかと尋ねた。ところが地蔵さんは、おれ喰ってしまったと言ったので、婆は帰ろうとしたら、待ってろ待ってろ、よい事教えてやると引き留めて、おれの膝の上さ上がれと言った。婆はとっても勿体なくて上がられえんと言うと、地蔵さんはいいから上がれと言う。そこで婆がおそるおそる地蔵さんの膝さ上ったら、今度は、手のひらへ上がれと言う。婆が、とってもとっても勿体なくて上がられえんと言うと、いいから上がれと言った。婆はおそるおそる地蔵さんの手のひらへ上がると、肩の上さ上がれと言う。婆がまた、とってもとっても勿体なくて上がられえんと言うと、いいから上がれと言うので、婆はまたおそるおそる肩の上さ上がった。するとまた、婆や婆や頭の上サ上がれと地蔵さんが言う。とってもとっても勿体なくて上がられえんと

婆が言うと、いいから上がれと言うので、婆はとうとう地蔵さんの頭の上へまで上げられた。すると今度は、梁《はり》の上さ上がれと言われた。婆は相変らず、とってもとっても勿体なくて上がられえんと言ったら、いいから上がれと言われたので梁の上へ上がると、地蔵さんが言う事には、婆や婆、おれがよい事教えてやる。今に鬼どもがここさ博奕打ちに来っから、そしたらおれが指図したら、鶏の啼くまねをしろと教えた。間もなく鬼どもがどやどやとやって来て、地蔵さんの前で博奕を始めた。地蔵さんが指図をしたので、婆は梁の上でコケコッコウと鶏の啼くまねをした。すると鬼どもは、一番鶏が啼いたから急いでやれと言って、ウンと博奕をやった。地蔵さんがまた指図したので、婆は再びコケコッコウと鶏の啼くまねをしたら、鬼どもは、もう二番鶏だと言った。地蔵さんの三遍目の指図に婆がコケコッコウとやると、鬼どもはそれ三番鶏だから夜が明けたと言って、みんなあわてふためいて、金を沢山置いたまま逃げ出して行った。そしたら地蔵さんが、婆や婆、ここさ下りて来いと言われたので、婆が梁から下りて行くと、そこにある金を持って来いと言いつけられた。婆が金を掻き集めて持って行ったら、地蔵さんが、それを持って早く帰れと言われた。婆はその日からウンと金持になった。

そこへ隣の欲たかり婆が来て、あんだ何してこんなに金持になったのフシやと尋ねた。婆はありのままにこれこれこういう訳で金持になったと教えた。すると欲たかり婆は早速家さ帰って、豆を座敷に転がして、それを地蔵さんの所まで転がして行って、地蔵さん地蔵さん豆ころがて来えんかと尋ねた。地蔵さんは何とも返事をしないのに、欲たかり婆は勝手に地蔵さんの膝の上へ上がったり、手のひらへ上がったり、肩へ上がったり、頭の上へ上がったりして、梁の上へ上がった。そこへきのうのように鬼どもがぞろぞろ博奕打ちにやって来た。欲たかり婆はコケコッコウと鶏の啼くまねを、地蔵さんが合図もしないのに三遍やって、鬼どもの前へ下りて行ったら、鬼どもはウンと怒って、さては昨日おれたちをだましたのはこの婆だなと言って、欲たかり婆を散々にハタいて、血だらけにしてしまった。

（仙台市辺の話。昭和五年五月五日の夜、三原良吉氏の採集されたもの。同氏御報告分の一。）

（その三）

ある所に爺様と婆様があった。朝《あさま》、爺様は庭を掃き、婆様は家の中を掃いた。婆様が座敷で豆を一ツ拾った。爺様爺様豆ッコ一つ拾ったがなじょすべえと言った。爺様は戸棚さでも上げておけやと言った。そこで婆様はその豆を戸棚に上げておいた。すると豆がコロコロと転び落ちて床《ゆか》の節穴へ入ってしまった。婆様はあれあれ爺様、豆ッコア穴さ転び入った。なじょにすべえと言った。爺様はよしよし俺が入って取って来ンべえと言って、その節穴から入って行った。そしてだんだん奥の方に行くと、大きな座敷があった。そこに小人《こびと》が一人立っていた。爺様がその小人の側に行くと、小人は爺様お前ア鶏の鳴くまねをしろと言った。そこで爺様は、

コケコッコウ！

と声高く啼いてみせた。すると小人は、爺様もう一遍やれと言った。そこで爺様はますます声を張り上げて、

コケコッコウ

と啼いてみせた。小人はウンなかなか爺様はウマい。褒美としてこれをやるからと言ってカブレワラシ（火男《ひょっとこ》のような顔の見憎くい子供を　原文。）をくれた。爺様はコッたらもの、いらねじゃアと言って、ブン投げようとしたところが、その童《わらし》は細い小さな声で、投げるなと言った。それでも爺様が投げる投げてしまうと言うと、またカブレワラシが、爺様投げんなと言った。それで爺様も投げるのをあきらめて、豆ッコのことなどは忘れて帰って来た。

婆々や婆々や今来たでア、ワラシ子もらって来たでアと言った。婆様は今まで子供がなかったものだから、ひどく喜んで、なじょなワラシだべなアと思って、早く見せらアしゃいと言いながら、爺様の連れて来た童を見ると、なんともかんとも言われないほど見憎くくて、火男以上もクソもあったもんじゃない。おまけに足は跛《びっこ》で、体は小人の子だからタマゲたもんだ。まるで化物で婆様も腰を抜かすとこだった。こんたらガキ家《え》さ置かれねアと言って怒るのを、爺様はまアまア待て待て、せっかく投げるな投げるなと言うもんを、棄てるわけにもゆくめえと言って、婆様をスカしてそのカブレワラシを養うことにした。それから十年くらいたって、童も余程大きくなった。その代り爺様婆様の方がだんだん弱って来た。

ある日、そのカブレワラシが爺様に向って、俺も今まで世話になったが、何も恩を返さなかったから、家へ還って親父《おやじ》に話して恩を返します。どうか爺様も婆様も達者で暮してたんもれと言って、どこへか行ってしまった。

それから爺様婆様の家は自然《じねん》と富んで来て、遂に村一番の長者になった。

（この話の筆記者である黒沢尻中学の生徒二甲、小野顕氏は話中の所々を非常に気にされて、爺様が節穴から入って行くあたりには、ここには節穴から人間が入るなんて、少し変だがそうしか教えられないから仕方がないとか、また終りにはこれは話だからアテにはならない等の注記をせられておった。村田幸之助氏御報告の分。）

七〇番　地　蔵　譚

石地蔵の笠（その一）

ある所に爺と婆があった。爺は毎日山に行って柴を刈って、それを町へ持って行って売って、クラシていた。

ある日のこと、いつものように刈った柴を町へ持って行った帰りに野中を通ると、大雨の中で石地蔵様が雨に濡れているので、爺様は気の毒に思って、町へ引返して行って、柴を売った金で笠を買って来て被《かぶ》せてやった。

その夜はそんな事をして米を買って帰らなかったので、婆様にそのわけを話すと、婆様もそれはよい事をしたと言うので、有り合せの残り物で夕飯を食べて寝た。

その翌日山へ行く途中で、昨日の地蔵様の前を通ると、地蔵様が、爺様爺様と呼び止めて、昨日のお礼を言い、そして何か爺様サお礼をしたいが俺には何にもない。ただ今夜夜半頃に来て俺の蔭に隠れておれ。そうすると毎夜のように来る博奕打ちどアが来るから、その時お前は鶏の鳴きまねをやれ、そうすると博奕打ちどアびっくりして金をみんなここに置いて逃げて行くからそしたらイン攫って行き申せと教えた。

その夜、爺様がその石地蔵の蔭に隠れていると、いかにも博奕打ちどア来て、博奕を始めた。爺様は程よい刻限を見計って、

コキャコノヨウ

と鶏の鳴声をすると、博奕打ちどア、あれアハア一番鶏だッと言った。爺様がまた、鶏の鳴きまね二度続けると、あれアはア三番鶏だッ夜が明けたら大変だッ、と言って大あわてにあわてて金をそこら一面に置いて行ってしまった。

爺様はその金を拾って、地蔵様にお礼を申して、家に持ち帰って金持になった。

（秋田仙北郡角館小学校高等科、清水キクヱ氏の筆記。この後段にそのまねして失敗をした爺様の話もなく、また博奕打ちを鬼とも言っていないのである。それでも鶏の声を恐れる事はかくのごとくであった。昭和四年某月。武藤鉄城氏御報告の分の七。）

地蔵の木曳（その二）

貧乏な爺様婆様があった。大晦日が来たけれども、魚も米も味噌もなんにもない。一年一杯稼《かせ》いでためた三百文ばかりの銭があるから、それを持って行って歳取仕度をして来るべえと言って、爺様は町へ行った。そしてちょうど地蔵堂のある所まで行くと、御堂がひどくこわれて、この雪降りに小さな地蔵様も大きな地蔵様もみんな雪を吹ッかけられて真白くなっていた。

爺様はそれを見て、これは勿体のない事だ。俺ア爺婆は何も米の飯や魚を食わなくとも齢は取られる。これは第一にこの地蔵様達に頭巾コでも買って上げなくてはならないと思って、米味噌買う銭で赤い小巾《こぎれ》を買って戻って、小さな地蔵様から先にかぶせて行くと、大きな地蔵様にかぶせる巾《きれ》がなくなったから、その地蔵様には自分が着ていた笠と蓑《けらこ》とを脱いで着せかけて、ああこれでいい、これでやっと安心したと言って、婆様の所には、ただの手振八貫で帰って来た。そしてそのわけを話すと、婆様も神仏に上げる事だから、いいことをしたと言って、灯《あかし》コつけて少し残っていた米を炊いて歳取神様に上げたり食ったりして早く寝てしまった。

夜半になると、どこかでごろごろと大木を引くような音がするので、爺様が、婆様婆様あれあの音を聴け、長者どんの若者達ははア起きて木を引いているようだ。ほんとにサと話していると、その音がだんだん爺婆の家へ近くなって来て、やがて玄関の所で、爺様爺様、爺様爺様と呼ぶ声がした。誰だかその声が分らぬので、誰だアでアと訊くと、昨日爺様から笠をもらったもんだから一寸《ちょっと》起きろと言う。起きても薪がないから火が燃せねえがアと言うと、外で俺が大きな木を曳いて来たから起きろと言う。寒々ながら起きてみると、外の吹雪の中に大きな地蔵様が三人で大きな一抱えもありそうな木を持って来て玄関先きに置いて、向うの方へのこのこと行くところであった。

爺様は地蔵様達が昨日のお礼だと言って、こんな大きな木を曳いて来てくれたと言って、婆様と二人で大きな斧でガキンガキンと割ると、木の中は空洞《うど》で、中から金銀がざくざくとたくさん出て来た。爺婆は元朝からにわか長者になった。

（秋田県仙北郡角館小学校、高女一、鈴木てい子氏の筆記摘要。昭和四年頃。武藤鉄城氏御報告の八。）

糠餅と地蔵（その三）

昔ハありましたとさ。ある所に貧乏ではあるけれども正直に暮している夫婦があった。今年もお正月になったが、餅を搗く米もないから粉糠餅《こぬかもち》を搗いた。朝早く若水を汲みに行って、川戸《かど》の御水神様に餅を供えてから水を汲むべとして、懐を見ると、入れて来たはずの餅が見えないので、これは事やった、と思ってその辺を探したが見当らない。それではこの川戸《かど》に落したかも知れないから見付《めつけ》べいと思って、だんだんと川端を探して往くと、川下に一人の石の地蔵様がいて、にかにかと笑っていた。地蔵様地蔵様、俺の餅が此方《こちあ》流れて来なかったべすかと訊いてみた。すると地蔵様は、ああ来たケ来たケ、俺が今御馳走になったとこだと言って、頰に粉糠を着けていた。男は、そだば良《え》ます良ますと言って地蔵様を拝んで帰って、元の川戸から水を汲んで戻って来ると、水桶がだんだん重たくなって、一足一足せつなくなって来た。これは不思議なこともあるものだと思って、家へ帰ってから、中を覗いて見ると、桶の中には水ではなくて米だの黄金だのがズッパリ（多く）入っておった。これは地蔵様のお授けだと喜んで、今まで貧乏だった家がにわか長者になった。

隣家の欲張り爺がその話を聞いて、俺もと思って餅を懐に入れて水汲みに出かけた。そして何とかして餅を川戸に落そうと試みたがなかなか落ちない。仕方がないから川に投げ入れて流してやった。すると案の定地蔵様はおったが不機嫌な顔をしていた。そこで食いたいとも言わない地蔵様の口に餅を無理矢理におっぺし込んで帰って来た。そして元の川戸から水を汲んでさげて来ると、だんだん家の近くになるにつれて桶が重たくなったので、これは俺も果報が来て長者になると思って、大喜びで家に駈け込み、中を見ると、馬の骨《ほね》骸《がら》や牛《べこ》の糞だの、なんともかんともいえない程汚い物ばかり入っていた。

（岩手郡の北部地方の東根ともいわれる川口地方にある話、摘要。田中喜多美氏御報告の分の八。）

地蔵の酒（その四）

昔ありましたとさ。ある所に一人暮しの爺様があって、今日は町さ用足しに行って来るべいと思ったが、留守居がないので、隣家の婆様にヤドイを頼んだ。隣りの婆様婆様、俺あ今日町さ用足しに行って来るだス、俺家《おれえ》さ来てヤドイしていて給《たも》れでアと頼むと、婆様はすぐ来てくれた。

爺様は家を出る時、婆様婆様奥の座敷はゼッテエ開けてケてはならねぜと言った。すると婆様は、はいはい用のないもの何しに開けるベアと言って、猫に入って（猫のように炉中に入ってという形容）あたっているので、爺様も安心して出かけて行った。

爺様が遠くいなくなると、隣家の婆は、爺様が見るなと言った奥の座敷が見たくてたまらない。奥の座敷に何か隠してあるに違いない、見てケましょうと思って、抜足差足で行って戸を開けて見ると、地蔵様がいて、その鼻の穴から何だかタチリタチリと湧いて下に置かれた瓶《かめ》に溜まっていた。これは不思議だと思って指を入れて掻き廻してみると、プンと佳い酒の香りがする。舐めてみると何ともいわれない佳い酒なので、少し飲んでみるべと思って飲むと、とてもこたえられないので、とうとう瓶の酒をみんな飲んでしまった。けれどもその酒を飲んだことを隠すべえと思って、地蔵の鼻穴を大きくしてうんと酒を出そうとして、柴ッ木でボキボキと突ッつき廻すと、地蔵の鼻は欠けて落ちたが、酒がズッタリ湧かなくなった。仕方がないから水を汲んで来て瓶に入れておいて、自分は知らんふりをして炉《ひぼと》へ来てネコに入って眠ったまねをしていた。

そこへ、今帰ったと言って爺様が帰って来た。お早かったなす。それで俺ア帰ってもよかべだす、家さ行くアなすと言って婆様は帰って行った。

その後で爺様が奥座敷サ行って見ると、地蔵様の鼻は欠け、酒は湧いていないので、これはジョウヤ（きっと）隣の婆様の仕業に違いないと思って隣の家サ行って、奥座敷をあれくらい開けてケるなと言ったのに、お前だべ瓶の酒を飲んでから、地蔵様の鼻ア欠いたのは、と言うと、婆様は何しに俺は奥座敷の地蔵を知るべやと言ったとさ。

（岩手郡川口地方の話。田中氏の御報告の分の九。藤本という人の奥さんから聴いたというものの中。）

黄金をひる地蔵（その五）

ある所に爺と婆があった。爺は用足しに町サ行くので、婆ア婆ア今日俺は用足しに行って来るだす、まったく奥の座敷を開けて見てはならないぞと言って出かけた。

婆は、あの人はいつも一人で奥座敷さ行っているが、何か隠してあるに違いないと思って、奥の座敷を開けて見ると、地蔵様が棚の上に在って、その尻穴《けつあな》から金粒をぽれぽれと出していた。

これだなアよしよし金をうんと産《な》させてやれと言って、婆様が焼火箸でその穴をジリジリと大きく焼きはだけると、その地蔵様は金をひるどころか、ブンと呻って何処《どっか》へ飛んで行ってしまった。

その家はだんだん貧乏になった。

（前同断の一〇。）

七一番　猿と爺地蔵（その一）

ある所に貧乏で小供のない爺様婆様があった。それでもたくさんな畠を作って、麦だの粟だのを毎年多く穫《と》って喜んでいた。ところがある年、まだ麦や粟が実らないうちに、山の猿や兎が来てみんな食ってしまった。どんなに工夫して追っても追っても猿どもの方が賢《さか》しくて、爺様の手におえぬので、ある日婆様に白餅をこしらえさせて真裸体《まっぱだか》になってそれを体中に塗り着けて、地蔵様のようなまねをして畠に行って、畠の傍らに座って番をしていた。

その日も山から猿どもがぞろぞろと下りて来た。そして爺様がそんな風をして座っているのを見ると、一番の年寄猿が、やいやいここに見たことのない地蔵様が来て番をしているから、この地蔵様を川向うへ守《も》り申してから、ゆっくり穂を食うベアと言って、猿どもが皆寄り集まって手と手を組み合せて、その上に爺様を乗せてこういう歌を唄って川を越して行った。

猿……

地蔵……

よウヤラサン
よウヤラサン……

その時爺様の体が少々傾いた。すると年寄猿が、やア地蔵様が転びそうだ。早く千両箱を持って来て当てがえと言うと、手下の猿どもがどこからか千両箱を持って来て、爺様の膝の下に当てられた。するとまた一方が傾《かし》がったら、それア今度はこっちの方が曲ったと言って、また千両箱を持って来て当てがった。そんな事をして川向いの御堂に連れて行って置いて、猿どもはまたもとの畠に穀物の穂を食いにぞろぞろと引ッ返して行った。爺様はその間に千両箱を二つ引ッかついで、さっさと家に帰って、長者どんとなった。

この事を聞いた隣家の爺様が、大層羨ましがって、よしきた俺も一ツ地蔵様になって隣家の爺々のまねをやって大金儲けをすべえと思って、婆様に白粉を練らせて体全体に塗ったぐり、自分の畠に行って、山から猿どもの来るのを待っていた。その時にも猿どもがぞろぞろと山から下りて来て、前の爺様に言った通りの事を言って爺様を川向いに渡すことになった。

そこで猿どもがおかしな歌を唄う時、隣家の爺様がやったように少々体を傾《かし》げると、それアと言って千両箱を当ててくれた。また少し傾げると千両箱を当てがってくれた。その時爺々は隣りは千両箱二つだと言ったけが、どれ俺は三つもらってやれと思って、前の方へ体を傾げると、それッここも傾げると言って、前の方にも千両箱を当てがってくれた。その時くすぐたくっておかしくなって、いきなりあはははッはッと笑い出すと、猿どもは驚いて、組んでいた手をばらばらに離してしまったので、爺々は川の中にどんぶりと落ちた。その上この爺奴、昨日も地蔵様に化けやがって俺達から千両箱を盗んだと言って、大勢で爺の体を引ッ掻き廻して、ウンと泣かせて家に帰した。

(秋田県仙北郡角館町、高等科一年生の鈴木てい子氏、昭和四年某月某日の筆記摘要。武藤鉄城氏御報告の八。)

猿皮売り(その二)

ある所に爺婆があった。爺は山にあらく(新畑)をきった。秋になって穀物の穂が実った。すると奥山の猿どもが下《さ》がって来て荒し散らしてしようがなかった。爺様は猿追いに大層おめをとった(苦労をした)。けれども追払《ぼっぱら》うことができなかった。

ある日爺は婆様に、婆様婆様、稈《わら》しとぎをこしらえてけ申《も》さいじゃと言って、稈しとぎを作ってもらって、山畑へ持って行った。そして自分の体中にそれを一面に塗《ぬ》たぐって、畠ぼとりに坐っていた。

その日も奥山の猿どもが多勢山から下りて来たが、爺様を見て、今日は畠の穀物を食うよりはこの地蔵様でも向山《むかいやま》さ守り申せと言って、ズッパリ(多く)して手を組み合って、その上に爺様な乗せて谷川を渡った。その時猿はこう唄った。

猿ぺのこ、よごすとも
地蔵ぺのこアよごすな……

向山には御堂があってそこに爺様をば守り申した。そして猿どもは代り代りに爺様の機嫌をとった。すると爺様がこう言った。これからお前だちは俺の言う事をきけ。男猿は山さ行って木を伐って大槌をこしらえろ。女猿は町さ行って布と針と糸を買って来てそれで大袋をこしらえろ。えヘンえヘン。

猿どもはすぐに爺様の言う通りにした。すると爺様はまたお前だちは残らずこの袋の中さ入《はい》ろと言った。猿どもはぞろぞろとみんな袋の中に入った。するとまた爺様はその袋の口を少し開けて、一匹一匹と呼び出した。そして猿が袋の口から頭《あたまこ》を出すとすぐ大槌で頭を撲って一匹一匹殺した。そして皮や肉を町へ持って行ってこうフレ歩いて売った。

猿皮三十
肉《み》は六十
頭《こうべ》三百
ハアちょん百
ちょん百……

そうして爺様はにわか金持になった。

(大正十年の春頃、村の菊池梅乃という女房から聴いた。この人が、その祖母から聴いて覚えていたものだという。その老婆は横懸のサセノ婆様と言って話識りの人であった。)

七二番　猿になった長者

ある所に長者があった。その隣りに大層貧乏な家があって、八月の十五夜の晩お月神様に上げる米もなかった。それで隣りの長者どんに団子にする米を借りに行った。すると長者の旦那様はさんざらほだい（大層に）貧乏人を悪口して笑ったあげく、お月様には馬の糞でも拾って来て上げるがよいと言って帰した。

貧乏人は困って、外の畠から少し豆を盗んで来て、お月様に上げた。

その翌朝隣の長者の家で、なんだかクヮエンヒ、クヮエンヒと啼く声がするので行って見ると、旦那様はじめ家の人達がみんな猿になっていた。それを追って貧乏人は長者となった。

この人の行ないから、八月十五夜の神様に上げる豆は、人の物を盗んでも神様はおゆるしになることになっている。

七三番　猿の聟

ある所に爺様があったとさ。ある日山畑さ行って畑の雑草を取っていると、とても畑が広いし、草がずっぱり（多く）で、頭が痛くなるようだから、草を取る手を休めてこう言ったど、

向い山の猿どオ
ここさ来て
雑草コ取って
助けねえが……

娘ア三人あッから
一人嫁子にやッから……

そうすると山から、ワリワリと猿どもが下りて来て、爺様の畠を見ている間にすっかり取ってしまったジこっちゃ。

雑草を取って助けられたことはいいが、娘を猿などの嫁子にやるって言ったことが心配で、終夜《ひとばん》眠らねエで明かし、朝間も寝床から起きないでいると、娘どア心配して、一番大きな姉子が来て、

爺様な爺様な
何して起きて
御飯《おまま》をあがらねます、
アンバイでも悪《わり》ますか……
と訊いた。すると爺様は、
アンバイもどこも悪《わり》くねえども
俺ア気にかかっことあッからさ……
昨日《きんのう》山畑で
あんまりひどい雑草《くさ》だもんから
向い山の猿どさ
この雑草取って助けたなら
娘ア三人あッから
一人嫁子にやッから……
と呼んだば
山の猿どア
ワリワリと畑さ下りて来て
見ている間に
みんな雑草を取ってケた……

それで猿の嫁子に
お前が行ってケンないか
とそう言うと、姉娘はひどくゴセを焼いて（怒って）爺様の枕下を蹴立ててそこを走りながらこう言った。
どこの世界に
そんなことアあんもんでゲ
誰ア山猿のオカタ（妻）なんかに
行くもんでゲ
二番目の娘もその通り、三番目のバッチ（末娘）が爺様に御飯あがれと言って来た。（この爺様と娘達の対話を繰り返すのが、この話の興味である。）そして爺様の言う嘆きを聴いてこう答えた。
爺様な爺様な
俺ア猿のとこさ
嫁子に行くから、
何も心配をしねアで
はやく起きて
御飯をあがってがんせ……
爺様は喜んで起きて御飯を食べた。

山の猿どア嫁子を迎えにやって来た。そしてお手車をして娘を乗せて奥山へ連れて行った。

里帰りの日になった。猿の聟どんは舅どンに餅を搗いて持って行くのだと言って餅を搗いた。この餅を何さ入れて行くべなアと猿は言った。

櫃《ひつ》さ入れれば木臭い

朴の葉さくるめば青臭い、

その臼ごと持ってアエで

ケてがんせ……

と嫁子は言った。可愛《めご》い嫁子の言うことだから猿は何でも聞いて、ああそんだら臼ごと背負って行くべと言って、餅を臼ごと背負って嫁子の先きに立って山から下りて来た。すると谷川の大きな淵の向う崖《がけ》に、淵に垂《たら》ズて美しい藤の花コが今を盛りに咲いていた。嫁子はそれを眺めて、

猿どんな猿どんな

あれあの藤の花コ

一枝……

折ってケでがんせ、

俺方《おらあ》の爺様ッたら

あの花コ

なんぼ好きだか分りません

と言った。猿はメゴイ嫁子のことだから、何でも言う通りになって、それじゃ餅の臼をこさ下して木に登って取るべ……と言うと、

猿どんな猿どんな

土の上さ置けば

土臭くなる……

草の上さ置けば

青臭くなる……

どうかその臼

背負《しょ》って木の上さ

上ってケてがんせ……

と嫁子は言った。猿はメゴイ嫁子の言うことだから、何でも嫁子の言うことを聞いて、それじゃと言って、重たい餅臼を背負ったままで藤の花コ取りに高い高い木に登って行った。そして手近の一番デト（手前）の枝に手をかけて、下の嫁子を見下しながら、

オフミコオフミコ

この枝か……

と猿が言った。嫁子は下から、高い高い木の上を見上げながらこう言った。

いいえいいえ

まだまだ
　もっと上の枝

猿はまたずるずる木の上枝によじ上って、オフミコオフミコこの枝か、まだまだもっと上の枝で、(この対話を自分の気分によって、なるべく度々繰り返すのがこの話の興味である。) 猿はずんずん木の上枝の梢の端へ登って行くと、餅臼の重みで、木の枝がバリリと折れて真倒《まつさかさ》まに猿淵に堕ちてしまった。そして川下に流れて行きながらこう唄った。

猿沢や
猿沢や
流れ行く身は
いとわねど……
あとのお文子《ふみこ》ア
嘆くベジャやい……

(自分の古い記憶と、遠野町佐々木艶子氏からの御報告の七による。最後の猿の唄う歌は同氏の知っておられたものである。

私の郷里の近くの釜石地方の同話には全く自分達の知らぬ一節が入っていて、それがこの話の山でもあるという。すなわち猿どもが里の美しい娘を嫁にもらって行って、その夜の猿の家での酒盛りで唄う歌の文句である。それは、

スポニコポンポン　ポンポンポンポン　鎌倉のめえけんと

かまえてこのこと聴かせんな　ヘララ、ヘララ、

というのであるという。この一条は報告者板沢武雄氏も言っておられる通り、他国の、例えば伊那の光善寺の猿の人身御供譚のヘイボウ太郎やこの類話の系統で、板沢氏は現在では二つ別々の猿の昔話は以前一つのものから岐れて来たとも考えられるというておられるが、またその反対に釜石の譚は、以前二つであった話が昔の物識者の手でもってかくの如く一つに纏められたものかとも考えることができよう。猿の聟譚はおおよそ単純に話されて、ヘイボウ太郎式の部分が欠けておったからである。

またその嫁子の名前も、お藤ッ子というのが普通であるようだが、私の話では報告者の記憶を尊重した。

また秋田県仙北郡角館町辺の同話では、爺様が餅好きで、山へ行って例えば猿でもいいが餅一重ここさ持って来てくれたら、娘が三人あっからそのうち一人ケンがと言うと、猿が餅一重を持って来たもんだから、ああウマイ、ああウマイと言って食う。家へ帰って娘どもに猿の嫁に行ってくれろと言うと、姉も中姉もいやだと言う。遂に末娘が嫁に行く。舅礼に帰って来る時、淵の崖の上の桜の花を眺めてあれを一枝折って父親に土産にしたいと言うて、猿に臼を背負わせたまま木に登らせる。例のようなデテイルで猿は木から落ちて淵に沈むと、娘はワザと泣くまねをする。そこで猿が、

サルサルと　流るる命《いのち》惜しくないが　あのひめの泣く声　いとしかるらん

と言って死ぬというのである。これは同所清水キクヱさんという娘の談話筆記による、武藤鉄

城氏の御報告九。）

七四番　猿の餅搗き（その一）

ある山の麓にお寺があって、そのお寺の境内の古池に蛙がズッパリ（多く）住んでいた。春の彼岸が来たのでみんなが蓮の葉の上に寄り集って、ジえジえこれら、彼岸には何を喰ったらよかべなアと相談した。そして今年は餅を搗くことにきめて、池のほとりで餅を搗いていた。するとそこへ山猿がやって来て、なんだお前達は何しておれやと訊いた。蛙どもはおらアお彼岸様に上げる餅を搗いているところだと言った。猿は嘲笑って、お前達は蛙のくせに何もそんなまねするには及ばないさ。どれその餅をコッちさ寄こせと言って、餅を臼ごと引担いで山の方へ、どんどん走って行ってしまった。

蛙どもは悲しくて大変泣いていた。そしてこれはことだ、これはことだとグヤカエシ（がやがやとつぶやき）ながら、猿が行った方の山へぞろぞろと行ってみた。すると餅が途中に落ちていた。それを見つけて蛙どもはゲクゲクと大騒ぎして喜んで皆して寄って喰っていた。

猿は自分の家へ還って、臼を肩から下して見ると、餅はなかった。これはしまった、そう言って引返して途中まで探して来ると、多勢の蛙どもが、盛んにその餅を食っていた。

猿は怒って、その餅よこせと言った。すると蛙どもも怒って、そんだらそれ、これでも食らえと言って、自分らの食い残しをみんな猿の顔に撲《ぶっ》つけた。あれやッと言って猿がその餅を顔から取るべえとすると、皮がびりびり剝《へ》げて、今のようにあんな真赤な色《いろ》ズバサ（色肌）になった。

猿と蟹（その二）

ある時、猿と蟹とで餅搗きをした。猿はよい程に餅が搗けた時、ドラと声がけをして、臼を背負ってとてつもない山の方を目掛けてどんどん走せて行った。これヤことだと蟹は胆を潰して、猿どん猿どん何してそんなことウすんまアすと言って、猿のあとを追《ぼっ》かけて行った。猿は余りあわてて、臼の中から餅が落ちたのも知らないで山へ入った。蟹は餅を見つけて拾って、木の葉を吹払《ふっぱら》いかッぱらい食えばわるくも御座らぬと言いながら、しんめりしんめりと食っていた。

猿はそんなことは知らないで、どんどん走せて行って、後を振返って見ると今まで追《ぼっ》かけていた蟹がはア見えなくなっていた。だからこの辺がよかべと思って、臼を肩から下して見ると、中に餅がなかった。これはしまったと言って後へ引返して来て見ると、蟹がさもさも、うまそうに餅を食っていた。猿はひどく怒って、蟹々その餅よこせと言った。それでも蟹はすましして、木の葉や塵《ごみ》がついて、なぞにしても食われないところを、そんだらそれやッと言って、猿の顔にぶっつけた。

あれやッと言って猿が顔の餅を引放《ひっぱな》すべと思っていきなり掻《かっ》ちゃくと、顔の皮がびりびりと引剝げて今のように、あんなに赤面になった。

七五番　ココウ次郎

昔々ざっと昔、あっとこに爺と婆があった。爺は池に棲んでいる蟹に毎日握飯をやって、ココウ次郎と呼んでかわいがっていた。ある日、婆が爺のいない間に蟹を喰べてやろうと思って、握飯をこしらえ、池のふちへ行ってココウ次郎ココウ次郎と呼んだら、蟹がワサワサとたくさん出て来たので、婆は残らず網ですくって喰ってしまった。そして甲羅は爺に知れないように垣根の向うさ投げ棄てた。そこへ爺が帰って来て、婆や握飯ここしらえろと言って、握飯を作らせ、池さ持って行って、いつものように、ココウ次郎ココウ次郎と呼んだが、蟹は一匹も出て来ない。何遍も呼んでみたが蟹は一向に姿を見せない。爺は不思議に思って毎日池さ行って何遍も呼んだが、そんでも蟹は出て来なかった。ある日のこと樹の枝に烏が一匹とまって、

かあらは垣根
身は婆《ばんば》

と鳴いたので、爺が急いで垣根のとこさ行って見たら、蟹の甲羅がたくさん散らばってい

た。

（仙台地方の話。昭和五年四月五日、三原良吉氏採集御報告の分の二。）

七六番　蛙と馬喰

昔はあった。ちょうど雫石だと、黒沢川のような所に、一匹の蛙が住んでいた。ある時馬喰が駒に乗ってちょうど雫石だと盛岡街道のようなところを、盛岡の方へ、いい声で馬方節をうたいながら行った。ちょうど日暮れ方、大森の麓《した》のような所へさしかかると、そこに住んでいた蛙が、俺も一つああいう風に歌ってみましょうと思って、

クエ

クエ

とやった。けれどもどうもうまく行かないので、最初よりももっと声を張り上げて、

クエッ

クエッ

と唄ってみた。すると今まで無心にやって来た馬喰が、蛙の声を聴いてびッくりして立ち止まった。

そしてそこにいる蛙を見つけて、蛙どの蛙どの何して御座ると声をかけると、蛙はそち

らがあまりよい声で馬方節を流して御座ったから、俺もまねしてみたところさと答えた。ああそうか、時に蛙殿、俺はこれから上方参りに行くべと思っているが、行く気はないかなと言って通り過ぎた。

蛙は、俺も俺も一つ上方参りでもしてみて来るべと思って、馬喰の後から、ブングリ、ブングリと跳ねて行ったどさ。まずこうずっと江戸の入口《はいりぐち》まで行ったずな。大儀になれば、藪さ入って憩《やす》み、または人家の床下《いたじき》に入っては休み休みした。するとだんだん下腹ア磨《す》れて歩けなくなった。そこでしばらく思案していると、よい事が思い浮んだ。俺も一つ人間のように立って、二本足で歩いてみましょうと思って、ひょッと立ち上ってみると、案外楽なので、これは良い考えだと思って歩いていた。だんだん上方へ近づくと、自分が元通って来た所と変りがないので、上方という所は不思議なものだ。田舎と変りがないようだと思って、途中を急いで行くと、向うに雫石の村屋のような所が見えて来た。

おやおや、これはなお不思議だと思って、まず休んで見ると、そこは自分がもと住んでいた黒沢川であった。よく考えてみると、自分が二本脚で立つと、眼は後の方へ向いているので、コレは自分がもと来た途を尻去《しりざ》りに歩いて来たことに気がついた。前だ前だと思っていたのが後の方であったのだ。それからその蛙は上方参りをすることは止めて、今でもそこらに住んでいるとさ、ドットハライ。

（田中喜多美氏御報告分の一一。）

七七番　蛙と田螺

昔、ある田の中に田螺《つぶ》と蛙《ぶつき》とが隣同志で住んでいた。たがいに多勢の仲間どもと一緒に暮して、仲がよかった。

春の日が来た。日向《ひなた》の温《ぬる》み水の中で友達同志が睦まじく遊んでいると、近くの山に住んでいる蛇が来て、百姓の植えがけの田を散々に荒した。そのあげく今度は蛙を捕って食おうとした。蛙は、田螺《つぶ》モライ助けてケロと頼んだ。田螺はこれはことだ。蛙モライが捕って食われる、と言って、仲間を多勢集めて来て、蛇に吸い着いた。蛇は苦しがって頭を振り廻した。すると蛇の目縁《まぶた》に吸い著いていた田螺が遂に振り落されて、一呑みにされようとした。だから田螺は蛇の舌に吸い著いた。

蛇は、これは堪らない、うんと頭を振って、振り飛ばしてやるべえと思って、しこたま頭を強く強く振った。そうすればするほど、田螺も強く強く吸い著いた。蛇は舌がモゲそうになったので、以前よりもなおなお強くうんと頭を振った。するとそのはずみに、傍らの石に頭を撲《ぶ》つけて、頭が砕けて死んでしまった。

それから田螺と蛙としてひどく喜んで、なおなお今のような事があった時には、お互に助け合うべヤと話し合った。だから今でもあんなに仲良しである。

（松田亀太郎氏御報告の七。）

七八番　田螺と野老

昔、田螺《つぶ》と野老《ところ》が隣り同志であった。ある時トコロがヅブのところにこう歌をかけた。

ヅブヅブと
渋たれ川のゴミかぶり
ケツがよじれて
　おかしかりけり

すると田螺は返した。

　トコロどの
あんまりチョウゲンし過して
体のケブを
抜かれもさんナ

これを聴いて野老は怖気がついて、今のように土の中にモグリ込んだ。

（『真澄遊覧記』の胆沢辺で子供から路々聞いた話に兎とツブとのこうした掛歌があった。私はそれを大層面白く思って村で聴き合わせると、この類の話を二三知っていた。本話は家の老母から聴いたものであるが、同じ所でも古屋敷万十郎殿が知っていたのは歌のところだけでこうであった。

マルマルと　渋タレ川のゴミかぶり　尻の巻目が　おかしかりけり

これは野老の掛歌。すると田螺はこう言った。

ニガニガしい野老どの　頭のケブカ抜かれもさんな。）

七九番　田螺と狐

昔はありましたとサ。ちょうどここらだと下久保のような所を、一匹の赤狐が、田の畦《くろ》を、向うの方からションションションションと歩いて来た。

その時また、お天気がよいのでヅブも田の中をスルリスルリと歩いていた。狐は田圃の中になにかうまいものでもあるかと、遠見《とおみ》彼見《こうみ》して来かかると、水の中にいたヅブが、フト天上の方を見て狐を見つけ、

焼野が原の赤狐
口の尖《とが》りは
おかしおかし

とやった。何だか田の中で声がすると思って、狐が振返って見ると田螺《つぶ》がいるので、

谷地田の中の
塵《ごみ》かむり
尻《けつ》のとがりは
おかしおかし

と返した。するとヅブは愛想よく、時に狐どのナ、どこへ御座るナと訊いた。すると狐は、いやどこへでもないが、そなたこそどこサ御座るナと問い返した。時に狐どのナ、あまりお天気もよし、俺と上方見物したらなじょでござるナ。俺はハなんでもないが、そなたその姿態《なり》で歩けるかナ。いやいや俺こそ心配はないが、そなたこそこの俺にかっついて来《き》れるのかナ。よし、そんだら俺と上方参りの賭だ。そして狐とヅブとは上方見物に出かけた。するとずるいヅブは、狐の尾サぴったりくっついていった。

狐は足が達者だから、ヅブなどがなかなかかっつけるものでないと、安心しながらションションションションと街道を盛岡の方へ来た。少しくたびれたので先ず一休みしようと傍らへ寄って腰を下すと、狐どの今かなと言う者がある。狐が休むつもりで腰をおろした時、ずるいヅブはそのしっぽから離れて、夙《と》くに来て待っていたふりをした。いやいや俺は今はヤグド負けた、この次にあ負けないと言って今度はプンプンプンプンと歩き出した。狐はまたくたびれたので一休みしようとし、後からヅブの来るのを待とうと思って休むと、また先の方で、狐どの今か、俺アいっつに来て待っだと言うのを見ると、いかにもヅブは、とうから来て待っていた顔つきでいた。今度こそ負けてならないと、一生懸命になって狐はプングリプングリプングリと跳ね出した。するとまたずるいヅブはその尾にぴったり着いていった。そして上方に着いて今度こそは勝ったと思って鳥居の所で後を振返って見ると、その拍子に尾から離れたヅブは狐どの今かなと言ったとさ。ドットハライ。

（七四番同断の一二。）

八〇番　獺と狐（その一）

ある時、獺と狐とが路で行き会った。狐が先に声をかけて、ざいざい獺モライどの、よい所で行き会った。実はこれからお前の所さ話しに行くところだったたと言った。正直な獺は、そうか何か用でもあったかと言うと、狐は、何別段の用事でもないが、これから冬の夜長にもなることだから、互に呼ばれ合いッこをすべえと思ってさと言う。獺も同意した。そこで狐が、それでは獺どのが先だぜと言った。初めの晩は獺の番前であったので、獺は寒中川の中に入っていろいろな雑魚を捕って、狐のために多くの御馳走をこしらえた。狐は招《よ》ばれて来て御馳走をたらふく詰め込んで喜んで帰った。

次の晩は狐の番であった。獺は彼奴のはきっと山の物で、兎汁でも食わせるかなアと思って行くと、狐の家ではさっぱり何の気振りもない。獺は怪《おか》しく思って、ざいざい狐モライ、俺はハア来たぜと言って入って行った。すると狐は一向返事もしないで、一生懸命に上の方ばかり見て黙っている。獺が何したと訊くと、狐はやっと口をきいて、獺モライ獺モライ、申訳がないが実ア俺アところさ今夜、空守役《そらまぶりやく》を告《つ》がって、それで俺アこうして、上の方ばかり見ていねばならないから、今夜のところは許して還ってケモサイと言った。獺はそう言われて、狐のところに今まで聞いたこともない、妙な役割が告がったものだと思って家へ還った。

その次の晩、また獺は狐の家へ出かけた。ざいざい狐モライ、今夜も来たゼと言うと、狐はやはり昨夜のように黙って今度は下の方ばかり見詰めていた。獺が何したと訊くと、狐は顔も上げないで、獺モライ、今夜も運悪く地守役《じまぶり》が告《つ》がってナ、俺はこうしている。ザザ本当に申訳がないども、今夜も帰ってケモサイと言った。そこでいくら正直の獺もこれはしたりと気がついたが、そのまま何知らぬふりして家に帰った。

ところがその次の晩、狐がひょっくり獺の所へやって来た。獺モライどのいたか、実は今夜ソチを招《よ》びたいと思ったけれども、仕度がしてないのだ。これから魚捕りにでも行くべえと思うが、あれはどうすれば捕れるものか、俺に教てケ申せやと言う。獺は脇面《そっぽ》向いて、フンそれくらいのことオ狐モライがまだ知らなかったのか、そんなことア何も訳がないさ。スパレル晩、長者どんの川戸《かど》さ行って、オッペ（尾）を川の水に浸していれば、チヨロチヨロと魚が一匹ずつ来て、オッペさ縋み著く、そういう魚をうんとオッペさ縋み著かせておいて、いい加減の時を見計って、ソロッとオッペを引上げて家さ持って来るんだと言うと、狐はフフンそれだけなら知っていたやいと言って、碌すッぽう聞く風もせず、プッと置き屁して、笑ってどんどん走せて行った。

けれども心の中では、獺の奴ア馬鹿者だなア、何でもかんでも秘伝ッコをぶちまけるウ、そう思っておかしくて、小鼻解きを顰《しか》めて笑いながら長者どんの川戸へ行って尾を水に浸しておった。するとザイ（薄氷）がカラカラ、カラッと流れて来ては、ぴたッと尾にくッつく。カラッカラと流れて来ては、ぴたッと尾にくッつく。狐ははははアこれはみんな魚だなア、果報者果報者と喜んで、時々尻尾を水から引き上げては、その分量を計ってみたりしていた。そしてだんだん重くなったが欲を張って、もう少し、もう少しと思って、じっと我慢をしていた。

そのうちに夜が明けた。川面の一面に氷が張り切った。狐の尻尾も氷と一緒に張りくわってしまった。狐は考えた。これは事だア、あの早起きの犬の奴か、人間に見付けられたら事が起る。今のうちに魚をさげて家さ帰った方がよい。そこで尻尾を持上げようとしたが、一分も氷から抜け上らばこそ、あれアと思って、ひどくあわてていた。そこへ長者どんの嫁子様が朝水を汲みに、手桶を担いで来た。そして狐が川戸にいるのを見て、担ぎ棒で叩き殺した。

（私の稚い時の記憶、奥州の子供等はこんな種類の話を一番最初に聴かせられた。）

（その二）

昔々ある所に狐と獺と朋輩になっていた。ある時狐が獺の家へ招《よ》ばれてたくさん魚を御馳走になった。その時狐が言うには、お前はいつも魚をたくさん取っているが、それは一体どうして取るもんだか、俺にも教えてくれないかと言った。獺はいつもずるい狐のことだから、日頃の思いを知らしてくれべと思って、狐モライ、魚取る事などいっこうむつかしくないもんだ。寒中甚《ひど》くシバレる夜明に魚のいそうな深い淵のような所に行って尻尾を水に浸していると、いろいろな魚が来てつくから、いい加減ついた頃を見計らってそっと引き上げて家へ持って還ればそれでよいのさと言った。

狐は獺の話を半分ぐらい聴くと、ああもうええええ、分った分ったと言って帰り、その足で村でも一番雑魚のいそうな深い淵へ行って、獺が言った通りに尻尾を水に浸して座り、向う山を眺めてチャジャまって（うずくまって）いた。そして時々尻尾を引き上げて見ると、川上の方からザエ（薄氷）が、カラカラと流れて来てはピッタリと尻尾にくっつく。すると狐はそうら一匹ッ、またカラカラと流れて来て、ピタリとくっつくと、そうらまた二匹と言っていた。そうしているうちにだんだんと多くの氷がしっかりくっついたので、狐はこれは大漁だと思って嬉しく、一ツ歌をうたうベア、

はア鱒アついたか、ヤンサア

鮭がついたか、ヤンサア

と繰り返し繰り返しながら歌いながら、上下に体をあおっていた。

その朝、近所の家の嫁子が早く起き出て、川へ水汲みに行くと、狐の野郎が歌をうたいながらウナズイ（体を上下）ているので、あら狐の野郎が馬鹿真似をしているアと言って、

あたり近所の人達を起して、棍棒や斧などを持って来させると、狐は驚いて一生懸命に逃げ出そうと尻尾を引き抜いたところが、尻尾の皮が引《ひ》ン剝《む》げて、結局ひどい目にあって命《いぬち》からがら山へ逃帰ったと。ドットハライ。

（江刺郡米里村の話、昭和五年六月二十七日佐々木伊蔵氏談の三。）

（その三）

昔はあった。非常にシバレる晩であった。ちょうど雫石だと俺の家のような所で、向うの方から雪道をションションと狐がやって来た。するとこっちの方から獺が大きな鮭を取ってズルズル曳きずって来るのと、ばったり出逢った。ジャ獺どナ獺どナ、ソナタ良くいつでも鮭だの鱒だの捕って来るは、ナジョにして捕って来るがナ。なアに雑作なエごった、まず今夜のような、うんとシバレる時、ずらッと見て歩けば、家の前にじょうや（ここではきっとの意）ぽつンと川戸《かどこ》さ穴があいているものだ、そこさ行って、

鮭ア釣ゲ
鱒ア釣ゲ

と言っていると、大きな鮭だの鱒が必ず釣ぐもんだ。まずやってみとらなでヤ。時に獺どナ、その鮭まず御馳走したもれでヤ、よがべ、よがべと言って、二匹は、鮭を喰ってしまって、それから狐は獺に教えられた鮭釣りの伝授に、喜んで、まずこう行って見ると、いかにも獺の言うた通り、氷《すが》を取り除けた川戸があったので、早速尾を入れて、

鮭ア釣ゲ
鱒ア釣ゲ

と唄っていると、あまりシバレるので、ザエが流れて来て、狐の尾にぱたりぱたりと当るので、ひょッと尾を上げて見ると、何も釣いていない。またしばらくすると、パタパタと障るので、今度こそ鮭が釣いたに相違ないと思って、尾を上げて見るとやっぱり何も着いていない。こうして繰り返しているうちに、だんだん尾が重くなったので、何でも今度は大きな鮭は釣いているようだと思って喜んでいた。

それが一ぴきや二ひきじゃない、よほどの魚が釣れているようだと思っていると、東の空がだんだん白くなって、夜が明けそうになった。すると近所の家々では、ガラガラと戸を繰って朝起きをする模様なので、これではならないと思って、尾を引いてみると重いので、ウンと力を入れて引ッ張っても尾が抜けない。そのうちに近所の家の嫁《あねこ》が桶を担いで水汲みに来た。狐は一生懸命になって引ッ張っても尾が抜けて来ないので、今は泣き出しそうになって、

鮭もいらない、
センドコサのグエン、グエン、グエン
鱒もいらない、
センドコサのグエン、グエン、グエン
鮭も鱒もいらない、

センドコサのグエン、グエン、グエン
と叫び出すと、水桶の担ぎ棒でもって、このクサレ狐ア、ひとの家の川戸さ来てケズガッたと言って、ガキン、ガキンと打喰《ぶつくら》わされて殺されてしまったとサ。ドットハライッ。

（七九番同断の一三。）

八一番　若水

昔ある所に大層貧乏な男があった。家は貧乏ではあったが慈悲心が深くて、村の人達からも悪くは言われなかった。名前は若松という男だった。

若松はある年の年越の日、木を伐ったりなんかして貯《た》めた僅かばかりの銭を持って、年取仕度に町へ行った。その途中の野原で子供等が狐を捕えて、ひどく責め折檻をしているのを見て、性来慈悲の深い人なので、持合わせの銭を皆出して、兄達《あんこだち》兄達、この銭をやッからその狐を俺に売ってくれと言って、狐の生命乞いをして抱いて行って、子供等が見ていない所で放してやった。そして銭がなくなって、米も魚も買う事ができなくなったからそのまま家へ還った。

元朝になっても食うものがなかったので、いろいろ考えたが良い考えも浮ばなかった。米櫃をひっくり返して底を叩いてみると、そこにやっと米粒が三粒ばかりこぼれ落ちた。

若松はこれでも粥に煮てお正月様に上げべと思って、桶で水を汲んで来て大鍋をかけて炊いた。すると飯が大鍋いっぱいになった。

若松は正月中毎朝毎朝早くに起きて水を汲んで来ては大鍋に入れて、米の御飯炊いてめでたいお正月を過した。

今でもその由来で家毎で若水を汲むのだというのである。

（栗橋村の口碑。この若松という名前が縁喜がよいといって今でも方々に同名の男がある。菊池一雄氏の御報告の分の四。）

八二番　狐の報恩

ある所に爺と婆があったが、家が貧乏で、爺が毎日山へ行って柴刈りをして、それを町に持って行って、売って、その日その日の生計《くらし》を立てていた。ある日爺がいつものように山へ行くと、村の童衆《わらし》どア三人で一匹の狐を捕えて半殺しにして折檻していた。爺はそれを見て哀れに思って、じエじエ童衆だちどやえ、何して居れヤ、生物《いきもん》をそんなひどい目にあわせるもんでねえ。それよりも俺に売らねえかと言って、一人に百文ずつ銭を与えた。すると童衆どア喜んで、ほんだらこの狐ア爺様さケッからと言って、狐の首に結びつけた縄ごと爺に渡した。爺はああめんこ共《ど》だと言ってその狐を曳いて山の方へ連れて行った。

そしてお前はどこの山の狐だか知らないが、これから昼日中《ひるひなか》などに村屋近くに出はるな。二度とあんな童衆どアに捕えられないように気をつけろやエ。ほんだら、ささ早く自分の穴さ帰れ帰れと言って聴かせて、そろッと小柴立ちの中へ放してやった。

その次の日、爺が山へ行くと、昨日の狐が出て来て、爺様爺様おら昨日は爺様のおかげで危い生命《いのち》を助けられて何ともありがたかったまッちゃ、それで何とかしておらア爺様さ御恩返しをしたいから、爺様に望み事があれば、何でも言ってケ申《も》せと言った。爺はそれを聴いて、ホホウお前は昨日の狐であったのか、何も俺はお前からお恩返しをしてもらうべと思って、お前を助けたのではない。ただお前がモゾかったから、それで助けたのだから、御恩返しも何もいらない。畜生の身でありながらお前がそう言ってくれるので、はアたくさんだ。それよりもこんな所へ出ていて、また村の童衆ドなどに見つけられては事だから、早く穴さ帰れと言うと、狐は涙を流して爺にすり寄り、爺様爺様それではこうしてゲ、ちょうどこの下村のお寺では、釜が無くて困っているから、俺が釜に化けます。爺様は少々重かべけれど、その釜を持って行って和尚様さ売って金を儲けてケ申さい。よいか爺様と言って、狐は尻尾を巻いて、くるくるッと体を三遍廻すと、じきに立派な唐銅《からかね》の釜になった。爺が縁を叩いてみれば、ゴオンといい金鳴りがする。こうなってみれば、爺もそのまま山に棄てて置く訳にも行かぬから、寺へ担いで持って行った。そしてこの釜は昔の人達（先祖）が買って置いた物だども、売りたいというと、寺の和尚様は一目見て欲しくなり、少し高いども、これで負けとけと言って、金を三両出して買った。爺は今まで見たことのない大金をふところに入れて喜んで家に帰った。

　和尚は気に入った釜を買って喜んで、小僧小僧この釜によく砂をかけて磨いて置けやい。明日は竈造《かまづく》りを頼んで来て、竈造りをすべえと言った。小僧は釜を背戸の川戸《かど》へ転がして行って、砂をかけてごしごし磨くと、釜が声を出して、小僧痛いぞ、小僧痛いぞと言う。小僧は魂消て庫裡へ駈け込んで和尚様し和尚様しあの釜が物を言いンすと言うと、和尚は本統のこととは思わぬから、何それは釜の鳴音が、お前サそう聴えたべたら、よい釜というもんは鳴音までが違うもんだ。ええからほんだら庫裡さ転がして来て置けと言った。小僧は怪しみながら和尚の言う通りに、また川端《かばた》から転がして来て庫裡に置くと、その夜のうちに釜はどこへどうなったか消え失せてしまった。和尚はどうもあの釜はあんまりよい釜だったから、夜間《よま》のうちに盗人に盗まれたと、後々までも口惜しがっていた。

　爺はそんなことは夢にも知らないから、その次の日も山へ行くと、昨日の狐がまた来ていて、爺様お早ヤがんす。昨日はあれからお寺で小僧に砂をかけられて、ごしごし磨かれて随分えらい目にあった。今日は俺が爺様の娘になるから、爺様はこれから町さ行って、櫛笄《くしこうがい》それから帯だの手拭だの前振りコ足袋と、こう買って来てケてがんせ。そうしたら俺が美しい娘《あねこ》になるから、爺様は町の女郎屋に連れて行って、うんと高く売りつけてゲ。さあさあ、早く早くと言われて、爺はその足で町へ行って、狐の言う通りな品物をユエて（求めて）また山に帰って来た。狐は待っていて、爺様早かったます、俺ア皆気に入った物ばかりで面白い。それではこれから姉様になるから見てクナさいと言って、くるくるッと三遍廻って、綺麗な姉様になった。爺はそれを連れて、町の遊女屋へ行って、これが俺ア娘だから買ってケながんすかと訊くと、旦那は欲しがって、金を百両出して爺に渡した。爺はその金袋を持って家に帰った。

女郎屋ではまたその娘が大層流行《はや》って、旦那はうんと金儲けをした。翌年の節句の日に、娘は旦那の処へ行って、私はここへ来てから、一度も里へ帰ったことがないから、帰って両親に逢って来たいます。一日の暇をもらいたがんす、と言うと、旦那もほんとうにそうだと思って、手土産などをどっさり持たせて娘を里へ帰した。ところが娘はそれっきり女郎屋へは帰って来なかった。旦那の方でも、あの娘では買った金の幾層倍も儲けていたから、女郎しょうばいを厭《や》んたくなったら仕方がないと言って尋ね人も出さなかった。

爺様がまたある日山へ行っていると、また狐が出て来て、爺様爺様久しぶりだったな。達者でいたますか、俺も町の女郎屋さ行って体を疲れさせたからしばらく休んでいた。それで体加減もあらかたよくなったから、もう一度爺様さ恩顧送りたい。こんどは俺ア馬になるからどこでも遠土の長者殿の所さ曳いて行って売ってゲ。しかしこんどこそは俺も一生一度の爺様サのつとめだから、わるくすると爺様とはこれッきり遭われないかも知れないから、そうしたら今日の日を俺の命日として、時々思い出して回向しておくれヤンせ。さあそれでは馬になるからと言う。爺様はやめろやめろ、もうお前には重々の世話になって、昔とは変って今日ではこの爺も何不自由のない生計向《くらしむき》となっている。この上はアお前から何もしてもらいたくないと言っている隙に、もう狐は立派な青馬になっていた。爺様もこうなっては何とも仕方がないから、その馬を連れて遠土の長者殿へ行って、百両に売った。爺はまたその金を持って家に帰った。

青馬になった狐は、ちょうどその折テンマが告《つ》がって、大きな葛籠を両脇につけられて、その上に貴人を乗せて、長い長い峠路を越えて行った。そうすると何といっても根が小獣だからすぐに精をきって汗ばかり流して歩けなくなった。多勢の男達はそれを見て、慣れない馬は、これこの通りだと言ってえらく責め折檻をした。狐はそのまま倒れたので、この馬は分らない分らないと言って沢辺に棄て置いて、別の馬に貴人も荷物も移しつけて山越えをして行った。狐の馬はみんながそこを立ち去った後でどこへ行ったものか二度と姿を現わさなかった。

爺は狐のおかげで近郷きっての福徳長者様となった。それから狐の遺言を忘れないで、屋敷の内に立派な御堂を建てて祭った。そしていつも月の十九日には爺婆して、御堂に行って狐の後生を祈った。

（村の古屋敷米蔵爺様から聴いた話の一。大正十一年十二月某日。）

八三番　狐と獅子

ある時、日本の狐が唐《から》に渡って住んでおったことがあった。ある日山の獣だの野原の獣だのが大勢寄合いをして、各々《めいめい》に自慢話をおッ初めた。大勢の獣どもががやがやと話すのを、獅子が聴いてうるさそうな顔つきをして、誰がなんて言ったたって世界中で俺にかなう者はあるまい。俺が一声唸れば十里四方が大地震で、それや人間の家の鍋だの釜が残らず引繰《ひっく》り返ってしまうんだぞ、おフフン、と言うと、威張屋の虎が、でも親方、俺の千里の藪の一走りッてののまねはできなかんべえと言った。

それを聴いて日本から行っていた狐が、ははアこう言ってはは何だけれど、いくら獅子親方だって虎兄貴だって俺の手業《てわざ》にゃ及ぶまいと言うと、虎は怒って、そんだら俺と千里の藪を走せ較《くら》べしてみろと言う。よかんべアと言って虎と狐とは走せ較べをした。いつの間にか狐は虎の背中に飛び乗っていたもんだで、千里の藪の果てに着く間際に、ブンと背中からブッ飛んで狐が三間ばかり前に出たので、虎の負けになった。そこで狐は大威張りでみんなの所へ戻って来た。

獅子はその態を見てひどく怒って、この小獣め、俺様の唸り声でも聴いて頭《からこべ》でも打《ぶ》ッ割れッと言って、ウワワワワアと唸ったけれども、その時には逸速く狐は土の中の穴に入っていたので、平気で、親方、お前は噂に聴くとはテンカ（天）とウンカ（小虫）ぐれえ違っている。俺アいい心持ちでうとうとして睡気さして聴いていたと言うと、獅子はカンカンに怒ってこの下者これでも聴いてくたばれ（死ね）ッと言って、ワオアッと総体の力を打ッ込めて吠えると、勢いが余ってスポンと首が抜けて吹ッ飛んだ。

狐は笑いながらその獅子の首を背負って日本に帰って来た。唐にいては後の祟が怖《おっかな》かったからである。その時の獅子の首は今でも祭礼の時にかぶって歩くあれである。

（和賀郡黒沢尻町辺の話。村田幸之助氏の御報告の分の一。）

八四番　盲坊と狐

ある所に広い野原があってそこにどうも悪い狐が棲んでいて、そこを通って町へ行く人を騙してしようがなかった。本当に悪い狐だ、誰か捕って来る者はないかといっても、行けば騙され騙されして、誰も行く者がなくなった。そこで村の人達は寄合いを初めて、あの野原の狐を巻狩りするべえ、よかんべアということになり、村中総出で原中を駈け廻っても、狐に馬鹿にされるばかりで何の甲斐もなかった。

そこへ一人の座頭の坊様が琵琶箱を背負って通りかかった。そしてこれこれ村のお旦那様達がこう多勢のようだが、何をめされて居申せやと訊いた。村の人達は、俺達はこの原の悪い狐を退治すべえと思って、こうして多勢寄り集まっているんだが、狐が古《ふる》シ奴だから、なかなか捕えることが叶わぬと言うと、ボサマはそれでは俺が捕えてやり申すべえから、旦那様方は一旦村へ帰って、大きな白布の袋の長さ二間もある奴と、油揚げ鼠とをこしらえて持って来申され。そして俺にはどうか酒肴を持って来てウント御馳走してたんもれと言った。村の人達は狐にはアクネハテていたところであるから、ほだらボサマの言う通りにするから、ぜひ悪狐を捕ってケもせやと言って、ぞろぞろと村の方へ引き上げて行って、夕方ボサマの注文通りの物を持って来た。

坊様はその大袋の一番イリ（奥）のところに、鼠の油揚げを入れて、袋の入口には突張《つっぱり》木《ぎ》をかって、口を開けておいて、その前で酒コを飲みながら、琵琶箱から琵琶を取り出して、ジャン、ジャランと掻き弾じながら、ジョウロリコを唄っていた。中頃になると、その悪い狐をはじめ野中の多勢の狐どもが、ぞろぞろと寄って来て、袋の中の鼠の油揚げの香いを嗅ぎながら、ボサマボサマ、お前は何をしていると言った。ボサマはあれア狐どもが来たなアと思ったから、俺は盲坊でどなただか分らないがどなたでもいいからこの袋の中の御馳走を食べなされヤ。俺はこうして酒コを飲んでいるからと言って酒コを飲み飲み、いよいよ琵琶を掻き弾《はだ》けて歌を唄った。すると悪狐をはじめ多くの狐どもが、ほだら俺達ア踊るべえと言って、ボサマの歌に連れて、

グエンコ、グエンコ

グエンコラヤア

と言って踊りを踊ったが、その実踊を踊る振りをして足音をごまかして、袋の中の油揚げ鼠を喰《タ》べに、ぞろぞろと袋の中へみんな入って行った。ボサマは耳イ澄ましてそれを聴いていたが、狐どもが皆袋の中に入った時、袋の口をギリッと結び締めた。そうしてやっぱり大声を張り上げて、こう歌いながら、ウント琵琶を掻き弾けた。

村の衆達《しゅだち》な申し

早く大きな槌ウ
持って来もせアじア
野中のウ悪狐《わるぎつね》どもア
みんな袋さへし込んだア
すると村の人達は、それアと言って大きな槌を持って走せて来て、そしてボサマの琵琶の音に合わせて、こういうアンバイにその狐どもを、みんな槌で撲ちのめして殺した。
ジャンコ、ジャンコッ（ボサマの琵琶の音）
あッグエゲラグエンのグヮエン（狐の啼き声）
そうらッ、ジェンコ、ジェンコ
やらッどッちり、ぐゎッチリ（槌の音）
あッグエゲラグヮエンのグヮエン
それアまた、ジェンコ、ジェンコ
よウしきたッ、どッちり、ぐゎッチリッ
あッグエンゲラグエンのグヮエン
（村の内川谷三という者の話。この話は結末のボサマの弾く琵琶の調子と狐の啼き声と村の衆の槌の音とが交錯して、殺さんとテンポが急調になるところに興味のある話。大正九年冬の蒐集の分。）

八五番　狐の話

隠れ頭巾（その一）

ある所に、俺はなんぼうしても狐などに騙されるもんではないと、いつもかつも自慢している爺様があった。ある日山へ行くと、小藪の蔭《かげご》に一疋の狐がいて、なんだか手拭のような物を頭に被って前を見たり背後《うしろ》を撫でたりしていた。爺様はあれアあの狐が何しているると思って見ていると、ひらりとひどく美しい姉様になって、路傍へちょちょこと出て来た。そして爺様な爺様などこさ行きますと声かけた。爺様はなあにお前は狐だげが、今俺が見ていたがやいと心の中でおかしくて、ああ俺は山さ木伐りに来たが、お前こそどこさ行けや、そしてお前はどこの姉様だか、いっこう今まで見かけたことのない人だと言った。狐はおらはこの山のトカイ（裏）の村屋から来たもの、これから町さ行くますと言った。爺様はいよいよおかしくて、それでは早く町さ行って来もせ、ああ、だどもおかしいぞ、なんだべその尻尾がと、わざと言った。すると狐はすぐ降参して、あら爺様に遭ってはとても叶わない。実はおらは狐だがよく爺様はそれを見破ったなもすと言った。そこで爺様は日頃の自慢をし出して、何ヤ俺ア狐などに騙される爺様でアないでアと言った。狐はそれにひどく感心したふりして、そんだらはア爺様に隠頭巾《かくれずきん》という物をケルから、おらと友達になってケテがんせ、その代り爺様の握飯をおらにケテがんせと言った。爺様はそれはどんな物《もん》だと言うと、狐はこんな物シと言って、古《ふる》い手拭のような汚い巾を頭に被って見せて、爺様シおれが見えながすぺと訊いた。爺様はよく見たが、そう言われると本当に狐の姿が見えなくなっていた。爺様は成程これはよい物だと思って、そんだらそれと言って、持っていた握飯を狐にやり、狐からはその隠頭巾をもらった。そしてこれはよいことをしたと思って、喜んで家に帰った。

その翌日、爺様は町へ行って、頭からその隠頭巾をかぶって、そろりそろりと歩いて行った。そしてそろッと小店へ近寄って行って、そっとベジエモノ（菓子類のこと）に手を差し伸べて一摑み盗んだ。すると町の人達はひどく怒って、これやどこの盗人爺々《じんご》だ。そんな汚い女《おなご》の古腰巻などをかぶりやがって来て、いけ泥棒をこきやがっていると言って、皆寄って来て、さんざんに棒や何かで撲りつけた。爺様はひどい目にあった。その上真《まっ》裸体《ぱだか》にされて、血だらけになって、おウいおウいと泣きながら家へ帰ったとさア、ドントハライ。

（隠風呂敷という物だと語ったともいう。）

駈け馬（その二）

昔、遠野から気仙へ越えて行く赤羽根峠に、悪い狐がいて、往来の人でこれに化かされぬという者はなかった。それで道中の者がひどく難儀をした。それを聞いた遠野の侍、それは事なことだ。畜生獣の分際として、生きた人間を馬鹿にするじことが悪《わ》り。一つ俺が行ってその狐を退治してケると言って、大刀を腰にさして弁当の握飯を背負って出かけて行った。

件《くだん》の赤羽根峠にさしかかって、何か今出るか、今出るかと思って、刀の柄に手をかけ、眼玉を武士らしく四方に配って、悠々と落着いて歩いて行ったが、ぴちりと風の音もせず、草葉一つも動かなかった。そうして何事もなくとうとう峠の頂上まで登って行った。侍思えらく、ははア狐だなんて、どんなに悪智恵があってもエッチェ（よくよく）なもんだじェなア。俺の威勢に怖れて今日は出ないんだなア。やっぱり畜生獣などに化かされる手合いは商人百姓の輩なんだと、おかしくて堪らぬから、手ごろの石に腰をかけて、あははッ、あははははッと笑った。そうしてしょって来た握飯を下して食うべえと思って、風呂敷をひろげていた。すると峠の下の気仙口の村屋の方で、何だが人の叫び声が聞える。何事だと思って握飯を食うのを止めて眺めて見ると、一疋の馬が駈け出して、それを二三の人々が追《ぼっ》かけて来た。それがだんだんと峠の方に上って来た。

侍はあれは百姓どもが難儀をすることだ。一つ俺が馬止めの法でもかけて、馬を止めてやりたいと思った。そう思っているうちに、その荒駒が目の前に駈け込んで来た。あまりにその態が荒らく、自分に押ッかぶさるように来るので、侍は思わずあッと言って石から飛び上って草原の中に逃げこんだ。

そのはずみに手に持っていた弁当の握飯が落ちてころころと道路へ転げていった。するとその荒駒がいきなりその握飯に喰らいつくと、急に小さくなって握飯をくわえたまま向うの方へ駈けて行った。やっぱり狐であった。そのお侍もまた化かされてしまった。

（遠野で友人俵田浩氏から聴いた話。）

羽沢のお菊（その三）

この狐は菊の花を咲かせて見せてバカスので有名であった。それで誰言うとなく羽沢《はざ》のお菊といった。

ある時、勘太郎というひどい欲深爺が、町へ行くべと思って羽沢を通ると、狐が三四疋、日向ぼッこをして遊んでいた。勘太爺はそれを見て、ざいざい狐どもは遊んでいたなア、どうも貴様達はよく人を騙して食物などを取るフウだが、何か残っておれば、この爺にも御馳走しろと言った。狐の所もただでは通らないつもりであった。すると狐どもは、爺様爺様、ちょうどええところだった、昨夜人を騙して取った油揚があるから、これを食《あが》らえンと言って、二三枚出して御馳走した。

爺様は狐の油揚を食って、フフン狐なんてあまいもんだ。畜生、獣などに騙される奴などは人間でもよッぽどコケな奴だべと思って町へ行き、そんなことをみんなに話して自慢した。そして家で使う油揚豆腐蒟蒻《こんにゃく》などを買って、夕方またぞろ羽沢の野を通りかかった。すると何とも言われない美しい菊の花が野原一面にズラリと咲き乱れていた。勘太爺はこれはなんたら美しいこッたべと思って小立ちしてしばらく見惚れていたが、イヤイヤこれはただ見ていても芸がねえ、採って持って行って食った方が利巧だと考えついて、荷物をそこに下して置いて、一生懸命に菊を取りはじめた。なにしろあんまり花が一面なので、取っても取ってもどうしても取りきれないから、これは一旦家へ帰って嫁子みんなを連れて来て採るべ、こんなええものを人にただ取られるのはネッカラ芸がねえ、さア人に採られないうちに家の者をみな連れて来《く》べと思って、まず取った菊はしょって、がさがさと家へ走せて行った。そして、ぜぜ羽沢野の菊の花取りにみんな歩《あ》べ。コレヤ俺《じん》アこんなに取って来たと言って背中を見せると、婆様は怒って、何ぬかしているンや爺つゃん、汝《にし》がしよっている物は、みなカンナガラでアねンしかヤと言った。爺様はウンネこれア菊の花だと言った。婆様はなアに汝《にし》アお菊に騙されて来アした。一体全体その面《つら》つきったらありエンと言って爺様の胸倉をとってこづき廻した。爺様もそう言われるとやっと羽沢野に置いて来た食物の荷物のことが案じ出されて、コレアしまったと思った。それでも気が変だったので、婆様は土間から木炭塊《すみこごり》と塩とを持って来て、

　キジンカエレ
　キジンカエレ

と三遍唱えて、それを振りまいて狐を追った。すると狐はジャグエン、ジャグエンと啼いて逃げた。

死人の番（その四）

ある時、三太郎という道化者《どうけもん》が町へ行く途中で、狐が二三疋日向ぼっこしているのを見た。これは一つ魂《たまげ》消らしてやるべと思って、コソコソ行って不意に、ダアッと叫ぶと、狐どもはほんとに魂消て一丈ばかり飛び上った。三太は大喜びで、サテサテ狐は千日前の事も悟ると聞いていたがカラボガだ。今々のことも悟れない、やはり畜生だなアと笑ってそこを立ち去った。そして町へ行ってもその事をうんと吹聴して自分も笑い人も笑わせた。そしてその夕方魚を買って家路についた。

ところが急に日が暮れて、あたりが真暗になったので、一足も歩かれなかったが、向うを見ると幸い燈のアカリコがあるから、そこへ訪ねて行って宿をとって泊めてもらった。その家には一人の白髪だらけの婆様がいたが、サテサテお客様、おれは一寸隣家《となり》まで参って来るからお留守をお頼み申すと言って出て行った。三太は何だかイケないと思って、早く婆様が帰って来ればよいなアと思って待っていてもなかなか帰って来なかった。そのうちに炉にくべる焚木もなくなったので、だんだんと火も消えそうになった。薪でもないかなアと思ってそこらを探すと、今まで気がつかなかったが、向うの隅の方に薄白いものが見えた。なんだべと思ってよく見るとそれは死人であった。ウンウン唸りながらむくむくと動き出して来たので、三太はあれアと叫びながら外へ逃げ出した。するとその死人は口を開いて腕を押しひろげて何か言いながら、どこまでもどこまでも追《ぼっ》かけて来た。三太はこれはことだやアとあわててそこにある大きな木に這い上ったが、その死人はそれを見つけないで木の下をウンウン唸りながら向うの方へ走せて行った。三太はマズよかったなア、それにつけても早く夜が明ければええがと思っていると、東が白んでだんだん夜が明けた。夜が明けたので見ると、その木は柿の木で、柿がうんとなっていた。上枝を見るとひどく大きな柿がなっているので、あれを一つ取って食って見べエと上の方へ登って行くと、枝がポキンと折れて真倒さまに落ちた。運悪く下が川であったので、水の中にドブンと沈んだ。しかし別段怪我もなく、まアよかったと思ったが、なんだか冷たいので気がつくと、今朝狐を驚かした所でそこらじゅうを這いずり廻っていた。町で買った魚などはとうに影も形もなくなっていた。

幽　霊（その五）

前の三太郎父様《とっちゃ》の妹のオヨシというのが一里ばかり離れた在郷《ざいご》へ嫁に行っていた。不幸なことにはお産の肥立ちが悪くて永くブラブラしていたが、とうとう死んでしまった。

そういう知らせが来たので、三太郎は取るものも取らずに妹の縁家へ駈け付けた。そうして葬式もすませて、夕方ダンパラという所の松原まで来た。その時はもうあたりは人肌も分らぬように暗くなった。するとふと後の方で女の泣き声がしているのを聴いた。ハテナと思って聴耳を立てると、その泣声は随分遠くの方で幽かではあるが、それにアセてははッきりと小訳《こわけ》が分った。そしてだんだん近づいて来たところがそれはどうしても先刻土の中に埋めた妹の声なので、大層魂消てしまった。何時《いつ》してこんなことアあるんもんではねえ。これは化物《ばけもん》だと思ったから、三太は後も見ないで家の方へ駈け出した。するとその死んだ妹の声がウシロクド（後頭部）にくッついたようにどこまでもどこまでも後から追いついて来た。それでもどうやらこうやら家まで駈けつけた。

家の人達は驚いて、お前は何してそんな青面《あおつら》してアワテテ帰って来たかと訊いた。三太郎が、何言う、あれアあの女の泣声がお前らには聴えないてかと言うと、この人は酒に酔ッたくれていると言って誰も相手にしなかった。そしてともかくも風呂に入れと言われて台所続きの風呂に入ったがまだ先刻の泣声が屋敷内のあっちこっちから聞えていた。ヤンタことだと思っていると、すぐ壁一重の外へ来て、兄《あんにゃ》々と言って泣くようであった。またアレダと言ってひょッと壁の方を見ると、やっと小指が通るほどの小穴から、細い細い青白い手がアンニャ、アンニャと泣くたびに、ヒョロヒョロ、ヒョロヒョロと突き出て、とうとう三太の首筋に絡み着いた。三太はキャッと叫んで風呂から飛び上って布団をかぶって寝た。それでも怖《おつかな》くて巫子を頼んで来て呪《まじな》ってもらった。

（これも前話同様金ヶ崎の話である。ダンパラ〈壇原〉は村端れの松林で、昔からここには狐の巣があった。その狐は子守女に化けるのが得意で、人が夕方ここを通ると、ネンネコヤ、ネンネコヤという子守唄をよく聞かされた。またそれより外のことは語れなかったとも言う。それでこの狐のことをこの辺ではダンパラ・ネンネコと名づけていた。今でもいると見えてよく人が化かされたということを聞く。）

（以上その二、三、四は金ヶ崎町、千葉丈助氏よりの御報告に拠った。大正十二年十月二十三日受。）

白い雀（その六）

遠野ノ町はずれ愛宕山の下に鍋ヶ坂という所がある。ここに昔からよくない狐がいた。町の菊池某という者、綾織村へ鶏買いに行って、五六羽求めて俵に入れて背負って来た。そしてこの坂を通りかかると、往来の真中に見たこともない白い雀がパサパサと飛び下りてじっとしていた。もとより鳥好きの男であるからその動かないのをいいことにして、その珍しい雀を捕まえようと手を伸べると、ツルリと指の間をくぐって三歩ほども歩く、また止まってうずくまる。そんな風なので邪魔になる鶏荷をば路傍に下して置いて、雀にかかわっているうちに、ブルンと雀は飛び立って姿を消した。はッと気がついた時には既に鶏荷などはとうになくなっていた。

魚みやげ（その七）

これはつい四五年前の話、私などの知合いの柳田某という男、綾織村の親類の家の婚礼に招《よ》ばれて行き、少々酔ってオカイチョウ物の魚を持ってここまで帰って来ると、かねて懇意にしている某女が迎えに来たと言って路傍に立っていた。某はえらく喜んで、女の言うなりに魚荷などを持って助《す》けられて来たが、途中でなぜかその女にはぐれてひとり家に帰った。

翌日女の家へ魚荷を取りに行って話すと、女はそんな事などは知らぬと言う。怪しんで現場へ行って見ると、盛に食い散らされて入れ物の藁のツトばかりがあったという。本人の話である。

ランプ売り（その八）

町の人がランプのホヤ荷を担いで綾織村の方へ行ったところ、鍋ヶ坂の藪中で狐が昼寝をして、クスンクスンよく眠っていた。ホヤ売りがひとつ驚かしてやろうと、テンビンボウでしたたか打ちのめすと、狐はジャグエン、ジャグエンと啼き声を立てた。遂には殺す気になってウント撲ち叩いていると、畠で働いていた人達が不思議に思ってああこれこれお前さんは自分の商売道具を何してそう打壊すと声をかけた。それで初めて気がついて呆れ果てたという。

（このランプ売りの話は全く同じ話が『江刺郡昔話』にもあり、また森口多里氏の話では水沢町付近にも、所人名までも明かに物語られているという。これらの狐話などは既に立派な伝播成長性を帯びて完全に昔話になっている好例である。）

闇（その九）

町の野田某という人、川魚釣りに出掛けたが鍋ヶ坂の下で急に暗くなった。勿論行くことも引くこともできなくなる。このような事が度々あったので某はもう慣れきって、ははアまたか、ソレいい加減にして明るくしてくれと言って、魚を五六尾藪へ向って投げると、すぐに元の昼間になって歩くことができたという。近年の話である。

湧　水（その一〇）

遠野ノ町の付近で昔から狐の偉えものは、八幡山のお初子、鳥長根《とりながね》の鳥子、鶯崎のウノコ三疋であった。これらは各々その技に秀れたものであったという。

昔からこの八幡山の狐に騙された話は多いが、昔の話はすべて止す。近来の話ばかりを記してみよう。土淵村の某という狩猟自慢の男、俺なんて狐に騙されてみたいもんだ。そんな者に出会してみたいもんだと、町の居酒屋で朋輩どもに自慢話をしての帰りであった。八幡様の石の鳥居の前まで来ると、不思議にも道路の真中から、水がピョッピョッと湧き上がっている。おかしいような気持ちになって立ち止まって見ているうちに、その湧水のほどばしり出ることが急になって、アタリが湖水のように漫々たる水になった。そして自分の首ッきりに水かさが増してまさに溺れそうになって、助けてくれ助けてくれと叫んでいると、先刻一緒に酒を飲んだ村の衆がそこへ通りかかって、何をしていると言う。気がついてみると溜池の中に入って一生懸命に水をざぶざぶと掻き廻していた。

女　客（その二）

附馬牛村の某、家に婚礼か何かあってその仕度の魚荷を馬につけて、この八幡山の麓路へさしかかった。すると見知らぬ何でもキタガメ辺の女と思われる若い美しい女と道連れになり、だんだん慣話《なればなし》などを取交して歩いているうちに、女はそんなら私を馬に乗せろと言う。某は良い気持ちになって女の腰を抱き上げて馬に乗せて曳いて来る。そして話の続きを継ぐために振り返って見ると、馬上にいるはずの女はいず魚荷もなくなっていたという。これもお初子の仕業《しわざ》。

飼　犬（その二）

私の友人、男沢君という人、遠野の町の中学校からの帰りにこの山の麓まで来ると、向うから自分の飼犬が走せて来てしきりにジャレつく。うるさいけれどもそのままにして行くと、ドンと大きな松の樹の幹に額を打ッつけた。痛いッと叫んで驚いて見れば、犬と思ったのが狐になって向うへ走せて行く……自分は何時の間にか山の中腹の松林に来ていたという。これもそのお初子の芸当。

紙幣（その一三）

これも私の友人、武田君という人、中学校の帰りにここまで来ると、向うから親父が来て、よい所で出会った。俺は病家へ廻らなければならぬから、お前はちょっと町へ引返して牛肉を一斤ほど買って来ないかと言うて、十円札を一枚手渡された。同君は晩には牛肉にありつけると思って喜んで町へ走せ戻って、一日市の牛肉屋へいって、肉を切らせ、さて手に汗ばむほどしっかりつかんでいたその紙幣を出すと、何のことそれは一枚のただの朴ノ木の葉であった。これもお初子の手品であった。

（以上その五乃至一二まで、いずれも松田亀太郎氏の談の一五目。昭和四年の春の頃。）

ハクラク（その一四）

あるハクラクが、マガキ、マンコという狐のいる野原道で、このハクラク様を化かせるかと言って、狐を馬鹿にすると、行っても行っても自分の家がなかったので、自分の背負っている油揚を下して投げ出すと、すぐそこが自分の家であった。

なんだマガキ、マンコにはそれくらいの智恵よりないかと言って嘲笑うと、再び前に大きな川が出てどうしても歩けなくなったが、なに、ここにこんな川があるはずがない。渡り切って見せる気になって、転び転び、もがいていると、嬶が出て来て、何して軒端の藁ひン抜くべ、また狐に化かされたのか、ソナダス口《くち》きかなエだと言った。見ると川中だとばかり思っていたのは自分の家の軒端で、石だと思って取りついていたのは藁であった。

放し馬（その一五）

ある男、野原へ草刈に行くと、狐がいた。今日こそ狐の化けるのを見てやる気になって、狐のチョロチョロと歩いて行く後をシタって行って見ると、エドコ（野原の湧水の所）の傍へ行って、ヤッサに前足で面《つら》を洗っていた。男は狐に気付かれないように、藪かげで息を殺して眺めていると、狐はだんだんに人間に化けて若い女になった。そして細路の方へ出て行くので、見落さないように後をつけて行くと、女は山の蔭を越えて大きな家へ入って行った。

男はなんでも狐はこの家へ入ったと思って、ソロッと大きな家の戸を開けて内を覗くと、ヒンと、言って嫌ッというほど張り飛ばされた。大きな家だと思ったのは放し馬で、戸だと思って開けたのは馬の尻であった。狐に裏をかかれたのだと言って朋輩どもにとても笑われた。

（その一三、一四は田中喜多美氏御報告の分一五目。）

塩ペン《ママ》（その一六）

昔、村に爺様があった。町へ往く途中の野中を通りかかると、路傍に狐が遊んでいた。よしきた一つあの狐を捕まえてけんべえと思って、コソコソと近寄っていって、ひょいと狐の尻尾をつかむべとすると尻尾はひょいと手の間から滑っていった。またおさえべとすると、ぷるんと手から滑り抜けていった。そうして捕まえよう捕まえようと思って、小半日野中で同じ所をぐるぐると廻っていた。

そこへ隣の爺様が町の帰りに通りかかって、ぜぜそんだ（お前）は何して居れアと言った。すると爺様は、黙っていろ、黙っていろ、俺は今狐の尻尾を捕まえるところだからと一生懸命にダイドウ廻りをしていた。隣の爺様はこれはただごとではないと思ったから、爺様の背中を叩いて、これヤ目を醒ませッ、それア萱の尾花だッと言った。それで爺様もはじめて正気に返って、狐にだまされていたということがわかった。

爺様は狐にだまされたと思うと口惜しくてたまらず、次の市日に町へ行って塩を一升買って持って来た。そして先の市日にばかされた野中へ来て、やくと（故意に）酒に酔ったふりして寝ていた。するとそこの狐はこの爺様は俺にだまされる人だっけと思って、ちょこちょこと藪の中から出て来て、爺様の孫に化けて、爺様爺様今町から帰って来たア、早かったなしと言って側へ寄って来た。そして何か食物でも買って来たではないかと、鼻をフンめかして爺様のふところを嗅いでみた。それでも爺様は知らぬふりをしていると、狐はいよいよ人を馬鹿にしてしまいには爺様のふところに面《つら》を突っ込んだ。爺様はここだと思って、やにわに起《おき》き上って狐を抱き捕えて、買って来た塩をその口に押ッぺしてやった。狐は苦しがって、ジャグエン、ジャグエンと鳴きながら山の方へ逃げて行った。ええことしてけたと思って爺様は面白がって家へ帰った。

爺様がまたその次の市日に町へ行くべと思って、その野中を通った。するといつかの狐が萱藪の蔭に匿れていて、こうチョチョクッた（ひやかした）。

あれア塩《しょ》ぺしア通るッ
あれア塩ぺしア通るッ

爺様はおかしかった。

（私の村の古い話、自分の記憶。）

塩ペン（その一七）

昔、遠野ノ町の多賀社の鳥居前に悪い狐がいて、市日帰りの人をバカしてならなかった。ある時いつもダマされる綾織の人が、片手に塩をつかんで来たら、例の通り家に留守居していた婆様の姿になって、あんまり遅いから迎えに来たます、早くその魚をこっちさよこしもせえ。俺ア持って行くから、と手を出した。そこでその手を取って、有無を言わせず、婆様の口に塩をヘシ込んで突き放した。

その次にそこを通ったら、山の上で、

塩ヘシリ
塩ヘシリ

とはやした。

（菊池一雄氏御報告分の五。）

狐の忠臣蔵（その一八）

大槌のトヤ坂に悪い狐がいて、通る人を化かしてならなかった。ある人が今日こそ化かされるものかと思って、塩引一本持って力んで来た。狐どもは忠臣蔵の芝居をやっていた。一段目から十二段目が終るまで塩引を抱いて見ていたが、いよいよ終った時、それ見ろ俺からは取れるものかと嘲笑って、家へ帰ろうと歩き出したら、一疋の狐が頭の上に乗った。ハッと思って頭の狐をおさえようと手をやった拍子に塩引を取られた。

（菊池一雄氏の御報告の分の六。）

狐の家（その一九）

ある所に、俺はどんなことがあっても狐などには騙されるものではないという男があった。山へ行くと、路傍に一疋の狐がいて、俺達はどうしてもお前を騙すことができないから、これからは友達にならないかと言った。男はそんだら承知したと言うと、その狐はすぐさま美しい姉様に化けて、これから私の棲家を見せますと言う。男はよしきたと言って、その姉様の後について行くと、大きな岩穴に入って行った。するとそこにひどく立派な家があって、なにもかにも広く結構なことだらけであった。姉様がまンずこっちさお出《で》アンせと言うから、座敷へ通ると、まずお茶を入れられ、また別な座敷では酒肴でえらい御馳走様になった。それから何しろ人間の人達はこんな所へは、そう度々来られるものでないから今夜ばかりは泊って行けと言われて、その気になって、腰を落着けていると、とにかく風呂に入ってがんせと言われた。そうだ、泊るには風呂に入らなければならなかったと思って、そんだらすぐもらうべエかと言うと、さあさあこちらへと言った。姉様の後について風呂場へ行ってみると、そのまた風呂場の立派なこと、我人《われびと》の奥座敷よりもましだった。なみなみと一杯湯のある風呂に、肩まで浸って、ああいい気持ちだ、ああいい気持ちだと言って、ざぶざぶやっていた。

そこへ通りかかった人に、何だお前は何をしていると、大きな声でどなられたので、はッと気がついて見ると、自分は畑中の溜桶に入って、はっぱり肥料ぐるみになっていた。

（出所忘却。私の古い記憶。）

狐が騙された話（その二〇）

ある所の爺様が山へ柴刈りに行くと、山麓の細路から一疋の狐が出てきて、朴の葉などを拾って頭の上に乗せたりなんかしていたが、やがてクルクルクルと三遍廻ってピョンと跳上ると、美しいアネサマ（娘）になって、こちらへ出て来た。その様子を初めから終りまですっかり見ていた爺様は、ハハア狐というものはああして人を騙すもんだなアと思った。そしていきなり木蔭から飛び出して、ぱッたりと狐の娘に往会《ゆきあ》った。すると娘に化けた狐がエゴエゴと笑いかけて、爺様はどこさ行きシと言葉をかけた。爺様はこれだ、狐に騙されるという時こそ今だ。だけンど俺はハアなぼしても騙されないと思って、にこにこ笑いながら、姉様こそそんな姿《なり》をしてどこさ行くでや、俺だからよいようなものの、少し尻尾が隠れきらねえでいるでアねえかと言った。（そんなことは勿論なかったのであるが。）すると狐の娘は顔を赤くして、はア爺様にそれがわかりンすかと訊いた。爺様はわかるどころじゃない。この俺の化け振りがわかるか、どこに一つ欠点《きず》があるか見つけてもらいたい。お前より爺の方が余程苦労しているでアと言うと、娘はほんだら爺様もやはりお稲荷様しかと感心してしまった。

（出所忘却。）

八六番　兎の仇討

爺様と婆様があった。爺様が畑へ行って豆の種を下しながら、

一粒蒔けば千粒ウ
二粒蒔けば二千粒ウ

と唄って蒔いていると、狸が出て来て木の切株に腰をかけてそれを見ていながら、

一粒蒔けア一粒よ
二粒蒔けア二粒さ
北風吹いて元《もとけ》消べア

とひやかした。爺様はゴセを焼いて、この野郎と追《ぼ》ウと、狸はサッサと山さ逃げて行った。その次の日も狸が来て爺様の豆蒔きをひやかして、追われればサッサと山さ逃げて行く。そこで三日目には爺様は狸がいつも来て腰かける木の切株に黐《もち》を塗っておいて、知らん顔をして、いつもの通り、

ハア一粒蒔けば千粒ウ
二粒蒔いたら二千粒ウ

と唄いながら種子を蒔いていた。するとまた狸が出て来て、その木の切株に腰をかけて、うそうそ笑いをしながら、

ハア一粒蒔けば一粒よ
二粒蒔いたら二粒さ
北風ア吹いて元《もと》なしだア

とひやかし初めた。それでも爺様は取合わないで、

三粒蒔けば三千粒ウ
五粒蒔いたら五万だッ

と叫んで、縄を持って押走って行った。狸は素早く逃げようとしたが、黐がくッついて放れないで立つことができなかった。それを爺様は縄でぐるぐる巻きにして家へ下げて来た。そして土間《にわ》の戸ノ口さ吊しておいて町へ用たしに行った。

婆様はホラマエ（入口の土間）で粉を臼でスットン、カットンと搗いていた。すると吊

されていた狸が悲しそうな声を出して、婆様婆様、おれも搗いてすけるから、この縄を解いてケてがんせと頼んだ。爺様にクラレル（叱られる）から厭《や》んたんすと婆様が言っても、いいから搗いてすけッから解いてケてがんせとせがんだ。あんまりうるさく頼むので、婆様もとうとう我《が》を折って縄をといてやった。そして狸と二人で粉を搗いた。すると狸が婆様婆様俺が搗くから、婆様は手合《てあわ》しをしてがんせと言った。婆様もだいぶ搗き疲れたものだから、そんだらと言って、手合しをすると、狸は婆様婆様もッと臼の中を搔廻《かんま》し申さい。まッと臼の中を搔廻《かんま》し申さいと言って、臼の中に婆様の頭が屈《こご》み入った時、狸はドエラ（いきなり）と杵を婆様の頭の上に落して、婆様を搗き殺してしまった。そして婆様の皮を剝いでかぶって婆様に化けて、婆様をば細々に切ってお汁《つけ》にして食っていた。

爺様が町から帰って、婆様今来たじエ、狸はまだ生きているかと訊くと、婆様に化けた狸は、爺様が帰らねエうちに杵で搗き殺してお汁に煮ておいたから、早く入って食《あ》がンもさいと言って、すすめた。爺様はそれを狸汁だと思って食いながら、何だか味がおかしいので小頸を傾《かた》げ傾《かた》げした。狸は爺様爺様あれア味《あなご》のええ狸だベアと言って、爺様が食い上げたところを見すまして、バエラ婆様の皮を脱いで狸になって、裏口から逃げて行きながら囃し立てた。

婆々食った爺々やい

奥歯さ婆アンゴをはさんでろッ

爺様は始めて、婆様が狸に殺されたのを知っておいおいと泣いていた。そこへ兎が、爺様なにして泣いていると言って来た。誰《だん》だと思ったら兎どんだか、兎どん兎どんよく聴いてケ申《も》せ、婆様が狸に殺されたから俺はこうして泣いていると言うと、兎は爺様にひどく同情して、爺様爺様そんだら団子をこしらえてケもされ、俺が行って婆様の仇を取って来てケるからと言った。爺様もそう言われてやっと元気がついて、そんだら頼むと言って、団子をこしらえて兎に婆様の仇討ちを頼んだ。

兎は萱山へ行ってやくと（わざと、あるいは冗談に）萱を苅るまねをしていると、そこへ狸が来て、兎もらいが何してると声をかけた。誰《だん》だと思ったら狸もらいか、どこサ行くと訊くと、なアにどこさも行かねアが、この下の爺の家の婆様を食って腹くちエから、こうしてぶらぶらと遊んで歩いている。兎もらいが萱苅りだら俺もすけるからと言って、萱苅りをしてすけた。そして夕方萱をしょって家へ帰る途中で、狸もらい狸もらい、そッちは足が早いから先へ立てと言って、狸を前に立てて置いて、兎はカッチラ、カッチラと火打石を打った。すると狸がその音を聴きとがめて、兎もらい、あの音は何だと訊いた。なアにここの山にはカチコチ鳥コがいるから、ああ鳴いているべたらと兎が答えると、狸はハアと言って歩いていた。そのうちに兎は狸のしょった萱に火をつけて、プウプウと火を吹いた。するとまた狸がその音を聴きとがめて、兎もらいあの音は何だと訊くと、なアにここはプウプウ鳥がいる所だから、それでああ鳴いているべたらと言うと、ハアと言って狸は歩いていた。そうしているうちに狸のしょった萱に火がついてボガボガと燃え上った。そのあッ熱ッ熱ッ、兎もらい早く火を消してケろと言って狸は飛び跳ね飛び跳ね歩いた。その時には兎はいッちに（疾くに）そこにいなくなっていた。

次の日、兎が樺皮山へ行っていると、狸が来た。そして兎もらい兎もらい、汝《そっち》ア昨日萱山で俺をひでエ目にあわせたなア。俺アこれアこんなに背中を焼傷《やい》たがと言って恨んだ。すると兎は、狸もらい狸もらい、そんなことを言うもんじゃねエ。それは萱山の兎だべたら、俺ア樺皮山の兎だもの、そんなことは知らない。それよりも狸もらいはどこを焼いた、どれ俺に見せろと言うと、狸は痛がって背中から尻の方までの焼傷を見せると、これくれエの傷なんでもねアじゃ。俺が直してやるから待っていろと言って、樺皮を剝いで、狸の尻にしっかりと縫い着けてやった。そしてこうしておけばすぐなおるからと言った。狸は喜んでほんとに治るかと思っているうちに糞が出たくなって、出たくなって、サアことで、あっちの木の株へ行ってこすり、こっちの石角に来てこすっても、なかなか樺皮はとれず、そのうちにモグしてしまったりして、青くなって、篠竹山へ来て空吹《そらふ》いていた（上の方を見ていた）。

そこへ兎が来て、ざいざい狸もらいでアねアか、そこで何していると訊いた。何して居べさ、俺アお前に樺皮を尻さ縫い着けられて、こんなに困っているでアと言うと、じえッ、汝《そっち》はなに言う、それは樺皮山の兎だべだら、俺ア篠竹山の兎だ。そんなことア少しも知らねえ。ただその樺皮は篠竹で打って打って破らねエとお前が困ンべから、俺がその皮を取ってケると言うと狸も困っている矢先きだから、ほんにそうしてケろと頼んだ。そこで兎は篠竹を十本ばかり束ねて、それで狸の尻を、スッケタモッケタ、カンモゲタッと言いながら、うんとうんと撲った。すると狸の尻の樺皮もとれたが火傷した肉も打ッ切れて、ああ痛いッ、ああ痛いッと言って泣いた。それを見て兎は、はアこれくらいでえンだと言って、痛がって転び廻っている狸をそこに置き放しにしてどこへか行ってしまった。

（その次の日に兎は楢ノ木山へ行って、木を伐っていた。そこへ狸が来て、兎は楢ノ木船を、狸は土船を作り、共に漁に行き、例の楢ノ木船がッかり、土船あごっくりと言って、船を叩いて、狸は水中に落ちて溺死をし、兎は首尾よく、婆様の仇を討ったという筋は、一般のカチカチ山の話と同じであるから略す。）

八七番　兎と熊

昔はあったとさ。ある所に熊と兎がありましたとさ。ここいらだと大森山のような所へ、二人で薪取りに行くことになりましたとさ。そこで二人はケラを着て二十を腰にさし、先ず山へ行ったと。熊は鈍八《どんぱち》で、兎は賢《さか》しいから、まだ山へ行き着かないうちから、ナギダ、ナギダと言っていたとさ（小屋を建てて遊ぶことになって茅《かや》を背負いに行くと多くは語っている。また紺屋を始めると言って染物屋遊びのつもりで茅を背負いに行くともいう）。

山へ行ってガチリッガチリッと木を切り始めたとさ。熊は強いからたくさん取ったが、兎はわずか取っただけだったとさ。取った薪も熊はうんと背負い、兎は極少《べあこ》背負って、家さ帰ることになったと。ところが兎は賢《さか》しいから後に立って、ああナギダ、ああナギダと言って歩かなかったと。兎どな兎どな、なんたら弱いものでござるな。俺さカッツイで歩いてとらなデヤと言ったが、兎がどうしてもカッツイで歩けないので、熊はどれどれそら程ナギダら、俺さ半分よこしてトラナデヤと言って、兎の背負った薪の半分を取って、歩き出したとさ。また少し来ると、兎はああナギダ、ああナギダと言って歩かなくなったとさ。兎どな兎どなナントしたこってざるナ、それほどナギダら俺サ皆よこしてござい と言って今度はみな背負って出かけた。

それでもまた少し行くと、兎はああナギダ、ああナギダと言って歩かなくなった。そら程ナギダら俺サ負ぶさってござい と言って熊は兎まで背負って歩いて行った。

兎が熊の背中で、カチリ、カチリと火打石で火を切ると、熊は、兎どな兎どな背中の方で音がするが何でござるナと問うと、兎は熊殿あれはカチリ山のカチ鳥の声サと、何でもないふりして答えた。

次に兎が火をボウボウと吹くと、熊は、兎どな兎どなあのボウボウという音はなんでござるナと訊いた。すると、兎はあれはボウボウ山のボウボウ鳥コさと答えておいて、熊の背中から跳ね降りて、逃げてしまった。

熊は背中に火がついてだんだん熱くなって来たので、始めて兎に計られたことに気がついた。

そして大火傷をしてウンウン呻りながら山を越して往くと、兎が藤蔓を切っていた。熊が兎どな兎どな、先程はよくも俺を騙して火傷《やけ》にしたなと言うと、兎は全く知らないという顔付きで、前山の兎は前山の兎、藤山の兎は藤山の兎、俺が何知るべサと言った。熊はいかにもなるほどと思い、時に兎どの藤を切って何するつもりかナと問うと、今日はお天気もよし、一つ日向《ひなた》で遊ぶ考えで蔓を取っているのさと答えた。すると熊はそれは面白そうだ、俺も加《か》せてとらなでアと言って二人で遊ぶことにした。

そこで二人で藤の蔓を取って、何して遊ぶべと熊が問うと、兎は山の頂上から手足をひんまるッて傾斜面《ひら》を横にタンコロビするととても面白いと言った。熊はなるほどと合点して、早速熊から始めることになった。

二人は山の頂上へ行き、まず兎が熊の手足を結び付け、そらとても面白いから転んでみとらなでアと言った。熊はなるほどと思い転び出すと、あちらの樹の根へ突き当り、こちらの藪の中に落ち込み、面白いどころか死ぬ思いをして谷底へ転げ落ちた。手足を結びつけられているので容易に起き上ることもできず、ようやくの思いで起き出して見ると、兎は逃げてどこにもいなかった。

熊がウンウン呻りながら山を越して行くと、兎が日向で、タデミソを作っておった。兎どな兎どな、先程は其方《そっち》にだまされて死ぬ思いをした。これこんなに体に傷がついている。どうしてくれるなと言うと、兎は何も知らないという顔をして、藤山の兎は藤山の兎、タデ山の兎はタデ山の兎で、俺が何知るべサと答えた。熊はなるほどと合点して、それもそのはずと思い、時にタデ山の兎殿、其方の今こしらえているものはそれは何でござるナと訊いた。タデ山の兎は、これはタデ味噌といって、焼傷《やけど》や打ち傷や皮の破れたところさ塗ると、すぐ治る妙薬でナ、今これをこしらえて街へ売りに出かけるところでござると言うと、熊は欲しくてたまらなくなって、兎殿兎殿俺もこの通り焼傷や突傷で悩んでいるが、少し譲ってたもれでアと無心に及んだ。兎はそれでは少し分けてやるべいと言って、熊の背中の方へ廻りタデ味噌をその傷へ塗りつけてやった。

すると塩気がだんだん傷へ沁み込んで痛くてたまらなくなって来たが、兎はもう逃げていなかった。熊は口惜しながらも泣き泣き川べりさ下りて体を洗い、タデ味噌を流した。ようやく洗い流してウンウン呻りながら山を越えて行くと、また兎が一人で樹を伐ったり板を挽いたりして忙しく働いていた。熊はようやくそこへ辿り着き、兎どな兎どな先ほどはひどい目に合った、おかげでからだがこんなに腫れ上った。どうしてくれると言うと、タデ山の兎はタデ山の兎、杉山の兎は杉山の兎、俺が何知るべアサと言った。

熊も、杉山のこの兎と、タデ山の先ほどの兎とは別なのかも知れない、この兎のいうのも道理だと考え、時に兎どな杉板を挽いて何に使う気かナと訊いた。杉山の兎はこの板で船を刎《は》ぐのさ、そして川の中さ乗り出してウンと魚を捕《と》るべアと答えた。すると熊はなるほどそれは面白そうだ、兎どの兎どの、この俺も加せてたもれでアと言って二人で船を刎いだ。

二人は相談して兎は白いから白い杉板で船を刎ぎ、熊は黒いから黒い土船を造ることにした。

熊のは黒い土船で、兎のは白い板船で、ようやく二艘を拵え上げ、てんでに川の中へ乗り出した。熊の黒船は土でこしらえた船であったから、ともすると欠けて崩れる。そこへ兎は自分の白い板船をワザと突当てるので、だんだん熊の船は沈みかけて来た。熊はだんだんに困惑して、兎どな兎どな助けてたもれでアと叫んでいた。兎はよしよし助けに行くよと言って居る間に、土船はだんだんに崩れて、熊はザンブリ水の中へ墜ちた。兎は助けるフリをして竿を突出し、それ熊殿上とらなでア、それ熊殿上とらなでアと言って、竿で深い淵へ突んのめしてやってとうとう殺してしまった。

それから兎は、そこへ熊を引ずり上げて近所の家へ行って、鍋を借りて来て熊汁を煮て食べることにした。そこの家では大人は働きに畠さ行き、子供ばかりが宿居をしていた。兎は子供等と共にその家で熊汁を食べ、骨と頭ばかり残して置き、この童共《わらさど》このワラサド、トドだのアッパだの来たらナ、この鍵《かぎ》をガン叩いてぐるりと廻り、この頭の骨をガリッと噛《かじ》れと言え。俺は後の林で寝ているから黙っているんだぞと言って出て行った。すると親達が間もなく畠から戻って来たので、子供等は兎の言い置いた通りを親達へ告げた。親達は、鍵をガンと叩いてグルリと廻り熊の頭の骨をガリッとかじり、ガンと叩いてグルリと廻ってガリッとかじりするうちに歯がみな欠けたので、ひどく怒って、あの兎の畜生に騙されて歯無しになった、このワラサド兎はどこにいると問い詰めた。兎はだまっているといったが、後の林で寝ていると告げると、そこにある釜マッカを持って走り出し、子供の教えた所へ行って見ると、兎が寝ているので、マッカで突きのめし、このクサレ兎のおかげで歯を一本もなく欠いてしまった。憎い畜生だ。殺してしまうから枕元から刀を持って来いと子供達に叫んだ。子供等は枕を持って来いと聞き違えて、急いで枕を持って行くと、この馬鹿ワラシ、枕ではない枕元の刀と言ったけアな、分らないならサイバンの上から庖丁を持って来いと言った。すると今度は子供はサイバンと聞いたからサイバンを持って走って行った。なんて馬鹿なワラシだべ、そんだらこのマッカで兎を逃さないように押さえておれと言いつけて、自分で出刃庖丁を取りに走って行った。

兎はその間に、一策を案じ、ワラサドワラサド、汝《うな》アッパのキンタマどのくらいあると尋ねた。子供はこのくらいだと言って片手で示すと、兎はそれでは分らない両手でやってみろというので子供は両手を出し、このくらい大きいと言うと、その両手のゆるんだ隙をねらって逃げ出した。そこへちょうど親が帰って来たので、持っていた庖丁を兎目がけて投げ付けた。するとちょうど兎の尾に当って尾が切れたのでその時から、兎に尾がなくなったという話。ドットハライ。

(岩手郡雫石地方の話。田中喜多美氏の御報告の分の一六。)

八八番　貉の話

貉の頓智（その一）

ある時、貉《むじな》が畠へ来て悪戯をして気なしでいるところを百姓が捕えた。百姓は相憎と縄を持っていなかったので、家にいる子供を呼んで、やいやい貉を捕まえたから早く縄を持って来うと叫んだ。童はあわてて、父それそれ早くと言って、そこにあった竹切を持って走せて行った。父はそれを見てインヤそれア竹切じゃないかと言うと、それじゃ父これかッと言って今度は小柴を持って行った。いやいやそれでアねえ縄だ縄だと叫ぶと、それだらこれかと言って、笊《ざる》を持って行った。そこで父は呆れ果てて、もどかしがって、分んねえ、そんだらお前がこの貉をおさえていろと言って、貉を子供におさえさせておいて、自分で縄を取りに家の方へ走って行った。

その間、子供は貉をじっと押えつけていたが、貉が仰向になって大きな睾丸を丸出しにして、おかしな格好をした。だから子供が笑うと、貉は兄々何がおかしいと訊いた。童は何がおかしいってお前の睾丸が見えないかと言うと、ほだらお前の父の睾丸はどれ程くらいの大きさだ、貉の半分もなかんべと言った。子供は父親の睾丸を軽蔑されたのでムキになって、なんだとお前の物などよりアずっと大きいやと言うと、ほだらどれくらいだえとまた訊いた。童は片手を放して指で小さな輪をこしらえて、これくらいあると言った。貉は鼻を顰《しか》めて笑って、なんだたったそれッくれえか、それじゃ貉のケエッぺよりもトペアコ（小さい）だらと言うと、童は、なんだとこんなに大きいんだと言って、貉から両手を放して空中に大きな輪を作って見せた。その間に貉は山へ逃げて行った。

（私の稚い記憶の一つ。奥州の児童は誰でもこの様な話を聴いて育つのである。）

貉の悪戯（その二）

二升石という所に兄弟の子供等があった。学校からサガルと牛にやる草刈りをした。ある日この二人がいつもの通りに、鎌をもって刈場の方へ行くと、いつも通る細道の真中に大きなフルダ（蝦蟇）が死んでくさって、屍一杯にウヨウヨと蛆虫が湧きムレて、臭くて臭くて、アゲたくなり、手で鼻を掩うてそこを急いで駈け抜けて通って行った。

この道は二人が朝いつも通る路であるが、今まであんな物を見たことがなかった。どこからあんなヤンタモノが出やがったべえと語りながら、草を刈って、ショッて帰りしなに、また臭いかとおっかなおっかなでそこを通って見ると、先刻まであんなに蛆虫がウヨウヨして臭かったものが影も形もなかった。

ハテ不思議だと話し合って、家へ帰って父に話したら、それア貉にバカされたんだと言った。

（岩泉地方の話。野崎君子さんの御報告分の六。）

八九番　狸の話

狸の旦那（その一）

宮古在山中の家が五軒ばかりの村家での話。そのうちのある家で婚礼があったが、大屋の旦那様が宮古町へ行ってまだ帰らぬので、式を挙げることができない。そうしているうちに夜はだんだん更けて行くので人達は大変気を揉んでいた。そうこうしている所へ表で犬がけたたましく吠えたと思うと、待ちに待っていた旦那様が雨戸を蹴破るようにして、眼色を変えて入って来た。そしてやアやア遅れて申訳がなかった。さアさア大急ぎで式を挙げた挙げたと言うかと思うと、膳に向って御馳走を気狂者のような素振りで食い散らした。振舞の人達はあの旦那様はこんな人ではなかったが、きっと今夜は酒に酔っていることたと思って見ていたが、大屋の旦那様だから誰一人何とも言わなかった。

婚礼の式がすんでから、その家の人達は大屋の旦那様し今夜はゆっくりお泊りあっておくれやんせと言うと、旦那様はいやいや明日は山林の売買があって朝早く宮古サ行かなければならぬから、俺はこれで御免をこうむると言って急に立ち上って、あわくたと玄関から出て行った。するとまた犬どもが猛烈に吠えかかった。旦那様はキャッと叫んで床下に逃げ込んだ。

見送りに出た人達やみんなは、これやほんとうの旦那様じゃない。道理で先刻からの様子が変っておった。それやッと言って、はッく、はッくと犬どもを床下へ追込んでケシかけた。またそこに寄集っていた人達も総出で床板を剝がしながら犬を集めて来てかからせた。床下ではしばらく犬と何かが噛合うけはいがしていたが、やがてずるずると犬に引張り出されたのはひどく大きな古狸であった。

そこへ真実の大屋の旦那様が、宮古町で山林の売買があって、こんなに遅れて申訳がなかったと言ってやっと来た。数年前のことであると言って大正十年十一月二十日に宮古在の人から聴いた話である。

狸の女（その二）

宮古在の山中に爺様が一人、若者共が二人、都合三人で鉄道の枕木取りに上って小屋がけをして泊っていた。ある夜一人の妙齢《としごろ》の女が小屋へ来て、わたしゃ岩泉さ行くのでござんしたが、路を迷うてここさ来やんしたから、どうぞ一晩泊めてくなンせと言った。爺様は何俺ところにはろくな食物もねえでがんすし、また夜お着せ申す物もねえでがんすから、泊め申すのもいかがなもんでごぜえますが、それとて今からどこさ行けとも申されますめえからハイ宜《よ》うげます、きたなくも宜かったら小屋の中さ入ってお泊りんせと言った。女はわたしゃ食物も何もいらなござんすケ、それではどうぞハアお泊めなすっておくれやんせと言って小屋の中に入った。そしてああほんとに寒いと言って焚火に差し覗いてあたった。若者どもはよい心持ちになってヒボトの側にごろりと寝ころんで、お互に朋輩の眠るのを待っていた。ただ爺様だけはハテ不思議なことだ。この夜中にこんな物優しい姿をした姉様が、こんな山中に迷い来るとは、どうも受取れぬ節がある。それにいくら何でも岩泉へ行くのにここへ来るはずがない。これは油断のできぬことだと内心用心をしながら、横になって寝たふりをしてひそかに女の様子を見ていた。

それとも知らぬ女は、ああ寒いああ寒いと言いながら、ますますヒボトへすり寄って行く振りをしながら傍の若者の体にちょいちょいと触れた。そして赤い腰巻を出したり白い脛《はぎ》を出したり、それから無心らしくだんだんと陰部を出して若者どもの気を惹いた。けれども若者どもは横合におったからよく見えなかったが、爺様は差向いであるから、その一伍一什《ごいちじゆう》をよく見ていて、これはまたいかにもおかしい格好のもんだなアと思っていた。それも初めはただ局部がちらほらと見えていただけだが、火の温《ぬく》もりにあってホウと口を開いてあくびをした。爺様はコレダと思った。

爺様は静かに起き上って、姉様寒かんべからこれでも被《き》て寝《やす》んでがんせと言って、空俵を取って立ち上りそれを女の顔からかぶせると、いきなり力任せに押しつけて、ヒボトから燃木尻《もえきにしり》をとってガンガンと撲った。今まで眠ったふりしていた若者どもは驚いて、これもむッくり起上り、何だ爺様ッ何すれやッと言った。爺様はこれは畜生だから早く撲殺せと言って、なおガンガン打叩《ぶつ》いた。女は空俵の中で初めのうちは、あれッお爺さん何しやんすと言っていたが、しまいには苦しがって獣の啼き声を出した。そこで若者どもも初めて、人間でないということが分ったので、爺様と一緒に木や鉈で叩き伏せた。それは二匹の狸が首乗りに重なり合って人間に化けていたのであった。これは大正七年の冬にあった話である。

九〇番　爺と婆の振舞

昔アあったとさ、ある所に爺《じ》と婆《ば》とあったと、爺は町に魚買いに行ったジシ、婆は家《うち》にいて、庖丁をもって何か切る音をトントンさせていた。そこへ爺様が魚をたくさん買って来て、晩《ばん》げは娘だの孫どもをみんなみんな呼んでお振舞いをすべえナと言った。そして晩景になったから、娘だの孫だのが大勢来た、爺那婆那、喜んでニガニガと笑ったとさ……

（中野市太郎氏、当時尋常小学校生徒。）

九一番　狼と泣児

ある雨の降る夜、山の狼が腹がへって、大きな声で、おう、おうと啼きながら山から下りて来た。その時百姓家の子供が泣き出したので、母親はお前がそんなに泣けば、あの狼にやってしまうぞと言った。

狼はちょうどその時、その家の壁の外を通ったので、これはよいことを聞いた、それじゃあの子供を食えると思って喜んだ。

すると内の子供の泣き声がばったりと止んだ。母親があゝあゝこんなによい子を誰が狼などにやるものかと言った。狼は落胆して行ってしまった。

（この話と九〇番は『紫波郡昔話』を編む時に集った資料を、余りに無内容だと思ってはぶいておいた物である。ところが今考えると、こういう物こそ昔話の原型をなすものではあるまいかと思ったから採録してみた。

昔話の発生というものは一面においてこうした断片的な単純なものから先ず成立ってだんだんと幾つも寄り集り永年かかって一つの話になったものであったかと想像したのである。そういう観方からはこれらは尊い種子であろう。）

九二番　狼　石

南部と秋田の国境に、たった二十軒ばかりの淋しい村がある。この村から秋田の方へ越えて行く峠の上に、狼の形をした石が六個並んでいる。正月の十七日の夜にはこの石の狼どもが悲しそうな声を張り上げて啼くという話が村には昔から言い伝えられていた。

ある寒い日であった。朝からチラチラと雪が降っていて、夕方になるとそれが大吹雪に変った。この時どこからさまようて来たのか、みすぼらしい姿をした旅の巡礼の母娘の者が重い足を引きずりながら村に入って来た。そして家々の門口《かどぐち》に立って、一夜の宿を乞うたが、どの家でもどの家でも泊めてくれなかった。

そのうちに吹雪はますます強くなるので、母娘の者は泣きながら一軒一軒と寄って歩いて、とうとう村端れの二十軒目の家の戸口に立った。その家の女房は親切に、俺ア家では旦那《だなどの》がやかましくて泊められないけれど、これから十町程行くと竜雲寺というお寺があるからそこへ行って頼んでみてがんセ、泊めてくれますべえからと教えてくれた。そこで母娘がその寺へ行って頼むと、住職が出て来て俺の所ではお前達のような人を泊める所はないが、ただ本堂の軒下でもよかったら遠慮なく泊まって行くがいいと言った。

旅の母娘は吹雪の吹き込む本堂の軒下に抱き合っていたが、和尚はその姿を見て、可愛想な奴等だ。今夜のうちに狼に喰われてしまうだんべえがと言っていた。

その夜は大変な大吹雪になった。真夜中頃になると山の方から狼どもの叫び声が、吹雪の合間合間から聞えて来た。その叫び声がだんだんと寺の方へ近づいて来た。母娘の者はあまりの恐ろしさに堅く抱き合ってふるえていた。庫裡の方では狼の吠える物凄い声を聴きながら、ああとうとう狼がやって来たなア。いよいよあの母娘の者がとって喰われてしまうだろうと和尚は言っていたが、寺の内へは入れようともしなかった。

夜が明けた。和尚は早く起きて、本堂の軒下へ行って見ると、案の定そこには母娘の姿は見えないでただ隅の方に古い笠が一個置かれてあった。それでてっきり巡礼の母娘は昨夜の狼どもに喰われたものと思っていた。

それから一月ばかりたったある日、和尚は隣村に用事があって行って、夜遅く山路を帰って来ると、背後《うしろ》の方から狼の鳴き声が聞えて来た。あれアと思って怖しさに夢中になって走り出すと、何時の間にか和尚が駈けて来る路傍に六疋の大狼が待ち伏せをしていて、和尚を喰い殺してしまった。それからは村人がそこを通る時はいつも、狼が出て来て吠え立てるので、村中は一層難儀をした。

ある時村一番の力持といわれている熊平というマタギが、よし俺が狼を退治すると言って、鉄砲を持って狼の穴の近くの木に登って、穴から狼の出て来るのを待ち構えていた。すると狼どもは穴から飛び出して来て、木の上の熊平を目がけてしきりに吠え立てるので、熊平はやたらに鉄砲をブッたが一つもあたらなかった。そうしているうちに熊平の持っている弾丸が尽きてしまって、手を空《から》にしていると、狼どもはその木に六疋で飛びついて、木をグラグラと揺すぶって熊平をホロキ落そうとした。

その時穴の中から美しい娘が駈け出して来て、狼どもの側へ寄って来て、あの人も鉄砲を打たなくなったから、お前達も早く穴さ入れと言った。すると狼どもはまるで猫か犬かのようになれなれしく娘について穴へ入って行った。熊平は何しろ驚いて木から跳ね下りると一目散に村をさして逃げ戻った。

その後のこと、ある月の冴えた夜に不意に六疋の狼が村を襲うて来た。村の人々は驚いて鉄砲だの弓矢だのを持ち出して、それを防いだが、なかなか狼どもの勢力が強くて、どうにもできなかった。ところがいつか熊平マタギを助けた娘がそこへ駈けて来て、荒れ狂う狼どもを取り鎮めようとした。その時村方から射放した一本の矢が飛んで来て娘の胸に刺さった。娘は悲しそうな声で叫んでそこにバッタリと斃れてしまった。

この態《さま》を見た狼どもは、忽ち猛悪になって村人を五六人喰い殺した。倒れた娘は深傷に苦しみながらも、声を張り上げて、これこれ村の人達を殺してはいけない。この村にはいつか私達に親切だったオガさんがいるからと言ったまま息を引き取ってしまった。

六疋の狼どもはそれを聴いて悲しそうに啼きながら、娘の屍をどこへか運んで行ってしまった。こんなことがあってから、村の人達は自分達が不親切であったことを後悔し、そして、

悪い事をすれば――狼が来るぞ……

と言って、旅人などにも親切をつくすようになった。

ある時村の人が峠を通ると、六疋の狼が悲しそうな声をあげて鳴いているのを見たことがあった。狼どもは亡き娘を慕い悲しんでいるらしかった。そして六疋並んで日夜おうおうと啼いていたが遂にそのまま石になってしまった。

(大正九年五月一日。千葉亜夫氏の御報告の中から、その後この六ツの狼石の話のある陸中の山里の所在を尋ねたがわからなかった。しかしいつか分ることであろうと思っている。)

九三番　古屋の漏（その一）

ある山里に一軒の百姓家があった。その家では大変によい青馬を一匹持っていた。その青馬を盗む気になって一人の馬喰が宵のうちから厩桁の上に忍び込んで匿れていたし、また山の狼もその馬を取って食いたいと思って厩の隅に忍び込んで匿れていた。そしてその家の爺婆の寝しずまるのを待っていた。

この家の爺婆は毎夜孫を抱寝しながら昔噺を語ってきかせていた。その晩も厩の壁隣りの寝所《ねっとこ》では先刻から爺婆の昔噺が始まっていた。すると孫がおっかない話を聴かせろとせがみながら、この世の中で何が一番おっかなかべと訊いた。爺様はさればさこの世の中にはおっかない物もたくさんあるけれども、その中でも人間では泥棒だべなと言ってきかせた。それを厩桁の上の馬喰が聴いてははアすると俺が人間の中では一番おっかない者だなと思って笑っていた。するとまた孫が獣ではと訊くと、そうさな獣と言っても数多いが、その中でも一番おっかないものはまず狼だべなと爺様は言った。それを厩隅の狼が聴いて、ははアするとこの俺は獣の中では一番おっかないもんだなと思って笑っていた。するとまた孫はそれよりもそれよりもっともっとおっかない物は何だべと言うと、爺婆は口を揃えて、それは雨漏《あまもり》さと言った。さあそれを聴いた厩桁の上の馬喰と厩隅の狼とは一緒に、あれそんだら俺よりおっかない物がいるのか、その雨漏というもんはどんたものだべと思ってがくがくと顫えていた。そしておっかないと思って、しっくもっく(逡巡)している拍子に馬喰は厩桁を踏外《ふんはず》して厩隅にどッと落ちた。落ちることもよいがそこに蹲くってわだ顫っていた狼の背の上に落ちた。そしてあれアこれだな雨漏という化物はと思った。厩隅の狼はまた狼で、気なしな所へいきなり背中の上へ馬喰に落ちて来られたので、魂消て、あれアこれこそ雨漏だと思ってやにわに厩から逃げ出した。そして雨漏を体から振落そうと身悶えをした。背上《せのえ》の馬喰は馬喰で、今これに振落されたらことだ、生命がなくなる。これが死ぬか俺が死ぬかと思って一生懸命に狼の首玉にすがりついた。そうすればするほど狼は大変がって死物狂いになって駈け出した。そして野を越え山を越えずっとずっと遠くの方へ駈けて行った。そのうちに夜が明けた。

夜が明けてアタリが明るくなって見ると、奥山の奥果《おっぱ》であった。馬喰は雨漏という物はどんな物かと思って見ると、それは狼に似た化物であった。何してもこれは大変なことになったと思っているうちに、大木の枝が垂下っている所の下をそれが駈け通った。この時だと思ってその枝に手なぐり着いて木の上に這い上った。それとも知らずに狼は夢中になってどこまでもどこまでも盲滅法に駈けて行った。

狼はやっと自分の穴まで逃げて来た。そして心を落着けて見ると背中の上の雨漏はいつの間にかいなくなっていた。そこでやっと元気づいてそこらの獣仲間の所へ行った。まず第一番に虎の所へ行って、ざいざいもらい殿はいたか、俺は今ひどい目にあって来た。この世の中には何よりもおっかない雨漏というものがいる。俺はそれに背中に乗られて、昨夜から今まで駈け通しに逃げてやっと命だけは助かって穴まで戻って来た。とても彼奴のいるうちは俺は安心してこの山に棲んでいられない。仇討をしたいからなぞにかして力を貸してくれないかと言った。虎はそれを聴いて、お前がそんなにあわてているほど怖しい物ではほんとうにおっかない化物だべ。だが俺が行ったら最後取って喰い殺して見せると言って、巣から出て雨漏のいる所を探し歩いていた。その途中で山猿が木の上にいて、虎どん狼どんどこさ行くと声をかけた。虎と狼は、今俺達は雨漏というこの世の中で一番おっかない化物を退治に行くところだが、お前は木の枝の上にばかりいるから、そんな者を見かけなかったかと訊いた。すると猿は大笑いをして、そう言えば狼どんが今朝方背中に乗せて来た者なら、ほらそこの大木の枝の上に坐っている。あれがこの世の中で一番おっかない化物だべか、あんな者なら俺一人ででも生捕って見せべかと言った。猿はあれは人間だということをよく知っていた。虎と狼とは猿にそう言われて、むこうの大木の枝の上を見るとほんとうに人間に似た雨漏がいてこちらを見ていた。そこで驚いて虎と狼とは一緒にうわううと吠えた。

狼の背からやっとのがれて木に這上り、おっかなくてへこめっていた馬喰は、今また目の前に狼ばかりか虎までが一緒にやって来て、自分を見上げて、うわううと唸るので、これは大変だと思ってその大木の空洞穴《うどあな》へ入ってかくれた。するとそこへ猿と虎と狼とが来て、ここに匿れた、この空洞穴の中さ入って匿れた、この中の雨漏を退治した者が明日から獣の中の一番の大将になるこったと約束した。そして気早の猿はあれは人間だっけということを覚えているものだから、第一番に自分の尻尾を穴の中に突込んで、これや雨漏やいたか、いたかと言って掻き廻した。馬喰もこうなっては命がけだから猿の尻尾をおさえてうんと踏張った。猿はこれはことだと思って、穴の外でこれもうんと踏張った。ところがあんまり力んだものだから尻尾が臀《けつ》からぼッきりと引抜《ひんぬ》けた。猿はそのはずみを食って前にサラツイテ（転倒して）土で顔をすりむいた。それであの獣は今でも尻尾が無く、顔はあんなに真赤に赤だくれになって歯をむき出すのだということさ。

その態《ざま》を見て狼はこんどは俺が代ってやって見ると言って、穴の中に陰茎を突き込んでがらがら掻き廻した。中に居た馬喰はまたかと思って、それを引摑《ひっつか》んでぐっと力を入れて引張った。狼は魂消てこれは大変だと思って逃げ出そうとして力むと、陰茎がぶちりと根元から引抜けてしまった。そしておうおうと痛がって泣き叫んだ。だから今でも狼の鳴声はあんなに高いのだということさ。

虎はそれを見て、俺はアとても叶わぬから止めた、そしてこんな強いおっかない雨漏にいられては俺は日本が厭《やん》たから唐《から》さ往くと言って、海へ入って韓の国へ渡って行った。だから虎はそれから日本にいなくなったとさ。

狼と猿も、虎の言うことはほんとうだ、俺達も唐さ往きたいといって海に入ったが、傷に潮水がしみて痛くて堪らなかったので、また陸へ引返した。雨漏はおっかないけれども仕方がないから日本にいることになったとさ。

（大正九年の冬村の原楽タケヨ殿の話。自分の古い記憶。）

（その二）

昔、野原の中に一軒家があった。その家には爺様と婆様と娘と三人だけで住んでいた。ある大雨の降る夜、山の虎が何か喰うものはないかと、のそりのそりその一軒家へ来た。その時爺様が、それぞれ古屋の漏が来た。そらまた来たと言った。それは家が古いために雨が漏って来たと言ったのであった。娘が古屋の漏《もり》はそんなにおっかないものかと訊ねると、古屋の漏が一番おっかないと答えた。そんだらオイノ（狼）よりもおっかないか。オイノよりもおっかない。それでは山の虎よりもおっかないか、虎よりもおっかないと問答した。

それを聴いた虎は、それでは古屋のモリという物は、俺よりも強い物だなア、これは日本にこうしてはいられないと言ってカラへ渡った。

（栗橋村地方の昔噺、大正十四年二月下旬菊池一雄氏御報告の七。）

（その三）

爺様と婆様があった。夜寝ていると、厩のスマコ（隅）へ唐土《とうど》の虎がやって来て、

アナくぐッてチョコチョコ

立ちどまってソワカ

と唄いながらスカマ（蹲踞）ッていた。家の中では寝物語に、爺様が、世の中で一番おッかねアものは何だベアと尋ねた。世の中で一番おッかねアものは唐土の虎だべやと婆様が答えた。すると爺様が、いやいやフルヤ（古家）のモルヤ（漏家）が一番おッかねアと婆様に言ってきかせた。それを聞いた唐土の虎は、ハテ俺よりもおっかないものがいるのかと驚いて、厩から馬を曳き出して、それに乗って逃げ出した。やがて夜明方になって、あたりが白くなったので、馬は初めて自分の背《せなか》に乗っているのが唐土の虎だということに気がついて、跳ねあがった。そこで虎は落馬して、そのまま川を一またぎに跳び越して、山に入って隠れてしまった。それだから唐土の虎よりも古家の雨漏りの方がおっかないのだという。

（遠野郷地方の話。松田亀太郎氏の御報告の分の一六。大正十一年冬の頃。）

九四番　虎猫と和尚

ある所の山寺にひどく齢をとった和尚様があった。九十にもなるこったという話で、あまり齢を取ったものだから労《つか》れ切って、今では夜昼うとうと眠《ねぶ》かけばかりしていた。そういうわけだから山寺に捨てられたようになって、世間でも案じ出す人がなかった。ただ一疋のこれも猫仲間ではよほどの老齢《としより》な痩きれた虎猫ばかりが和尚様の相手になって、和尚様と同じ様にいつも炉傍で眠《ねぶ》かけばかりしていた。

ある日その虎猫が、和尚様に向かって、和尚様和尚様お前様も大分齢をとったものだから、世間では相手にしなくなったが、この俺は随分永々と和尚様のお世話になっているから、何とかその恩返しをしたいと思うが、何もよいことがなくてはずみがないと言った。和尚様は猫が物を言い出したから、少し驚いたが、すぐ心を落着けて、何さ虎や、俺とお前は何も考えないでここにこうしていればよいのだでヤと言った。すると虎猫は、うんにゃ和尚様そうでアない。俺はこの頃よいことを聞き込んだから和尚様さ教《おせ》べと思っていた。この寺も今一遍《ひとかえり》繁昌させて和尚様にも行先きを安楽にさせたいと思っている。それで近いうちに所の長者どんの一人娘が死ぬから、その葬式の時に俺が娘の棺箱を中空へ釣り上げて中合《ちゅうあい》に懸けて下さずにいるからその時に和尚様が来てお経を読め。そしてその経文の中で、南無トラヤヤという声をかけた時に、俺がその棺箱を下へおろすからと言うのであった。

そうしているうちにほんとうに、長者どんの一人娘が病気になって死んだ。可愛い娘が死んだのだから長者どんでは、所のありとあらゆる宗派のお寺の和尚様達を呼んで葬礼《とむらい》をした。ところがたった一人山寺の眠かけ和尚様ばかりは誰も忘れていて招かなかった。とにかくそうした所では見たこともないような立派な葬式が野辺に送られた。

その葬礼の行列が野辺へ行って、やがて蘭塔場廻りをしはじめると、どうしたことかひどく綺麗に飾り立てた棺箱がしずしずと天へ釣り上って、高い高い中合に懸かってしまった。人々は驚いて、ただあれヤあれヤと言うばかりであった。それを見てまた多数《あまた》の僧侶達は、いっせいにお経を誦《よ》んだり数珠を掻揉《かいも》んだりしたが、何の甲斐もなかった。しまいには一人一人自分等の宗派の秘伝をつくして、空を仰いで叫んでみたが、お日様が眩しいばかりで一向利目《ききめ》はなかった。

長者どんは、おういおういと声を立てて泣き悲しんだ。そして和尚達の腑甲斐ないことの悪口を言った。村の人達も長者どんと一緒になって和尚様達を悪く言った。そこで長者どんは、誰でも何でもよいから、あの棺箱を下してくれた者には、一生の年貢米も上げるし、またお寺も普請してやるし、また望みによっては門も鐘搗堂も、何でもかんでも寄進してやると言った。それを聞いて和尚様達はなおさら一生懸命になって空を仰いで叫んでみたが、やっぱり何の験もあらばこそ。

長者どんはおいおい泣いて、あちらへ走せたりこちらに走せたり、あゝあゝ誰にもあの棺を下すことができないのか、念のためにこの近所近辺のお寺の和尚達をみんな残らず呼んで来てケろと叫んだが、村の人達は近所近辺の和尚坊主どもは皆ここに来ていると言った。長者どんは、ほだら後には誰も残っていないかと訊くと、誰だか人込みの中から、ここさ来ないで残っているのがあの山寺の眠《ねぶ》かけ和尚様たった一人だけだが、連れて来たって役には立つまいと言った。僧侶達も口を揃えて、吾々でさえできないものだもの、あの眠かけ和尚が来たって、かえって邪魔になるばかりだと言った。長者どんはいやいやそうでない。とにかくあの和尚様を早く招《よ》んで来うと言って、人を急がせて迎えにやった。

山寺の眠かけ和尚様は破れた法衣を着て、杖をついて歩くべ風もなく静かに来た。そして草の上に座って空を仰ぎながら静かにお経を誦《よ》んだ。そしていい加減なところで、虎猫が教えた南無トラヤヤトラヤヤという文句を誦込《よみこ》んだ。そうすると今まで何《なぞ》にしても動かなかった娘の棺箱が天からしずしずと下りて来て地上《じべた》に据わった。人々は皆声を上げて和尚様を褒めた。そして皆は和尚様の足下にひれ伏して拝んだ。他の僧侶達は面目なくて、こそこそと遁げて自分の寺へ帰って行った。

こういうわけで、その御葬礼は眠かけ和尚様だけで引導した。長者どんは涙を流してありがたがって朱塗の駕籠を仕立てて和尚様をば山寺へ送り還した。

それから眠かけ和尚様の山寺はにわかに立派に建直された。今までなかった山門ができたり、鐘撝堂が建てられたりした。そして和尚様は世の中から生仏様とあがめられて、毎日毎日参詣人がぞろぞろと絶え間なく続いて、たちまち門前が町となった。

九五番　猫の嫁子

ある所に一人の百姓があった。正直者であったが貧乏暮しなので嫁のくれてもなく、四十を越してもまでひとりでいた。ところがその隣は近郷きっての長者どんであったが話にならぬ程の極道者で、たった一疋いる牝猫さえも、これは余計な口のあるものだと言って、首筋をつまんで戸外へ投げ棄てた。

　貧乏な百姓が寝ていると、夜半にしきりに猫の啼声がするから、なんたらこの夜半に不憫だと思って、寒いのを耐えて起きて、猫を内へ入れてやった。そしてどうしてお前はこんな寒い夜に外で啼いて居れや。またお前の檀那どんにひどい《（ママ）》あったのか、どらどらそれだら俺の所にいろと言って、なけなしの食物などを自分と同じように猫にも分けてやって、愛《めご》がっていた。

　ある夜百姓が退屈《たいくつ》まぎれに、お前が人間であったらよかったになア。俺が畠さ出て働いているうちに、お前は家に留守居していて麦粉でも挽いておいてけでもしたら、なんぼか生計《くらし》向きが楽になるべえに、お前は畜生のことだからそれもできないでア、とそんなことを言いながら、その夜もいつものように猫をふところに入れて抱いて寝た。

　百姓は翌朝もまだ星のあるうちから起きて、山畑へ行って働き、夕方遅く家へ戻って来た。すると誰だか灯《あかし》もつけない家の中で、ごろごろと挽臼を挽いているものがあった。不審に思って入って見ると、それは猫であった。百姓は魂消て、猫々俺が昨夜あんなことを言ったもんだから、お前は挽臼を挽いていてくれたかと言って、その夜は小麦団子をこしらえて猫と二人で食った。それからはいつも百姓の留守の間には猫が挽臼を挽いていた。おかげで百姓は大変助かった。

　ある晩、炉にあたっていると、猫は、私はこのまま畜生の姿をしていては思うように御恩返しができないから、これからお伊勢詣りをして人間になりたい。どうか暇をケテがんせと言った。百姓もこれはただの猫ではないと思うから、猫の言うままに話をきいてやった。そして猫のおかげで少し蓄《た》めた小銭《こぜにこ》を猫の首に結び着けて旅に出した。猫は途中悪い犬にも狐にも出会わず、首尾よく伊勢詣りをして家に帰った。帰りには神様の功徳で人間の姿になって帰った。そして百姓と夫婦になって、人間以上に働いたものだから、末には隣の長者どんよりも一倍の長者となった。

（村の大洞犬松爺の話の三。大正九年冬の採集分。）

九六番　怪猫の話（その一）

ある時、一人の男が旅からの帰りがけに、国境の峠に差しかかると、谷合の方で何者だか大変奇怪な声で騒いでいた。はて不思議な声だが何であろうと、木に登って様子を窺うていると、多勢の猫どもが寄り集まって、何事かがやがやと言い合いをしているところであった。その中の大猫がみなに向って、まだ某殿《たれそれどの》のお頭領《かしら》が見えぬが、何しているべというようなことをしゃべった。木の上の男は、今猫の言った某は自分の家の名前なので、はてな不思議なこともあればあるものだなアと思って、じっとしていると、ややしばらくたってから、そこへ一匹の年寄猫《としよりねこ》がやって来た。すると多勢の猫どもが、みんな土下座をして、お頭様お頭様と言って、その猫のまわりを取巻いて機嫌をとる。某は木の上からつらつら見ると、やっぱりそれはまぎれもない自分の家の飼猫の年寄りの三毛猫《さんけ》であった。

老猫は、お前達はみな揃ったかと言いつつ、その頭数を検べてみてから、ああ皆揃ったようだ。こう揃ったら、そろそろ仕事に取りかかるべアと言った。木の上の男は何をするのだべえと思って見ていると、家の猫が先に立って、ぞろぞろと峠へ出て、皆別々に木の蔭や草の中などに入ってかくれて、そのまま鳴りをしずめてじっとしていた。

ちょうどそこへ一人のお侍が通りかかった。するとその猫どもが、それッと言ってその侍をぐるりと取り巻いて喰ってかかった。ところがその侍はよほどの腕ききであったと見え、かえって猫どもがさんざんに斬り殺されてしまった。それを見て年寄り猫はひどく怒って、秘伝秘術を尽して侍と闘ったが、どうしても侍にはかなわず、眉間に太刀傷をうけて、そこを逃げ出してしまった。

侍は猫どもが皆逃げ去ったのを見てから、木の上にいる人、もはや安心だから下りなされと声をかけた。男は木の上から降りて、最前からの様子を残らず委しく話した。そしてあの負傷《てきず》を負うた年寄り猫は某の家の猫だと言ったし、某とは私の家の名前、またあれはまぎれもなく私の家の飼猫である。どうも合点が行かないまス。私一人ではどうもおっかなくて帰れないから、お侍様も一緒に行ってクナさいと頼んだ。侍もともかくもと言って、某を連れ去って行った。見ると峠の上から里辺の方へ雪の上に赤い生血が、ポタリポタリと滴《こぼ》れていた。そうしてその血のあとが男の家の門前まで来て、あとは絶えていた。いよいよこれは怪しいと、二人は言い合って家の中へ入った。

侍と男が家の中へ入って行くと、奥座敷の方で、何だかウンウンと呻って苦しんでいる様子である。あれは何だ、どうしたと訊くと、家族は、先刻《さつき》祖母様が外へ出て誤って氷《すが》で滑って眉間を割ったと言う。男と侍とは顔を見合せてうなずき合った。そうして侍は俺が割傷《わりきず》に大層よく利く薬を持っているから、どれどれと言って、祖母の寝室へ行ってやにわに刀を抜いて斬り付けた。祖母はキャッと叫んで、飛び起きて侍に喰ってかかったが、何しろ深傷を負うているから、二の太刀で血みどろになって死んでしまった。

家族の人達はそれを見て、あれアあれア何たらこった。祖母様が殺されたと言って騒ぎ廻るのを、男が騒ぐな騒ぐな、実はこういうわけでこのお侍様を頼んで来たのだと言った。しばらくモヨウ（経つ）と殺された祖母様が大猫になった。

やっぱり怪猫が、幾年か前にほんとうのこの家の祖母様を食って、自分がそう化けていたのだということがその時わかった。家の人達はこれから先、どんな災難があったか知れないのに、ほんとうにおかげ様であったと言って、お侍に厚く礼をした。

（この話は諸国にあるように、その怪猫が旅に出ている自家の主人の帰還の日を知っていて、峠に待ち伏せしていたとも、そしてまたその主人に退治されたとも語るが、ここには村の犬松爺様が話した通りを記しておく。大正七年の秋の分。）

（その二）

ある所に狩人があった。山立に行く朝、鉄砲の弾丸《たま》をかぞえているのを、飼猫の三毛猫が炉傍にいて眠ったふりをしながらそれを見ていた。狩人は何の気なしにそのまま山へ行った。

山へ行くと見たことも聞いたこともない恐しい怪物に出会した。それは大きな一目《ひとつまなこ》の化物であった。そしていくら撃《う》っても撃っても平気であった。そのうちに持って来ただけの弾丸が尽きてしまった。するとその怪物は忽ちに大きな猫になってその狩人に飛掛って来た。そこで狩人は秘法の秘丸《かくしだま》で難なく撃ち止めた。そうしてその死んだ猫を検べてみると、傍らに一個《ひとつ》の唐銅《からかね》の釜の蓋が落ちておった。猫はその釜の蓋を口にくわえていて弾丸を防いだものとわかった。

しかしその猫はどうも自分の家の飼猫によく似ていたので念のためにその釜の蓋を持ち帰って見ると、案の定、家の釜の蓋はなくなり、猫もいなくなっていた。

（祖父のよく話したもの。私の古い記憶。）

（その三）

遠野町の是川某という侍が、ある時子供達を連れて櫓下という所の芝居小屋へ江戸新下りだという狂言を観に行った。家にはたった一人侍の妻ばかりが留守をしながら縫物をしていた。すると今まで炉の向う側で居眠りをしていた虎猫が、ソロソロと夫人の側へ寄って来て、突然人声を出して、奥様、只今旦那様方が聴いている浄瑠璃を語って聴かせ申しやんすべかと言って、絹でも引裂くような声で長々と一段語り終ってから、奥様シこのこと誰にも話してはならないまッちゃ、と言って恐ろしい眼をして睨みつけた。そのうちに皆が芝居から帰って来たのでその夜はそれッきりで何事もなかった。

ある日、日頃懇意している成就院の和尚様が来て、四方山《よもやま》の話をしていたが、炉傍に居眠りしている虎猫を見て、ああこの猫だな、先だって月夜の晩に俺が書院にいると、庭へどこからか一匹の狐が来て手拭をかぶって頻りに踊りを踊っていたが、ひとりごとに、なんぼしても虎子どのが来ないば踊りにならねアと言った。おかしなこともあればあるものだ。これからどうなることかと見ていると、この猫が手拭をかぶって来て、しばらく二匹で踊っていたが、どうも今夜は調子がはじまらないと言って、踊りを止めて二匹でどこかへ行ったッけが、その猫はよく見るとこの猫だ。そんなことを話して和尚様は帰った。

その夜侍の妻は先夜の猫の浄瑠璃のことを旦那様に話した。その翌朝奥方がいつまでも起きなかったので家の人達が不審に思って寝室へ行ってみると、奥方は咽喉笛を喰い破られて死んでいた。

虎猫はそのまま行くえ不明になった。

（その四）

遠野町の某家の人達、ある夜芝居見物に出て家には老母一人が留守をしていた。夜もやがて大分更けて行き、今の時刻でいうならば十一時過とも思われる頃、老母の室に飼猫の三毛猫が入って来て、お婆様お退屈で御座ンすぺ。おれが今夜の芝居をして見せアンすぺかと言って、芝居の所作から声色を使って、奇怪な踊りを踊って見せた。それが終ると猫は、お婆様このことを決して他言し申さんなと言って澄ましていた。
間もなく家人が芝居から帰って、老母に今夜の狂言のことを語って聞かせる。それが猫の物語ったのと寸分違わなかったので、老母はついに飼猫のことを話すと、皆は大変驚き気味悪がっていた。
ある夜その家の主人が成就院を訪問して住持と碁をかこんでいた。外はいい月夜であった。夜が更けると庭で何者かが立ち騒ぐ気配がするので聴耳を澄ましていると、住持は石を置きながら、ははア今夜も来て踊っているなアとひとりごとをした。何か踊っておりますかと言って、障子を細目に開けて庭前を見ると、月夜の下に一疋の狐と一疋の猫とが頻りに踊りを踊っているので奇怪に思ってよく見ると、それはまさしく自家の猫である。それから障子を締め、実はかくかくと昨夜のことなどを物語り、怪態《けたい》なることもあるものだと話して家へ帰った。ところが老母が何物にか咽喉笛を噛み切られて斃れていた。その後猫の姿は二度と人目につかなかった。

(その五)

同町鶴田某の飼猫、暮れ方になると手拭を持って家を出て行くので、家人が変に思って後をつけて行って見ると、大慈寺裏へ行って狐と一緒になって盛んに踊りを踊っていた。

（その六）

同町裏町に太郎という人があった。一匹の三毛猫を飼っていたが、この猫は巧みに人の口まねをしたり、また手拭をかぶって踊りを踊って見せた。ある時棚の魚を盗んだので主人が撲って傷をつけた。人が誰に打たれたと訊くと太郎方と答えた。

（その七）

昔、同町のある所に一匹の老猫があった。この猫人間に化けて浄瑠璃《じようろり》を上手に語った。ある時いつものように近所隣りの人達が大勢集まってその語り物に聴き惚れていると、ある旅人が疲れたので、墓場から棒片《ぼうきれ》を拾って、杖についてその家の前を通りかかった。そして大勢の人々が猫の啼き声に感心しているのを見て不思議に思って、そのわけを訊くと、前のようなことなので、自分もその浄瑠璃を聴こうと思うがどう耳を傾けてもやはりただの猫の啼声である。そこにいた人々が旅人の杖を借りてつくとなるほど普通の猫の啼声であった。

（その八）

また同じ町の新田某という人の家の飼猫はよく物まねをしたが、なかでも浄瑠璃語りが上手であった。師走の十四日の阿弥陀様の縁日などには、その寺で打ち鳴らす鐘のまねなどまでして人々を驚かしていた。

（その九）

昔の話であるが、同所の某家で一匹の猫を飼っていた。同家の嫁女がある夜鉄漿《かね》をつけ終って鏡を見ていると、その猫が人語を発して、ああよくついたついたッと言った。嫁は大変驚いてその由を夫に告げた。そしてなお重ねてあんな化猫を飼っておけばどんなことが起るか分らないから早く殺した方がよいとしきりに言った。夫も初めのうちはそんなことがあるもんかと言って気にもとめなかったが、嫁があまり気味悪がるので、遂にこれを殺して裏の畠の傍《ほとり》に埋めた。

翌年の春猫を埋めたあたりから大層勢のよい南瓜が生えて茂り、素敵な大きい南瓜が実った。町内でも珍しく大きなものであったので、その家では喜んで取って煮て食うと、忽ちアテられて、家族が皆枕を並べて病み苦しんだ。巫女に裏を引いてもらうと、生物《いきもの》を殺したことはないか、それが祟っていると言う。よってその南瓜の根を掘ってみると、不思議にも猫の骸骨の口から蔓の根が生え出していた。

（昭和三年の冬の頃。その三乃至九まで岩城という法華行者の人から聴いた話の八。）

九七番　鮭の翁

気仙郡花輪村の竹駒という所に美しい娘があった。ある時この娘を一羽の大鷲が攫って、有住村の角枯し淵に落した。すると淵の中から一人の老翁が出て来てその背中に娘を乗せて、家に送り届けてくれた。

実はこの老翁は鮭の大助であった。そして後にその老翁は強いて娘に結婚を申込んでついに夫婦となった。その子孫は今でも決して鮭を食わぬそうである。

（大正九年八月二十一日。柳田先生、松本信広氏と共に閉伊海岸を旅行して鵜住居村の大町久之助翁から聴いた話の一。遠野町裏町のコーアンといった医者の愛娘が一夕表へ出で街路を見ていたが、そのまま行くえ不明になった。それから三年ばかりたってからのある日、不意に、あろうことか台所の流シ前から一尾の鮭が家の中へ跳び込んだので、それが失踪した娘と関わりのあることであろうとのことからこの家では鮭を食わなかった。これは友人俵田浩氏談。）

九八番　鮭の大助

同郡竹駒村の相川という家に残る昔話である。この家の先祖は三州古河ノ城主であったが、織田信長との戦に負けて、はるばると奥州へ落ちのびてそこに棲まっていた。ある日多くの牛を牧場に放していると、不意に大きな鷲が来て子牛を攫って飛び去った。主人は大いに怒って、どうしてもあの鷲を捕えなくてはならぬと言って、弓矢を執り、牛の皮をかぶり、牧場にうずくまって鷲の来るのを五六日の間待っていた。そのうちに心身が疲れてとろとろっと睡ると、やにわに猛鷲が飛び下りて来て、主人をむんずと引っ提げたまま、杳冥《ようめい》遥かと運んで行った。

主人はどうとも為す術がないので体を縮め息を殺して、鷲のする通りになっていると、遠くの海の方へ行く。そしてある島の巨きな松の樹の巣の中へ投げ込んだまま、またどこともなく飛去った。

主人は鷲の巣の中にいて、はてどうかして助かりたいものだと思って、あたりを見廻すと、巣の中に鳥の羽がたくさん積まれてあった。そこでそれを集めて縄を綯《な》って松の木の枝に結びつけてやっと地上へ下りたが、それからはどうすることもできぬから、その木の根元に腰をかけて、思案に暮れていた。

そこへどこから来たのか一人の白髪の老翁が現われて、お前はどこからここへ来たのか、何のために来られたか、難船にでもあったのなら兎も角に、こんな所へ容易に来られるものではない。ここは玄海灘の中の離れ島であると言った。主人は今までのことを物語って、どうかして故郷へ帰りたいが、玄海灘と聞くからにはすでにその望みも絶えてしまったと嘆くと、老翁は、お前がそんなに故郷へ帰りたいなら、俺の背中に乗れ。そうしたら、必ず帰国させてやろうと言った。主人は怪訝《けげん》に思って、それではお前様は何人で、またどこへ行かれるかと訊くと、俺は実は鮭ノ大助である。年々十月二十日にはお前の故郷、今泉川の上流の角枯淵《つのがんぶち》へ行っては卵を生む者であるとのことであった。そこで恐る恐るその老翁の背中に乗ると、しばらくにして自分の故郷の今泉川に帰っていた。

こういうわけで、今でも毎年の十月の二十日には礼を厚くしてこの羽縄に、御神酒供物を供えて今泉川の鮭漁場へ贈り、吉例に依って鮭留め数間を開けることにするというのである。

（末崎村及川与惣治氏より報告。大正十四年冬の頃。）

九九番　鮭魚のとおてむ

昔、遠野郷がまだ大きな湖水であった頃に、同町宮家の先祖が、気仙口から鮭に乗って、この郷へ入って来たのが、この郷での人間住居の創始であるというように語られている。

この家の幾代目かの主人、大層狩猟が好きであった。その頃今の松崎村のタカズコという所に、鷹が多く棲んでいて飛び廻り、人畜に危害を加えてしようがなかった。この人ある日その鷹を狩り獲ろうというので、山へ登って行くと、かえってやにわに大鷹に襟首をとらえられて宙天高く引き上げられてしまった。その人はどうかして逃れようと思ったけれども、かえって下手なことをしたなら天から墜落《おと》される憂いがあるからそのまま拉し去られて行くと、やや久しくして高い断崖の上の大きな松の樹の枝の上に下された。その人は腰の一刀を引き抜いて隙があったらその鷹を刺そうと構えたが、どうも寸分の隙もあらばこそ。そうしているうちにどこからか一羽の大鷲が飛んで来て、鷹の上を旋回して、鷹かまたは自分かを窺うもののようであったが、鷹が首を上げてそれを見る隙に、その人は得たり賢こしと一刀を擬して柄も通れよとばかり鷹の胸を刺し貫いた。何条堪まるべき、鷹は一たまりもなく遥か下の岩の上に堕ちた。それと一緒にその人も岩の上へ落ちたが鷹を下敷にしたので幸いに怪我はなかった。

そのうちにかの大鷲も、いずこへか飛び去ったので、そこを立ち去ろうとして、よく見るとそこは海と河との境に立った大岩であった。そこで自分の衣物を脱いで引き裂き、斃れた鷹の羽を絡んで一条の綱を作って、これを岩頭に繋ぎ、それを頼りとしてだんだんと水の近くへ降りて見ると、水が深くてなかなか陸の方へ上ろう由もなかった。途方に暮れていると折りしも一群の鮭魚が川を上って来た。その中に一段と大きな鮭が悠々と岩の岸を通って行くから、その人は思わずこの大鮭の背に跨がった。そしてやっとのことで陸に近づき上陸をして四辺を見れば、そこは気仙の今泉であった。

その人はすぐに故郷へ帰ることもならない事情があったと見えて、しばらくその地に足を停めているうちに、世話する人があって鮭漁場の帳付となった。勿論文才もあり、勤めも怠けなかったので、大層人望が厚かった。

今泉と川を隔てた高田とには常に鮭漁場の境界争いがあって、時には人死になどさえもあった。そんな時にはその人の仲裁でどっちも納まっていたが、ある年鮭が不漁なところから人気が悪く、重ねて例年の川の境界争いも今までになく劇しかった。この時ばかりはその人の仲裁も何の甲斐もなく、日に夜に打ち続いて漁師が川の中で闘争を続けていた。

その時、その人は遂に意を決して川の中央へ出て行って、両方の人々に聞えるような高い声で叫んで言った。今泉の衆も高田の衆もよウく聴いてくれ。今度ばかりは俺の誠意《まごころ》も皆様に通らなくて毎日毎夜、夜昼こうやって喧嘩を続けているが俺にも覚悟がある。俺は今ここで死んで、この争いを納めたい。そこで皆様は俺の首の流れる方を今泉の漁場とし、胴体の流れる方を高田の漁場としてくれ。それよいか、と言って、刀を抜いて後首《うしろくび》から力まかせに自分の首を掻き切って落した。

そしてしばらくたつと暴風雨が起って、その人が自害した辺に中洲ができ上った。それで両地の境界が定まって、自然と川争いも絶えたという。

その後その人の子孫は先祖の故郷の遠野へ帰った。そして先祖が鮭のために生きまた鮭のために死んだのであるからというので、家憲として永く鮭を食わなかった。もし食えば病むと伝えられて今でも固く守っている。

(鈴木重男氏談話の三。遠野の口碑であるが、また曰く、宮家が鮭魚に乗って気仙口から遠野の湖に入って来た当時には、鶯崎とか愛岩山などに穴居の者が一二軒あったという。その人がある日狩猟に行くと常服の鹿の毛皮の上着を着て行ったために大鷲に攫われたのであった。それからは本話と同様で結局鮭に助けられてまた家へ帰ったという。今泉と高田の鮭漁場争いの話は、時代も人物も違っているかも知れないのである。)

一〇〇番　鱈　男

昔、気仙のある所に小さな殿様があって、一人の美しいお姫様を持っていた。そのお姫様が齢頃《としごろ》になると、毎夜毎夜どこからか、美男の若者が通うて来て、泊って翌朝帰って行くのであった。

お姫様がお前様はどこのお方か、明かして下さいと頼んでも、その若者は遂に口をきいたことがなかった。そこで侍女が怪んで、ある夜小豆飯を炊いて食わすと、食いは食ったが、翌朝見ると死んでいた。それは鱈魚であった。

(鵜住居村の大町という老人の話の二。大正九年八月二十一日聴記。)

一〇一番　鰻　男

ある時、雫石村のある所に美しい娘があった。齢頃《としごろ》になると、毎夜どこからか一人の男が娘のもとへ通って来た。娘も不審に思って、お前はどこの何という人だごやと訊いても、物も言わなかった。親達もそのことを不思議に思っていた。

ある夜親達は家の軒下で何か囁く声がするので、そっと近寄って聴耳を立てていると、その声が、己《おれ》も永年の間、心がけていた望みがかなって人間の胎内に子種を下したと言った。するとまた別の声がして、それはよかった。けれどももしお前の素性が知れたら堕胎《おろ》してしまうべかもわからないと言うと、いや大丈夫だ、誰にそれが分るものかという。いやいや人間というものは智慧のあるもんだから五月節句の五色《いついろ》の薬草を煎じて飲まれたら、腹の中の子供は自然に水になる、それが至極なさけないと言った。両親はその話声をはッきりと聴いた。そして驚いて娘にそれらの薬草を煎じて飲ませた。そのおかげで娘は何事もなかった。

夜々娘のもとに通うて来た男は、近くの沼に棲む古鰻であった。後で見れば戸の桟に鰻の脂肪《あぶら》がついていた。

（この話は岩手郡雫石村のヌマガエシという所のできごとのように聴いた。昔この辺に沼があったという。なおこの話には縫針のミズもなく、また鰻男が死んだとも話されていない。昭和二年十月十六日同村の大坊直治翁の御報告の二。)

一〇二番　鰻の旅僧（その一）

昔、滝沢と鵜飼との境に、底知れぬといわれた古沼があった。ある時この沼の近所の若者達が七八人でカラカを作って、一生懸命に臼で搗いていると、そこへどこからか一人の汚い旅僧が来て、その木ノ皮の粉は何にするもんだと訊いた。若者達はこれは細谷地の沼へ持って行って、打ッて見る算段だが、そうしたら鯉だの鮒だの鰻だのが、なんぼう大漁だか、お前達にも見せてやりたいほどだと言った。するとそのお坊様は悲しそうな顔をして、そうか、だがその粉を揉まれたら、沼の中の魚は大きいのも小さいのも有るも無いも皆死ぬべが、親魚だらともかく一寸下の小魚などでは膳の物にもなるまいし、また生物の命を取るということは、なんぼ罪深いことだか知れないから、早く思い止まりませと言って頼んだ。

すると若者達は口を揃えて、何この乞食坊主が小言をぬかせや、今日は盆の十三日だ、赤飯をケルから、それでも喰らって、早くさっさと影の明るいうちにどこさでも行きやがれ。そして同じクタバル（死ぬ）なら俺が領分でおんのめるな。後片付けに迷惑するからと言った。すると旅僧も何も言わずにその小豆飯をもらって食って、そこを立ち去った。翌日若者達は、沼へ行ってカラカを揉んだ。するとあてにしていたように、しこたまの大漁であった。泥を掻き分けて行くと、最後にひどく大きな鰻を捕った。体が胡麻ぼろで、まわりが一尺長さが六尺もあった。あんまり珍しいものだから仲間して人数割に、ズブギリ（輪切り）にして分配することにした。そして腹を割って見ると中から赤飯が出た。そこで初めて昨日の旅僧がこの沼の主であったことが分った。

（岩手郡滝沢村字滝沢、細谷地の沼。カラカとは山村でよくやる山椒の木の皮を天日に干して、細かに切り、臼で搗いて粉にし、それに灰を交ぜて、川沼で揉み魚を捕るもの、地方によってはナメともいう。昭和二年十月十六日、大坊直治翁来翰その三。）

（その二）

この鰻の旅僧の話は他にもあった。和賀郡黒沢尻駅近くに見える和野という所の田圃の中に、こんもりとした森がある。これを浮島というのである。

昔この和野に長者があった。極めて貪欲無道な人であって、財宝が家倉に積み余っているくせに多くの下男下女をこき使うことが甚しかった。雨降りの日などにはお前達は今日は働かないから、これでいいとて、アメた飯や腐った魚肴を食わした。

しかし長者は、館の前に、多くの金をかけて大きな池を造って、その池の四季の景色を眺めて楽しんでいた。ある時いつものように池を眺めていると、門前へ貧乏たらしい旅僧が訪れて来て、何か食物《たべもの》をタモれやと乞うた。長者はお前にはこれがちょうどよいと言って、猫の食い残しの汚飯を投げ与えた。

しかしその旅僧は、そんな汚い飯をさもうまそうに食べおえてから、さてさて長者殿の家もあと一年の運だなアと嘆いて、すごすごとそこを立ち去った。

果して一年たつと、門前の池の水が涸れて一滴もなくなった。その時不思議にも口中に飯粒を一杯入れた大きな鰻魚が死んでいた。それからというものは長者の家は災難続きで、だんだんと貧乏になり、ついに跡形なく滅びてしまった。

今ある浮島の森は、その池の中にあったものだといわれている。

(村田幸之助氏の御報告の分。黒沢尻中学の二年生、高橋定吉氏の筆記摘要。)

一〇三番　魚の女房

ある所に、正直な漁夫があった。毎日毎日、網を打ったり、釣ったりして、雑魚を取ってその日を暮していた。欲がないから別段金儲けをすべとも思わず、余分にとった魚などは川へ放してやるほどであったから、家はひどく貧乏であった。だからまだ妻もなく、ヤモメ暮しであった。

ある日のこと、若い美しい女が、この男の家を訪ねて来て、どうか妾を置いてくれと頼んだ。漁夫は俺は貧乏でダメだから、外さ行って頼んでみろと言った。すると女は妾はお前さんの気前に惚れて来たから、是非オカタにして置いてくれろと言ってきかなかった。男は、俺はお前の様な美しいオカタを持っても、この通り貧乏だからしようがない。そだから帰ってくれと言うと、女は妾はお前さんを見込んで来たんだから、今さら行く所もない。妾には親も兄弟もなく一人ポッチだから置いてくれと言ってきかないので、仕方なく漁夫はその女をオカタにすることにした。

亭主は相変らず毎日毎日漁に出ては、魚をとって生活《くらし》を立てていた。この女房を置いてから、不思議なことに朝夕の味噌汁があまりウマイので、どうしてこうウマイのかと、そのわけを訊いても、ただ笑って何とも答えなかった。同じ味噌でも自分がやるとまずく、妻が作るとてもウマかった。いつかは妻の作り方をこッそり見てやろうと思っていたが、なかなか見抜くことができなかった。

ある日、明日は町へ行くからといって、宵のうちに仕度をし、朝立をして表口から出て、そしてこっそり裏口から廻って、戻って、梁上《まげ》に隠れて見ていた。妻は夕方になって、夫の帰る時分だと思って、夕飯の仕度に汁立《しるだて》をしていた。夫がどんなことをするのかと思って見ていると、戸棚から味噌を出して摺鉢で摺り、それから自分の尻を浸し、尻をヤッサに洗って、それを炉にかけた。汚いまねをすると思って見ていると、妻は水を汲みに川戸に出かけた。男は何食わぬ顔して、梁上から下りて、盛岡から帰った振りをして、草鞋に泥を塗っていた。

夕餉の時、男は常にウマイと言って食べる汁を今夜に限って食べないので、妻は不審を抱き、なぜ食べないかと訊くので、実は黙っているべと思ったが、実はこれこれで、お前には気の毒だが、汚いまねをするのは止めてくれと言うと、妻はさてはサトられたと感づき、顔色を悪くし、本当はお前さんと一生連れ添うて幸福にして上げたいと思ったが、そう見破られてはそれもできなくなった。私は本当の人間ではない。それで元の棲家へ帰るから、お前さんもマメで暮すように……。受けた恩は決して忘れない。明日、いつも往くあの淵の際（原文 波の際）の岩の上まで来ておくれ。そしたら妾の正体も分るし、お前さんに差上げたいものもあるからと言って、その夜のうちにどこへか行ってしまった。

男は、女が汚いまねさえしてくれなければ、いつまでもここにいてもらいたいのであるが、人間の性でないと言うから、気味が悪くもあり、とにかく明日淵バタ（原文 浜バタ）へ行ってみれば万事分ると諦めていた。

翌日、妻が告げた岩の上へ往くと、女は既に来て待っていた。そして嬉し気に見えるが、いつもより美しく着飾っているので、男も気恥しいようであるけれども、側へ近寄って見ると、女はニッコリ笑って、これをお前さんに上げますと言って、立派な漆塗りの手箱をくれた。そして実は妾はお前さんに放されたことのある魚であると言って、忽ち水中に消えて行ってしまった。

手箱には、金銀の宝物が一杯入っておりましたとサ。ドットハライ！

（田中氏の御報告の分一七。同氏は附記して曰く、この話はさらに子供の方へ進展していくような気もするが忘れた。その場合はその箱の代りに、子供が置かれる。すなわち子供は魚を母として生れるのであると言っておられる。話中盛岡へなどとある故、この魚を川の物にしておいた。)

一〇四番　瓜子姫子（その一）

齢《としよ》寄った爺様婆様があった。ある日爺様は山へ木伐りに行き、婆様は川へ水汲みに行くと、川上から瓜《うりこ》が一つチンボコ、カンポコと流れて来た。それを拾って、爺様が山から帰って来たら一緒に食うべと思って、戸棚に入れてとっておいた。夕方爺様が山から、ああ喉がかわいたざえ、ああ喉がかわいたざえ、婆様婆様水コ一杯たんもれざアと言って帰って来た。婆様は、爺様爺様水コよりええものを、俺が拾っておいたから、それを食ウべもしと言って、戸棚から瓜を出して庖丁で二つに割った。すると、中から美しい女児《おなごぼっこ》が生れ出た。爺様婆様はひどく喜んで、瓜から生れたのだから、それに瓜子姫子と名をつけて大事に大事にして育《おが》した。

瓜子姫子は齢頃になると美しい娘になった。ある日爺様婆様は瓜子姫子に留守をさせて町さ瓜子姫子に着せる美しい衣物《のの》買いに行った。爺様婆様は家を出る時、瓜子姫子誰《だあれ》が来ても戸を開けるなやい。家の中で機を織っていろやいと言いつけた。あいあい、そう答え

て瓜子姫子は家の中でひとりこで、

キコパタトン、カランコカランコ
キコパタトン、カランコカランコ

と機を織っていた。すると奥山から山母《やまふあふあ》が来て、瓜子姫子アいたかア、瓜子姫子アいたかアと聞いた。瓜子姫子が誰だますと訊くと、山母は俺はええ母だからここの戸《とっ》コをスコウシ開けろと言った。瓜子姫子は、おら厭《や》んてがア、爺様婆様が誰ア来ても戸開けるなと言ったからと言った。すると外の山母は、そんなことウ言わないで、ええから開けろと言った。瓜子姫子は前の通り言って断った。するとまた山母は、瓜子姫子瓜子姫子、そんだらここを少し開けてけろ。おれの手の入るほど開けてけろと言った。瓜子姫子はおら嫌《や》んてが、爺様婆様にくられるから（叱られるから）と言って断った。するとまた山母はそれだら瓜子姫子、おれの指コの入るぐらい開けてけろ、ほんだら瓜子姫子おれの指の爪コのかかるほど開けてけろと言ってきかなかった。山母があんまり頼むものだから、瓜子姫子はざっと爪コのかかるぐらい戸を隙《す》かしてやった。すると山母はえらえらととがった爪をそこへ引掛けて、戸をグエラと開けて中へ入った。そして瓜子姫子を取って食ってから、骨は糠室《ぬかや》の隅に匿して置いて瓜子姫子の皮を剝いでかぶって、瓜子姫子に化けて機を織っていた。

婆様爺様は瓜子姫子の赤い衣物を買って、夕方町から帰って来た。すると家の中から、

ドッチラヤイ

バッチラヤイ
と機織る音がしていた。はてな、あの機織る音は、おら瓜子姫子の機織る音だべかなアと思って、急いで戸を開けて見ると、中から山母の化けた瓜子姫子が、爺様な婆様な今帰ったますかと言って迎えに出た。留守の間に何も来なかったかと言うと、山母が来たったども、おら婆様爺様から言いつけられていたから、なんぼ戸を開けろと言っても、戸を開けねアものと言った。どうも様子がおかしけれど爺様婆様はああそれはよいことをしたと言って、町から買って来た美しい紅い衣物を見せたがその瓜子姫子は紅い衣物を見ても、別に嬉しい風もしなかった。

その次の朝、今日は瓜子姫子が嫁子に行く日だから、爺様婆様は早く眼を覚まして話をしていると、厩舎桁の鳥小舎の上で、鶏が時を立てたが、その鳴きようはこうであった。

糠室《ぬかや》の隅《すま》コを見ろじゃ

ケケエロウ

糠室の隅コを見ろじゃ

ケケエロウ

爺様婆様は、はてあの鶏の鳴きようは、いつもとちがっておかしい鳴きようだなアと思いながら起きて、瓜子姫子の嫁子に行く仕度をした。そうして昨日町から買って来た絹子小袖を出して着せて、鈴をつけた馬に乗せて、家の門口《かどぐち》から、ゴロン、ゴロンといわせて引き出した。すると屋棟の上で鳥がまたこう鳴いた。

瓜子姫子ば乗せねエで
山母《やまふあふあ》 乗せたア　ガアガア
瓜子姫子ば乗せねエで
山母乗せたア　ガアガア

それで、これはおかしいと思い、また今朝も鶏があ鳴いたっけがやいと思って、糠室の隅へ行って見ると、そこにはほんとうの瓜子姫子の骨がじゃくじゃくとあった。この事だがやい。口惜しいじぇやい。そしてあの馬さ乗っているのが山母だと思ったから、爺様婆様は土間《にわ》からマサカリを持って行って、馬の上の山母を斬り殺した。

(この話も多くの類型のある部類の一つである。私の蒐集したものばかりでも四種ほどあり、なお二三他人の書物にあるのも異っていた。あまりに普通であり、ありふれた昔話であるからこの本には載せまいかと思ったが、この本は何も興味一方の書物でないから、吾々の比較資料のためにあえて出して置いた。『紫波郡昔話』にも別話を載せたが、その後小笠原謙吉氏から聴くと、同地方にある姫子譚の一種には、末段で姫に化けた山姥は山へ逃げて行き、ほんとうの瓜子姫子が殺されて鶯になって鳴いて飛んで行ったと語られるそうである。)

(その二)

昔ある所に爺と婆があった。爺は山へ柴刈りに、婆は川へ洗濯に行っていると、瓜が一つ流れて来た。婆はそれを拾い上げて、今に爺が山から還ったら、一緒に食べようと、戸棚にしまっておいた。夕方爺が帰ったから、戸棚を開けると、その瓜から美しい女の児が産れて、おげえ、おげえ、と泣いていた。

爺婆はこの齢まで子供がなかったから、大層喜んで、瓜から生れたから瓜子姫子と名をつけて、可愛がって育てた。瓜子姫子はだんだん大きくなって手習も算盤もよく覚え、その上に孝行娘であった。また花《はなこ》のように美しく、機を教えるとすぐに金襴緞子までも織るようになって、毎日毎日家にいて、梭《ひ》の音をさせていた。

ある日、爺は山へ行き、婆は用があって隣へ行って留守で、瓜子姫子ばかりがいると、戸をどんどんと叩く者があった。戸を開けるなとかねがね婆に言い付けられているものだから、開けずにいると、瓜子姫子、瓜子姫子、一寸戸を開けろと言った。それでも瓜子姫子は黙って機を織っていると、また瓜子姫子、瓜子姫子、爪の立つほどでよいからここの戸を開けてみろと言った。それでも瓜子姫子は黙って機を織っていた。外の者は怒り出して、瓜子姫子、瓜子姫子、俺の言うことをきかなかったら、この戸を蹴破って入るぞと言った。瓜子姫子は恐ろしくなって、ほんの少し、爪がかかるくらいに戸を隙《す》かすと、がらりと戸を開けて、アマノジャクが飛び込んだ。そうして瓜子姫子を食ってしまって瓜子姫子の皮を被り、瓜子姫子の衣物を着て、瓜子姫子に化けて機を織っていた。

婆が隣から帰って来ると、どうも機を織る梭の音が違う。瓜子姫子のなら、カランコロン、キコパタトン、カランコロン、キコパタトンと聞こえるのだが、ただ、ドジバタ、ドジバタと聞こえる。これには何かわけのあることだと、障子の隙から覗いて見ると、アマノジャクの尻尾がだらりと下《さが》っていた。婆はこれを見て、ニワ（土間）から斧を持って来て、アマノジャクが何も知らずにいる背後から、頭を撃ち割って殺してしまい、瓜子姫子の讐をうったということだ。

（和賀郡黒沢尻町辺にある話。拙妻の記憶の分。）

（その三）

昔ある所に、爺様と婆様があった。爺様は山さ薪取りに行く。婆様は川戸《かど》さ洗濯に出た。コツコツと洗い物していると、うまそうな瓜が一つツンブツンブと流れて来た。アエきれいな瓜子が流れて来た、ひとりで喰うにア痛ましい、爺ア来たら分けて喰うべアと言って、戸棚さ入れてしまっておいた。

爺様ア山さ行って薪をズッパリ（たくさん）取って背負って来た。婆様は俺ア家の爺様山さ行って難儀して来るべアと思って、飯仕度をしていると、爺様が来たので、爺様爺様お前が山さ行った小間《こま》に瓜子《うりこ》が流れて来たけア入って食ってゴザエと言った。爺様が戸棚さ行ってあけて見ると、瓜子ポカッと割れて、中からきれいな女児《おなごわらし》が生れた。コレコレ瓜の中からお姫様が生れた。どれどれと言って、婆様も行って見ると、本当に生れているので、爺様も婆様も喜んで育てた。名を瓜子姫子とつけて育てているとだんだん大きくなって、毎日毎日トテンバタン、トテンバタンと機を織り、どこにもないくらいの美しい瓜子姫子になった。ある日、瓜子姫子、瓜子姫子、誰が来ても戸をあけてアなんねエぞと言いつけて、爺様も婆様も稼ぎに出て行き、瓜子姫子一人で宿居《やどい》をしていた。トテンバタン、トテンバタンと機を織っていると、隣の娘が来て、瓜子姫子、瓜子姫子、機織りがあまり上手だが少し見せろと言った。婆様に叱《くら》えるだす、やんたと言うと、小指の入るくらいでも開けて見せエでやと言った。少し開けてやると、まだ見えねエ、もう少し開けて見せろと言う。また少し開けると手の入るくらいあけて見せろと言う。瓜子姫子がおっかなおっかなに開けてやると、隣の娘は無理無理に家の中さ入って、蚤捕りするべエ、俎《まないた》持って来うと言った。またおっかなおっかなで持って来ると、瓜子姫子お前が先だと言った。瓜子姫子が俎の上に横になると隣の娘ア山婆になって、ずたずたに瓜子姫子を斬って殺して食ったとサ。

（その四）

この話の別話では、流れて来た瓜を婆様が食べると非常にうまいので、もう一つ流れて来いと呼ぶと、果して流れて来たので、用のある瓜だらこっち来い、用のない瓜だらあっち行けと呼ぶと、傍へ寄って来たので、これは爺様の分だとしてとっておいた。すると戸棚の中で二つに割れて姫子が生れている。

この姫子が大きくなって機を織っていると、アマノジャクが来て、だまして庖丁とサイバンを姫子に出させて、代り番コにシラミ捕りをすると言って、サイバンの上に姫子を横にして斬って食べてしまった。
そして瓜子姫子に化けて機を織っていると、そこへ着物を買いに行った爺様達が帰って来て、いつもなら、トギカカ、チャガカカ、トガカカ、チャガカカと聞えるはずの梭の音が、トダバタン、トダバタンと聞える。
いよいよ嫁入りとなって、にせの姫子が家を出ようとすると、アマノジャクが喰い殺してあった姫子の左の手が鶯になって、
瓜子姫子だとて
アマノジャクが化けて
嫁に行く……
おかしでア
ホウホケキョ
と鳴いたので、始めてすっかり化けが現われて、アマノジャクは殺された。
(この二篇とも岩手県雫石地方の話、田中喜多美氏の御報告分の一九。)

(その五)

昔々、お爺さんとお婆さんがあった。二人のなかにオリヒメ子という娘があった。ある時爺婆がオリヒメ子を呼んで、オリヒメ子、オリヒメ子、アマノジャクが来た時ア決して戸を開けてはならないぞと言い置いて外へ出て行った。

オリヒメ子が一人で機を織っていると、アマノジャクが来て、オリヒメ子、オリヒメ子、戸を開けろと言った。オリヒメ子が叱られるからいやだと言うと、アマノジャクは何べんも何べんも、戸を開けろ戸を開けろと頼むので、仕方なく戸を開けると、

　オリヒメ子
　オリヒメ子
　山さ栗拾いに行くから
　下駄履いて来《き》れ

とアマノジャクが言った。

　下駄が鳴るから
　厭《や》んた

とオリヒメ子が言うと、

　そんだら
　草履はけ……

とアマノジャクは言った。

　草履もないから
　厭んた

とオリヒメ子が言うと、

　それじゃ俺が

おぶって行く
とアマノジャクが言った。
刺《とげ》があっから
厭んた
とオリヒメ子が言うと
それでア板を敷いて
おぶるべえ……
とアマノジャクが言った。そうしてとうとうアマノジャクの背中に板を当てがって、オリヒメ子はおぶさって山へ行った。するとアマノジャクが自分一人だけ木へ登って栗を取っているので、オリヒメ子もまたその木へ登って行くと、アマノジャクは、木をうんと揺《ゆす》ぶって、オリヒメ子を木から打《ぶ》ち落して殺して、その皮を剝いでかぶってオリヒメ子に化けて家へ帰った。そしてお嫁に行くことになった。
朝起きて顔を洗う時、アマノジャクが、あんまりそろそろと顔を洗うので、爺様婆様が、今日はお嫁に来たのだから、もっと、よく顔を洗えと叱ると、アマノジャクは、おら洗えないと言った。そんだら俺が洗ってケルと言って、爺様が強く顔を洗ってやると、オリヒメ子の皮が脱《は》げてアマノジャクになって、山へ逃げて行った。
その前にお嫁になって行く時に、アマノジャクのオリヒメ子が駕籠に乗る時、鷲が飛んで来て駕籠にとまって、

オリヒメ子ア駕籠サ
アマノジャク乗ったッ
ホウホケキョッ
と鳴いてどこかへ飛んで行った。
(秋田県角館地方の話、武藤鉄城氏の分九〇。)

(その六)

ある所に爺様と婆様とが二人あった。子供がないので、欲しい欲しいと思って神様に願かけした。ある朝瓜畠へ行って見ると、瓜畠の真中に美しい女の子がいた。爺様婆様はこれア神様が私達の願を叶えてくださったものだと思って、喜んで拾って来て瓜子ノ姫子と名をつけて、大事に育てていた。

ある日爺様婆様が山さ薪採りに行くとき、誰が来ても戸を開けんな。この辺は狼はひどえシケに……と言い置いて行った。その後でウリコノ姫子は、トンカラ、ヒンカラと機を織っていた。そこへ山の狼がやって来て、

瓜子ノ姫子
アスンベヤア

と言った。瓜子ノ姫子は初めのうちは黙っていたけれども、あまり誘うもんだから、

ダアガやアえ、

爺様《ぢいさ》婆様《ばあさ》に
　クラアレンものを……
と答えた。すると狼が、ほんだら取って食うぞッと脅した。瓜子ノ姫子は仕方がないもんだから、ほんだら……と言って窓コから顔を出して見せた。すると今度は、
　瓜子ノ姫子
　戸オ開けてがんせ
と狼が言った。
　ダアガやアえ
　爺様婆様に
　クラアレンものを……
ほんだら取って食うぞッとまた狼が言うので、仕方がなく開けると、狼はいきなり内へ入って、
　瓜子ノ姫子
　さいばん（俎《まないた》）出せッ
と言った。瓜子ノ姫子が
　ダアガやアえ
　爺様婆様に
　クラアレンものを……

と言うと、ほんだら取って食うぞッと言う。仕方がないもんだから、瓜子ノ姫子が俎を出すと、狼は今度は、

瓜子ノ姫子
庖丁出せッ

と言う。

ダアガやアえ
爺様婆様に
クラアレンものを……

と瓜子ノ姫子は言う、

ほんだら取って食うぞッ

と言う。仕方がないから瓜子ノ姫子が庖丁を出すと、

瓜子ノ姫子
このさいばんの上さ寝ろッ

と言う。

ダアガやアえ
爺様婆様に
クラアレンものを……

と言うと、狼は、

ほんだら取って食うぞッ

と言う。仕方がないもんだから、瓜子ノ姫子が俎の上に横になると、狼は庖丁で頭だの手だの脚だのを別々に切《き》んなぐって、そして、ああウンメヤエ、ウンメヤエと言って食って、骨コは縁側の下へかくして、残ったのを煮ていた。

爺様婆様が夕方山から帰って来た。そして背負って来た薪をガラガラッと下して、瓜子ノ姫子、今帰ったぞと言うと、瓜子ノ姫子に化けた狼は、さアさ腹が空《へ》って来たごったから、はやく飯《まんま》食っとがれと言う。爺様婆様が瓜子ノ姫子を煮た肉汁を、ああウンメア、ウンメアと言って食うと、狼は、

板場の下を見サ
骨こ置いたが
見ろやエ見ろやエ

と言って狼になって山サさっさと逃げて行った。そして爺様婆様はまた二人っこになった。

（陸中下閉伊郡岩泉町辺の話、野崎君子氏の談話の分七。昭和五年六月二十三日。）

（その七）

昔々ざっと昔、あるところに爺と婆があった。爺は山へ柴刈りに、婆は川さ洗濯に行ったところが瓜が流れて来たので拾い上げて、家さ帰ってから、爺と二人で喰うべと思って、二ツに割ったら、中から小さこい女《おなご》おぼこが生れた。爺と婆は大変悦んで、瓜子姫と名づ

けて可愛がって育てた。瓜子姫は何よりも野老《ところ》が好きだったので、爺と婆は毎日野老をゆでて喰べさせた。瓜子姫はまた機織りが好きで毎日機を織って暮していた。ある時爺と婆はよそへ出かけなければならぬことがあって、誰が来ても決して戸を開けんなよと固く言い置いて出かけて行った。瓜子姫がひとりで機を織ってると、戸を叩いて、ここ開けろ、ここ開けろという声がした。瓜子姫は爺と婆に言いつけられた通り誰も居りえんから開けられえんと言ったら、いいから開けろと言って聴かないので、瓜子姫は仕方なく、ちくとばかり戸を開けたら、いきなり怪しい者が入って来て、瓜子姫を殺して俎の上さ乗せて斬って喰ってしまった。そして瓜子姫の皮をはいで、自分の顔にかぶり、衣裳も取り代えて、知らん振りして機を織っていた。やがて爺と婆は帰って来た。何も知らない婆はいつものように、瓜子姫や野老をゆでたから喰べろと言ったが、瓜子姫は返事もしなかった。瓜子姫はいつも機を織りながら、

くだねッちゃ
ばんばなや

と唄をうたうのに、今日は黙って機を織っているので、爺も婆も不思議に思った。野老も喰わなければ唄もうたわないものだから、どこかあんべえでも悪かんべか、と爺と婆は心配をした。次の日も、また次の日も、瓜子姫は黙ってばかりいた。たまに出す声は今までの瓜子姫とは似ても似つかない太い声なので、何してこんなに変り果てだんべとますます案じごとをした。そうしているうちに長者のところから、瓜子姫を嫁にくれろと言って来

たが、爺と婆は、いやいやまだ上げられえんと断った。けれどもしゃりにむにくれろと言われて、瓜子姫を長者殿サ嫁にやることに決めた。長者からはたくさん立派な結納の品々が来た。瓜子姫はお仕度をして、乗物に乗って嫁入りをしたら途中で鳥コどもが木の上から、

瓜子姫《うりこうひめ》の乗り懸けさ
天《あま》ノ邪鬼《じゃく》乗《の》さった

といって口々に囃し立てた。爺と婆は奇妙なことをいう鳥どもだなと、首をまげまげ行った。お嫁入りのきまった翌朝、長者の家の召使が、瓜子姫に手水をすすめると、瓜子姫は化けの皮が剝げないように、そろりそろりと手水を使った。召使が見かねて側から手伝って、手水を使ってやったら、瓜子姫の化けの皮がはがれて、天ノ邪鬼となって逃げて行った。

(三原良吉氏の昭和五年四月八日雨の夜の採集、その御報告の分の三。)

一〇五番　糞が綾錦

ある山里に爺様と婆様があって、美しい娘を一人持っていた。ある日爺様婆様は娘を嫁子にやるために、町へ衣裳買いに行って、娘一人で留守居をしながら機を織っていた。す

るとそこへ山母が来て、娘々この戸を開けろ、娘々この戸を開けろと言った。そして娘が本意ないのに、山母は戸を開けて入って来た。

それから娘に米をとげと言って米をとがせて、それを大鍋に入れて、御飯を炊かせた。そうしてたくさんの握飯をこしらえさせて（何かの上に）ずらりと並べさせた。

山母はそれから髪をほどいて、頭の脳天にある大口をあんぐりと開いて、その握飯を手《て》毬《だま》をとるように、どんどん、どんどんとその口へ投げ込んで、見ているうちにペラリと食ってしまった。

そうしてそこに糞をベタベタと山のようにたれた。

そのありさまを隅っコの方に隠れて、おっかながって見ていた娘に、山母が言うことには、娘々俺が帰ったら、この糞を川へ持って行ってよくもんで洗ってみろと言って出て行った。

娘は山母が立ち去った後で、山母のたれた糞を笊に入れて川へ持って行って、よくよくもんで洗うと、それがとても立派な綾錦となって、ずっとずっと長く長く川下へ流れ晒《さら》されて行った……

（昭和五年六月、藤原相之助先生から聴く。この後段の話もあったようであるがお忘れになられたという。こうして発表しておいたらいつか何人かが補遺完成してくれるかと思うからである。）

一〇六番　女房の首

ある所に、おつなという女が夫と暮していた。そのうちに夫は旅に出なければならぬことがあって旅へ出て行った。その留守におつな一人が家で、縄を綯《な》っていた。そこへひとりの婆々《ばば》が来て、おつなが綯っている縄を、炉火にどんどんとクべて、その燃《も》え灰《あく》をさらってみな食ってしまった。おつなが婆々婆々そんなに縄をクべるなと言うと、婆々はそんだらまた明日来ると言って帰った。

あとでおつなはおっかなくておっかなくてしようがないから、次の日には榧《かや》の実《み》を三粒持って、二階の葛籠《つづら》の中に入って隠れていた。そこへ昨日の婆々がまたやって来たが、おつながいないので、二階へ上ってみるべと思って、二階の楷子段の二ツ段に足を掛けた時、上の方でおつなが榧の実を一つカチンと噛んで鳴らした。婆々はあれア何だッと思って、はッとしたが、その後別段何事もないから、また一段上ると、上の方でおつながまたカチンと噛み鳴らした。婆々はまたはッとしたが別段変ったこともないから、また一段上ると、またおつながカチンと噛み鳴らした。あとは榧の実がなくなったので、鳴らすことができないでいると、また婆々が一段と上って耳を澄ました。それでも鳴らぬので今度は平気でどんどん上って来て、女アいるかと言ってそこらじゅうを探したが見つからない。しまいにきっとこの葛籠だなアと言って、かぱッと蓋を開けると、おつなが顫えていたので、この女ゴ取って食うぞッと言って、おつなをむしゃむしゃと取って食ってしまった。体はみんな食ってしまって、首から上だけ残して皿に乗せて、これはまた明日《あした》と言って戸棚の中に入れて帰った。

次の日夫が旅から帰って来て、おつな今帰ったぞ、おつな今帰ったぞ、と言っても返辞がない。はて不思議だなアと思って家の中へ入って呼んでみてもおつなはいない。方々尋ねてみてもおつながいないから、しまいに戸棚を開けて見ると、おつなの首が皿に乗せられてあった。

夫は魂消て、何だおつなでアないかと言うと、テテッと言っておつなの首が夫の体にかぶりついた。夫は大変びっくりしてその女房の首を人に見えないように抱いたまま、ハタゴ屋へ行って、二人分の膳をこしらえさせて二階へ上って、御飯を食べ初めた。するとおつなの首が、テテ、俺にも食わせろッと言うので、夫がたべろと言うと、おつなの首は夫の胸から放れて膳にフサバッテしまった。そしていくら取ろうと思っても放れぬから、自分の前にあった飯鉢をかぶせて帯でぐるぐると結び締めておいて、二階から下りてどんどんと逃げ出した。

飯鉢の中のおつなの首は、夫の仕打ちを憎んで二階からごろごろと転がり落ちて、テテッテテッと叫びながら夫の逃げた方へ、後を追って行った。夫は堪らぬので蓬と菖蒲の間に入って匿れていると、首がテテッテテッと呼びながらその頭の上を飛んで行った。これを見て夫は喜んで蓬、菖蒲を頭にかぶって家に帰り、また家の窓だの戸口などに蓬、菖蒲を差して置いたので、この怖しい首はそこへ近づけなかった。

それで五月五日には蓬と菖蒲を魔除けのために軒下にサゲルという話である。

（秋田県仙北郡角館辺の話、昭和四年同所高等小学校一年の中野キヌ子氏の筆記の摘要。武藤鉄城氏御報告の分の一一。）

一〇七番　赤子の手

ある所に亭主《とと》と女房《がが》があった。亭主は用足しに町サ行くことになり、懐妊の女房一人で宿居《やどい》していた。

亭主が出かけて行くと、そのあとへ山婆が来て腹の大きい女房を取って喰った。夕方亭主が帰って来て、今帰ったと言っても、普段ならすぐ返辞するはずの女房が何の返辞もしなかった。不思議に思って、その辺を見てもいないので、暗シマの家の内に入って、まず火を焚《た》きつけべえと思って、炉《ひぼと》へ来て、火打道具で火を起して、フウフウと吹くと、テデなやアと言って、亭主の頬をテラリとこするものがあった。またフウフウと吹くと、テデなやアと言ってはその頬をこする者がある。亭主はいよいよ不思議に思って、あたりを見ると、赤子の左手が肘からもげて転がっていた。よく見ると血がついているので、さてはと思って、寝床へ行って見ると、女房は喰われてそこらじゅう血だらけであった。その血痕の跡を尋ねてだんだんと行って見ると、常居の棚の上に、山婆が上っていて口にはベッタリ血を塗っていた。亭主はいきなり木割りでその山婆を斬り殺した。

(田中喜多美氏の報告の分の二〇。摘要。)

一〇八番　オイセとチョウセイ

昔、ある所に、オイセとチョウセイという睦まじい姉弟があった。母は長の病気で寝ていたが、姉弟は毎日山へ柴刈りに出かけては、それを売って米や薬を買って母を養っていた。ある時、弟のチョウセイが姉に向って姉《あね》さん姉さんお母《がが》さんのご病気は、とてもいつ治るか見込みがつかないから、俺はこれから道々報謝を受けながらお伊勢詣りをして、お母さんの病気が治るようにすッから、アトはどうぞ何分宜しく頼みますぞと言うと、姉のオイセは、お金はなし心細かんべが、行って来てクナい、留守は決して案ずることはないと言った。そこでチョウセイは姉に別れてはるばるお伊勢詣りにと旅立った。

姉のオイセは弟の留守中、相変らず山へひとりで出かけては、せっせと柴を刈っていた。ある日のこと、山で柴を刈っていると、眠くなってウトウトしていたら、こんな夢をみた。ひどく咽喉が乾いて水がほしくなったが、沢の奥の方に烟管《きせる》のラウ竹ぐらいの細い樋から水がチョロチョロ流れていたので、その水を呑むと、たちどころに咽喉もうるおい疲れも治った……というところでふと眼が覚めた。オイセは不思議に思って、柴を背負って沢の奥の方サ行ってみたら、夢の通り水がチョロチョロ流れていたので、一と口二た口呑むとたとえようもなくうまかった。さア帰ろうと柴を背負って立つと、あんなに重かった柴が急にふンわりと軽くなった。これは不思議と、何べんも立ってみたけれども、軽いのでもっと柴を刈って背負ったが、重くも何ともなかった。そのまま家へ帰って行くと、寝ていた母は、オイセがいつもとちがって山のように柴を背負って来た姿を見て、びっくりしてしまった。そこでオイセは、これこれこういうわけだと、夢を見た次第を語って聴かせたら、そういう水だらきっとおれの病気にもよかんべから一と口飲んでみたいものだと言った。そんではこれからすぐ取りに行って来るからと、オイセは言ったが、もう暗くなるから、あした行けと母が留めた。翌日の朝早くオイセは、昨日の場所サ行って水をとって来て、母に飲ませると、母の体は非常によくなった。こうして毎日水を飲ませたら、母の病気は一枚一枚紙をはぐようによくなって、もとの体に治った。そして柴は毎日毎日たくさん取れるので、米を買って余った分は売ってだんだん福々しくなった。近所の人たちが不思議に思って、オイセにわけを尋ねると、オイセは沢の奥の水のおかげだと言って、そのありかを教えてやった。そこで近所の人たちは、われ先に沢の奥サ行って水を持って来て呑んだが、オイセの外は誰にも一人として効能がなかった。しかしオイセが掬《むす》んで来て飲ませると効能がたちどころに現われた。しまいには遠方からも病気で困っている人々が尋ねて来てオイセから水をもらい、お礼の金や品物が毎日毎日贈られるので、オイセの家では家を建てかえたりして、だんだんと立派になり、しまいには村一番の分限者になった。

一方辛苦艱難して、お伊勢詣りに出かけた弟のチョウセイは、うざにはいた念願が叶って、お伊勢さまに母の大病平癒を祈って帰途についた。ある山坂まで来ると空腹と疲労で一足も歩かれなくなった。報謝を受けようにも通る人はなし、ハテどうしたものだべと腰をかけて考え込んでいたら、そこへ一人の人が通りかかった。そしてこの坂の下の長者の一人娘が死んで今日はそのお葬礼《とむらい》だが、今にここを通るはずだから、そしたら墓場サ行って団子なり饅頭なりもらって喰うがいいと、親切に教えてくれた。そのうちに夕方になって、お葬礼がやって来たので、後について行って、人々が帰ってから、墓場に供えた団子や饅頭を腹一杯に喰ったが、ふと、このお葬礼の様子では大した長者だどきに、あの長者の娘なら定めし棺の中には立派な持物が入ってることだべが、一ツ掘っくり返して見んべと考えた。そこでチョウセイは今埋めたばかりのお墓を掘っくり返して、棺桶の蓋を開けて見たら、中にはチョウセイの眼も眩むような、かんざしや指物《さしもの》等があった。チョウセイは気味が悪いのも何も忘れ果てて、先ず死人の髪の毛を握って引き起こすと、死人が突然ううむと呻ったかと思うと生き返った。チョウセイはぞッとして逃げ出そうとすると、生き返った長者の娘がチョウセイの袖をつかんで、わたしは今日餅を喰べて咽喉につかえ、そのまま気を失って死んだと見えますと語った。そしてチョウセイが髪の毛を握って引き起した時に、餅が滑り落ちて生き返ったことがわかった。長者の娘は、わたしの家はこの坂下でございますが、あなたはわたしの命の親だから、ぜひとも一緒に来てくださいと言うので、チョウセイは娘に連れられて長者の屋敷へ行った。長者の家では娘が埋葬された晩なので、一同が嘆きに沈んでいるところへ、娘の声がしたので、幽霊が来たと言って恐れたけれども、チョウセイが出てわけを話したら、家では嘆きが悦びに変って、チョウセイを厚くもてなし、命の親ゆえ、ぜひとも娘の聟になってはくれまいかと言われた。チョウセイは家に母と姉が待っているから、早く帰らなければならないと言ったら、それでは嫁にもらってくれと言って、箪笥よ長持よと、あまたの道具に供人まで付けてくれた。こうしてチョウセイは、長者の娘を嫁にして、家へ帰って来て見ると、村は確かに自分の村だが、自分の家のアバラ家は、影も形もなくて、そこには立派な家が建っていた。はてこの辺がおれの家だったけになアと思って、門番に聞いてみたら、果して自分の家だった。チョウセイはそこで嫁と一緒に久しぶりで、母と姉のオイセに会い、一家はめでたく永く栄えた。

（昭和五年四月六日靄の深い晩の採集として、三原良吉氏御報告の分の四。）

一〇九番　墓　娘

ある所に放蕩息子があった。親達に勘当されてどこへ行くというアテもなく旅へ出て行った。そしてある町近くへ行った時には、持ち出した路銀も尽きてしまい、今では食うことも飲むこともできなくなったから、あてどもなく広い墓場の中へ入って、松の木にもたれてつくづく身の行末のことを考えていた。すると目の前の新墓の中で何か呻る声がするので、よくよく気をつけて聴くと、それは土の中で人の泣く声であった。これは何たらことだと思って、墓を掘ってみると、棺の中には美しい娘が蘇生《いきかえ》って泣いていたので、その娘を助け出してから墓は元の通りに土を盛って置き、そしてその娘を連れて町へ行って匿れていた。

その娘の家は町一番の長者であったが娘の死んだ後で、一番番頭と娘の継母とが密通《くっつ》いて、身上を自分等の物にする悪企みをしていた。ある日番頭と継母とが馬に乗って、娘の父親の長者主人を殺しに行くところへ、息子と娘が出会した。そこで名乗りを上げて息子は不義の者どもを討ち取った。そして娘を連れて長者の家へ還って行った。

長者様は蘇生《いきかえ》って来た娘を見て大層喜んで、それもこれもみな息子のおかげだ。わが娘の命の恩人だしまたこの家の恩人でもあるから、どうか娘の聟になってくれと頼んだ。息子は娘と夫婦になって、舅親様に孝行を尽してそこの二代目長者となった。

（この話は私の村の大洞犬松爺の話の五。内容をもう少し委しく知りたいと思って、後できくと一向知らぬという。老人の記憶は一日限りのものだということをつくづく知った。）

一一〇番　生返った男

気仙のある村の生計《くらし》のよい家の息子が死んだが、墓場へ持って行って、葬礼の鉢鉦を鳴らした時、棺の中で蘇生《いきかえ》り、呻り声を出した。それッ息子が生き帰ったと言って、悲しみが喜びに変り、息子をばそのまま棺から引出して死装束を着替えさせて家へ連れ帰った。ところが不思議なことには、現在二三日前に死んだ自分の家のことを少しも知らず、ここは俺の家ではない。俺の家は気仙の某という村のかくかくいう家であると言って、速く自分の家に帰りたいと言うて仕方がなかった。けれどもその家では現在死んだ吾子であり、吾が夫なので、これは何かの魔がさしてこんなことを口走るものだろうと思っていろいろと説き聴かせたが、一向にそのききめがなかった。仕方がないので、その息子の口走る某という村の某家へ問い合わせると、その家でもちょうど二三日以前に倅が死んだので火葬にして葬礼をすませたということであった。それでもとにかくその人を見たいといって、某家の人がそこへ来て見ると、今まで全く見たことのない知らない若者であった。しかし息子はその人を見るといきなり、さもさも懐かしそうに声をかけて、俺はこれこれこんなに蘇生《いきかえ》って来ている。早くこんな人の家に置かないで家へ連れて行ってくれと言って、嬉し泣きに泣くのであった。その人が驚いて何か言うと、息子はひどくなさけなそうにしながら、何たら話だ。そんだらば俺の子供は何といって幾歳になって、妻はこれこれの所から来て幾歳、家の常居の仏壇の下の箪笥の中には俺の取引上のかくかくの書付けや、これこれのものがあり、父母の名、姉妹の名はかくかくとて、巨細一切詳かに説き聞かすのであった。そうして実は俺は一旦死んだことは確かであるが、屍《もがら》が火葬にされたため、蘇生《よみがえ》ることになっても、自分の元の体では来られなかった。そこでたまたまこの家の息子さんが死んで、幸い土葬にされたところであったのでその体をかりて蘇生って来た。それで体はいかにもこの家の息子さんであるが、正心はそうでないということであった。

それで両家ではいろいろ相談の上で、それでは仕方がないから真実の家に帰した方がよいということになって、息子はその火葬にされた人の家に引き取られた。それから両家は親類の間柄になったが、その人はその後二年ばかり生きていて再び死んでしまった。

（昭和四年一月二十日の夜、遠野町菊池儀三郎君という友人から聴く。この人が先年気仙で聴いた話であるが、村名人名はつい忘れてしまったと言っていた。）

一一一番　お月お星譚

ある所に継母があった。先腹《せんぱら》の娘をお月といい、自分の娘にはお星と名をつけた。父親が江戸へ行っている間に継娘のお月を殺すべと思って毒饅頭をこしらえてやり、自分の娘には砂糖を入れてアズけ、そして娘に、お星お星、姉コの饅頭には毒が入っているから食ってはならぬぞとよく言い聴かせた。

お月お星は継母から饅頭をもらって外へ出た。するとお星は姉の袖を引ッ張って、姉コ姉コ、あっちへ行って遊ぶべエと言って、姉を川端の方さ連れて行った。そして姉コア饅頭は川さ投げもセ。おらアのを食《あが》れと言って、姉の饅頭をば川へ投げさせて、自分のを二ツに割って食べさせた。

継母は自分のこしらえた毒饅頭を食って、お月は死ぬことだと思っていたが、少しもそんな気振りは見えなかった。そこで今度は一層のこと鎗で突き殺すべと思って、お星お星、今夜姉コを鎗で突き殺すから、お前は何も言うなよと言った。はいおらア何にも言わねアものと言ったが、姉想いのお星はとても悲しくなって、夕方そっと姉コ姉コ、今夜お前はおれの寝床《ねどこ》さ来て眠もせヤと言って、お月を自分の床に連れて来て寝させ、お月の寝床には瓢簞《ふくべ》さ朱《べに》ガラを入れて布団をかぶせておいた。すると継母は真夜中に二階から鎗をもって来てお月の布団を貫《つ》くと、ブツッという音がして赤い血が鎗の穂先きに付いて来た。だからてッきりお月は死んだものと思って、そっと自分の寝床へ戻って寝ていた。そして翌朝になってからいつものように、

お月お星

起きろやエ

とそう呼ぶと、姉妹はハイと言っていつものように揃って二人で起きて来た。これには継

母も驚いたが、こうなっては今度はいよいよ山奥へ棄てるより外に道がないと思って、近所の石切りに多くの金をやって、一個《ひとつ》の石の唐櫃《からと》を作らせた。そしてお星を呼んで、お星、今度はいよいよ姉コを山奥の沢サ持って行って捨てるからお前は黙っていろよと言った。ほだら何《なぞ》にして姉コを捨てると訊くと、石の唐櫃に入れて山サ連れて行くと言うた。そこでお星はすぐに石切りの所《もと》へ行って、石の唐櫃に一つの小穴を開けてもらうように頼んだ。二日三日たつとその石の唐櫃もでき上ったのでいよいよお月はそれに入れられて山奥さ連れて行かれることになって、唐櫃の中に入れられる時、お星は、菜種を大きな袋サ一杯入れて持って姉の側へ行き、姉コ姉コ、この穴コからこの菜種を少しずつこぼして行ってクナんせ。春になって雪が消えて菜種の花が咲いたら、姉コ助けサ行くからと言った。お月の入れられた唐櫃は継母に頼まれた悪い男どもに担がれて、ずっとずっと山奥の深い沢へ持って行かれて土の中に埋められた。

春になって雪もとけて野原には草も萌え出る頃になったから、お星は母親母親《かかかか》おらア今日は山サ三ツ葉採りに行って来るから木割コを貸してケてと言って、木割を持って家を出た。そうして村端れまで来ると、そこからずっとずっと山の麓の方へ、山の麓からずっとずっと山奥の方へ、一筋に続いて黄色な菜種の花が咲いて続いていた。その花をたよりにしてお星はどこまでもどこまでも行った。行くが行くと、もうあたりはしんとして鳥コの声一つせぬ深山の奥の暗い沢の辺へ行き着いた。そうすると菜種の花が円《まろ》く輪を画いて咲いている所があって、そこに姉コが埋められていることが分った。だからお星は持って来た木割で土を掘った。するとガチリと石の唐櫃の蓋に木割の刃が当った。
お星は木割でその大きな蓋を開けべと思ったが重くて開かなかった。その蓋を押し開けよう押し開けようと思って押したので、手の爪は剝げ、指は裂けて血がたらたらと流れた。それでも一生懸命に手で蓋を押すと、少うし開いて中のお月の帯の端が見えて来た。だから手を入れてその帯の端を引ッ張りながら、

姉コやアエ

姉コやアエ

と呼ぶと、初めの中は何の返辞もなかったが、やっとごく微《かす》かに、ほウエという返辞が聞えて来た。あれア姉コはまだ生きていると思うと、お星は力が出て、姉コの名前を呼びながら死力《しにちから》を出して蓋を押すと、不思議にもさすがの重い大石の蓋もガッパリと開かった。お星は喜んで姉を石の唐櫃から抱き起すと、お月は昼夜泣いてばかりいたので、目を泣きつぶして盲《めくら》になっていた。それを抱いて泣くお星の左の目の涙がお月の右の目に入るとその目が開いたし、左の目の涙が姉コの右の目に入るとその目が開いた。そしてお星の涙が姉コの口に入るとだんだんと元気が出て来てようやく泣くことができてきた。そこで姉妹は抱き合ったまま、ただただ泣いていた。

そこへ殿様が大勢の家来を連れて狩猟《かり》に通りかかった。そして姉妹の話を聴いて憐れに思召されて自分の馬に乗せて二人を館の内へ連れて行った。

ある日姉妹が館の窓から往来の方を眺めていると、一人の盲の乞食爺様が鉦コを叩きな

がらこう唱えて来た。

　お月お星が
　あるならば……
　何しにこの鉦
　叩くべや……
　カンカンカン！

こう繰り返し繰り返して唄って来た。お月お星はアレアおらア家《え》の父親《とと》ではないかと言って駈け出して行って見ると、盲でこそあれ、たしかに自分達の父親であった。父親は用をすませて家へ還って来て見ると、お月お星がいないので悲しくて目を泣きつぶして、こうして姉妹尋ねて廻国しているのであった。

親娘三人が、父親《とと》だか娘だかと言って抱き合って泣くと、お月の涙が父親の左の目に、お星の涙が父親の右の目に入ると、不思議にも両方の目が開いた。親娘が喜んで殿様のところへ行くと、殿様も同様に喜ばれて三人をいつまでも館に置いて大事にした。

親孝行のおかげで、お月お星は死んだ後は天へ登って今の月と星になった。

（以上の話は私の古い記憶であって専ら村に残っている話である。ところが仙台へ来て仙台市で行なわれている話を聴くと、大体の筋は同様であるが、村での菜種の花はケシの花となっており、また盲目の父は天へ登って太陽となり、姉妹は月と星となったが、継母は悪いから太陽を恐れて土中へもぐって鼹鼠《もぐらもち》となった。だから今でも太陽の光に当ると死んでしまうというの

であった。〈石川善助氏談〉

また水沢地方での話は、後妻はある夜先妻の娘のお月をヒクス玉（碾臼）で殺すことに決めた。妹のお星がそれを知って寝る前に姉に打ちあけ、姉の布団の中には枕を入れておき、自分達は他の所へ隠れて寝た。継母はその夜二階からお月の布団の上へヒクス玉を落した。すると布団の中でビチビチと物の割れる音がしたので、お月が圧死したものと信じて、翌朝わざと優しい声で、お月お早く起きて御飯たべろと呼んだ。ところが案に相違して姉妹がハイと返事して恙ない姿を現わしたので、これはきっと妹が教えたに違いがないと思い、こんどは両人を山へやることにした。姉妹は山へ行って、ある川端に腰を下して母親がこしらえてくれた握飯を食べようとしたら、お月の握飯の臭いが変なので折から近づいて来た犬に握飯を投げてやった。犬がそれを食べるとすぐに斃れた。それで毒の入った握飯を食べることもなく無事に家へ帰ることができた。継母はまたも失敗したので、次には両人を胡桃《くるみ》拾いにやることにした。さて姉妹はクルミ拾いに出かけたが、お月の持たせられたフゴは底が抜けていたので、いくら拾って入れても洩ってしまう。それを見てお星は気の毒に思って、自分のフゴへ二人分も拾い入れて家へ帰った。〈これは森口多里氏からの資料の一種であるが、同氏の言うところに拠れば、水沢町の東郊外シシという所で生れたタミという十七八歳の女中から聞いたもので、タミはこの話の始末を、ただ、継母が片目になり、姉妹はよい所へ奉公に往きついに母親と一緒になった……と断片的に記憶しているに過ぎなかった。父親は一度も出て来ない。あるいはついに姉妹と一緒になったというのは母親ではなく、父親であったのか、それとも継母の心が善良になって

姉妹と再び共に住むようになったのか……といわれている。〉
　また別話に、お月もお星も先妻の娘で、後妻がこの姉妹を憎んでいつもひどく扱った。ある日父親が町へ行って来るというので、お月は櫛を買って来てくださいと頼み、お星は笄を買って来てくださいと頼んだ。ところがその留守の間に後妻は両人を八ツ入り釜に入れて煮殺して、ひとりを厠の前に、ひとりを厩の前に埋めた。さて父親が町から帰って、厠の前を通ると、鶯が次のように啼いた。

　櫛もコガイもいりません
　八ツ入り釜でゆでられた
　ホーホケキョ

それから厩の前を通ると、やはり同じように鶯が啼いたので、父親は家の中に入って後妻にお月お星の安否を訊ねたが、知らぬと答えるばかりなので、とうとう六部になって鉦を叩きながら、

　お月お星のあるならば
　なにしてこの鉦叩くべや
　カンカラカン
　カンカラカン

と唱えながら姉妹の行方を尋ねて歩いた。〈森口多里氏の宅の江刺郡生れの盛夫という若者から聴かれた話。この話の殺された子供等が鶯になって啼いて父親に在所《ありか》を知らせた……他の継母

のある型とお月お星譚とが混合したように観られるものの例。〉)

一一二番　雌鶏になった女

ある女が薪採りに山へ行くと、奥山に見たことのない立派な家があった。不思議に思って訪ねて行ってみると、そんな大きな家にたった一人の女房がいて、ああお前さんはよいところへ来てくれた。私は今出かけべと思っていたところだが、私が帰るまでしばらくの間留守をしていてくださらぬか、すぐ帰るから、ただ私のいないうちはこの家のどの座敷を見てもよいけれども、十三番目の座敷だけは見てはいけない。必ず必ずその座敷ばかりは見てならないと言い置いて出て行った。

その家の女房はなかなか帰って来なかった。女はどんな家でどんな物があるだべと思って一つ一つ座敷を見て行った。座敷座敷は黄金のある座敷もあれば、朱膳朱椀のある座敷もあり、鍬鎌のある座敷、唐銅鉢に金屏風の座敷、馬の座敷、牛の座敷と数々の座敷があった。そうして見て行くうちにとうとう十二の座敷を見てしまって、いつの間にか十三番目の座敷の襖の前へ来ていた。あれくらい見るな見るなと言ったこの座敷にはどんな立派な物があるだろうと思って襖を開けて見ると、そこは鶏の座敷であった。そしてそこへ女が一足踏み込むと忽ち雌鶏になってしまった。

その時になって館の主の女房が帰って来て、妾があれほど見てはならぬと言った座敷を見たから、お前はそんな鶏になってしまったんだと言った。

（閉伊郡岩泉地方にある話。野崎君子氏の談話。昭和五年六月二十三日夜聴く。）

一一三番　雉子娘

ある所に爺と婆があった。齢はとったけれども子供がなかった。どうかして子供を一人欲しいと思って、毎夜近所の明神様へ丑の刻詣りをして、たとえその子が蛇《じゃ》でも鬼神でもよいから一人授けてたもれと願をかけた。するとある夜婆様は、コサの花が自分のふところに咲いたという夢を見た。それからやがて懐妊した。積もる十月の月も算え上げて生み落したのが、鬼でも蛇《じゃ》でもなく花《はなこ》のような女児《おなごぼっこ》であった。夢の縁に因《ちな》んでその子の名前をこさんとつけた。こさんは虫気もなく大きくなった。齢頃になればなるほど美しくなりまさった。十八の時世話する人があって、近所から似合いの婿をもらって、一緒にした。

ところがちょうどその頃から、こさんは毎夜夜半《よなか》になればそっと寝床から抜け出して、どこへ往くものか外へ出た。そして物の二時《ふたとき》もたったと思う刻限に、手足を氷《すが》のように冷たくして帰って来た。最初のうちは夫《ごてこ》も別段気にもかけなかったが、それがあまり毎夜続くのでこれはどうも不思議だと思うようになった。それである夜こさんの起きて往った後をしたって夫も続いて外へ出て見た。それとは知らないからこさんは家の背戸から出るとまっすぐに村のお寺の蘭塔場の方へ走って行った。その走せ工合いはまるで鳥が飛ぶようであった。夫はこれはいよいよ不思議だと思って、やっぱり後をつけて妻の姿を見失わぬように走って行った。そして蘭塔場へ行って物かげにかくれて様子を窺っていた。するとこさんはひらひらと墓石の間をくぐって新墓の所へ行って一生懸命になって掘り発《あば》きはじめた。それを見ると夫はあまりのことに恐しくなって後へ引返して来て、何事も素知らぬ振りして寝ていた。その夜もこさんは手足を氷のように冷たくして帰って来たことは、いつもの通りであった。

翌日婿は、こさんの留守を見計らって、舅姑のところへ行って、どうぞ俺に暇をくれてケろと言った。親達は気のないところをそう言われて魂消て、何して兄《あにご》はそんなことを言う、こさんに何か気に入らぬところでもあるのかと訊いた。婿も初めのうちはだまっていたけれども、両親から問詰められると、いつまでも包んでいるわけにも行かなくなって、昨夜見たことを話した。それを聴いて姑は、ありャ兄は何の話をする。こさんに限ってそんな事があるべかや。お前は何か夢でも見たべと言って恐しい顔をした。婿は、姑様《かがさま》姑様俺は真実のことを言う。これが偽《ぼが》だと思えば今夜もきっとそうだべから姑様もそれを見届けておくれヤんせと言った。姑はそれでは今夜おれも行ってその実否を見届けたいから、もしこさんが外へ出たらばそっとおれのところまで知らせてケろといって約束をした。

その夜も若夫婦は寝についた。こさんは夫の寝息を窺っていたが、夫が深く寝入ったと思うと、床の中からまたそろッと抜け出して静かに静かに足音を忍ばせて外へ出て行った。婿もそのあとから起きて、今こさんが外へ出ましたと姑に報らせた。

それから姑と婿とは、こさんの姿を見失わぬように後をつけて行くと、昨夜と同じように村の街道をまっすぐに行って、寺の墓地に入った。二人が墓の物かげに匿れて見ていると、こさんは新墓の所にひらひらと走せて行って、土を掘り発いて棺から死人を取り出して、その屍をむしゃむしゃと喰いはじめた。そしてその時の形相はまったく鬼神か夜叉のようにおっかなく変り果てていた。

それまで婿と二人で物かげに匿れて見ていた母親は、その時母子の情に惹かされて思わず声を立て、あれやッこさん何をすると言って前へ飛び出した。こさんは魂消て振り返ったが、母親の姿を見て、これや私の姿を見られたか、夫婦親子の縁もこれまでと言ったかと思うと、体から青火をぱちぱちと出して鳥の姿になってばたばたと向山の方へ飛んで行った。こさんは雉子であった。

（コサの花は土地ではゴマゼエカラのつく草で、初夏に小さな白色の醜い花が咲き、晩秋になればいわゆるゴマゼエカラが船形になり清浄な綿を出す一種の蔓草である。その根は紫色で大根のごとく昔飢饉の時には灰水で洒して漉し、その澱粉を食ったという。灰洒が悪いために多くの人が中毒し死んだこともあるという。日陰の植物である。

この話は例の犬松爺様から聴いた話の六。大正七年の冬の蒐集の分。）

一一四番　鳥の譚

鳩（その一）

あるカケツ（飢饉）の年であった。根餅にする蕨《わらび》の根掘りに父は山へ行った。昼飯頃になったので母親は子供に、これを父《てて》の所さ持って行けと言って粉煎《こせん》をあずけた（持たせた）。子供は途中で遊びほれて、父の所へ行った時には、父は飢死していた。それを見て子供は鳩になって、

父粉食《てゝこけ》えッ
父粉食えッ

と父親を呼びながら、今に至るまでも啼いている。そして毎日一日に四万八千八声啼かなければならぬという。もしも子供等がその啼声をまねすれば、また改めて四万八千八声啼かねばならぬから決してまねをするものではないという。

（岩手郡雫石村辺の話、昭和三年の冬採集の分。）

雀（その二）

雀は昔は人間の娘であった。お化粧をして、美しい衣装を着飾って、祭礼へ行く仕度をしているところへ、親が臨終だというしらせが来た。そこで急ぎあわてて、今つけかけていたお歯黒を口から垂らしたままで駈けつけて行って、やっと親の死目にあった。そうした孝行の報いで、今では田畠の穀物の穂を自由自在に啄ばむことができるという。

燕（その三）

燕はもとは綺麗な娘であった。村の祭礼に行こうとして化粧をしたり衣装を着替えたりしていた。ところへ親（母親）が臨終だと言って使いが来た。けれどもおらもう少し唇に朱《べに》をさしてからの、もう少し首のところに白粉を塗ってからのと言って、なかなか親のところへ往かなかった。そのうちに親は死んでしまった。その罰で今では土ばかり啄ばんでいなければならぬということである。

俚謡に次のようなのがある。

つんばくらは親に不孝な鳥なれば
稲穂を枕に土を餌むずく
土を餌むずくる……
（遠野郷、月謡歌）

つんばくらはなア
横屋の破窓《はふ》に巣をかけて

夜明ければ
米《よね》ふけ、ふけと囀ずるとなア

（同、田植誦歌）

啄木鳥（その四）

昔ある所に一人の娘があった。母親が死んで、葬礼はすでにお寺へ行っていたが、そこへたった一人の娘が来ないので、皆してなんたら娘は来なかんべと言って、人を娘のもとに迎えにやった。ところが娘は家の中でゆっくりとお化粧最中であった。迎えの人がさあさ早く早くと言うと、娘は私は今お化粧をしているからすんだら行きますと言った。お寺では娘の来るまで葬式を待っていたが、それでもなかなか来ないので、またまた迎人をやった。すると娘は今衣装を着替えているところだから、一足先きへ行ってケてがんせと言った。それでもなかなか娘が来ないので、お寺から三度目の迎人をやった。すると娘は今私は帯を締めているから結び上げたらすぐに行きますと言った。お寺では娘の来るのを待ちかねて、ついに葬式をすませて土中に棺を埋めてしまったところへ、やっと娘が駈けつけた。そして母親の墓の土の上に、そっと膝をついて、ああ口惜しい、口惜しいと言って大声を立てていつまでもいつまでも泣きわめいていた。ところがそうして泣いているうちに、だんだんと娘の姿が変って、一羽の美しい小鳥になった。それは今の啄木鳥（テラソソキ）である。

だからあの鳥は毎日毎日お寺の近所へ来ている。そうして寺の内を覗いて見たくて寺の板壁に穴をあける。そうしてまた木の幹などを嘴で掘って、日に三疋の虫を得て、一疋は仏のところへ、一疋は親のため、三疋目の虫だけをやっと自分が食ってよいのだという。親の罰で罪な鳥である。

長尾鳥（その五）

尾長鳥（これは青灰色な鳩ほどの、体の割合いに尾が女の裳のように長い鳥である。）この鳥は雨模様の日に、山から群をなして下りて来て、あちらこちらへ飛び、ギイギイと鋭い声で鳴いている。

そのわけは、明日は雨が降るべ、雨が降ると親の墓が流れると言って、そう鳴き騒ぐのだという。（なぜといえば親の墓が川岸にあるからだ。）

（これは大正十年の秋、この鳥の鳴声を聴きつつ伯母が話してくれた話である。）

夫鳥（その六）

ある所に若夫婦があった。ある日二人で打揃うて奥山へ蕨採りに行った。蕨を採っているうちに、いつの間にか二人は別れ別れになって、互に姿を見失ってしまった。若妻は驚き悲しんで山中を、オットウ（夫）オットウと呼び歩いているうちにとうとう死んで、あのオットウ鳥になった。

また、若妻が山中で見失った夫を探し歩いていると、ある谷底でその屍体を見つけて、それに取り縋り、オットウ、オットウと悲しみ叫びながらとうとうオットウ鳥になった。それで夏の深山の中でそう鳴いているのだともいう。

齢寄《としより》達の話によると、この鳥が里辺近くへ来て啼くと、その年は凶作だというている。平素《ふだん》はよほどの深山に住む鳥らしい。

（私の稚い記憶、祖母から聴いた話。）

鉦打鳥と地獄鳥（その七）

昔ある所に二人の腹異いの姉妹があった。継母は自分の生んだ妹娘の方ばかり可愛《めご》がって、先腹《せんばら》の姉娘をば何かにつけ、辛く当り散らして、責め折檻をした。それでも姉娘は少しもさからわないで、継母の言いつけ通りになり、何でもかんでもいろいろな手に余るような仕事をもしていた。継母は自分の子にばかり、日々毎日《ひにちまいにち》、髪日《ひ》紅《べに》で大事にし、その上美しい衣物《のの》を着せて、村の人達にこれを見よがしに、用もないのにあっちさ歩かせたり、こっちさ歩かせたり、ぶらぶら遊ばせておき、姉娘の方には襤褸《ぼろ》衣物《きもの》ばかり着せて、毎日毎日山さ山芋掘りにやったり、家さ置けば夜まで麦粉を挽かせたり、風呂さ水を汲ませたり、煮炊きをさせたりして、それはそれはひどくこき使っていた。

ある年の秋祭に姉妹二人で行くと、隣村の長者どんの一人息子に、姉娘が見染められて、たって嫁子にくれろと所望された。けれども継母は姉娘はやりたくなく、妹娘の方をやりたいので、仲人《なかど》の前でいろいろと姉娘のことを、あれなかれなと難くせをつけた。あのな申す、俺家《おらえ》の妹の方ならば色も白いし、髪も黒い、髪をけずるにもビリンコ、カリンコと面白い音がするが、姉の方ときたら色も黒いし、女《おんな》ぶりも見臭《みぐさ》い。髪をけずる時にも、羽《はっ》切烏《きりがらす》が屋棟《やなむい》を飛び越えでもする時のように、ズウワリ、ガアワリと大変な音をさせます。それでもよかべかと言った。それでもよいと言って、長者どんの息子は強いて姉娘の方をもらって行った。けれども姉娘はおらアいつまでも母親《がが》のそばにいたいと言って泣いた。継母は、そんなに慕われても邪慳にひどく叱り飛ばした上、一旦他へ嫁に行ったら、二度と俺に顔見せるべと思うな、二度と家へ戻って来てはならないと言って追い出すようにして嫁にやった。それでも姉娘は暇さえあれば、高い峠路を越えて、いろいろな珍らしい土産物《みやげもの》を持って継母のところへ訪ねて来た。

妹娘の方は家で遊んでいるうちに、近所のごろつき男と出来合って、母親がもっとよいところへやりたいと言って手離したがらないのを、無理やりにその男のもとへ逃げて行った。母も仕方がないものだから、その男の家へ行って、娘々、お前が好きな人なら嫁子になっても仕方がないが、一日の中に一度か二度はちょっと走せて来て俺に顔を見せてケろと言って涙を流して頼んだ。けれども娘は頰をふくらせて、何たら切《せつ》なかべなアと舌打ちをしていた。その後母親は可愛い娘《めご》が今日来るか、明日は来るかと、毎日毎日待ちこがれていたが、行ったきりでただの一度も親に顔を見せなかった。

そのうちに継母は病気にかかった。姉娘は夫の家にいては思うように母親の看病ができないからと言って、暇をもらって家に帰った。そして邪慳な継母を骨身を惜しまずに日夜看病した。けれども妹の方は近所にいながら、ただの一度も母を見舞に来なかった。母親の病気は日ましに悪くなって、とうとうある日の夕方命を落してしまった。継母は息を引取る時、姉娘の手をとって泣きながら、姉々《あねこ》、俺は今まで心得違いをしていた。どうぞ許してケろやい。そして早く縁家《いえ》に帰ってケろと言った。そしてまたお前がこれほど親切に俺の死水をとってくれるのに、実際の生みの娘の仕打ちは何事だ。俺がきっと思い知らせてやると言ってそのまま呼吸《いき》を引取ったのであった。

姉娘は継母の屍に取り縋って、大変泣き悲しんでいたが、あんまり泣いたのでとうとうそのまま鳥になって、

継母恋しぜやいカンカン
母親《あっぱ》恋しぜやいカンカン

と鉦を叩いて飛んで行った。それが今の鉦打鳥である。

妹娘の方は母親が死んだのも知らないでいたが、それから間もなく咽喉《のど》の病気にかかった。そして水を飲みたい、水を飲みたいと叫びながら、咽喉から胸へかけて真紅に火に焼けて死んでしまった。実の親の死水もとらない罪の報いであった。それが今の地獄鳥である。

鉦打鳥も地獄鳥も同じく水を探して谷川か、崖の下の水の上の川面を低く飛んでいる燕ほどの鳥である。鉦打鳥の方は羽は瑠璃で腹が白い。地獄鳥もほぼ同様の羽色ではあるが、ただ咽喉から腹へかけて真紅な色をしている。ともに川魚などを捕って食うのであろう。

ただし口碑では、鉦打鳥はその啼声から、ああして継母の後世を弔らい、親のために谷川や崖の下で供養の鉦を叩いているのだといい、地獄鳥は咽喉の病気で、火で焼かれるように水を飲みたいが、自分の胸の炎が水に映り、それが火に見えてどうしても水が飲まれない、それであいう風に、水が飲みたい、水が飲みたいと苦しく叫んでいるのだという。実際またその啼き声を聴くと堪らない思いがする。しかし姉妹だというせいか、その姿も似ていれば、おおよそ同じ水筋で、一緒に飛んでいる。

郭公鳥と時鳥（その八）

昔、ある所に姉妹があった。ある日姉妹が一緒に山へ行って、土芋《ほどこ》掘りをして、それを焼いて食べた。妹思いの姉は、自分は焼け焦げて堅くなったガンコ（上皮の堅くなったところ）だけを食べて、妹には柔かなうまいところを選《よ》って食べさした。

ところが妹はこんなうまい土芋だもの、姉は自分でどんなにいいところを食べているんだべと思って傍にあった庖丁でもって、姉の腹を斬割って見た。すると姉の食べたものはみな堅いガンコだけであったことがわかった。そして姉は腹を割られながら、私はガンコばかり食べたものを……と言って、泣いて泣いて死んであの郭公鳥《かっこうどり》となって飛んで行った。

妹はそれを見て、はじめて姉の慈悲《なさけ》がわかって、後悔して泣いて、泣いて、これもやっぱり鳥となって、姉のあとを慕って飛んで行った。それは今の時鳥《ほととぎす》である。それで時鳥はああいう風に、庖丁かけた、庖丁かけたかと、自分で自分を疑って泣き悲しんで夜昼啼いているのだという。

馬追い鳥（その九）

ある所に、一人の馬放童《うまはなしわらし》があった。毎日毎日多くの馬を連れて山へ野飼に行った。ある日夕方になったから、これから馬を呼び集めて家へ帰るべと思うと、馬がなんぼしても、一匹不足した。ああほオ、あほほオとあちらこちらを向いて呼んで見ても来ないし、沢へ下りて尋ね、谷さ廻って探し、峯長嶺を越えて探してもなぞにしてもその馬が見つからなかった。

童は家へ還ることができない。帰ったら旦那様に叱責《しか》られるのであった。そこでなぞにしても見つけべと思って、山の奥へ奥へと深く入って行って、

ああほウ、ああほウ

と一生懸命に呼んで歩いた。そしてとうとう魂《こん》が尽きて鳥になった。

それは今の馬追い鳥だという。今でも春五月頃になって山々の若葉が伸びて来ると、深山の中でその鳥がちょうど郷の童らが馬を呼ぶような声で啼いている。

雲　雀（その一〇）

雲雀は昔お日様の下女であった。それで天へ登って行く時には、一生懸命に、天尊様《てんとうさま》アリガタイ、天尊様《てんとうさま》アリガタイ、と啼いて行くが、降りて来る時には糞食《くそけ》糞食糞食と言って、

逃げて来るのだということである。

鴉と鳶（その一一）

昔、鳶は紺屋《こうや》であった。ある日鴉が訪ねて行って、自分の衣物を染めてもらいたいと頼んだ。ところが、鳶は先注文の、他の鳥どもの衣装の染方に忙しくて、鴉のは、どこもかこも紺（真黒）に染めてやった。

鴉は他の鳥どものは、いろいろな採色《いろどり》をして美しく染めておきながら、俺のばかり紺にするということがどこの世界にあると言って、ひどくごせを焼いた（怒った）。そして今でも鳶を見かけると、そのことで喧嘩を売りかけるのである。

葦切鳥（その一二）

葦切鳥《よしきりどり》はもとある城下の大きな宿屋の女中であった。ある夜その宿屋に一人の侍が泊った。そうして翌朝立つ時、俺の草履が片方見えないと言ってひどく怒った。そしてこれは女中の落度だと言って、一人の女中を手打ちにした。するとその女中は、侍に斬られて、痛い痛いと泣き叫びながら、傷口を洗おうと川原に走って行ったが、そのまま鳥となった。

それが今の葦切鳥である。それでその鳴き声はこうであるという。

草履片足ことごとし
とうとうおれの首切ったッ

首切ったッ
アタタチ、アタタチ
また、行々子《からかえじ》は村きっての淫奔な娘であった。ある夏の夜、川原の葦立ちの中に入って淫事《みだらごと》をしていたが誤って葦の葉でケツを切った。それでこう鳴くのだともいう。
けつ切った
けつ切った
ひっくり返ってブッ通し
四五六源二が仇情け
けつ切った
アタタチ
けつ切った
アイタタチチ、チチ。

川熊と鷹（その一三）

ある日、鳥の中で一番大きな、いわば鳥の頭ともいうべき大鳥が木の股に挟まって、いくらもがいても脱け出せなかった。たくさんの鳥共が集まって、それを助け出そうとして、大鳥の羽をしきりに引ッぱったので、羽根が抜けて大鳥の身体《からだ》は赤ムクレになった。そこへ川熊《かわくま》（黒い川鳥）が来て、そんなことをしたってだめだからと言って、一同を木の股の右左の枝に並ばせた。すると鳥共の重みで左右の枝が股のところから折れたので、やっと大鳥の身体が自由になった。それから鳥共の羽根を一枚ずつ抜かせて、それを大鳥の体にくッつけた。

さあ頭の命拾いのお祝いということになったので、川熊は、大きなお馳走を取ってやろうと山へ飛んで行った。すると向うからシシ（猪）が歩いて来た。川熊はすぐさまシシの耳の中に入り込んで暴れた。シシは苦しがってとうとう死んでしまった。川熊はシシを鳥仲間の集まっている所に持って来てひどく自慢した。

それを見た鷹は、よしそんなら俺はシシを二匹とって来て見せると言って、山へ飛んで行った。すると向うからシシが二匹揃って走って来た。鷹はよしきたあれを二匹一緒にとってやろうと、二匹の背に同時に左右の足の爪を立てた。シシは驚いていきなり離れ離れになって駆け出した。そのために鷹は足を折り爪を抜かれてしまった。一匹のシシを狙えばうまく取れたのに。これが、欲の深い鷹爪ぬけるという諺の始まりである。

ミソサザイ（その一四）

鷦鷯《みそさざい》はごく嘆言者《こぼしゃ》であって、毎日毎日藪から藪へと飛び移り飛び返り、ああこの藪もつまらない、あの藪もつまらないと苦情ばかり言って、いつもああいう風に、舌打ちばかりして、あくせくしていることは、昔も今も変りがなかった。

しかしまたこういうこともあった。ある時鳥仲間が寄り集まって、互に御馳走をしあおうという相談をした。そしてその御馳走の順番がこの鳥のところへ廻って来た。けれどもみんなが、どうもあのミソサザイではあんまり体が小さ過ぎるから、どうせ碌なことはあるまいと予想してひどく蔑んでいた。また当のミソサザイもあまりよい当もないので、いつものように舌打ちばかりしながら、朝から晩まで、あちらの藪かげ、こちらの藪かげと、こぼしにこぼし廻っていた。そうしているうちにふとある藪の中で大きな猪が昼寝をしているのを見つけ出した。ミソサザイはこれはいいものだと思って、すぐさま猪の大きな耳穴に潜り込んで、あの鋭い嘴で、コツコツと猪の脳天を突っつきはじめた。猪は魂消て飛び起きて野山の分け隔てなく駆け廻って、助けてケろ助けてケろと狂い叫んだが、仲間の獣は何のことだか少しもわけが分らなかった。そのうちにその猪はとうとう狂い死にをした。そしてミソサザイは誰よりも一番大きな立派な御馳走をして、仲間を魂消させた。

その次の番は山の荒鷲の番であった。荒鷲はあんなちっぽけなミソサザイでさえあんな大猪を捕ってみんなに振舞ったから、俺こそ、何かすばらしい物を生捕って、仲間の奴等を魂消させてやりたいと思って、天気のよい日、中天に翅を拡げてくるくると廻って下を視ていた。するとちょうど目の下の山の洞合いに、それこそ大きな鹿（カノシシ）が二匹並んで日向ぼっこをして、ぐッすりと眠っていた。荒鷲はこれはよい物を見つけたものだ、見ていろと、すぐさまさっと風を起して飛び下り、己《おのれ》ッと一度に二匹の鹿を一つかみにした。すると二匹の鹿は魂消て、あれやッ大変だと言って、跳り上って両方へ駈け出した。そのはずみに荒鷲は生爪を剝がして大怪我をした。そうして結局何も取れないで損をした。

だから諺にある、慾する鷲は爪を抜かれると。
それから鳥仲間の寄合いで、ミソサザイは鳥の大将の荒鷲よりも上等な御馳走をしたからというので、鷲に代って鳥の王様となった。

一一五番　オシラ神

昔、ある所に百姓の爺様婆様があって、美しい娘を一人持っていた。そしてまた厩舎には一匹の葦毛《あしげ》の馬を飼っていた。その娘が年頃になると、毎日毎日厩舎の木戸木《きどぎ》にもたれて、何かしきりに話をしていたったが、とうとうその馬と夫婦になった。

父親はひどく怒って、ある日その馬を曳き出して、山畠へ連れて行って、大きな桑の木の枝につるし上げて責め殺した。そして生皮を剝いでいるところへ娘が来て見て泣いていた。するとその生皮が、父親に剝ぎ上げられると、そばで見ていた娘の体の方へ行ってぐるぐると巻きついて、天へ飛んで行った。

爺様婆様は家で娘のことを案じて毎日毎夜泣いていた。するとある夜娘が夢に見えて、父《とと》も母《がが》も決して泣いてくれるな。オレは生れようが悪くて仕方がないので、ああした態《ざま》になったのだから、どうかオレのことはあきらめてクナさい。その代り春三月の十六日の朝間、夜明けに土間《にわ》の臼の中を見てケテがんせ。臼の中に不思議な馬頭《うまのかしら》の形をした虫が、ずッぱり（多数）湧いているから、それを葦毛《あしげ》を殺した桑の木から葉を採って来て飼っておくと、その虫が絹糸をこしらえますから、お前達はそれを売って生活《くら》してケテがんせ。それはトトコ（蚕）という虫で世の宝物だからと言った。そう聞いて両親は夢から覚めた。爺様婆様は不思議な夢もあればあるものだと思っていたが、三月の十六日の朝間になったから、早く起きて土間の臼の中を覗いて見ると夢で見た通りの馬の頭の形をした虫が多く湧いていた。そこで山畠へ行って桑の木の葉を採って来てかけると、よく食って繭をかけた。

これが今の蚕の始まりであるという。そうして馬と娘は今のオシラ様という神様になった。それだからオシラ様は馬頭《うまがしら》と姫頭との二体がある。

（私の稚い時聴いた記憶、村の大洞お秀婆様という巫女婆様がことの外私を可愛《めご》がって、春の野に蓬草などを摘みに私を連れ出して、こんな話を多く語って聴かしてくれた。この婆様から他の多くの呪詛の文句やカクシ念仏の話を聴かされた。この人は私を育ててくれた祖母の姉である。）

一一六番　髪長海女

閉伊郡の宮古浜、長崎のシタミヨウという家の娘が、ある年の三月三日の潮干へ行ったままついに帰らなかった。家では嘆き悲しんで家出の日を命日と定めて型のごとくに葬式もすませて、後生を弔うていると、それから三年目の同日にその娘が懐妊して帰って来た。腹の子の父親はどこの何者だとも娘は語らなかった。

それから十月充ちて女の子を安産した。その子は生れながらに髪の毛が八寸ばかりも伸びていた。十七八の美しい娘になるとその髪がいよいよ伸びて七尋《ひろ》三尺あった。

京都の時の帝がある日右近の桜という名木の花を御覧になっておられると、その枝に三尋に余るほどの長い髪の毛が三本引っかかっておった。これは何者の髪の毛かと言って安部の晴行という博士にうらなわさせると、これは人間の髪に相違ないと卜《うらな》いを立てた。しからばその女を探し出せとの御命令で、即時に猿楽というものを仕立てて京の東と西へ分けて出させた。

東の国々を廻っていた猿楽の一組が廻り廻って、奥州は閉伊ノ郡、山田の港の近くの小山田という里にさしかかり、ある小山の峠の上で猿楽というものを行なう由の触れを出した。但し見物人は女人に限るというのであった。その日になってその里の老若の女子どもが、われもわれもとその峠へ見物に押し寄せて行った。その中にシタミヨウの母娘も交っていた。

娘はその七尋三尺という長い髪をば桐の箱に入れて背負って、舞いを見物に行った。猿楽は直ちに中止されて、娘は京へ連れていかれた。後でこの女は、土地の海女神《うんなん》と祀られた。

ウンナン神は浜の方々にあるという。都の人達が猿楽を舞った峠は、今の猿楽峠であるそうだ。

（昭和五年九月二日の夜、折口信夫氏と共に下閉伊郡刈屋村で佐々木惇三翁から聴く。）

一一七番　母也明神

上閉伊郡松崎村字矢崎に、綾織村宮ノ目から移って来て住んでいる巫女婆様があった。この婆様に娘が一人あって可愛く育てていた。齢頃になったので聟を迎えたが、夫婦仲はよいけれども、婆様はどうしても聟が気に入らぬので、機会《おり》があったらボンダシ（離縁）たいと思っていた。

ここへ猿ヶ石川から村中へ引く堰口の留《とめ》が、年々両三回も破れるので村人は難渋していた。その年もちょうど用水時に留が破れて大騒ぎになり、どうすればよいかと寄り寄り評定をした上、ついにその巫女婆様のところへ行って占いを引いてもらった。婆様はこれは好い機《おり》だと思って、明朝白衣を著て葦毛の馬に乗り、この村から附馬牛村の方へ行く者を捕《おさ》えて、堰口に入れると留が破れないと告げた。村人は夜半からその留場《とめば》に詰めかけて、その白衣馬上の人の通りかかるのを今か今かと待ち構えていた。

その朝早く、自分の身にそんな災難が降りかかろうとは夢にも知らぬ巫女婆様の聟は、姑婆様から言いつけられたとおり、葦毛の馬に乗り祈禱着の白衣を着て川の留場の所へさしかかると、多勢の村人がいて馬の前に立ちふさがった。驚いてお前達はどうしたと訊くと、村人もそれが朝夕見知り越しの巫女聟なので、ことの意外に騒ぎ立てると、巫女聟はわけを聴いて、そうか神の告げごとなら仕方がない。俺はここの川底に入って村の衆のためになる。けれども人身御供は単身《ひとり》ではいけない。男蝶女蝶揃うてこそ神も喜ぶものだから、妻を呼んで一緒に入ろうと言っているところへ、母親の悪計を後から聴き知った娘が白衣を着て葦毛の馬に乗ってそこへ駈け着けた。そして二人は二匹の馬頭を並べて淵の中へ駈け込んで底に沈んでしまった。そこへまた娘の後を追うて来た巫女婆様も、自分の計企《たくらみ》の齟齬したのを後悔して泣きながら水中に飛び込んだ。

この時から空が曇って烈しい雷雨となり三日三夜降り続いて大洪水が出た。そしてその引き跡に今まで見たことのない大石が現われた。その石を足場として留《とめ》が造られた。その石を巫女石という た。

聟夫婦をば堰神として祀った小さな祠がある。また母親の巫女が死んだ所をば母也《ぼなり》という、母也明神として祀っている。

また神子石は堰口にあったが近年の洪水で川中へ出た。この石には馬蹄の跡がある。また御前石ともいうて魚釣りも上らず、蛇虫ケラの類も上れば忽ち死ぬと言い伝え、近年まで用水時の壬辰《みずのえたつ》の日に小杭三本を堰神の境内に打ち込んで拝んだ。そうすれば一夜のうちに矢崎部落中の田の一面に水がかかった。その時には大屋《おおや》のオシトギ田というて、男ばかりの手で耕作して穫《と》り入れた米でシトギ（生米団子）を作って堰神様や母也《ぼなり》様に供える。この祭典の時精進をせずに行くと嘔吐する。

またこの祭日は甘酒と豆をツトに入れて、神前に供える。甘酒と豆は二頭の馬の霊に供えるとの事である。

聟夫婦達が入水して人身御供になったのは何年《なにどし》かの壬辰に当る六月十八日であったと言う。


（大正十四年十月、駒木小学校の瀬川教師蒐集資料から。）

一一八番　長須太マンコ

昔、村の西内《にしない》のお不動山の奥に、どこから来たか大層美しい女が来て住まっていた。そこがナガスダという所であったから、里辺の方ではその女のことを、ナガスダ・マンコと呼んでいた。

ある時マンコが遠野ノ町へ行くと、市日であったから方々から町へ多くの人々が入り込んでいた。一人の馬喰《ばくろう》がマンコの美しいのを見染めて言い寄ったけれども、マンコはおれはキダガメの西内の川奥《かっち》のナガスダという所にいる者だとだけしか教えなかった。そしてその日はそれッきりで別れた。

馬喰はマンコがどうしても忘れられないので、三日ばかりたってから、キダガメの西内へ訪ねて行き、そしてカクラという所まで来ると路が二つに岐れてどっちへ行ってよいか分らなかったので、路傍の家へ立ち寄ってナガスダへ行く路を訊ねた。その時はすでに夕方であったので、どこへも行かれぬからその家に夜の宿を乞うと、快く泊めてくれた。

馬喰はその夜、寝床の中で起き上って、持参の金を算えていた。その音を聴いた家の人達は馬喰を殺すべと、夜起きてゴシゴシと刀をといだ。その気配を知った馬喰はその夜は少しも眠らないで起きて早立ちをした。その時家の人達はナガスダへ行く偽路《ぼがみち》を教えた。山中で迷わせて殺す気であった。それを馬喰は察してわざと岐道《わきみち》へ反れて行った。あとはあて見当《げんとう》でマンコの棲家を尋ねて行くと、幸いに山中の一軒家に辿り着いた。訪ねて見ると先日町で見たマンコがそこにいた。

馬喰はその家に半年ばかりいたがそのうちに山へ行った時、どうしたわけか以前宿ったカクラの家の人に殺された。

マンコはその時はもう懐妊していたので、悲しみのあまり家を出て地獄山という所まで来た。すると急に産気がついて苦しみ出した。そこへどこから来たか一人の和尚様が来会わせて、いろいろ介抱しているうちに、男の子が生れた。和尚様が自分の法衣《ころも》の袖を引きちぎってその子を包んで、抱き上げようとしているところへ、天から大鷲が飛び下りてその赤子をさらって、どこともなしに飛んで行ってしまって見えなくなった。

和尚様はただ驚いて泣いているマンコを慰めて、これは何事も前生の約束事であるから仕方がない。しかしあの子はきっとどこかへ落ちて生きていようから、見つけ次第俺が大事に育て上げておくから心配するな。そしてこれから十三年目の今月の今日、この山でお前達は母子の面会をするがよいと言い置いて、マンコと別れてそこを立ち去った。この和尚様は山の麓の里の松崎という村の寺の住持であったが、寺の門前まで来ると、鷲にさらわれた先刻の赤児が少しの傷もつかずに松の樹の岐枝《まつかえだ》にかかっていた。そこで女との約束通りに拾い上げて大事に寺で育てていた。

それから十三年目になった。その子は俺に母親があるならばぜひその人に逢いたいと言った。和尚様もそれほど逢いたいなら、この山奥へ行くと小石を多く積み重ねた地獄山があるからそこへ尋ねて行ってみろ、そうしたならきっと母親に逢うに違いない。さあ今日いますぐに行けと言う。子供は喜んで今の慕峠《しだうとうげ》を越えてその地獄山へ行って見ると、そこには誰もいなかったので悲しくなって一心にお経を誦んでいた。

マンコはまたわが子に別れてからちょうど十三年目のその日になったから、はて早く吾子に逢いたいものだと思って、地獄山へ来て見ると、美しい童子が一心にお経を誦んで泣いている。あれがわが子かと駈け寄って、わが子だかと声をかけると、童子もお前がわが母親だかと、二人は抱き合って泣いていた。

ややしばらくあって母親が童子にお前は今までどこにいたと訊くと、俺はこの下沢のお寺の和尚様に育てられていると言う。ああそれではやはりあの和尚様だ。私もお目にかかって厚くお礼を申したいけれども、それもならぬ身の上であるから和尚様によろしく申上げておくれ。お前ともこのまま別れると言って、泣きながらどこかへ行ってしまった。それで童子もまたお寺へ還った。

その後童子のいるお寺からあまり遠くもない、賽の神という所に、どこから来たか一人の巫女が来て庵を建てて住居して毎日念仏を唱えていた。それがマンコであったろうということである。

（昭和三年の秋頃、友人宮本愛次郎氏が聴いて来て教えてくれた話の二。自分の村の話で今も山中にマンコ屋敷の跡がある。仕川戸《つかいど》の石垣もあり、坪前にはヒッチョリッチギ〈桜草〉などがあって五月までも咲き残っているという。マンコは女盗賊であったという話もある。地獄山はこのマンコ屋敷の山の尾根続きで私も少年の時に行ったことがある。一つの塚があって塚の前には小石が幾つも垣のように積まれてあった。そこに一本の老松があって、その幹に耳を押し着けて静かに聴くと、多くの子供等の地獄で泣き叫ぶ声が聴えるというて、そうした記憶も残っている。

地獄山というのは、ここばかりでなく方々の山の嶺尾根等にある。毎夜夜半には死んだ子供等が話したり泣いたり歌ったりする声が聴えるというて、子供を亡くした婦人達がよく詣でる。私の記憶では哀れなような変なところであった。）

一一九番　オベン女

昔、橋野村にオベンという女があった。家の前の沢川で大根を洗っていたら、ピカピカ光る物が沈んでいた。拾い上げて見たらそれは黄金であった。

オベンはこれはきっとこの川上に黄金があるに違いないと思って行って見ると、川上の六黒見山《ろくろみ》に思ったとおりの黄金があった。

この話を聞いた悪者が、自分一人の物にしようとオベンを殺した。後で村の人々がオベンを弁天様に祀った。その弁天山に男が登れば今でも雨が降って来る。

（上閉伊郡栗橋村地方の話。菊池一雄氏の御報告分の八。）

一二〇番　泥棒神

昔正直な男があった。横田の町（遠野町）の大鶴堰という田圃路へ田の水見かなんかに行くと、どこからともなく妙な笛太鼓の囃子の音が聞えて来た。どうもそれが幽かで不思議なので、その音をたよって行くと、何でも堰に架かった古橋の下の辺らしく、覗いて見るとそこに小さな人形がいた。

その男は、歌を唄ったりする人形だもんだから、ひそかにそれを拾って来て家の誰にも気づかれないような所に匿しておいた。ところが、どうもその人形の顔が見たくなってたまらない。人形を見ると盗みがしたくてたまらなかった。その人形をふところへ入れて物を盗むと、何一つとして意のようにならぬことはなく、大びらに人の前で盗《と》っても、決して人に気づかれることがなかった。そして泥棒がとても楽しみになり、毎日毎夜それを巧みにやるので、家財も日ましに殖えて、忽ち有福な生活向《くらしむ》きとなった。

ところが毎日毎夜、町から在郷へかけて物が頻繁に盗まれる。それに某は夜も昼も家におらず出歩いていた、誰某は夜明けに帰って来たのを見たとか、昨夜はこういう物を背負っていたとかと、その男について変な評判が立つようになった。いよいよこの頃ハヤル泥棒は某だという嫌疑がかかった。それを聞いた本家の主人が来て、この頃お前のことで大変騒いでいるようだが、今に重い刑罰《しおき》を受けるから、今の中に改心しろと厳《きつ》い意見をした。そしていろいろな話の末に某はついに包み切れず、大鶴堰で不思議な人形を拾ってからのことを話して、その小人形をもとあった所へ棄てた。するとまたもとの正直一方な男となった。

（この話は大正十四年三月蒐集した物、話者岩城氏の話の九。奥州には泥棒神が小人形であった話が、『江刺郡昔話』の中の五郎が欠椀のおかげで出世したという話などは村では欠椀と話すが、別に小さな人形コであったともいうのもある。とにかく泥棒神なるものは器具や人形を拾ってから取っつくというのである。)

一二一番　天　狗

昔、といっても七八十年ほど以前のことらしいが、遠野に万吉という人があった。ある年鉛の温泉《ゆ》へ行っていると、浴場で一向知らぬ大男が声をかけて、お前は遠野の万吉だべア。俺は早池峯山の天狗だ。今まで山中で木ノ実ばかり食っていたども、急に穀物が食いたくなってきた。湯治がすんだら、俺も遠野さ遊びに行くから訪ねて行くと言う。ぜひ来るようにと言って、その日万吉は馬を頼んで湯治場を立ち去った。

当時町に東屋という酒屋があった。ある日の夕方見知らぬ大男が来て、酒一升貸せと言う。番頭が知らない人には貸すことはならぬと言うと、それだら俺はこれから早池峯山さ行って銭を持って来るからと言って出て行ったが、それからやや小一時《いっとき》もたつと再び来て、錆びたジク銭を帳場へ投げつけて、酒を買って出た。酒屋では不思議なこともあればあるものだと思って、その男の後をつけてみると、さきの万吉の宅へ入って行った。

その男は万吉の家へ行って、主人はまだ湯治場から帰って来ぬか、すぐ帰るべえと言っているところへ万吉が帰って来た。万吉は自分が湯治場を立つ時にはまだそこにいた人が、どうして先へ来ているのだろう、これは本当にタダの人間ではないと思って、それから内へ上げて厚くもてなしておいた。

その男は万吉の家で、毎日毎日何もすることなくぶらぶらして酒ばかり飲んでいた。ただきまって一日に一羽の鳥を捕えて来て、それを焼いて食っていた。そしていつの間にかどこへか行って二度と来なかった。

その男の残して行ったものが今でもあるが、小さな弓矢と十六弁の菊の紋章のある麻の帷衣《かたびら》のような衣と下駄一足である。

またこの町に旅の男で天狗天狗といわれる者があった。月の半分はどこへか飛んで行っておらず、人の知らぬ間に帰って来ていた。町で病人や急用のある時などは頼まれて十四五里も離れた釜石浜へ往復することがあったが、そんな時には町の出端れをヒラヒラと行く姿は見とめられたが、あとは忽ち見えなくなったという。病人に食わせる魚などを買いに頼まれるとその道を二時間くらいで往復した。これも御維新頃の話のように聴いていた。

一一二番　端午と七夕

ある所に若夫婦があった。良人は妻の織った曼陀羅というものを、遠方の町へ持って行って売っていた。そのために他郷に永逗留するのが常であった。その留守の間に、妻の容貌《みめかたち》の美しいのを慕って、そこの男共が数々言い寄った。けれども妻はそんなことには少しも耳を貸さなかった。ところがある時悪い男が来て、お前がそんなに貞操を守っていたって、お前の良人は他国で妾女《おなめ》を持っているから、こう還って来ないんだぜと焚きつけた。それを聴いた妻は女心の一途にそうかと思って泣きながら、近くの川へ身を投げて死んでしまった。

夫が他郷から、曼陀羅を送って寄越すように家へ便りをしても、何の返事もないから、不思議に思って村へ帰ってみると、妻はたった今川へ身を投げたばかりで、まだその美しい屍が水の中に浮き漂うていた。夫はそれを見て悲嘆のあまり、妻の屍肉《ししにく》を切って薄《すすき》の葉に包んで食べた。それは五月五日の日であった。それが節句の薄餅の起源《おこり》である。そしてまたその筋ハナギをば、七月七日に、素麺《そうめん》にして食べた。それだから七月七日は必ず素麺を食べるのだという。

こんなわけで、五月中は機を織ることを忌み、もし立てたなら、蓑《みの》を被せて匿しておかねばならぬ。

（大正十三年八月七日〈旧暦七月七日〉、老母が孫共に話して聴かしていたのを記す。）

一二三番　二度咲く野菊

昔、雫石の里に、野菊という、どこにもないようなええ女《おなご》があった。雫石の殿様の手塚左衛門尉という人に見染められてオキサキに上った。ある日殿様の前でソソウな音を出してしまったために お咎めを受けて暇を出された。そして今のお菊ヶ井戸という井戸の傍らに庵を結んでそこに住んでいた。

それから何年かの後に、殿様は鷹狩の帰りに雫石の町で、不思議な童が、

黄金のなる
瓢簞《ふくべ》の種や……

と言って歩いているのに逢った。殿様がお前の売る種はほんとうに黄金がなるかと訊くと、ほんとうに黄金がなるが、ただ屁をひらない人が蒔かねばならぬと子供は答えた。殿様は、これはおかしなことを言う子供だ。世の中に屁をひらぬ人があるものかと大笑いをした。それを聴いて子供は言葉を改めて、そんならなぜ殿様は私の母ばかりをお咎めになって、暇を出されたか、そのわけを聴きたいと言った。それで始めて、それが我子であることが分り、俺が悪かったと言って、母の野菊と共に再び御殿へ上ることになった。

そこでこういう歌がはやった。

雫石はめいしょどこ
野菊の花が二度ひらく

（岩手県雫石村の話である。田中喜多美氏の分の二一。筆記にはなお左のようなことが記されてあった。

昔雫石の八幡館の主、手塚左衛門尉という人が、野菊に惚れて妾に上ったが、わけあって城

内に置くことができず、桜沼に館をこしらえて野菊を置いた。後に八幡館は落城して手塚は仙北の角館へ遁げたので、桜沼もその時きりになった。土地の人が後に旧主をここに祀ったので、周りの湟《ほり》は昔の跡である。昔は美しい女の姿が桜沼に見え見えした。あれは野菊のタマス（魂）だといった。それだから桜沼の神様は女である。

野菊は百姓の娘だが、美しかったので三度も御殿へ上ったといって昔話になっている。

この地に今一人、和賀郡の沢内にも美しい女があった。やはり殿様のお目にとまって寵愛を受けたので、沢内三千石の御蔵人が御免になったと語り伝えている。

沢内三千石お米の出どこ
桝ではからねで箕《み》ではかる

この歌もそれからできたといって、末の句は「身ではかる」と解せられている。〈晴山村、富田庄助老人談。〉また雫石の古城址から東へ十町ほど離れた、御所村に野菊の井戸というものがある。この井戸の水でツラ〈面〉を洗うと美女《ええおなご》になるというので、村の娘達は今でも行って洗う。その近くに野菊の墓というのがある。その墓地の所有者徳田弥十郎殿の家には、野菊の鏡というものが伝わっている。明治四十三年かに九十幾ツで歿した同家の祖母が、嫁入って来た時にはもうこの家にその鏡があった。その祖母の話に、以前一度その墓を掘ったことがあって、玉や銀の細工物やいろいろな物が出た中で鏡だけが用に立つので代々野菊の鏡といって使用していたという。

自分〈田中君〉等もその鏡を一見した後、その墓へ案内してもらって行って見た。畠の中の

塚で、あまり大きくない自然石の文字もなにもないものが立っていた。〈大正十二年、御所村高橋弥兵衛老人談。〉

一二四番　厩尻の人柱

北上川が盛岡市の南まで来て雫石川、中津川の二川と合流する所に杉土堤という堅固な護岸堤がある。この辺は昔南部家の厩があった所から、厩尻ともいう所である。この厩尻は毎年のように洪水に破られて、城下の人々はどれほど苦しんだか知れぬ。そこで二百年ばかり前に殿様の命令で、ここに永久的な護岸工事が始められたが、ある一個所だけどんなに大石を埋めてみても、効果のない所があった。時の工事主任の佐藤某という者、万策尽きてある山伏に訊くと、それには酉の歳、酉の月、酉の日、酉刻に生れた処女を人柱に埋めたらきっと成就すると言われた。それを探したところが、その条々に叶った生娘《きむすめ》は、自分の一人娘の小糸というのだとわかって悲嘆にくれていた。

ところがある日、旅の巡礼の母娘の者が、この名主（佐藤某は名主であった）の家に来て宿を乞うた。明日と迫った愛娘の功徳のためにと思って、快く泊めた。そして何気なく娘の齢を訊くと、今年十六になって、丁度娘小糸と同じ齢、それも酉の年、酉の月、酉の日、酉の刻に生れたのだという。それを聞いて名主はその夜その巡礼の娘を自分の娘の身代りにして厩尻の川底に埋めた。それと知って母の巡礼もそこへ身を投げたが、それからは面白いほど工事が進んで、今のような立派な堤防ができたという。(因に曰う、その名主の佐藤某家は、今も立派にある富豪だといわれている。しかしその巡礼母娘の怨恨で、どうしても相続人に男子が生れぬという話である。)

(吉田政吉氏の御報告の分二。大正十二年八月二十日、聴書。)

一二五番　駒形神の由来

遠野郷綾織村の駒形神の由来はこうである。

昔の話ではあるが、五月の田植時頃であった。村の女子達が田植えをしていると、そこへ目鼻耳口のない子供に赤い頭巾をかぶせたのを負《おぶ》って通りかかった旅人があった。女達はあれあれあんな者が通ると言って、田植の手を止めて立って見送った。

旅人はそれを聴いて、小戻りをして女達のところへ来て、お前達がこの子供を不思議がるのはもっともなことである。実はこれは子供でも何でもなく、俺の品物である。俺はいかなる因果の生れか、このような物を持って生れたために、この歳まで妻というものを知らない。また世の中には俺の妻になるような女もあるまいから、俺は前世の罪亡ぼしにこうして旅を続けている。皆様これをよく見てクナされと言って、肩から下して帯を解いて見せた。村の女達は魂消て声も出なかった。

その旅人はどういうわけがらであったか、永くこの村に止まっていた。そして今のお駒様の所で死んだ。生前常に俺が死んだら俺のように妻の持てない者を助けてやると言っていたので、村の人達が神様に祀った。

一二六番　ワセトチの話

隠れ里（その一）

昔、橋野川を神様が石の舟に乗って川筋を下って来た。そしてワセトチがお気に召して、そこへ舟を止めて、側の岩窟に入られた。その岩窟を村の人は隠れ里といっている。

その石舟に腰をかけてはならない。

平家の高鍋（その二）

昔ワセトチで源平の戦があったが、なかなか勝負がつかなかった。そのうちに飯時になったので、両軍は飯を炊くことになった。源氏の方は早く炊こうと鍋を低く下げて炊いたが、平家の方では鍋を高くしてたくさんの薪を焚いたので、すぐに飯ができて戦に勝った。

それで今でも煮物をするには平家の高鍋といっている。

ならずの柿（その三）

ワセトチに実を結ばない柿の樹がある。昔源平の戦があって多くの人が戦死したので、その屍を集めて埋めてそこへ一本の柿の木を植えたが、その死霊のために実を結ばないという。

盲の親子（その四）

昔、旅の盲目の夫婦が丹蔵という子供を連れてワセトチまで来たら、丹蔵があやまって橋の上から落ちて死んだ。夫婦の者はそれとも知らずに丹蔵や丹蔵やと叫んだが、一向返事がないのではじめて川へ落ちたことを知り、あの宝をなくしては俺達も生きている甲斐がないから、ここで共に死ぬと言って、橋から身投げをした。村の人達が気の毒に思って、祠を建てて、メクラ神として祀った。目の悪い人は御利益があるとて傍の沢から流れる水で目を洗う。

（上閉伊郡橋野地方の話。菊池一雄氏御報告分の一二。）

一二七番　土喰婆

昔、野中に一軒の百姓家があった。その家には老母と息子とがいて、息子は毎日外へ出て働いては老母を養っていた。

ある年大阪に戦争があって、息子はそれに召し出されて行ったので、年寄一人が残ってしまった。息子は何年たっても還って来なかった。村の人達も初めのうちは気にも止めずにいたが、何年たっても婆様が食物を求める風がないので、どうしていることかと思って行ってみると、その老婆は土を喰って生きていた。

それで婆様の死んだ所へ御堂を建ててバクチと呼んで地神様に祀った。現在も栗橋村字太田林、前ケ口の畠中の大きなモロノ樹の根下にその祠がある。

（昭和三年の冬頃、菊池一雄氏御報告の一三。）

一二八番　赤子石

昔の話、盛岡の仙北町の辺に仲の悪い嫁姑があった。この嫁姑がほとんど同時に懐妊すると、姑は嫁のミモチを大層憎んで、その町の長松寺の地蔵様に詣って、どうかおら方《ほ》の嫁の腹の子を堕《おろ》して下さいと願をかけた。

地蔵様の霊験《しるまし》はひどくアラタカで、嫁子は間もなく流産した。姑は喜んで地蔵様へ御礼詣りに行き、地蔵様シ地蔵様シ嫁の腹の子を堕して下されてありがとうがんした。ああ尊《とうと》いと言って拝んだ。すると自分も急に産気がついて、さあ、苦しんだが苦しんだが、苦しんだあげく、赤児に似た赤石を生み落した。

その赤子石は今でも、長松寺の地蔵様の傍らにある。

（一二九番同断の三。）

一二九番　変り米の話

早池峯山の麓の附馬牛《つきもし》村という所に、ある百姓があった。ある年のひでりに村じゅうの苗代がみな枯れてしまって、田植などはできようとも思われなかったが、その百姓の家の苗代が一番ひどかったので、ある夜ひそかに隣村へ行って、いきの良い苗を少々盗んで来て、自分の田を一枚植えた。

その当時苗盗人が方々に起って、盗人の詮議もまたはげしくなった。そこへ隣村の者がやって来て、コレは俺のところで盗まれた苗である。それに相違ないと頑張った。百姓はいや盗まぬと言ったが、相手はそれでは秋になってから勝負をつけよう、俺のところの苗は糯である、もしこれが糯であったら、お前を牢に打ち込むというのであった。これには百姓もほとんど弱って、早池峯山へ月詣りをして、どうかこの苗が粳米になるように……と願かけをした。そのうちに黒白を決める秋の収穫時が来たので、その稲を刈ってみると、それはたしかに粳米であった。いや糯米が粳米に変っていたのであった。それでその百姓は助かった。

早池峯山の神様は盗人神様だという由来はそんなところからも出ている。

(村の今淵小三郎殿の話。昭和元年頃の聴き記。)

一三〇番　酸　漿

昔、ある旅人が山の中を旅して、一軒家を見つけてそこに宿をとった。

翌朝、起きて畑を見たら、美しい酸漿《ほおずき》がたくさん紅く実っていたので、それを一ツとって中の種を出して口にふくんで、プリプリ吹き鳴らしていた。それをその家の人が見つけて、ひどく驚いて、お客様は大変なことをしてしまった、きっと今に大変な罰が当ると言って顔色を変えた。

旅人も心配になって、それはまたどうしてかと訊くと、毎朝お日様は、東から出て西へお沈みになさるが、そのお日様は夜になると、地の下を潜ってこの酸漿の中へ一ツ一ツお入りになる、それでこんなに色が紅くなるのだ。酸漿はお日様の赤ン坊だからと語った。

(胆沢郡西根山脈地方の話。織田君の話の二。昭和三年夏の頃の分。)

一三一番　あさみずの里

この話は糠部の郡のアサミズの里にちなんだ、旅人の泊り客が夜の中に殺されて、朝を見なかったという話の群《むれ》からとった名である。この話の本場は、今の浅水の里にあったという話がもとであろうが、それに類した話なら諸所にも多くあったから、その一つをここに記してみる。

ある山奥に五六軒の村屋があった。ここでは旅人を泊めてはその夜のうちに殺して、その持物や金などを取って、それぞれに分配することを習慣にしていた。ある時旅の六部が来て泊ったが、夏のことだったとみえて、その家では六部をキツの上にござを敷いたヨウカに寝せた。もとよりこのヨウカにはカラクリがしてあり、端の板を引けば上の人間はどんとキツの中に墜ちる仕掛けであった。勿論そんなことは夢にも知らぬ六部はいい気持ちで眠っているところを、不意にキツの中に墜とされて、上からすぐに蓋をされ、その蓋の上には大石や臼などが幾つも幾つも積み重ねられた。しかしその六部は七日七夜も叫んだり泣いたり、どしんどしんと体を板に打ッつけて暴れ廻ったりしていた。それを村人が代り代りに来て立聴きをしながら、いやはや剛情な六部様だ、まだまだ生きていると言い言い、六部が命《め》を落すのを待った。

金はいくら持っていたか分らないが、衣物はその宿主が翌日から着て歩いた。するとあの人はいいお客を取って本当によいことをしたと言ってケナリ（羨まし）がった。その村も家も分っているけれども今は言うことを憚かる。こういう家には後世までも罪ボウゴウが残った。

またある所の大屋の家に、正月二日の夕暮時旅の六部が来て泊った。この家では風呂桶《こが》へ入れて蓋をして蒸し殺しにした。そして人に見られるのを恐れて、土間の臼場のほとりに埋めて素知らぬ振りをしていた。村の人達は、その家へ夕方入った六部の姿は見たが、朝立つ姿を誰も見た者がなかった。それから大屋の土間には夜になると怪火が燃えてならなかった。そして代々の主人は発狂した。現代の主人もそうである。

（第二の話は下閉伊郡刈屋にて、折口信夫氏とともに聴く。）

一三二番　隠れ里

シロミ山の「隠《かく》れ里《ざと》」のことは『遠野物語』の中にも出ているが、あれとはまた別な話をしてみよう。この山の東南の麓の金沢《かねざわ》という村に某という若者があった。この男ある時山へ行くと、どの辺の谷の奥果《かっち》であったか、とにかくいまだかつて見たことも聞いたこともないほど大きな構えの館に行き当った。その家のモヨリは先ず大きな黒門があった。その門を入って行くと鶏が多くいた。それから少し行くと立派な厩舎があってその中には駿馬が六匹も七匹もいた。裏の方に廻って見ると炉には火がどがどが燃えており、常居へ上るとそこには炭火がおこっている。茶の間には何かのコガ（大桶）があり、座敷には朱膳朱椀が並べられて、その次の座敷には金屏風が立て廻されて、唐銅《からかね》火鉢に炭火が取られてあったが、どこにも人一人いなかった。そうして見て歩くうちに、何となく恐ろしくなってその男は逃げ帰った。

（その男は少々足りない性質であった。村の和野の善右衛門という家へ聟に来たが、ある年の五月に田五人役とかで灰張《あく》りへやると、一番上のオサの水口《みなくち》へ、五人役振りの灰を山積さして置いて来た。どうしてそんな事をしたと訊くと、なあに上のオサの水が、五人役の田にかかるべから、同じことだと言ったので離縁になった。）

（この話はその男の友人の村の百姓爺の大洞万三丞殿から聴いたものであった。）

（ここに参考のために附記しておくが、この「隠れ里」の話は山ばかりではなく河や沼等にもあった。その一例として和賀の赤坂山の話を採録しておく。昔鬼柳村に扇田甚内という人があった。ある朝早く起きて南羽端《はし》の上を見ると、そこに若い女が立っていて甚内を手招ぎした。甚内はいぶかしく思って見ぬ振りをして過していたが、こんなことが二三日続いたので、何だか様子を見たいと思って、ある朝その沼のほとりへ行って見ると、齢頃二十ばかりの容貌《みめ》よい若い女が、私はあなたと夫婦になる約束があるから、私の家へ来てくれと言って笑いかけるその容子は、実にこの世に類のないようなあでやかさであった。甚内もそう言われると思わぬ空に、心を惹かれて、われともなく女のあとについて二三十歩ほど歩むかと思うと、早見たこともない世界へ行って、山のたなびき、川の流れ、草木のありさま常と異り、景色がめっぽうによろしい。そのうちにここがわが家だという家に着いてみれば、男などは見えず、美しい女達が大勢いて、今お帰りかと皆が喜び、わが主のように敬愛する。甚内も初の程は変でならなかったがついには打解けてその女と妹脊の契りをも結んだりなんかして、大分の月日を送っていた。だが月日のたつにつれて、どうも故郷の妻子のことが、とかくに胸に浮んで仕方がなく、そのことを女に話すと、女はいたく嘆いて、家のことは決して案じなさるな、お前がおらぬ間に私が有徳富貴にしておいたから、そしていつまでもここにいて給われと掻口説いて困る。けれども一旦とにかく帰って、本当にいとま乞いをして来て、心置きなく夫婦になろうということになって、やっと許しが出て甚内が家へ帰ることになった時、女が、必ず吾々の様子を人に語ってくれるな、語ったらもう二度と逢われぬと泣き、また心もとなさよと言っては泣く。それをやっと納得させて家へ帰った。わが家へ帰ってみると、ただの一か月ばかりと思っていたのだが、三年の月日がたっていたとて、親類一族集って、村の正覚寺の和尚まで招《よ》んで、自分の法事をしている真最中であった。そしてほんにあの女が言った通りに自分のおらぬうちに、前よりずっと身代もよくなっていた。寄り集っていた人々は驚き怪しみ、家ではお前さんは死んだものとばかり思ってこんなことをしているが、今までどこへ行っていなすったと口々に問い糺した。仙北へ、水戸へ、仙台にと初めの程は言い紛らしたが、どうも辻褄の合わぬ話ばかりである。後で女房からうんと恨まれて、とうとう実を吐くと、その言葉を言い終るや否や、甚内の腰が折れて気絶した。その後は不具廃人となった上に、以前の貧乏になり返ってつまらぬ一生を送った。

その当時甚内の隣家に関合の隼人という男が住んでいてこの事を聞き、甚内こそ愚かで口惜しいことをしたものだ。俺なら一生帰らず、その美しい女と睦まじく暮すがと言い、また心中でそう思って、毎朝羽端の方を眺める癖をつけた。するとある朝羽端山のかげから女が手招きをしているのを見つけたので、思うことが叶ったとばかり喜んで飛んで行ったが、こいつ狐に騙され、馬の糞を食わされて家へ還された。

なおまた、太田村、西山の奥に赤沢というところがある。黄金があるといわれた昔、この沢に草分《くさわけ》という業をいとなむ者が二人いた。彼等二人は金の在処《ありか》を尋ねようと山奥へ分け入った。四十に二十くらいの者共で、沢に柴萱で小屋がけをして住んでいた。ある日二十になる方が少々腹痛《はらいた》を起し小屋に残っていた。ひどく痛むというほどでもないから、春の日永に退屈して鼻唄など口ずさんでいると、そこへ齢の頃十六七にも見える娘がひょっこりやって来た。あなたが面白い歌を唄っておられるから聴かして下さいと言って入り込んで来て動かぬ。所望されるままに若者は一つ二つ歌を唄った。するとひどく喜んで、明日も来るからまたきかしてくれと約束して帰った。その後若者は同僚に偽病をつかって小屋に残り、訪ねて来る娘と逢っていた。娘は酒や菓子などを持参して男に興を添えた。ある日その酒盛りをやっているところへ同僚が帰って来た足音がしたので、女は持参の袋の中から小屏風を取出しそのかげにかくれていた。帰って来た男は仕事の道具を小屋に置き忘れたから、それを取りに来たが、今なんだか女の話声がしたように思うが、あれはなんだと訊かれ、若者は困って顔を赤くしていた。傍に女履きの美しい草履などもあるので、いよいよ問い詰められることになると、件の女は隠れていたところから笑いながら出て来た。こう見とめられてはもう仕方がない。どうせこうなれゃお前さんも一つお酒を召しあがれと言われて男はあきれた。いろいろ問答のあげくに、女はお前さん達は金の在処を探しているのだろう、そんならいくらでも私達が教えてあげようということになり、なお四十の男には自分の伯母だという三十歳位の女を連れて来てあてがった。そしてこの男女四人は山中で楽しく暮していた。それからというものは黄金も多く見つけたので、男達のいうには、この若者の方には妻もないからいいが、己には妻子がある。こんな宝を持っていながらこれを妻子に見せないではすまぬから、ひとまず里へ帰って、それから改めてここへ来てお前達と楽しく暮そうというと、女達は、いやいや、里へ下ると心替りして二度とここへは来ぬから、どうしても帰さぬという。いろいろ押し問答のすえ、とにかく女達を納得させて帰ることになった。そこで、それでは黄金のありかを教えてあげようか、この谷川の水上の大きな朴の木の下を掘れば黄金がある。それを持って行って、約束を違えずにまたここへ来てくれ、私達はここで待っているからという。両人が行って見るといかにも大きな朴の木があり、その下を掘ると黄金がたくさんあった。それを二人でうんと背負って里へ帰る途中、あの女どもはあんなに美しいが、きっと魔性のものに相違ない。この金があったら何しに二度と山へなど帰ろう。恐しいことだと語り合いつつ来ると、荷がひどく軽くなった。家へ帰って下して見ると黄金はただの赤土になっていた。その後二人が山へ引返して行って、彼の女達を探したけれども、もう二度と逢われなかった。それからは何だか知らぬが、この山中では折々人の叫声がするようになった。

なおまた山口村和賀川の流域に、貝殻淵という淵があり、そのまた少し下流には御前淵《ごぜんぶち》というのがある。昔、田代六処の村人がこの淵上で木を伐っていたが、誤って斧を取り落してしまった。手を伸べて取ろうとすると、その斧がするする淵の深みへ滑り込んで入った。その男は斧を取ろうと思って淵の中へ入って行くと、不意に広い広い野原へ出た。そして向うの方には立派な御殿などが見える。これは不思議なことだと思って、静かにそこへ歩み寄り、内所などを窺うと、その壮麗さ、金銀宝玉をちりばめ、朱塗丹漆を交えた造りであった。なお奥の方を見たいと思って、平門から入って行ったが、誰も咎める者がない。庭園には瑠璃水晶珊瑚などの玉砂を敷き、見馴れぬ樹木草花など、黄紅紫白の色さまざまに咲き乱れて、薫香芬郁たるものがあった。ところがそこに一人の美しい女が立っていた。そして男に向って、お前はここへ来る者ではないが、どうして来たと訊いた。男が木を伐っていて斧を淵に落したからそれを取りに来たと言うと、女は第一ここは私の遊び場所であるのに、お前が来て木を損じたり騒がしたりするから、私がその斧を取り上げたのだ。これから左様なことをしないなら返してやってもよい。またお前ばかりではなく、他の者にもよく言って聞かせろと言って、斧を返してくれた。そしてそれと一緒にこれを持ち返って植えろと言って、栗コを数粒くれた。男が厚くお礼を述べて帰ろうと思うと、門脇にひどく大きな太鼓があったのでこれは何にする太鼓かと訊くと、女はこれは和賀殿の家に何か変事のある時に打って知らせる太鼓だと言った。そしてその女に送られてちょいと門外に出たと思うと、以前の淵の岸辺に佇んでいた。このことが評判になって、時の領主の和賀殿にその栗を所望されて差し上げて植えたのが、今もある二度なりの栗の樹だということである。〈以上吾妻昔物語よりの摘要。〉

一三三番　神様と二人の爺々

遠野の六日町のある家の爺様はひどく神信心をする人であった。ところがその隣家に一向神信心などはしないで、毎日毎日黙りこくッて草履ばかり作っている爺様があった。

ある年の御神明のお祭りの日に、信心深い爺様が隣りの草履作りに、お前はいつも草履ばかり作って、神様を拝む気もないようだが、今日ばかりは町内の鎮守様のお祭りだから参詣しろよ。俺も一緒に行くからと、無理やりに家から連れ出して、一緒に参詣したと思ったら、どこへ行ったかその草履作りが見えなくなった。せっかく誘って一緒に来たのだから一緒に帰るべと思って、あちらこちら尋ねたが、どうしても見当らない。仕方なく一人で帰ると、隣の爺はいつの間にか家へ帰って相変らず草履を作っていた。ゼゼ俺はなんぼソッチを尋ね廻ったか知れない。いつの間に帰ったと訊くと、草履作りは、アアお前と一緒に神様を拝んでいたら、神様が、これをお前にやるから大事にして持って行けと言ったといって、そばに一ツの小袋が置いてあった。何だべと思って開けて見たら大判小判が一杯入っていた。

信心爺様は御神明様へ行って、神様申し、俺がこれほど信心しているのに何もくれないで、あんな無信心な人に、金をくれるなんて、随分神様ッて情ない者だと恨むと、神様は、これこれそう言うもんじゃない、これにはわけがある。実はお前の前世は雀で、いつもオハネ米を取って食ったし、あの爺の前世は牛で、この社を建てる時に汗を流して材木を曳いてくれたものだ。それでお金を授けたと言った。

（菊池一雄氏御報告分の一四。）

一三四番　神と小便

昔、あっとこで、馬子が馬に客を乗せて川を渡る時、小便が詰まって来たから垂れ流すべとしたら、客が馬子どん馬子どん川にも神があるから、小便すると罰があたるぞと言った。馬子は仕方なく思い止まって、ある街道ぶちまで来て、ここだら大丈夫だべと小便をしようとしたら、また客が、馬子どん、道にも神があるから垂れてなんねえと言った。どこへ行っても神があると言われるので、垂れることができないで、居ても立ってもいられないくらい、小便が詰まって来て、馬子も困り果てた。間もなく客が馬から下りて松の木の下で休んだので、馬子は松の木さ登って客の禿げ頭の上さジャアジャアと小便を垂れ流した。客はそれとも知らないで、何だ、何だ、雨も降らねえどきに頭のてっぺんがやばっくなって来たぞと言いながら、上を向いたら、馬子が小便をしているので、ウンと怒って、これ馬子、人の頭に小便垂れる法があるかと言ったら、馬子は木の上から、さっきから小便垂れべと思ってたけんどお客さんがどこさ行っても神がある神があると言って、垂れることができねえ、ほんでお客さんの頭におかみがねえから垂れ申したと言った。

（三原良吉氏御報告分の五。）

一三五番　老人棄場

昔、六十になれば、デエデアラ野へやられたものだ。ところがある所に大層親孝行な息子があった。どうしてもデエデアラ野へやらなければならぬ老父を野へ棄てるのは忍びないと、ひそかに根太場《ねたば》へ入れて隠して養っていた。ちょうどその頃何のわけか知らぬが唐《から》の殿様から技倆較《きりようくら》べが来た。それは灰縄千束と、七曲り曲った一本の木に穴を通して寄こせという難題であった。日本の殿様の御殿にはこの難題の解ける智恵者がなかったので、これを解いた者には御褒美は望み次第というお布令を国々へ廻した。

そこで孝行息子はそのことを隠しておいた老父に訊くと、あんたらそんなことはわけのないことだ。灰縄千束は鉄の箱を作って縄千束をその中さ入れ塩を振りかけてから火をつけて焼けばできるし、七曲り曲った木には先端《さきはし》に蜜蜂の蜜を塗っておき、大赤蟻の腰にカンナ糸を結び着けてデド端《うら》（前方）から放してやると、自然に木へ穴を通してついに向う端へ抜けて行くものだと教えた。

その通りにして、日本の殿様は技倆較べに勝った。そしてその男の望みは六十になっても老人をデンデアラ野に棄てぬということであったので、それからそんなことは沙汰止みになった。（村の話。デエデアラ野は村々にあり、棄老譚を伝えている。）

一三六番　人間と蛇と狐

ある大海嘯《おおつなみ》があった時、旅人が浪にもまれている人間を助けた。そして、ああ危いところであった、幸い俺が通りかかってよかったと言い、またその人間も、おかげ様で大切な生命《いのち》を助けてもらった、この御恩は如何《なぞ》にして返したらよいかと涙を流してお礼を言いながら、一緒に歩いて少し行くと浪にもまれて溺れかかって蛇がいた。それをまた旅人が助けて連れて行った。また少し行くと一匹の狐が浪に押し流されて溺れかかっていた。これもまた助けてやって人間と蛇と狐とを連れて旅を重ねて行った。

ある日ある大層威勢のいい長者のいる国へ行って、その長者の館にこの連中が泊った。その旅人は元来医者であったが、その国に医者がいなかったので、方々から診《み》てもらう人々が毎日毎夜来て、それを癒してやり、大層その国の人達からアガメられて、多くの贈物などをもらった。

それを見て、助けられた人間は旅人をひどく妬んだ。そしてある日長者檀那に、あの人はほんとうの医者ではない。実は恐しい魔法使いでどんな悪い事を企んでいるか分らないから要心めされと讒言をした。長者は驚いて、役人どもを多勢を連れて来て旅人を捕えて直ちに牢屋へ打ち込んでしまった。

このありさまを見て、蛇と狐は大層憤ったが、どうすることもできなかった。はてさてあの人間こそは憎い男だ。それにしても俺達の恩人を牢屋から救い出すには、何《なぞ》にしたらよいかと二匹は夜昼そのことばかりを相談していた。そのあげく蛇は長者の館の玄関の踏台の下に隠れていて、長者檀那が出ようとして片足を踏台の外へ踏み下した時、その足に嚙みついた。長者はあっと言って倒れたが、見ている間に足が槌のように腫《は》れ上った。そして痛い痛いと泣き叫んで日夜苦悶した。そこへト者に化けた狐が行って、卦を立てて、長者檀那の病気を直せる人はこの世の中にたった一人しかない。その人は長者の屋敷の中の牢屋に入れられている、あの天下に名高いお医者様であると言った。長者はそんだらばと言って、家来の者を呼んで、すぐにあの旅人を牢屋から呼び出して連れて来うと言いつけた。

旅人が牢屋の中で悲しんでいると、役人が来てすぐ外へ出ろと言った。これはてっきり殺されるのだと思って観念していると、すぐに長者主人の前へ連れて行かれた。長者はこれこれ旅のお医者殿、俺はこんな病気にかかった。早く診てくれろと頼んだ。旅人が長者の足を診て薬をつけると、見ている間に今まで泣き叫んで苦しんでいた長者の傷がペラリと快《よ》くなった。

長者檀那は大層喜んで、旅人を上座に直して、厚くお礼を言った。そしてト者の言葉によって悪い人間の方をこんどは牢屋に打ち込んだ。何よりかにより人間が、一番恩知らずであるということである。

（大正十二年一月二十日、村の大洞犬松爺の話の七。）

一三七番　竜神の伝授

ある所に一人の男があった。毎日毎日何もすることなく、渚辺へ出て海の方ばかりを眺めていた。だから村の人達からあれは愚者《ばかもの》だといわれていた。

ある日のこといつもの通りに渚から海の方を眺めていると、海から竜神様が出て来て、これヤこれヤお前にこれをやるからと言って、一個《ひとつ》の瓶をくれた。そしてこの瓶の水は万病にきく霊薬だから、これからそうしていないで万人を救えと言った。男はその瓶を家へ持ち帰って土蔵の奥に秘蔵《しま》っておいて、村に病人があればそっと土蔵の中へ入って行って、瓶の水を汲取って来てやった。そのために男は蔵の中へ入るのが日に幾度となく度重なった。

それを妻が見て、これはおかしいと思い出した。そして男の留守の間にそっと土蔵の中へ入って行って見ると、隅に見たことのない瓶が一個あった。あらこれは何だべと不思議に思って蓋を取りのけて中を覗いて見ると、自分の顔が瓶の水に映った。あれヤ夫はこの女の顔を見べとああして始終来るのだと思って嫉妬《ごせ》が焼けて来て、外へ駈け出して石を拾って来て瓶をまっ二つに割り砕いた。

男が外から帰って来て、すぐさま土蔵の中へ入って見ると瓶が砕けていた。ああこれは妻のしたことだなと思って、妻を呼んでお前は何してあの瓶を割ってしまった。あの中に入っておった水は薬でそれで人の病気を直していたのに、さてさて女というものは邪心が深くてあさはかものだと言って嘆いた。そして瓶の破片を拾い集めて、邸の内の古池のほとりに打ち棄てた。

その次の日からまた男は以前のように渚辺へ出て、遠くの沖の方を眺めていた。するとある日ふたたび竜神様が現われて、お前はまたここへ来ているのかと言うから、男はあの瓶を割られたことや、その破片を拾い集めて古池のほとりに棄てたこと等を話した。竜神様はそれを聴いて、そんならその瓶の破片を棄てた所へ行ってみろ、見たことのない草が生えているから、それを採って陰干しにして揉草《もみぐさ》にして、これこれの事をしてお前はまた人間の病気を直せと言った。そしてその方法を詳しく教えた。男は竜神様に別れて家へ帰って、古池のほとりへ行って見ると本当に見たことのない草が生えていた。これだと思ってその草を採って竜神様から伝授された通りにしてふたたび人間の病気を直してやった。それが今の灸の始りである。そしてその草は蓬《よもぎ》であった。

(前話同断の八。)

一三八番　狢　堂

上郷村（上閉伊郡）大字板沢に曾源寺という寺がある。昔この寺がひどく荒廃して、住持もおらないことがあった。

ある日この辺へ一人の旅僧が来て、寺の近くの農家に泊った。そして夜そこの主人《あるじ》から、この近くにも寺はあるが、不思議なことには来る住持も来る住持も、みな一夜のうちに行くえ不明になって、今では誰一人寺を守る者もなく建物なども荒れほうだいにしてあるということを聴かされた。旅僧はハテ不思議なこともあればあるものだ。よしそれでは明日俺がその寺へ行って見て、もし化物《ばけもの》でもおったら退治してやると言った。そしてその夜は寝た。

翌日旅僧が山の麓の荒寺へ行って見ると、本堂に一人の爺様が寝ていた。なんぼ呼んでもその爺様は眼を覚まさなかった。旅僧は仕方がないから一寸宿へ帰って、また行って見ると、まだその爺様は寝ていた。また夕方行って見ると、まだ爺様は目を覚まさなかった。そうしてとうとう二日二夜、打通《ぶっとお》しで眠り続けていた。三日目の朝になると、その爺様はやっと目を覚まして、旅僧に言うには、俺もとうとうお前様に本性を看破られた。俺はお前様の察する通り年久しくこの寺に住む古狢《ふるむじな》だ。そして住持を食い殺すこと七人、魔法で人を誑《たぶら》かしたことは数知れない。けれどもお前様に看破られたので俺の天命も尽きたから、一つ俺の技倆を観せてやる。俺は今ここに、釈迦の檀特山の説法のありさまを目のあたりに現わして見せるからよく見ろ、その代り念仏は忘れても唱えてはならぬぞと言った。そして旅僧の目の前に忽然と、ちょうど極楽絵図を真実にしたような景色《けいしょく》を現わした。旅僧はお釈迦様やその他の尊者達がみな御光を射して、雲に乗って静々と現われたのに、合掌して、貉の言葉も忘れて思わず、念仏申すと、その景色は忽ちペカリと掻き消えた。そして自分は破れた檀の前に座っていた。

旅僧は夢から覚めたような心持ちで、ぼんやりしていると、ポタリと屋根から一滴の水が落ちて来た。すると忽ちに大雨が降って来て、見ている間に大洪水となった。そして見渡す村々もことごとく水の下になった。そして寺もすでにハヤ押流されそうに、ガラガラと震れ動いて来た。旅僧はこれは何のことだ。大変だと思っていると、西と東の山かげから多くの軍船が起り出てひどい船戦となった。そこで旅僧も初めて、ははアこれは貉の悪戯だなアと思って、印を結んで九字を切ると、ざあッと水が引いた。それと同時に屋根の上でギャッという叫び声がしたかと思うと、大きな貉がごろごろと転び落ちて斃れた。村の人達はそれを貉寺の境内に埋めて堂を立てた。それが今もある貉堂である。

（鈴木重男氏から聴いた資料の四に拠る。伝説には、この旅僧は遠野郷の仏教開弘で有名な無尽和尚だという。）

一三九番　座頭ノ坊になった男

ある所に正直者があった。なんぼ稼いでもよい目が出ない。何とかして運が向いて来るようにと、清水の観音様へ行って願をかけた。すると満願の前の夜、観音様が夢枕に立って、お前の願いは木の枝をゆすっても草葉の蔭を探しても叶わせ難いことだが、それでは余りお前がふびんだから、たった一事よいことを授けてやる。明日の朝目が覚めたら御堂の高縁から飛下りてみろとのお告げがあった。男はこれはよいことを聞いたと思って、翌朝目が覚めるといきなり御堂の高縁からぱッと飛下りた。するとその拍子に自分の眼玉が抜け落ちた。あれやッことだと思って大急ぎでそれを拾って目にはめ込むと、けえッちゃくれ（反対）に入れてしまった。ところが腹の中の五臓六腑が、すっかり見えるようになって、それから忽ち名高い医者となって大層金儲けをした。

そのことを見聞《みきき》した隣家《となり》の怠け者は、俺もそんだらと思って同じ観音様へ行って願をかけた。すると観音様が満願の前の夜夢枕に立って、お前には草葉のかげや石塊の下を探しても授ける運とてはないが、お前もふびんだから明日の朝、御堂の高縁から飛び下りてみろとお告げになった。これはよいことを聞いた。俺もはア隣のようなお医者様になれたと思って、夜中に掻這《かっぱえ》起きて御堂の高縁からばえら飛び下りた。するとぽつッと眼玉がぶん抜けた。それや今だと思って狼狽《あわ》てて拾い込むと、誤って橡実《とちのみ》を目にはめ込んでしまった。何のことお医者様になるどころか一生座頭ノ坊になった。

一四〇番　座頭ノ坊が貉の宿かり

ある時、座頭ノ坊様が広い野原で日が暮れて、行っても行っても家が一軒あるでなし、これは何《なじ》にしたらよかべと思って、思案に暮れて行くと、ひょッくりと一軒家にたどり著いた。そこで俺は旅の盲目坊だが、一夜の宿をかしてたんもれと頼むと、その家の人は喜んで泊めた。そして、坊様坊様、さあさ早くこっちさ上って休みなさいと言われて、広い座敷に上げられた。

とにかく定通り《おきてとお》の宿語りを、ろれんろれんと一くさり語り終って寝たが、どうもその座敷が奇態な匂いで、気が落著けなかった。それに不思議と思えば、足洗い湯も汲んで出さなかった。ハテ奇態だなアと思って、夜半にソロッと起き出して、座敷のあっちこっちを探って見ると、案の定、畳の縁《へり》がなく、のッぺりとした渋紙のような物で、しかも柔らかで温味のあるものであった。

これはただごとではないと、背負荷から小刀を取り出して、カリリッと畳を切り裂いた。するとその座敷がゴロリと沢へ転がり落ち、坊主は野中の草ッ原へ張飛ばされた。貉の皐丸に泊っていたのであった。

一四一番　座頭の夜語

ある時、座頭ノ坊様が来て泊った。その家では久しぶりに廻って来た坊様だから、珍しい語り物を聴くべえッて、あたり近所の人達を呼び寄せたり、坊様には、わざわざ餅を搗いて御馳走したりした。

坊様もいい気になって、うんと餅を食った。さあそれからだんだん夜もふけるから、坊様坊様、何か語って聞かせもセと言った。村の人達だの隣家の婆様だのが、坊様をずらりと取り巻いて、今に面白い話でも語り出すかと、堅唾《かたず》を喰ン呑んで待っていた。だがいくら待っていてもなかなか語り出さぬので、その家の嬶様が、さあさあ早く語って聴かせもセざと、催促した。

坊様はそう責められて、はアそんだら語り申すべえ、

ああ腹ちえエ

ああ腹ちえエ

小豆餅一杯二杯三杯

と語った。嬶様はあきれて、なんたら坊様、早く語って聴かせてケでばと言うと、坊様は

また、はいはい、

　ああ腹ちえエ

　ああ腹ちえエ

　小豆餅三杯四杯……

と語った。鼻様はなんたら早くしてゲでば、これこんなに近所の婆様達が来て待っているんだからと言うと、坊様は、はいはい、

　小豆餅三四杯

　五六杯

　食い申し候えば

　ああ腹ちえ

　ああ腹ちえエ

と声張り上げて語った。鼻様は少々声をとがらして、またしても坊様はそんなことばかり、早く語って聴かせもセでばと言うと、坊様は向き直って、はい今語り申したが、聴き取れ申さねえかったか、宿語り三段継《つ》んでも語るなということがあるから、あとは語り申されないと言った。

　鼻様はじめ皆はあきれたり腹が立ったり、それよりもせっかくこうして寄り集まって来てくれた、あたり近所の人達に、申しわけがなくて……なんたら芸なし坊様だべと繰り返して皆を帰した。

翌朝、坊様はなかなか起きなかった。あんまり起きないものだから嚊様が行って、なんたら坊様だべ、ならい風と座頭ノ坊は昼立ちということがあッから、早く起きて飯でも食って立ってゲじゃと言った。坊様は、はいはいと言って、やっと起き出して、飯膳に向った。そして飯を一杯食ってはハイ二杯食ってはハイ、三杯食ってはハイと、四杯目の椀をまた突ン伸べた。嚊様はなんたらこった坊様、座頭の四杯飯さ、つッかけてもワケンなということがあるが、坊様は知らねますかと言った。すると坊様は伸べた椀を膳頭に置いて黙っていたが、なに嚊様、スッケエッタ、モッケエッタ、ノッケエッタ、ソッケエッタといって、四杯飯食ってもなんともないもんだと言った。

一四二番　坊様と摺臼

ある時、座頭の坊様が来て泊った。宿語りを夜明まで語って聴かせたら、娘をオカタにやると言われ、一夜中寝ないでジョロリコを語り明して、朝は約束通り娘の手を引いてその家を出た。

娘が出る時、家では米俵だと言って、スルス（摺り臼）を背負せてやったが、村はずれの淵の上に架かった橋の上へさしかかった時、坊様は娘の手をとって嘆いて、お前もその齢若い身空で、目もない盲人などのオカタになって、一生ウザハク（苦労する）こったべえ。それよりも一層のこと俺と一緒にこの川へ入って死なないかと言うと、娘はそれではそうしますと言って、背負っていたスルスを橋の上からザンブリと淵に投げ込んでからそっと傍の葭立の中に入って隠れていた。
ドブンと高い水音が立つと、坊様はメゴイお前ばかりを何して殺すべえやえと言って、後から飛び込み、

　お花コや
　お花コや
　死んで行く身は
　いとわなえど
　お花コ流すが
　いとおしい
　ほウい、ほウい

と言って流れて行った。

（この話は家の老母から聴いたものである。また村の万十郎殿も覚えていた。ただ川へ投げ入れたのがスルスではなくて藁打槌であった。『真澄遊覧記』には……娘がいきなりその臼を出して水の中へどんぶりと投げ込んで、その身は片脇の葭の中に入って匿れて見ていると、盲人は泣きながら続いて淵へ飛び込んだ……して身は沈み琵琶と摺り臼は、浮いて流れてしがらみに引っかかる。そこで今でも琵琶と磨臼の例えあり……と語ったと書いてある〈雪国の春〉。）

一四三番　雷神の手伝

ある所に一人の男があった。町へ行って見ると、苗木売りの爺様がいたから、それから桃の木の苗木を一本買って来て、それを裏の畠のほとりに植えて、早くおがれと言って、一生懸命に肥料《じき》をやっておいてその夜は寝た。

翌朝起きてみると、昨夕方《ゆうべがた》あんまり肥料《じき》をやったものだから、一夜の中に桃の木がおがるおがる、ウントウント大きくおがって、天の雲を通しておがっていた。男は常々いつか天上を見物したいものだと思っていたところだから、これはよいことをしたと思って、その桃の木伝いに天へ登って行った。すると雲の上に青鬼が二疋控えていて、コレコレお前は何しにここさ来たと訊いた。すると男はここのところが天か、何が何でも俺は雷様に逢いたいから、雷様のいるところへ連れて行ってくれろと言った。鬼どもは、ほんだらここをまっすぐに通って行けと教えた。男が教えられた通りに行くと、大きな家があって広い座敷の中で雷様が昼寝をして御座った。そこへ赤鬼が二疋やって来て、もしもしハア出かけますべえと雷様に言いながら向き合って、燧石《ひうちいし》をカチッカチッと両方から打ッつけ合った。するとピカッと稲妻が飛び散らけた。雷様はやっと目を覚まして、ナンタラ野郎ども早いよ、俺はまだ眠《ねぶ》たい眠たいと言って大きな欠伸をして起き上って、長押《なげし》に掛かってあった八ツ太鼓を取って、ドンドコ、ドンドコ打ち鳴らしながら出て来た。そして玄関で男と出っくわして、ヤアお前は見たことのない人だが、誰だアと訊いた。男が俺は日本から来たと言うと、ああそうかちょうどよいところへ来てくれた。早くこの桶の底をブン抜いて水撒きをやってくれと言って、雨降らせ役を男に頼んだ。男はそれを承知して、桶の底をブン抜いて、雲の上から下界へザアザアと水をブンまけた。ところが下界で今を盛りと稗干しをしていた爺様や婆様たちが、それア神立雨《かんだちあめ》だと言って大騒ぎをしはじめた。男はそれが面白くてウッカリ見惚れているうちに、雲を踏ン外して、ドンと下界へ墜ちてしまった。そして桑畠に落ちて来て、桑の木の枝に引懸った。雷様はそれを見て、あはははツあの男は桑の木に引懸った、可愛想だからあれに障るなと言った。だから雷様の鳴る時にはどこでも桑の小枝を折って来て軒にさすのだという。

(村の小沼秀氏の話の五。一番同断。)

一四四番　物知らず親子と盗人

ある所に物は分らないが正直な親子三人が、寺の門前に住まっていた。ある時親父が銭百文持ってお寺の和尚様のところへ行き、和尚様し和尚様し、何でもよいから話を教えてクナさいと頼むと、

そろりそろりと来たわいナ
とこれだけ教えた。次に母親《あっぱ》がやはり銭百文持って行って、同じことを言って頼むと、
そのままそこに立っている
とこれだけ教えた。次に息子が行って同じようにして頼むと、こんどは、
その者逃がすな追いかけろ
ズッテン、ズッテン
と、こう教えた。そこで親子三人は毎日毎夜それを繰り返して語っていた。ところがある夜その家へ泥棒が入った。すると父親《とと》が、
そろりそろりと来たわいナ
といきなり言った。それを聴いた泥棒は二の足を踏み出しかねていると、それに続いて母親が、
そのままそこに立っている
と叫んだ。泥棒は気味悪くなって、後を向いて逃げ出そうとすると、息子が、
その者逃がすな追いかけろ
ズッテン、ズッテン
と叫んだ。泥棒はアワ食って一目散に逃げて行った。
（佐々木縁子氏の御報告の分の八。）

一四五番　五徳と犬の脚（その一）

昔、天神様は炉の五徳には脚を四本与え、犬には三本しかくれなかった。ところが五徳は一本の脚をエレジ（邪魔）がって、ひどく粗末にした。天神様はこれを見て、あの五徳の奴は無作法だと言って怒った。そして五徳から脚一本を取返して犬にくっつけてやった。それから犬は今のように早く歩けるようになり、五徳は少しも歩けなくなった。

そこで犬は天神様からもらった脚がもったいないとて、今でもその脚をちょんと持ち上げて、小便をするのだという。

（その二）

昔、弘法大師様が諸国を行脚なされていた頃は、犬の脚は三本しかなかった。そして炉の中にじっとしている今の五徳には脚が四本あって、その頃は名前も四徳と呼んでおった。大師様はこの自分で動くことを知らない四徳の脚を三本にして、その一本を夜昼走せて歩きたがる犬に足してくれた。犬は大層ありがたがって、大師様からもらった脚をば尊いからと小便をする時にはチョンと持ち上げた。御覧なさい今でもそれをやっているから……
また脚をとった四徳には徳を一ツ増してくれた。その時から四徳が五徳になった。

（私の稚い記憶、祖父からよく聴いた話。今でも犬の所作や炉の五徳を見ると、その都度に思い出すのである。）

一四六番　大岡裁判譚

愛宕様（その一）

嫁と姑とがあった。ある日嫁がお姑様《ふくろ》シあの山の愛宕様という神様は馬さ乗っておいでアるけナシと訊いた。すると姑はいやいや愛宕様なら馬さ乗ってお出アる神様ではない。こんなことにも女子というものはつつしんでものを言うもんだと言った。そのことで二人は終日言い争いをしたが、どうしても埒が明かないので、とうとう大岡様の所さ行って裁判《さば》いてもらうことにした。

その夜、嫁と姑は、どっちも内密《ないしょ》で、大岡様に白布一反ずつ持って行って、袖の下を使って、どうか私の言う方が本当だと申してクナさいと頼んだ。大岡様はどっちにも、ウンよしウンよしと言った。

翌日、嫁姑は揃って大岡様の前行って、嫁が、な申し大岡様シ、愛宕様ジ神様は馬さ乗ってお出アるぜナシと言うと、大岡様はイイヤと首を振った。

姑はここだと思って、大岡様シ愛宕様ジ神様は馬さ乗っておいでねアぜなもシ、と言うと、大岡様はこれにも、イイヤと言って首を横に振った。

そこで嫁姑はお互にそれでは約束が違うと思って、そんだらあの山の上に御座る神様はあれは何神だシと問い糺すと、大岡様は、ああありゃアレは二反の白《しろ》布タダ取り公様さと答えた。

提灯と火チン（その二）

またある時、嫁姑して、提灯のことで言い争いをした。嫁があれは提灯だと言うと、姑はいやいや火チンというものだと頑張った。そこでまた二人は夜ひそかに白布を持って行って、自分の言う方が本当だと言って下さいと頼んだ。大岡様はああよいともよいともと言っていた。

翌日、嫁姑が行って聴くと、大岡様はなあにあれは提灯でも火チンでもない。二反の白布タダトリの火袋というもんだと言った。

馬鹿（その三）

またある時、嫁と姑とが針仕事をしながら、向い山にいる馬を見て、あれ姑《がが》さま向い山に馬がいますヤと言うと、姑はなに言うアレは馬ではないシシ（鹿）だジエと否消《ひげ》した。いやいや馬だと言ったり、終日言合いをしたが埒が明かず、とうとう大岡様のところへ行って裁判《さば》いてもらうことにした。そしてその前夜、前の話と同様に二人は各々白布一反ずつを持って行ってワイロを使った。

翌日、嫁姑が行くと、大岡様の言うことには、あれア何だ、その馬でも鹿でもない、馬《ば》鹿《か》というものだといって白布を二反ただ取られた。

（この類話は多くあるらしい。三話とも伯母から聴いたものである。）

一四七番　雁々弥三郎

ある山奥に弥三郎という子供があった。ある時町さ用たしに行く途中で、ばえら（不意に）雁たちにさらわれてしまった。弥三郎の母親は大層悲しんで、その夜、野原さ出て、雁が空を飛んで通る時、

雁々弥三郎
カギになれ
竿になれ

と声のあらん限り叫んだ。すると雁どもは弥三郎を野原の草の上に、そっこりと落して行

った。

（胆沢郡小山村の話、織田秀雄君の御報告分の三。）

一四八番　新八と五平

昔ある所に新八《しんぱ》と五平という飲み友達があった。樽酒を買って来て、ゼゼエ五平、この酒を名指しで飲むべでアねえかと新八が言った。なぞにするのだと五平が訊くと、それは樽から酒をつぐ時、シンパッたら俺が飲むし、五平ッたらそち（お前）が飲むことだと言った。五平も面白いから、それはよかろうと賛成した。

そこでまず新八が樽を持って盃へつぐと、酒は勢いよくシンパシンパという音をだし出てきた。いつまでもシンパシンパというので、新八は樽の酒をあらかた飲んでしまった。そしてほとんど底になった時やっとゴヘゴヘッという音がしたので、ささ今度はそっちの番だと言って初めて盃を五平に渡した。だが五平の分は盃にやっと半分ぐらいで、それも泡《あぶく》のところばかりであった。

（昭和三年三月二十七日、村の田尻丸吉殿談。）

一四九番　生命の洗濯

相撲芝居は命の洗濯という諺がこの地方にある。その起原《おこり》はこうである。ある時、若い衆三人が長い土手を歩いていると、向うから一人の按摩がやって来た。三人は相談してその按摩にハッキョ（八卦）おいてもらった。按摩はハッキョおいてみて、お前がた三人は明日の昼時頃に死ぬと占った。三人は心配しながら家へ帰ったが、翌日になって、三人のうちの二人は度胸をきめて、死ぬなら死ねと覚悟して、芝居を見に行った。他の一人は親戚や知人をよんで別れを惜しみ、この世の名残りにうまいものをウント食べたりしていたが、占いの通りお昼《ひる》食頃に死んでしまった。芝居に行った二人は、何もかにも忘れて見ていたが、死ぬという時刻が来ても死なないで見物を続けて、とうとう死なないでしまった。これが相撲芝居は命の洗濯のゆわれ因縁である。

（森口氏の御報告の分の二。同氏の話には明日の一時半頃とあるが、私の祖父はお昼飯頃と語っていたから、報告者には不忠であったがこの部分だけを私見にしておいた。）

（私の祖父は、一人は相撲見物に行き、一人は芝居見物に行っていて……と語っていた。）

一五〇番　鰐鮫と医者坊主

ある渡場で、乗合いの船が突然動かなくなった。すると船頭はお客一同に、これは鰐鮫《わにざめ》がお客様方の中の誰かを見込んだためだから、どうか銘々の持ち物を一つずつ海へ投げてください、そうすると見込まれない人のは、そのまま流れるが、見込まれた人のは水の中に沈むからと言った。

そこでみんなはそれぞれ持ち物を一つずつ取り出して海に投げ入れた。するとゲンナさんという医者坊主の投げた手拭だけが、引き込まれるように沈んで行った。ゲンナさんもこうなっては一同の難儀を救うためなら仕方がないと覚悟して、薬箱を肩にかけて、水の中に飛び込んで、鰐鮫に呑まれた。

ゲンナさんは鰐鮫の暗い腹の中で考えていたが、やがて襷《たすき》がけで、薬箱の中から一番にがい薬を取り出して、それを一生懸命に鰐鮫の腹の中一面になすりつけた。鰐鮫はあんまり苦くてしきりに嘔吐《ふい》たが、とうとう我慢ができなくなってゲエッと吐いた。それと一緒にゲンナさんも吐き出されて、渚の砂の上へ投げ出された。

船の人達はそれを見て、それッと言いながら、船を岸に漕ぎ寄せて、青い顔をしているゲンナさんを介抱した。そして鰐鮫の腹の中はどんな風だったと訊いた。ゲンナさんは、いろいろと話をして聞かせた。それで一同はともかくゲンナさんが助かったからといって、砂浜でお祝いの酒盛りを初めた。そしてまずゲンナさん、お前が先に一つ踊らッしゃいと一同が促すので、ゲンナさんもその気になり、立ち上って、鉢巻をして、

鰐鮫エに呑まアれて
そしてまた吐アき出さアれ……

と歌いながら踊った。すると海の中から鰐鮫が顔を出して、

ウナ（汝）よな臭《くせ》ア坊主
呑んだことねア
こんど初めて
呑んでみたッ

と罵った。

（ゲンナ医者の歌を間を引いて流暢に歌った後、鰐鮫の罵言を早いテンポで、無器用に怒しそうに歌うところにこの話の剽軽《ひょうきん》な面白味があるのである。森口多里氏から頂戴した物の中の三。）

一五一番　蒟蒻と豆腐

ある日、豆腐が豆腐棚から落ちて怪我をした。それを聞いて、蒟蒻《こんにゃく》はベッタリ、クッタ

リと歩いて見舞いに行って、豆腐どん、豆腐どん、おめア棚から落ちたソウですが、ラチもなアごッですなアと慰めた。

すると豆腐が、おめアは、丈夫でようげアすなアと言うと、蒟蒻は首を振って、あアにええでだあんまへン。毎晩毎晩、コンヤクウ、コンヤクウと言われているので生きたソラもなえでげアすよと答えたとさ。

（胆沢郡水沢辺の話、森口多里氏からの御報告中の四。ラチもないは、とんでもないの意、また「おめアは」の「は」は、ワと発音しないでfaである。……この話、誰が聴いた、猫と鼠とが棚の隅で聴いたなどと、蛇足して語る所もある。）

一五二番　傘の絵

ある所に長者どんがあった。長者どんの檀那様はごく物好きな人であった。それを聞きこんで旅のペテン師が一本の軸物を売りに来た。はいもしもし此家《こちら》の檀那様はお出《で》んすかと訊くと、檀那様は話相手が欲しくていた時だから、すぐさま玄関へ出て来て、ああ俺がその檀那様だ、そしてお前は何しに来てやと言った。するとペテン師は早速風呂敷包みの中から一本の掛物を出して見せた。その掛物には一人の美しい女が傘を持っている絵が書いてあった。ペテン師はこの絵の女は天気のよい日にはこうして傘を畳んで持っているが、明日雨が降るという前の日にはこの傘をひろげてさしている。ひどくええ宝物だと言った。それを見たり聴いたりすると檀那様は、欲しくなってたまらず、とうとう百両という大金を出してその軸物を買い取った。

檀那様はひどくええものを買ったと言って喜んで、その掛物を座敷の床の間に掛けて毎日毎日眺めていた。そうして早く雨の降る日が来ればよい、来ればよいと思っていた。そのうちにひどい雨降り日が続いた。けれどもその絵の女はいっこうに傘をささなかった。檀那様は初めてこれは一杯喰ったと気がついて口惜しがっていた。

そこへある日ひょッくらと、先日のペテン師が来た。檀那様は面を見ると、このカタリ者め先日は俺を騙して金を取ったナと喰ってかかった。するとその男は至極落着いて、檀那様それは何のことだ。人聞きの悪いことだと言った。何のこともかんのことも、お前から買ったあの掛物の女は、雨がどしゃ降りの時でも、いっこう傘をささないでつぼめていやがる。あれはどうしたことだと言った。するとペテン師はハテそれは不思議だ。以前はよく傘をさしたり、つぼめたりしたんだがなア、第一檀那様は一日に何ぼ飯を食べさせると訊いて、檀那様がいっこう食べさせないと言うと、ペテン師はポンと膝を打って、分った、あの女は腹が空いて力がなくなったんだと言った。

(私の祖父がよく話して聴かせたった話の一である。)

一五三番　富士山の歌

日本の歌詠みが、秀歌を詠んで唐人に見せた。その歌は、

夏の日は
わが家の……
たのしさよ
富士よりおろす
風の涼しさ。

というのであったが、唐人はそれをこう飜読した。

百テクヒョン
スベリコ
カラズ
チント、キンポロ……

(これは祖父から聴いた話。私の古い記憶故、日本人の名歌の上ノ句を忘れた。夏の日はわが家の庭の楽しさよ……であったか、また全く別であったか知れぬ。祖父はどこで聴かれたものか、奥州の百姓老人でもこんなものを覚えていた。唐人の飜読の方は子供の時幾度も幾度も繰

り返して口遊びにした故不思議にも忘れないでいる。）

一五四番　目腐　白雲　虱たかり

ある所に目腐レ、白雲《かぶれ》タカリ虱タカリと、こう三人の朋輩どもがあった。どうも目腐れは眼をこする癖があり、白雲タカリは頭を掻く癖があり、そして虱タカリは背中《せなか》揺《ゆす》りをする癖があって、いつも人に笑われていた。だから三人は相談して、これから一切その癖をやらないことに約束した。

三人は黙って炉にあたっていたが、初めのうちは我慢していたけれども、だんだん時がたつにしたがって目腐れは目が焼けただれるようにかゆくなり、白雲タカリは頭がモンモン鳴ってかゆくて目まいがしそうになり、虱タカリは背中が木割《ケわり》で掘ッたくられるようにむずがゆくなって、とてもいたたまらなくなって来た。

そこで虱タカリはとても我慢ができなくなったあげく、あれあれこの手合《てゆ》、向い山を見ろ、鹿がこうして、むッくらむッくらと通るでば、と言ってうんと体をゆすぶって衣物で思う存分背中を掻き廻した。そうすると目腐レは、ウン本当にさ、あれア逃げねえうちに俺はこうして弓引くべえ。もし外れたらまた矢をちげえて、ぴょンとこう射ってやるッと言って目を幾度も幾度も矢を射る恰好をしてこすった。ところが白雲頭は、これもかゆくてかゆくてボヤボヤと火《ひ》ぼてりがして我慢ができなくなっていたところだから、ここだと思って、ぜぜ汝《われ》どア、もしあの鹿が逃げたら、残念だッと言って、がりがりとこれも思う存分頭を掻いた。

(この話は、目腐レ、洟《はな》タラシ、虱タカリとこう三人であったとも話されている。昭和三年の冬、伯母から聴いたものだとて、私の子供等が語っていた。)

一五五番　姉妹の病気

ある家の姉妹が親たちの取ってくれた聟たちを嫌っていっこう話もしなかった。聟たちは力を落して山の方サ歩いて行った。すると山路で旅の六部の爺様に行き会った。六部の爺様が、お前たちは若い者ンに似合わず何してそんな頼りない顔をしてどこへ行けアと訊いたので、聟達はそのわけを話した。

六部の爺様はそれを聴いて、よしよしそんだら俺がよいようにしてやるから、俺について来ウと言った。そうして二人の若者を連れて娘達の家サ行って、二人をば塀の外に隠しておいて、自分はカンカンと鉦を叩きながらその家の玄関に立った。

姉妹は六部様が来たと言って、二人で玄関へ出て六部様を見ていた。爺様は美しい姉妹の顔を見るとワッと声を立てて泣き出した。娘たちは驚いて、爺様爺様どこか悪がすかと言って、側へ寄って来た。そこで爺様は涙をふきふきそのわけを話した。

娘たち娘たち、よく俺の話を聴いてたもれ、実はこの爺々にも、ちょうどお前たちの齢頃の娘が二人あった。そしてもう齢頃にもなったものだから聟を取ってアズけたところ、あることかないことか親不孝な娘どもはその聟どもを嫌って、夜もロクロク話をしなかった。それで聟どもは力を落して出て行ってしまった。それだけだらあきらめもつくが、その後姉妹どもア不思議な病いにかかって、とうとう死んでしまった。その病いとは何だと聴いてクナさるな、娘どもの前の物サ匂いがついて、そこからだんだんと腐って死んでしまった。それで俺はこうして娘どもの後世を弔うために廻国している。ちょうど同じ齢頃のそれも姉妹のお前だちの顔を見てわが子のことを思い出して、とうとう泣いてしまったと話した。

その話を聴いて姉妹は、顔を見合っていたが、にわかに寝室へ駈け込んで行って、前の所を嗅いでみた。するとそこが大層臭く匂うていた。これは大変だ。私たちもここが腐って死ぬかも知れないと思って、聟どもに見向きもしなかったことを後悔して泣いていた。そこへ六部の爺様からいいからまっすぐに寝室に入れと言われた聟たちが、まっすぐに娘たちのもとへ帰って来た。そして以前とは違って仲良く暮すようになった。

(村の犬松爺の話の九。大正十二年の冬頃の分。)

一五六番　鼻と寄せ太鼓

ある所に酒屋があった。そこに使われている夫婦者があったが、女はその家の酒作男といい仲になっていて、夜々女はハシリ前へ出て、椀などを洗ううちに、壁板に穴を開けておき、女がハシリ前の板をパンパンと叩くのを合図に外から男が来てその穴から話をしていた。

夫は妻《おがた》の毎晩の様子を怪《おか》しく思って、ある晩ハシリ前に行って、女房をいきなり突き飛ばしたところ穴の外から出た男根が突き出ていた。夫は大いにゴセを焼いて（怒って）その先をギッチリと握り、嬶に早く庖丁を持って来うと言いつけた。女房は後日の折檻がおっかないから庖丁を持って行くと、夫はウスコゴマッテ（屈み）その頭をやッと掛声してちょん切ったところ、勢余って自分の鼻頭まで切り落してしまった。夫は驚いて、サアしまった、嬶ア早く俺の鼻を拾って来ウと狼狽《あわて》ると、女房もアワテテ仇男のkarikubiを拾って来て夫の鼻にくッつけた。すると、そのまま変な鼻になってしまった。

夫はそれを笑止（恥かし）がって、外へも出ぬものだから、女房は心配して、夫《あに》な夫なこんど町にええ芝居がかかったじから行って見てがい。おれも行くからと言って、尻込みする夫を無理やりに連れ出した。鼻がそんなンだから顔が見えないように、風呂敷をかぶって隠して行った。芝居小屋近くへ行くと、寄せ太鼓をパンパンパンと叩いていた。その音で夫の鼻は癖を悪くしていたものだから、急にギクギクとおやって、むくめき出したので、そのままそこから逃げて帰った。

（大正十二年十二月二十三日の夜、隣家の婚礼の席で、村の虎爺の話、皆は非常に笑った。）

一五七番　雁の田楽

ある所に、爺様があった。爺が山畑へ行くと、雁《かり》が下りて、豆を食っていた。人がせっかく蒔いた豆を、愛《あえ》らしくもねえ雁だと思って、石塊を拾ってばえらやえと投げてやった。するとそれが雁に当って雁はころりと死んでしまった。これはよいことをしたと思って雁を下げて来て、婆様婆様この毛をむしって串サさして焼いておきもせと言いつけておいて、また畑へ行った。

婆様は、ほんだら爺様が帰って来たら一緒に食うベスと思って、雁の羽をむしって、串にさして、火《ひ》ぼとであぶった。するとひどくぱんぱん香《が》りがしてうまそうなので、雁の脚《あしこ》のところを少しむしって食ってみたら、そのうまいことったらなかった。こたえられないで、もうぺえッこぺえッこと思って少しずつ食っているうちにとうとう皆食ってしまった。食ってしまってから婆様はひどく困った。何と言って爺様さ申し訳したらええか、ああ言うべか、こう言うべかと、いろいろ工夫してみたが、どうもよい思案が浮かばなかった。仕方がないから流前から庖丁を持って来て内股をひろげて、自分のペチョコをじたじたに切った。ペチョコはひどく痛がって涙をぼろぼろと流した。そこで婆様が、何して泣くてや、そんなに痛かったら雁を食わねばええんだと言って、鍵鍋から箆をとって、ビタヅラをぴたぴたと叩き叩き、それでもどうやらこうやら切り放した。そして毛をむしって串にさして、雁のようにして、火ほどであぶっておいた。

爺様は夕方山畑から帰って来た。婆様婆様昼間の雁は焼けて居申すかと訊くと、婆様はああよく焼けてますと答えた。夕飯時爺様が婆様婆様、この雁の田楽ウ俺も食うから婆様も食えと言ったが、婆様はおら厭《や》んだますと言って食わなかった。ほんだら俺ばかり食うべと言って爺様は雁を食った。そして、なんたらこの雁は小便臭かべ、小便臭かべ、ほでもなかなかうまいうまいと言って食った。

（村の雁治という家の婆様から子供の時分聴いた話。この家は今はない。古い家であったが、屋敷は田になった。）

一五八番　胡桃餅と幽霊

ごく仲のよい夫婦があった。そのうちに妻が病んで死んだ。死ぬ時、夫《あに》な夫《あに》なおれはこのくらいお前を思って死ぬんだから、どうか後妻《あとぞい》をもらってケテがんすなやと遺言した。ところが夫は間もなく別の女を娶った。それでもいつもの癖がついているので、仏壇の前へ行って拝むと、位牌から女房のビタが飛んで来て男の額にピタッとくッついた。夫はひどく困って外へも出ないでいたが、亡妻が大変胡桃餅《くるみもち》を好きであった事をひょッと思い出したので、餅を搗いて胡桃を摺鉢《からけ》に入れてガラガラと摺りながら、額をのぞけると案に違わずビタは摺鉢の中にぼッたりと落ちた。

(前話同断。)

一五九番　カバネヤミ

ある男が、あんまりカバネヤミ（怠け者）なので、焼飯二ツもらって勘当された。そこで男は焼飯の包みを頭にかけて、どこというあてもなく歩いて行った。そのうちに腹が空いて来たが、根がカバネヤミだから、頭から包みをおろしたり、それを解いたりするのが面倒なので、空腹をがまんして、誰か来たら解いてもらおうと思って、のたりのたりと歩いていた。

すると向うから、笠を被って口を大きく開いて来る男があった。ははアあの男は腹が空いてああ口を開いて来るのだなアと思って、近づくのを待って、ざエ、この頭に引掛けた包みの中に、焼飯が二つあるが、それを一ツお前にやるから、取り出してくれと頼むと、相手は、いやいや俺はそれどころか笠の紐がゆるんでも、それを締めるのが億劫だから、こうして口を開いて顎で紐を張っているのだと答えた。

(胆沢郡下姉帯村生れの油井徳四郎殿の話。森口多里氏御報告の五。)

一六〇番　テンポ

ある時京《きょう》のテンポ(法螺吹き)が田舎《いなか》のテンポの所へ、偽言《ぼが》の吹き較べにやって来た。あいにく田舎のテンポは山へ行って童子がたった一人留守居をしていたので、ぜえぜえ父親《とと》アいたか、俺ア京のテンポだが、ボガの吹き較べにやって来たと言うと、その子供はそれア惜しかった。俺ア父《とと》ア今須弥仙《しゅみせん》の山が崩れるって麻殻《おんがら》三本持って走せて行ったと答えた。母親《がが》アと訊くと、母《がが》は今海の水が越えるッて鍋の蓋たないて走せて行ったと答えた。

京のテンポは内心舌を巻きながら、そうか、時に先達《せんだって》、奈良の大仏様の釣鐘が風に吹き飛ばされて、どこかへ飛んで行ったといって、大騒ぎしていたっけが、お前は知らねえかと訊くと、ああそれで分った。三日ばかり前にこの梨の樹へ、どこから飛んで来たか大きな釣鐘が飛んで来て、引ッ懸って小半日ゴモンゴモン唸っていたっけが、またどこかへ飛んで行ったと童子が答えたので、童子でさえこんなボガを吹くもの、この父親にはとても敵わぬと思って、京のテンポはすごすごとそこを立ち去った。

一六一番　上方言葉

ある所に田舎の物識男があった。村のことばかり知っていたって本当の物識りとは言われないから、これから一つ上方へ上って、上方言葉を覚えて来るべえと思って、上方へ上った。

上方へ行って、ある町の宿屋に着いた。すると番頭が出て来て、お早いお着きで御座ります。お客様はお上洛で御座んすか、お下洛で御座んすかと訊いた。何の事だかと思って目をパチパチさせていると、ええ京都の方へお上りで御座んすか、京都から田舎の方へお下りで御座んすかと言った。そこで上るということは上洛と言い、下るということは下洛と言うんだなア、これア一つハヤ覚え込んだと喜んで手帳に書きつけた。

その宿屋から朝立つ時、その家の主人が魚頭《ぎょとう》を出して、おいおいこの魚頭を投げろやエと下女に言いつけた。なるほど頭のことはギョトウかとまた手帳に書きつけてその宿屋を出た。

行くと今度は普請場があって、向うから大きな石を大勢で、ヨイコラサ、ヨイコラサと掛け声して引いて来た。そこへまたちょうど子供を連れた女房が通りかかって、泣く子を賺《すか》しなだめて、あれあれそう泣かないで、ヨイコラサ、ヨイコラサを御覧と言った。そこでなるほどこれは石のことだ。ヨイコラサとは石のことなりとまた手帳に書き入れた。

また行くと大きな店屋があって、表看板には朱膳朱椀と書いてあったが、見れば赤い膳や椀が並べられてあった。そこで赤い物は朱膳朱椀というなりと手帳に書き入れた。

そしてまた行くと、ちょうどお昼頃になったので、道傍の茶屋へ入って憩《やす》んだ。ところがそこの娘が団子を一つ手にして、カメや団子をやるからチンチンしろよ。ハイチン、ハイチンと犬に言った。なるほどハイチン、ハイチンとは田舎の下されたいとかもらいたいとかいうことだな。これもよしとて手帳に書き入れた。そしてもうこれくらい覚えれば大丈夫だと思って、故郷へ帰った。

秋になった。裏の柿の木へ上った親父が、足を踏み外して堕ちて怪我をした。そこで早速上方仕込みの新知識を利用して、医者のところへ手紙を書いた。

今般愚父儀裏之柿之木へ上洛仕り候処下洛、ギョトウをヨイコラサに打ち多くの朱膳朱椀出し、手をつけ不被申依而早速妙薬一服ハイチン、ハイチン。

（老母の談話。）

一六二番　長頭廻し

ある村へ代官が来て泊った。ところが代官が、鰌《どじょう》の脊負いゴボウを食べたいと言ったので、村の人達は鰌をとって来て、その鰌の脊に面倒な手数をかけて一々牛蒡を結びつけて煮て、代官の前へ出した。代官はそれを御苦労御苦労といって賞美した。

さて翌朝になると、役人の一人が宿の者にチョウズ（手水）をまわせと言いつけた。さあ村の人達は何のことだか分りかねて、早速足早の者をお寺の和尚様の所にやって、そのことを判断してもらった。和尚様も一寸やそッとでは解らぬので文選字引を出したり三世相を出したりして、やっとチョウズとは長頭だということが分った。そこで骨折って村中での長頭の者を探し出し、その男に袴をはかせて、尻に膳を結びつけて代官の前へ差し出した。役人はそれを見て、いやいやこれではない。チョウズをまわせと言った。すると長頭の男は、ハイとかしこまって長い頭を一生懸命に汗を流してぐるぐると廻した。しまいに役人が、いやいやチョウズとは顔を洗う水のことだと言って聞かせたので、初めて村の人達は意味を悟った。

一六三番　長い名前（その一）

ある所に子供を持つがいつも亡くして困る人があった。新しく子供が生れたので、今度こそは長生きをさせたいと思って、お寺の和尚様のところへ行って聞くと、そんだら長助と名をつけめされと教えられた。ところが長助ではあまり短かくて何だか気に染まらないので、もっと長い名前をつけてたもれや、と頼んだ。すると和尚様は左のような長い名前をつけてくれた。

一丁《いっちょ》ぎりの丁ぎりの、丁々ぎりの丁ぎりの、あの山越えてこの山越えて、チャンバチャク助、挽木の挽助

親達はよい名前だと言って喜んでいた。

ある時、親はその子供を連れて山へ行った。谷川の一本橋を渡る時、子供が誤って、川へ落ちてしまった。親者人は魂消て、あれあれ俺ア家の、一丁ぎりの、丁ぎりの、丁々ぎりの丁ぎりの、あの山越えてこの山越えて、チャンバチャク助、挽木の挽助が川へ落ちて流れたから助けてたもれチャと叫んでいるうちに、時刻がたって水を呑んでとうとう死んでしまった。

（私の祖父のよく語った話であった。稚い記憶の中から。）

（その二）

ある家でいつも子供が早く死ぬので、長い名をつけたら長生きするかも知れないと、新しく生れた子に、

チョウニン・チョウニン・チョウジイロウ・イッケア入道・ケア入道・マンマル入道・エアウック・ショウック・ショウゴの神・カラのキンショジョ・漆の花咲いたか咲かぬか・まだ咲アき申さん・ドンダ郎

という恐ろしい長い名をつけた。ところがある日この子供が井戸へ落ちたので、それを見つけた人が子供の家の人達に知らせようと思って、チョウニン・チョウニン・チョウジイロウ・イッケア入道・ケア入道・マンマル入道・エアウック・ショウック・ショウゴの神・カラのキンショジョ・漆の花咲いたか咲かぬか・まだ咲アき申さん・ドンダ郎が井戸さへア入《はあ》んましたアと叫んだが、名前が余り長いので、語り切らないうちに時刻が移って、井戸の中の子供は水を飲んで死んでしまった。

（出所忘却。この話と同じ理由の下に、……一束《いっそく》百束《そく》ヘソの守《かみ》三代契り茶杓子刀小じり小左衛門砥で磨いだる藤三郎という長い名前をつけたという話が、田中喜多美氏の御報告の中にあった。）

一六四番　桶屋の泣輪

ある所の長者に齢頃の一人娘があった。聟をもらうことになってフレ出すと、三人の若い者が集まって来た。大工と鍛冶屋と桶屋とであった。

長者はその中で一番テンドウ（技術）のよい者を聟にすることにした。まず大工が家を建てることになり、鍛冶屋は（何をやったか忘れた。）桶屋はコガ（大桶）を結うことになった。

三人は自分のテンドウのある限りガンバったが、鍛冶屋がとうとう一番先に仕上げてしまった。大工はまだその時はカマズが残っていて聟になりかねた。桶屋は最後の一輪を入れるところであったが、少しの違いで聟になりかねたので、泣き出した。

それから桶屋が最後に入れる（結う）輪のことを、泣輪と呼ぶことになった。

（大正十五年六月、田植にて相模久治郎という人から聴いたと田中喜多美氏の御報告の分。）

一六五番　いたずら

昔、一人のセッコキ男があった。ある時この男が村の観音堂に籠って、どうぞ銭を授けて下さるようにと祈願した。お観音様は正直な男だろうと思って、本当の銭を授けてやった。すると間もなく使い果して、また来てお願いをした。それでは今度こそ無駄使いをせぬようにとて、ふたたび授けてやると、またまた博奕を打つ、酒を飲む、茶屋遊びをする。そしてすぐにそれを使い果たして、三度目のお願いを観音堂でやっていると、お観音様は、ああよしよし、今度は大きな板の銭をやると言われた。男が夜明の鶏の声に驚いて帰ろうとすると、顔がお縁の敷板にくっついて離れない。そのうちに明るくなってだんだん村の人達が来て、何をそんなに畏まってらア、早く起きろと言うと、男は泣きながら、これこれのわけだと言うので、早速別当を呼び、代る代る引張ったが、どうしても離れないので、とうとう板を切抜いてようやく放した。そこで皆が、あれあれ板面《いたづら》、板面と言ったとさ。

（一六四番、一六五番、田中喜多美氏御報告の分の二三。）

一六六番　話買い（その一）

ある男が町へ行くと、見慣れた店の前に、話売りという看札がかかっておった。これは珍しいこともあるものだ、どんな話を聞かせるもんだべと思って、立寄ってみると、内に齢寄った爺様が一人すわっていた。話売る人はお前だかと訊くと、爺様はそうだと答えた。

価を訊くと、一話一両だと言う。幸い懐に一両持っていたから、ほだら一つ売ってくれろと言って金を爺様の前へ出した。すると、爺様は、

大木の下より小木の下に

とたった一言話《こと》した。あと続くかと思って待っていたが、あとは何にも言わなかった。男は一両という大枚な金を出したものだから、何か長い語物《かたりもの》でも聴かせることだべと思っていると、やっぱりたった一言、それだけなので気抜けがして、面白くなくて家へ還った。

家へ帰る途中広い広い野原を通りかかった。夏の日だったと見えてにわかに神立雨《かんだちあめ》が降って来た。おまけに雷鳴は天も裂けるように強かった。男は魂消て野中の一本杉の下へ駈けつけて雨宿りをした。ところが偶然《ひょっくり》と胸に浮んだのは、今日の話売りの爺様の言葉であった。あッこのことだと思ってその一本杉の下を一足離れると、突然杉の木に雷がおとけあった（落雷した）。男はその余勢《いきおい》で二三間吹き飛ばされたが、生命は助かった。気がついて見ると一本杉は粉微塵に砕け折れていた。ああこのことだ。一言一両で高いと思ったが、一両で生命を買ったと思えばこれはまたあまり安い話だとその男は話した。

（その二）

ある所に三人の男があった。これから三年の間うんと働いて金を貯めてお伊勢詣りをすることを相談した。やがて三年目になると二人は金を五十両ずつ貯めていた。一人は貯めるには貯めたが、その金を寺へ寄進したり、貧乏人にやったりして、二人の朋輩が伊勢参

宮の旅に出かける時には、懐にたった三両しか残っていなかった。それでも約束は約束だからとにかく三人連れで村を出立した。

三人は伊勢の国をさして旅を続けて行くが行くが行った。そしてある町を通りかかった。その町の真中ごろに立派な家があって、軒下に、「話売り候」という看札がかかってあった。三人はあれや見ろ、広い国だじあなア、話売りの看札があると言って通った。すると金を三両しか持っていない男が、じえじえ待て待て、俺が話を買ってみると言ってその店へ入って行った。申し申しと言って、一体どんな話を聴かせるものかと思っていると、一人の立派な爺様が出て来て、お前は話を買いに来たかと訊いた。男はいかにもその話を買いに来たが、一つ売ってくれぬかと言うと、爺様は話は一つ一両だ。買いたくばここへ一両置けと言った。男はそんだらと言って、言うがままにそこへ一両出すと、爺様は、

柱のない所には宿とるな

と言った。これが一両だけの値段の話であった。男は大枚一両の話だから何か段物の語物でも聞かせるのだかと思って待ち構えていると、たったこれだけの謎のような一語を聴かせられたばかりなので、さっぱり腑に落ちなかった。それでいま一つ聴かしてケろと言って、またそこへ一両出した。すると爺様が今度は、

怪しい物をばよくも見ろ

と言った。男はどうせこうせ懐にもう一両あるから、いま一つだけ聴いてみるべと思って、また一両出すと今度は、

堪忍袋の緒を締めろと、またたったこれだけを言った。あとは聴きたくももう金がないので聴かれぬから、男はそこを出た。そして先へ行った二人の朋輩どもに追付くべえと思って急いで行った。

行くが行くと、そのうちに日が暮れて四辺が暗くなって歩けなくなったので、男はその夜は山に野宿をした。朝はやく起きて急いで行くと、自分が泊った所から程遠くない所に岩窟があって、そこで二人の朋輩が大きな岩にひしがれて死んでいた。男はそれを見てははアこのことだ。俺はよいことをした、あの話売りの爺様から話を聞いて来てよかった。もし三人で来たなら俺もこの岩の下に泊ってこんな風にひッぴしょがれて往生申すところだった。話売りの爺様の、柱のない所には宿とるなということはこのことだと思って、二人の朋輩の屍にねんごろに念仏申してそこを立去った。

それからまた行くが行くが行った。そのうちに日が暮れた。けれども男の懐には一文もなかったので、宿屋に泊ることができないから、ぶらめかしていると、野中の森の中に神様のぶッかれ御堂があったから、そこへ入って泊っていた。ところがちょうどその真夜中頃だと思われる刻限に、何だか恐しい音を立てて天を飛んで来る者があった。何だべと思って御堂から出て見ると、ピカピカと光る物がウワンと唸って来て御堂の前へどさりと堕ちた。するとそこらが真昼間のように明るくなった。男は胆をつぶして逃出そうかと思ったが、いや待てしばし、あの話売りの爺様は何と言った。怪しい物をばよくも見ろと言ったではないか、これは気を落着けてよく見た方がよいと思って、その光物の堕ちた所へ行って見ると、これはまた何のことはない山吹色をした黄金塊《こがねだま》であった。男は胸をわくめかしてそれを拾って持って町へ売りに行った。どこでもかしこでもあまりな宝物に驚いて値段さえもつけられなかった。そのうちにある長者どんがあって、その金塊を三千両に買い取った。そしてお前はこれからどこへ行くのだと訊くので、男は俺はこれから伊勢参宮に行く者だと言った。するとそれではこんな大金を持って一人旅をしては途中掏摸《すり》やごまの蠅などがうるさかんべからこの男を伴に連れて行けと言って家来を一人付けてくれた。男は宿屋に着けば金箱をば旦那に預けておき、もとより心の大量な男だから心付け手当も余分にやるので、宿屋でも他の客人よりも大事にしてくれるので至極平安無事に旅を続けて、首尾よく伊勢詣りをすませて家に還った。

男が家へ帰ってみると、玄関の戸が締まっていた。はて不思議だなと思って、さげしむと中で何かずんずむんずという話声がしている。はて怪《おか》しいと思ってそっと近寄って戸の隙間から内を覗いて見ると、常居の炉《ひぼと》の横座に立派な男が来て座っていた。それに自分の女房が其側へ摺寄り摺寄りお茶話をしていた。そのありさまを見て、男はむかッとして、今にも雨戸を蹴破って中へ飛込んで不義の二人を斬殺すべと、脇差の柄に手をかけたが、いや待て待て、あの話売り爺様が何と言ったではないか、堪忍袋の緒を締めろと言ったではないか、このことだと思って差控え、それからできぬ声を和げて、嬶やい嬶やい俺は今帰って来たぜと声をかけた。するとはいと内で返辞をしたが、なかなか出迎えにも、出て来なかった。男ははアあの男をどこへか隠すのだなと思っていると、ややしばらくしてから、やっと女房が出て来た。そしてさもさも懐かしそうにしきりに夫に何やかにやと言葉をかけた。けれども男は何をこの不義者めがという心があるものだから、いっこう面白くなかった。内へ上ってからも早くあの男を出してやればよい、出て行けばよいと思って、用もない裏へ入ったりなどして隙を作っても、その度ごとに女房が付纏うて離れなかった。男は俺はこんなにあり余る程の大金を持ち帰って、自分も喜び家内にも喜ばせたいと思えばこそ、こんな苦しい思いをするのだ。それをさとらぬかと思って、また常居に戻った。やがて夜になった。夜もふけて寝ることになった。床へ入ってから男はとても堪りかねて昼間見たことを話して、早くあの男を外へ出してやってケろ。そうしたら俺は何事も言わないからと言うと、女房は容《かたち》を改めて、それではお前はあの男を見たのか、道理でどうも様子が変だと思っていたます。そんなら私も正直に話すが実はあれは人間ではないと言う。ほだらあれは何だと、男も面白くなくて聴くと、女房は、あれはお前の留守のうちは私もまだ若い者だから近所の人達から侮られたり、また悪戯をされたりしては、お前に申し訳が立たないと思って、実は人形を作ってああ衣物を着せて、いつもああいう風に横座に座らせて置き、私がお茶や何かをすすめるように見せかけていましたと言った。それを聞いて男は初めて女房の心がわかり、かえって自分の心持ちを言い訳して、その夜は睦じく寝た。それもこれも皆あの話売りの爺様のおかげである。これこの通り俺は黄金も持って来たと言うて、その一伍一什《いちごいちじゆう》を物語った。そして男は近郷切っての長者になった。

（村の大洞犬松爺の話の一〇。大正十二年十一月三日聴取の分。）

一六七番　額の柿の木

ある所に一人の男があった。何かよいことをお授けしてもらいたいと思って、観音様へ行って、七日七夜籠って願かけをした。そしたら満願の日に、観音様が夢枕に立って、お前の願掛けは聞いてやる。明朝夜が明けたら前の坂を下りて行け。そして一番先に目についた物を大事にして持って行けと告げた。男はその日の朝未明に、御堂を出て前坂を下りて行くと、一粒の柿の種が落ちていた。男は何だこんな物かと思ったが、これも観音様のお授け物だと押し頂く拍子に種が額にぴたッとくッついて放れない。

そうしているうちにその種が根付いて芽を出して一本の柿の木になった。それがだんだん成長《おが》って大木になり、春花が咲いて、秋になると柿の実がうんとなった。そこで男は柿売りになって、町へ行って、柿ア柿アとふれて歩いてたんと金儲けをした。ところが町の他の柿売りどもがそれを憎んで、ある日みんなして、その男の額の柿の木を根こそぎ伐り取ってしまった。するとその伐り株から今度はたくさんの菌《きのこ》が生えた。そこで男はまた町へ出て、菌売る菌売ると、ふれ歩いてしこたま金儲けをした。するとまた町の菌売りどもに憎まれて、その伐り株を根ぐるみ掘り取られてしまった。ところがまたそこの穴から今度は大変な甘酒が湧き出した。そこでまた男は町へ出て、甘酒や甘酒やと言ってふれ歩いてまた大金儲けをした。

一六八番　柿　男

昔々ある所に奥さんと下女があった。そこの家の井戸端に柿の木があって、柿がうまそうに実っていた。下女はその柿が食いたくて食いたくてたまらなかった。何とかして一ツ喰いたいものだと考えていたら、ある晩、表の戸を叩いて、ここあけろここあけろと言う者があった。下女は、ハテ夜中に誰だべと思って、今誰もいませんから開けられないと断ったが、いいから開けろいいから開けろと言うので下女はこわごわそうッと戸を開けたら、背のとても高い真赤な色をした男が立っていた。下女はもう青くなってブルブル慄えていると、その真赤な男が室の中さ入って来て、串持って来いと言った。下女が串を持って行くと、赤い男は、俺の尻くじれ、俺の尻くじれと言う。下女が慄えながら男の尻をえぐると、今度は、なめろなめろと言って帰った。下女がその串をなめたらとても甘い柿の味がした。

(昭和五年四月八日夜蒐集されたものとして、三原良吉氏の御報告の分。)

一六九番　柳の美男

昔、木伏《きぶし》（盛岡の一町名）に美しい娘があった。毎日家の前の北上川へ出て、勢《せい》よく伸びた柳の樹の下で洗濯物をしていた。

ある時その娘がいつもの通り洗濯に出たまま行くえが分らなくなった。家の人達や村の人達は、如何《なぞ》なったべといって、方々を探ねたが、どうしても見当らなかった。ところが二三日たってから娘がその柳の木の幹にたくさんの枝々で絡まれてしっかりと抱かれているのを見つけた。

娘は人々に助けられて家に連れて来られた。その後永くぶらぶら病いにとっつかれて青い顔をしていたが、よくなってからこう言った。

あの夕方いつものように柳の下で洗濯をしていると、どこからか見たことのない美男が来て、抱きついて放さない。そのうちに何が何だか気が遠くなって、何も知らなかった……その後柳の木は自然と枯死した。

（大正二年の夏、盛岡生れの吉田政吉氏談話の分の四。）

一七〇番　履物の化物

昔々、ある所に、とても履物を粗末にする家があった。ある晩、下女がひとりでいたら外の方で、

カラリン、コロリン、カンコロリン
まなぐ三まなぐ三ツに歯二ん枚

という声がした。次の晩にもそういう声がして毎晩化物が出た。下女は恐しくなって、奥さんにそのことを話したら、奥さんは、どんな声だかおれも聴かなけなんねから、今夜はお前の室さ寝んべと言って女中と二人で息を殺して待っていた。するといつもの刻限にまた、カラリン、コロリンと唄う声がした。奥さんは、本統だこれ、一体なんだか明日の晩は正体を見てやんなけなんねえと言って、その晩は寝た。次の晩また下女と二人で待っていたら、またやって来た。奥さんと下女が戸の隙間からそうっと覗いて見たら、履物の化物が、いつも履物を投げ棄てておく、物置のすまこへ入って行った。

（昭和五年四月八日の夜蒐集されたとて、三原良吉氏の御報告分の七。）

一七一番　和尚と小僧譚（その一）

ある所に大層欲張りな和尚様があった。毎晩夜になると、さアさアお前達は昼間稼いでいるから疲れたべえ、早く寝ろ寝ろと言って、三人の小僧を早く寝させてしまった後で、梵妻《だいこく》と二人して餅を搗いたり、食ったり、または、酒を飲んだりするのであった。ところが毎晩早く寝ろ寝ろと言われるもんだから、小僧たちは、欲張り坊主のくせに不思議なことだと思って、ある夜相談をして、みな息を殺して眠ったふりをして見ていると、和尚様と梵妻さんが炉を挟んで向い合いに坐りながら、さもさも楽しそうに酒を飲んだり餅を食ったりしていた。そこで三人はどうかしてあの餅を食いたいものだと一生懸命に相談をした。

そのうちにまた夜になると、和尚様はいつものおきまりの、さアさアとさも親切らしく言い出した。すると一人の一番年上の小僧が、方丈様もし、今夜私たちはお願いが御座りますと言うと、マアマアそれは明日の昼間ゆっくり聞くことにするから、今夜はもう休まッしゃいと何気ない風をして言った。イエぜひ今夜聞いてもらいたいことでと強いて言うと、そうか、ほんだら話して見ろと言う。一番年上のはしめたと思って、方丈様もし今夜から私の名前をデッチリと呼んで下さいと言った。ああそうか、宜しい、じゃ今夜からデツチリと呼ぼう、さアさア休まッしゃれ。

するとまたそこへ二番目の小僧が走り出て来て、ハイ方丈様私のことも今夜からは、ボッチリと呼んで下さい。ああいいともいいとも、さアさア早く休まッしゃれ。

するとまたぞろ三番目の小僧がまかり出て、方丈様私の名前もヤジロウと呼んでください。ああいいともいいとも、ヤジロウか、さアさア早く休まッしゃれ。今夜は大分遅い遅いと言って、和尚様は小僧どもを次の間へ追いやった。和尚様は小僧達が寝てしまうと、今頃はもうあの餓鬼共も眠ったベヤ、時刻はよかんべえと言って、坊主頭に鉢巻をして、ダイコク相手に、

デッチリ

ボッチリ

ヤジロウ

と声がけして餅搗きをやり出した。すると三人の小僧どもは、待っていたとばかりに、床からむッくらと飛び起きて、ハイハイ、和尚様何用でガスと言って、そこへ顔を出したもんだから、和尚様も仕方なしに、ああ起きたか、起きたか、今餅を搗いたので、お前《へ》達にも食わせべと思ってナと言った。切角コロト（内密）に汗水流して搗いた餅を、腹空らし小僧どアに、みんな食われてしまった。

餅搗き（その二）

和尚様はそれに懲《こ》りてその後は、小僧共のいないような時にばかり餅搗きをした。そして蔵《しま》っておいた。ある日二人の小僧は近所の御法事に招《よ》ばれて行って一番年下の小坊主ばかりが寺に残っていた。ところが和尚様は急に餅が食いたくなったので、小僧小僧、お前御苦労だが、隣の家の建前の柱が何程《なんぼほど》立ったかヤ、ちょッと行って見て来てくれないかと言いつけた。ハイと言って小僧は行って見て来るふりをして、壁の穴から見ていると、和尚様は大きな鏡餅を戸棚から取り出して来て、それを炉の灰の中に埋めてホド焼きを始めた。

小僧はその餅がいい加減に焼けた頃を見計らって、ハイ只今と言って、玄関の障子をガラッと開けた。すると和尚様は何食わぬ顔をしながら、ああ見て来なさッたか、柱が何本立ったけやと訊いた。そこで小僧は、和尚様し、あの柱がと、そこにあった火箸を取って、ここに一本、それからまたここにも一本と、灰の中へ火箸を突き差し突き差し、柱の立った場所を教えているうちに、ちょうど火箸がホド灰《あく》の中の餅に差さったので、小僧はぐいらとそれを持ちャげて、あれア和尚様シこれはなんで御座りますと言って、驚いた風をした。すると和尚様の言うことには、ああそれはナ、今日は兄弟子どアみな法事さ行ったのに、お前ばかり残っているから、お前に食べさせべえと思って、こうして焼いておいたのさアと言った。

太鼓破り（その三）

その三人の小僧どア、ある時和尚様の留守の間に、広い御本堂へ行ってお神楽を始め出した。そしてあまり調子に乗って大騒ぎをしたもんだから、とうとう大太鼓を打ち破ってしまった。コレヤことな事をしたでア、和尚様が帰ればうんと叱られる。なぞにすべえ、なぞにすべえと泣きそうな顔をしながら心配しているところに、ハイ今帰ったよと言って和尚様がガラリと帰って来た。そして三人の顔を見て、何だお前方アまた悪戯をしたなアと言いながら、脇を見ると御本堂の大太鼓が破れているので、コレアお前だちアこの太鼓をブン破ったナと叱ったら、方丈様お許しあツておくれやれと言って泣き出した。和尚様は、まあまあ、そんなに泣かなくてもよい、泣いたって壊れたもんが直るわけでもあるまいし、何かの間違いで壊したものだンべから許してやるが、ただではいけない。お前達三人で後前《あとさき》にリンリンという文句をつけた歌を詠んだら許してやンベアと言った。小僧どアは大喜びで先ず一番年上の武士の子が、

リンリンと小《こ》反《ぞ》りに反った小《こ》薙刀《なぎなた》
一振り振れば敵は逃げリン

と詠んで許された。次のが百姓の子で、

リンリンと小反りに反った鍬鎌や
一掘り掘れば土は掘りリン

と詠んで許された。次のは魚屋の息子であったので、

リンリンと小反りに反ったカド鰯（鯡）
いびり食ったら腹が膨りリン

でとうとう三人とも許されたとサ。
（大正九年六月頃、胆沢郡一ノ関近在にて行なわれている話。千葉亜夫氏からの御報告の三。）

四貫八百（その四）

ある所のお寺に和尚様と小僧とがあって、檀家の御法事に呼ばれて行くと、御布施が上って上紙に四貫八百と書いてあった。お経を上げながら横目で和尚様はそれを読んで、ほくほくめがしてお経の文句の中にそれを交《か》てて、

今日の手間は
小僧にア八百
吾れア四貫ン……

と唱え唱え木魚をボクボクと叩くと、小僧達はそれに合せて、

和尚様ア強欲だッ
和尚様ア強欲だッ……

と唱えながら鉦をチンチンと鳴らした。
和尚小僧が檀家から帰ると、和尚様はお経に交《か》てて誦《よ》んだ通りに、自分で四貫取って小僧には八百しかあずけなかった。そこで小僧はその仇をいつか討ってやろうと考えていた。

水汲み（その五）

その和尚様は門前のお嫁様と仲が良かったので、それそれ、その事に邪魔をしてやんべえと思いついた。その門前のお嫁様は毎朝お寺の井戸へ水汲みに来るから、その前の晩そっとお嫁様のもとへ行って、門前の嫁様シ嫁様シ、俺ア所の和尚様がお前さんのことを悪く言っていんすぞと告げると、お嫁様は気に掛けて、なんと妾のことを悪口言っていますてヤと訊いた。誰さも黙っていてがんせ。和尚様がお前さんのことを良い女ゴだども口が大きくて厭《やん》だアと言っていると偽言《ぼが》を吹いて来た。

それから和尚様の方へは、あの和尚様シ和尚様シ、門前のお嫁様がナシ、和尚様のことを悪口していますチョと告げ口した。和尚様が気にかけて何と言っていたてヤと訊くと、あのお嫁様はお前とこの和尚様は立派な和尚様だども、あんまり鼻が大きくて俺ア厭んだアと言っていますと偽言を吹いた。

翌朝、門前のお嫁様がいつものように井戸へ水汲みに来た。ちょうどそこへ和尚様が顔洗いに出た。するとお嫁様はいつものように笑わないで、口を隠して脇の方に向いた。和尚様も笑わないで鼻を隠しそっぽを向いた。そしてそれッきり仲良しにならなかった。

（江刺郡米里村に残っている話。佐々木伊蔵氏の談話。昭和五年七月七日聴書の五。前半のお経誦みの話は、私などもよく父から聴かせられたものである。ただ少し異っていて、こっちはある寺の和尚様が無学でお経一つ知らなかったので困っていると、折から空を多くの雁が飛んで渡った。そこで和尚様はこう唱えて引導したというのである。

天飛ぶ鳥は四十と八羽　百ずつに売れば四貫八百

小僧に八百、吾レ四貫ン

すると小僧がすかさず、

おら和尚ア大欲だ大欲だ……

と後をとったという話であった。)

豆腐（その六）

ある寺の和尚様が、デンガク豆腐を二十串、ズラリと炉に並べて刺して焼いた。そしてその田楽を自分一人でセシめようと思って、二人の小僧を呼んで、ざいざい歌を詠んでこの豆腐を食べッこすべえでないかと言った。そこでまず俺からかけると言って、

小僧二人はニクシ

と言って二串取って食べた。そして小僧どもをかえり見て、どうだいお前達にこのまねができるかいと言った。そこで兄弟子が歌を詠んだ。

お釈迦様の前のヤクシ

と言って八串取って食った。すると一番小さい弟子ッこが、

小僧良げれば和尚はトクシ

と言って残った十串をみんな取って、誰よりも得をした。

（祖父の話、自分の古い記憶。）

小　便（その七）

あるお寺の小僧、和尚様に連れられある檀家の御法事に行った。野原の道を歩いているうちに小便がしたくなって、路傍に立ってしようとすると、和尚様がこれこれ小僧道路《みち》には道祖神という神様がおいでになるもんだ。そこへ小便してはなりませんと止めた。

小僧ははッと言って耐えて行ったが、その中にとてもたまらなくなって、道路《みち》から少し畑の中に入って立つと、和尚様はまた、こらこら畑にはナ、畑神がいるもんだ。いけぬよと言った。

小僧は顔をしかめて、こんどは田の畦に立つと、これこれ田の中には、田の神がおいでるからダメじゃダメじゃと言った。

ほんだら川の中にしましょうかというと、とんでもないこった。川にはお水神様がいることを知らないかと叱った。

小僧は腰が裂けるようになった。少し行くと石地蔵が立っている辻道へ出た。和尚様は小僧ここで少々憩《やす》んで行こうと言って、石に腰をかけて憩んだ。この時だと、小僧は和尚様の頭にザアザアとしっかけた。

和尚様は驚いて、これこれ小僧、師匠の頭に何のこったと力むと、だって和尚様の頭にはカミがないからと言ってのけた。

（昭和四年の夏、北川真澄氏の談。）

一七二番　馬鹿聟噺

金屏風（その一）

舅家から、馬鹿聟殿に、今度屏風を買ったから見に来てけさと言伝があった。嫁子は知っているので、金屏風に竹ばかりで、それが物足りなく、何か書き添えたいと言って居たじ、竹には虎が付きもんだから、これに虎を書き添えればよいなアと言わさいと教えて出してやった。舅家へ行くと案の定その金屏風を取り出して、いろいろと眺めすかしていた舅殿は、時に聟殿、この屏風は竹の絵ばかりでは見ぐさいしだい、何かうまいことはないものかと訊いた。馬鹿聟殿は腕組みして、考える振りをしていたが、昔から竹に虎じます、虎があれば竹がピンと跳ねるもんだと聞きましたと言った。舅殿は大喜びをした。

それから日が少したつと舅家からまた、何だか聴きたいじと言って使いが来た。嫁子も今度は何の用か分らぬのでそのまま出してやった。馬鹿聟殿は俺はこれでも物識りだと言って大威張りで行った。舅殿は床について、うんうん呻っていた。そして聟殿の見えたのをひどく喜んで、これはこれは聟殿よく来てくれた。実は昨夜からこれが病めて死ぬようだと言って、大きな仙気睾丸を横腰から出して見せつつ、何とかよい妙薬でもあるまいかと訊いた。馬鹿聟殿はそれを横から見たり、屈んで見たりしていたが、それこそ大声を出して、竹に虎だッと叫んだ。

物貰い（その二）

馬鹿聟殿が舅家の秋振舞いに呼ばれて行って、しこたま御馳走になったあげく、翌朝、帰りに十文銭を緡《さし》にさしてもらった。それを持って山路へかかると、沼に鴨がずっぱり（多く）下りていたから、それを捕《と》るべと思って、銭を投げつけてみんな失くしてしまった。そのうちに鴨鳥はばッとみんな飛び去ったので馬鹿聟殿は手振八貫《てぶりはちかん》で家さ帰った。

家へ帰ると、母親《おふくろ》が、ざえざえ舅どんから何ももらわなかったかと訊くと、聟殿は、舅どんから十文銭一緡もらったたけれども、山沢《やまさわ》の沼に鴨鳥がずっぱりいたのでみんな投げつけて来たますと答えた。それを聴いて母親は嘆いて、なんたらお前も馬鹿だべなア、そんな銭をもらったら、財布に入れて大事にして持って来るもんだにと言って聞かせた。するると馬鹿聟殿は、ああ、俺アよく分った。尤も尤もと言っていた。

その次に舅家へ行った時は、ぜえぜえ聟殿の家にア馬コがなかったから、馬コ一匹けッからと言って、勇みの駒を一匹もらった。そこで馬鹿聟殿はここのことだと思って、その駒を財布の中に入れべえとして、駒の頭に財布をかぶせて尻を打って打って、とうとう打ち殺してしまった。そして、ああオメトッタ、オメトッタ（苦労した）と言いながら家へ帰った。

母親がまた今日ははア舅どんから何ももらって来なかったかと訊くと、舅どんではお前のところには馬コがなかったから、これをけッからと言って、馬コ一匹もらったけが、俺ア財布さ入れべとして、打ッ叩いて、打ッ叩くととうとうくたばった（死んだ）から、街道傍さぶん投げて来たのシと言った。母親はそれを聴いて、ひどく嘆いて、何たらお前も馬鹿だべなア、馬コもらったら、首さ手綱を結びつけて、はいはい、どうどうと掛声しながら曳いて来るもんだがと教えた。聟殿はそれを聴いて、ああわかったわかった、今度こそはと言っていた。

その次に舅家さ行った時ア、聟どんの家にア茶釜コがなかべから、これを持って行けと言って、立派な茶釜をもらった。馬鹿聟殿はここだと思って、茶釜の鉉《つる》コに縄を結びつけて、凍《すみ》カラの上を、がらがら、がらがらとひきずって来た。すると茶釜ははっぱりと打ち壊れて鉉コばかりをからからと引いて家へ持って来た。

家さ帰るとその態《さま》を母親が見て、それあ何のことだアと叱った。聟殿は何さ舅どんへ行ったら、お前のところにア茶釜コもなかんべからッて、この茶釜コをもらったから、これこうしてひきずって来たのシと言った。母親はそれを聴いて大層嘆いて、なんたらお前も馬鹿だべなア、そんな立派な茶釜コなどもらったら、大事にして手に持って下げて来るもんだがやエと教えると、尤も尤も、今度こそと言ってうなずいていた。

その次に舅家さ行くと、ぜえぜえ聟どんの家には下女童《げじよわらし》がなかったべから、一人けッから連れて行きもせと言って、下女童を一人もらった。馬鹿聟殿はこの時だべと思って、下女童の帯をとって右手に引ッ下げると、下女童は魂消て、おういおういと泣きながら逃げて行ってしまったので聟殿は手振八貫ですごすごと家へ帰った。

家にいた母親が、ぜえぜえ舅どんでは何もケなかったかと訊くと、何さ下女童一人もらったども、腰を抱いて引ッ下げべとしたら、泣き立てて逃げて行ったから、構《かも》ねで来たシと言った。母親はそれを聴いて、何たらお前も馬鹿だことでア、下女童などもらったら、自分の後《あと》さ立てて、それア静かに来《こ》らやい、今日は天気アええなア、お前アええ童だなアと言ってダマシ（慰め）て来るもんだと言うと、聟殿はああ尤も尤も、今度こそ今度こそと言っていた。

その次に舅家さ行った時は、聟どんの家にア屛風コもなかんべから、これをケッからと言って、屛風をもらった。ははアこれとて下げたりなんかしては悪い。この時だと思って、舅家の門口を出ると往来に屛風を立てておいて、さあさあ静かに来ウやい。今日は天気はええなア、本当にいい、メンコ（可愛い）だ、メンコだなアと言って、まっすぐに家へ帰った。

家にいた母親が、今日は舅どんでは何もケなかったかと訊くと、ああ今日はお前の家には屛風コもないこったからと言って、屛風コをもらったから、後に立てておいて、静かに来らやい。今日はお天気がいいなアッてダマして来たシと言った。

母親はそれを聴いてひどく嘆いて、何たらお前も馬鹿なこったべなア、そんな時には、はアこれやどっこいしょッと、肩さ担いで来るもんだにと訓《さと》したら聟殿はああ分った分った。今度今度、尤も尤もだと言っていた。

その次にまた舅家さ行くと、聟どん聟どん、お前らにヤ牛コ《べこ》もなかったべから、一疋けッから曳いて行きもせと言って、赤斑の牛コを一疋もらった。馬鹿聟殿はここだと思って、牛の下腹さもぐり込んで、どっこいしょッと担ぎ上げべえとすると、めイめイと大きな声で啼いて、馬鹿聟殿を向角《むかつの》で、どいら突き飛ばした。聟殿はおったまげて、おういおういと大泣きに泣いて家に帰った。

そこで母親もこの聟殿があんまりな馬鹿者なのに呆れ返って、二度と再び舅家などへは行くなと言いつけた。

（参考のために出羽の「山の与作」の話をする。この話は普通の「馬鹿聟噺」の型を破った、不思議な哀話であった。それは出羽の庄内、立谷沢というところの山奥に、与作という愚直な男があった。独身者であったので、ある人の世話で、麓の村から嫁子をもらった。その嫁子の名はお初といった。

お初は与作がどんな馬鹿なことをしても、決して厭な顔をしたり、小言を言ったりしたことがなく、それはそれはまめまめしく聟殿に仕えた。村の人達でお初のことを褒めぬ者はなかった。

与作は春になったので山の蕨を採って来て、それを舅の家へ土産に持って行った。舅姑は大層喜んで、そのお礼に小判を一枚出して、聟殿聟殿これを持って行って何かの足しにと言ってくれた。与作はそれをもらったが、途中でどうもその小判が不思議でならず、力任《ちからまか》せに平たい石の上に叩きつけてみると、チャリン、チャリンという音がした。これは面白い物だと思って幾度も幾度もそうして叩きつけて鳴らした。そのうちに小判がひしゃげて見悪くなったから、川の中にブン投げて帰った。

お初は家で夫を待っていたが、夕方やっと帰ったから、お前は里から何かもらって来なかったかと訊くと、与作は何だか薄いピカピカ光る金をもらったども、石に打つけると面白い音がするから、打ちつけ打ちつけしてとうとう仕舞いには川さ投げ棄てて来たと言った。お初はそれは小判というものであったべに、今度それをもらったら、これに入れて大事に懐中にしまって持って来さいと言って財布を渡した。

それから間もなく谷沢に蕗《ふき》が生える時になった。与作はその蕗を採って、舅の家へ土産に持って行った。舅姑は大層喜んで、今度は、お前のところにはないだろうからといって、青馬を一匹くれた。それを曳いて来る途中で、いつかお初から聴いた話を思い出して、ふところの財布を出して馬を入れようとすると、馬はハヒヒヒンと高嘶《いなな》きをしてどこかへ逃げてしまった。家へ帰ってそのことをお初に話すと、お初は嘆いて、馬をもらったら綱を着けて、はいはいと言って曳いて来るもんだと教えた。

それから間もなく筍が生える季節になった。与作はその筍を採って籠に入れて、舅の家へ持って行った。すると舅姑はひどく喜んで、これを持って行って使えと言って立派な茶釜をもらった。それを持って来る途中で、ざえざえそうだった。お初がああ言ったっけとようやく思い出して、茶釜の鉤《つる》に綱をつけて、石カラ路をがらがらと曳きずって来た。そしてはっぱり茶釜は壊れてしまって、鉤ばかりを家へ曳いて来た。お初はそれを見て嘆いて、なんたらことだ。茶釜をもらったら手ささげて来るもんだと教えた。

そのうちに秋になった。山にはたくさん、きのこや葡萄やコウカなどが実った。今度はそれらの物を採って籠に入れて背負って、舅の家へ行った。舅姑はいつもいつも珍しい物ばかりもらうと言って喜んで、これを曳いて行って木でもつけろと言って、一匹の斑牛をくれた。与作はその牛をもらって曳いて来る途中で、ああそうだった、お初があゝ言ったっけと思い出して、斑牛の頭をつかまえて引上げようとした。すると斑牛はひどく怒って与作を角で突き殺してしまった。

その日の夕方、お初は家にいて、夫の帰りを待っていたども、なかなか帰らなかった。あんまり遅いものだから、松火をつけて迎いに行くと、山路の途中で夫は牛に腹を突き破られて死んでいた。それを見てお初は大層嘆き悲しんで、そこの千丈ヶ谷という難所から夫の屍を抱いたまま身投げして死んでしまった。それ以来この村では、与作、お初という名前をつけぬということである。

この話のみは雑誌『話の世界』一巻七号、大正八年十二月号に載った。清原藍水という人のものであるが、こんな機会にでも採録しておかぬと自然と忘れられてしまうから記録しておいた。）

馬買い（その三）

馬鹿聟殿が、ある日馬ア買いに小袋をさげて行った。さて買った馬を小袋に入れて持って帰るべえとしたが、馬はどうしても小袋に入らなかった。家へ帰ると爺様に、聟殿聟殿馬買って来たかと訊かれた。そこで聟殿は声を張り上げて、

馬がア――
逃げたア風《ふ》だア……

と歌った。するとすぐそのあとに続いて、馬が、インヒヒン、インヒヒンーと嘶《いなな》いた。次に婆様が、聟殿聟殿馬ア買って来たかと訊いた。そこでまた聟殿は声を張り上げて、

婆アやア
婆アやア――
馬が逃げたっだア――

と歌った。するとすぐそのあとへ続いて馬が、インヒヒン、インヒヒンと嘶いた。爺様婆様の考えでは、どうもこんな聟殿では分らないと言うので、とうとう逐い出した。

（馬鹿聟殿の頓狂な唄声に続いて、インヒヒン、インヒヒンと馬の嘶き声を付ける、その節廻しのユーモアがこの話の興味である。森口多里氏御報告分の六。）

厩舎褒め（その四）

舅の家では厩舎の新築祝いで、聟殿にも来いと言って来たので、これは行かねアばなるまい、さあ行って来るウと言う。嫁子は心配して、家を出る時、あの厩舎には大事な柱に節穴があっけから、ここさ火伏せのお守札を貼ればええなすと言わさえと教えて出した。行って見ればなるほど大事な柱に節穴があったので、聟殿は後からついて歩きながら、舅どん、舅どん、あったら柱に節穴がついておるが、ここに火伏せのお守札を貼るとええなすと、オカタから教わった通りのことを言った。舅殿は感心して、俺ア聟どんは少し足りないっていう評判だったが、これでは何も不足はないと思って、そうだアそうだア、聟どんはよいところに気がついたと言って、ひどく喜んだ。

ところが舅殿に褒められて、図に乗った馬鹿聟どんは、厩舎の中の雌馬の尻の方を見ていたが、いきなり、あッ舅殿し、この馬の穴さも火伏せのお守札をはんもさえと言って、大味噌をつけた。

大根汁（その五）

ある家で聟殿をもらった。世間の話では、その聟殿は少々薄馬鹿だという事で、また聟殿自身も人にそう言われるもんだから始終内気勝ちでいたが、本家から箸取振舞《はしとりぶるまい》に来いと招ばれたので、嫁聟二人で行くことになった。聟殿が本家さ行って人に笑われネばよいがと心配すると、アネコ（嫁子）はそれを慰めて、なにもそう心配することアねえ、御馳走はたいてい大根汁にきまっているから、大根ズものアええもんだ。根も食えれば葉も食えてッて褒めらッさえと教えた。聟殿は喜んで、それをいつそう言えばええべと訊くと、嫁子はそれではお前の腰さ細縄コ結び着けておいて、それをチキッと引張るから、その時にそう言わさえと教えた。

聟殿は腰に細縄を着けてもらって、嫁子と一緒に本家へ行った。お膳が出ると、案の定大根汁であったので、お膳に向った時、嫁子はチキッと縄を引張った。聟殿はこの時だと思って、ははア大根ズものアええもんだ。根も食エば葉も食って、と言ってお辞儀をした。皆は魂消て、なんだかえアニコ（兄聟殿ということ）を世間では薄馬鹿だと言うが、本当に噂ッてものはあてにならねもんだ。馬鹿聟どころか世間に余計ない利功者だと感心していた。

ところがそのうちに嫁子が小用を足しに行った。その縄の端にはどうしたものか鰯を結び着けて置いたので、猫がそれを見つけて、パクッパクッと引張った。そこで聟殿はその度毎に一生懸命に、大根ズものアええもんだ。根も食エば葉も食う……と続けざまに言ったので、すっかり木地をあらわしてしまった。

〈箸取振舞とは、男女新婚の前後に主に婚儀前親類縁者の家に招ばれて行って、御馳走になり、その上に銭をもらうことである。この話は盛岡地方の昔話である。〈橘正一君報〉ところが拙妻の記憶していた話では、馬鹿聟殿の言うことばが、少々長くてこうであった。――芋ズものアええもんだ、根も食って葉も食って、親ア食って子食って、残るところはケックラケツのケブカ〈毛〉ばり……というのであった。勿論この方は芋汁の御馳走であったのである。昭和三年十二月二十七日聴記の分。）

小　謡（その六）

ある時、馬鹿聟殿が舅家へ行くと、聟どんは小豆団子を食ったことがなかんべから、こさえて御馳走すべえと言って、姑婆様が小豆団子をつくって食わせた。それがとてもうまかったので、聟殿はその団子を仕末するところを、よく見張って見ていると、戸棚に入れたから、その夜中に皆が寝沈まってから、そっと起きて、戸棚から団子瓶《がめ》を取り出して、頭を突ッ込んでうんと食った。そしてたらふく食ってから、頭を抜くべと思ったら、どうしても瓶から頭が抜けなかった。そのうちに裏心がさして来たので、厠舎に行ってしゃがんでいると、舅殿が帯広裸体《おびひろはだか》でうそうそとやって来たので、馬鹿聟殿は魂消てカキギ箱の中に入って隠れた。

そんなことは一向知らない舅殿は、用をすましてから、カキギを探したが、箱になかったので、そこにあった石を取って尻を拭《ぬぐ》って、その石をべえアら（いきなり）投げた。するとそれが馬鹿聟殿のかぶっていた瓶に当たって、瓶はガチンと音がして壊れた。そこで聟舅して、お前が石で拭ったことを俺はしゃべらねから、お前も俺の瓶のことを言うな言わないと約束をして、二人は素知らぬ振りをして朝間まで寝ていた。

ある時、親類に婚礼があって、舅殿もこの馬鹿聟殿も招ばれて行った。舅殿は、さあさ親類役として小謡を一つと所望されて、威儀を正しくして、こう歌い出した。

池の水際《みずぎわ》の
鶴ら亀ェはア……
馬鹿聟殿はそれを聴いて憤《むっ》然として、これあ酷いッ、お前は石で尻拭《けつ》いたケたらと言った。

舅　礼（その七）

馬鹿聟殿は舅礼に行くべえと思って朝早々に家を出たが、さて、何と言って行ったものか、少しもその見当がつかなかった。一升樽を下げて道々その事ばかり考えながら行った。すると大きな川のほとりへ出た。見ると対岸に隣の父《とと》が朝釣りをしていたから、ああそうだ、あの人なら何でも覚えている。これは一つ聞いて行った方がいいと思って、ざいざい俺はこれから今舅礼に行くのだが、何と言ったらよいか教えてケ申せやアと叫んだ。すると川向いの父は自分の漁のことを聞かれるものと思って、何今朝はわからない。朝飯前にこればかりと言って、魚籠《はきご》を頭の上へ高く差し上げて振って見せた。馬鹿聟殿はああ分った分ったと言って舅家へ行った。

舅家の玄関へ行くと、そこへ舅姑が出て来たから、ここだとばかり早速、一升樽を頭の上に差し上げて、はい今朝はわからない。朝飯前にこればかりと大きな声で呶鳴った。舅姑等は面食って何のことだかさっぱり分らなかった。とにかく座敷に通していろいろと御馳走をして帰した。

その帰り路でひょっくりと今朝の隣家の父に出会った。やや今朝はどうもありがとう、おかげさまで何事なく舅礼をすまして来たますと言うと、隣家の父は怪訝な顔をして、はあお前は何と言ったいと訊ねた。馬鹿聟殿は、ああ間違っていたかな、今朝はわからない、朝飯前にこればかりと言ったと答えた。隣家の父は呆れてしまって、俺はまたお前がなんぼ釣れたと訊くのだと思って、ああ言ったが、えらい舅礼をやったもんだなアと言って大笑いした。

茶　釜（その八）

馬鹿聟殿がある時、舅家の秋振舞いに招ばれて行って、うんと御馳走になって、湯をがぶがぶ飲んだので、夜中になったら小便が出たくなった。けれども起きるのがいやだから、我慢をして床の中でもじもじしていた。したどもなぞにしても我慢がし切れなくなって起きた。そして肥料桶《ためおけ》を探してうろうろと方々を歩き廻ったけれども、どうしても見つからなかった。そのうちに腰がはちきれそうになったので、仕方なく炉傍へ来て、茶釜に睾丸を入れてたれた。それからああええと思うと、茶釜の中でうるけて、どうしても抜けなくなってしまった。

こうなってはいくら馬鹿聟でも、おしょうしく（恥かしく）なって、室の隅《すま》コに縮《すく》まっていると、その家の姑様が朝間早起きをして、その態を見た。そして子供を背負って揺ぶりながらこういう歌をうたった。

仏の前の白べのこヤエ
凍水《すがみず》かければ
スポンと抜けるもんだヤエ
ねんねんこヤエ
ねんねんこヤエトサア……

それを聞いて、馬鹿聟殿は流し前へ行って、前に凍水をかけると茶釜が取れた。

枕（その九）

馬鹿聟殿が舅家へ招ばれて行って泊って、そして初めて枕というものをして寝た。どうも頭の工合が悪くて、ろくろく寝つかれなかった。そこで側に寝ている嫁子に、ざえざえ、これは何というもんだと訊ねた。嫁子は自分の名前を訊いていることと思って、おれお駒シと言った。

朝間起きて家内一緒に膳に向っての朝飯時に、馬鹿聟殿は、やあやあ昨夜は一目も眠れない。お駒をするべえするべえと思って、押しつければおぞり（退き）おぞり、やっと壁側に押つけてからして寝たと言った。それは箱枕のことであった。

（この頃八戸の『奥南新報』という新聞に出ていた。三戸郡階上《はしかみ》村赤保内《あかぼない》辺の話として左の如き報告があった。馬鹿聟は枕を知らず、いつもごろりと寝ていた。嫁が来るというので、ある人が枕をこしらえてやった。これ誰ざい。だれずいと言った。嫁は自分の名だと思って、せん子ジますと答えた。朝間皆のいるところへ来て、ゆうべひとつも寝なや、はめればぬぐ、はめればぬぐして、と言ったといいす云々。)

屛風の話(その一〇)

馬鹿聟殿が舅家へ行った。いろいろ話をしていたが、寝る時、これを立てて寝ろといって屛風を出してやった。馬鹿聟殿はこんなものは初めて見るので、どう立ててよいものか見当がつかず、まっすぐに立てては転ばし、足を踏み伸ばしてやっては蹴飛ばしたり、転がし転がしとうとう一晩中屛風のうんざい(仕末)ばかりしていた。朝間の飯時に、あれは誰だいと訊ねると、舅殿は家の娘のことと思って、ちょう子ズますと言うと、馬鹿聟殿はやっきとなって、ちょう子だか何だか、俺ら昨夜十八遍ばかりおっ立てたと言った。

雪降りの歌(その一一)

ある長者どんから花嫁子をもらっだ馬鹿聟が、舅礼に行くのに何も持って行くものがないから、ありあわせの蕎麦粉を出して、蕎麦粉搔《け》餅《もち》をこしらえて、それを藁ツトに入れて、しょって出た。聟もてあまして、嫁子はいやがって、なんたらおらそんな物を持って行かば厭《や》んたすと言った。聟ももてあまして、そんだらこれえ何《なぞ》にすべえと訊ねると、そんな物どこさでもいいから、ブン投げてがんせちゃと言った。けれども聟は育ちが貧乏であるから、せっかくのものを投げ棄てるのも惜しくて、路傍に匿して、そのしるしに糞をひっておいた。

その晩舅家でうんと御馳走になって、翌朝起きて見ると、外はのッそりと雪が降っていた。聟は慨嘆して、こういう歌を唄った。

雪降りてヤイ
しるしの糞も見えざれば
わが蕎麦ケモチは
いかになるらむ

それを舅殿が聴いて、聟どんは何言っているでやと訊いた。嫁子は何さこう言ってますたらと言って、歌を左のように直して聴かせた。

雪降りて
しるしの松も見えざれば
我が古里は
何処《いずく》なるらむ

そこで舅殿は、おら聟殿は薄馬鹿だと聞いていたが、なんのなんの偉え歌詠みだと感心した。

団子（その一二）

馬鹿聟殿は、舅家へ秋振舞いに招ばれて行って、小豆団子を御馳走になった。それがあんまりうまかったので、家へ帰ったなら、早速母親《あっぱ》にこしらえてもらって食うべえと思った。そこで夜寝てから、側のオカタ（妻）にそっと、ざいざい先刻夕飯時に食ったものは、あれや何というもんだと訊いた。するとオカタは、なんたらことを言う、あれは団子だましたらと教えた。

翌日聟殿は家に帰る路すがら、忘れてはならぬと思って、団子団子団子と言い続けて来た。ところがその途中に小さな流れがあったが橋がないので、そこを、ウントコ！　と掛け声して跳び越えた。それからはウントコ、ウントコと言い続けて家に帰った。

家へ帰ると母親は炉傍《あっぱ》で麻糸《いと》を紡んでいた。聟殿は家の中へ入るといきなり、ぜえアッパ、ウントコをこしらえて食わせもせと言った。母親がそれは何のことだと聞くと、うんにゃウントコだと言ってきかなかった。それでも母親は何のことだかわけが分らぬものだから、ただあっ気にとられていると、息子はもどかしがって、そこにあった火箸をとって、ウントコだってばっと言って、母親の額をコキンと叩いた。すると見ているうちに母親の額に大きなこぶが出た。母親はあきれ返って、なんたらこったッこれや見ろ、俺の額さ団子のようなこぶができたがやと嘆いた。息子はその時、あゝあゝその団子のことだったと言った。

（多分この話は『紫波郡昔話』にも出ていたと思う。重複の嫌はあるけれども、言葉など一寸変っているから、再録した。小豆団子ではなく、ソクシレ団子と私等は祖父母から聴いたものであった。また言い間違った掛け声を、ウントコ、セット、ドッコイというように、土地土地で多少の相違がある。江刺郡米里村地方でも同話を聴いたが殆ど同じ故略す。）

鶏（その一三）

馬鹿聟殿が正月舅家へ呼ばれて行って、小豆餅をうんと御馳走になった。その夜奥座敷に寝せられたが、夜半に小便が出たくなっておきた。そして座敷中を這い廻ったが、どうしても出口が分らぬので大変に困った。そのうちにとても耐えきれなくなったので、畳を起して床板の節穴を見つけて、そこからスンズコを入れてじこじことしていた。ところがその床下は鶏舎《とや》になっていたので、馬鹿聟殿のスンズコをひょっこどもがつっつき切って生呑みにしてしまった。

多くのひょっこの中に鳴きようの変ったのが一羽いた。初めの中は、キンキンキンと鳴いていたが、大きくなって時を立てるようになると、いきなり、

Kintama

Kintama

と鳴いたとさ。

（村の農婦高室千早婆様が、酔うと常に語り聴かせた話であった。）

相図縄（その一四）

馬鹿聟殿は新聟で、舅家から嫁子と一緒に来いと言って使いが来たが、嫁子は聟殿が薄馬鹿なことをショウシ（恥かし）がって一緒に歩くのを嫌った。そしておら先さ行ってい

るから、あんたは後から来さいねン。あんたの来る途々さば小糠をこぼして行《え》くから、その通り歩いてございン。そうすれば間違いなくおらの実家さ着くからと、くれぐれも言い含めておいて先に出て行った。

　そこで馬鹿聟殿はあとから家を出て、小糠のこぼれているとおりに歩いて行くと、途中で風が吹いて小糠が水の乾《か》れた堰や小川へ飛び散らけていた。それでも馬鹿聟殿は小糠の落ちている通り、どこまでもどこまでも、歩いて行かねばならぬものと思って、堰に入ったり、小川へ入ったりして、紋付や袴をさっぱり泥ぐるみにしてしまった。そして溝鼠のような格好になってやっと舅家へたどり着いた。嫁子はその態《ざま》を見て、アンダ何シしたでや、この態アと、うんと叱った。そしてすっかり裸体《はだか》にして衣物を洗ってやって、やっとその晩は舅家のお客になった。

　ところが、嫁子は聟殿が御馳走の座敷で何から先に食べていいか、一向知らないのが気がかりで聟殿を蔭に呼んで、大事なところに紐を結びつけて、その端を持っていて、人に知れないようにツツと引いたらお汁《つけ》を吸いなさい。ツツツツと引いたら御飯を食べなさい。またツツツツツと引いたらお肴を食べさんしとくれぐれも言い含めておいた。いよいよ御馳走が始まったが、嫁子が約束通りの合図の紐を引いてくれたので、聟殿は箸を取って、はい御飯、はいお汁、はいお肴と間違いなく食事をすることができた。お客様達はこれを見て、はてこの聟殿は薄馬鹿だという評判だが、こうちゃんと物を順序に食べるところを見ると、まんざらでもないらしいと心の中で思っていた。ところがそのうちに嫁子は小用を達したくなったので、ちょっとの間ならよかろうと思って、紐を柱に結びつけておいて厠へ立った。その隙に猫がやって来て、紐に足を引っ掛けて、もがいて、無茶苦茶に紐を引っぱったので、馬鹿聟殿はそれを嫁子の合図だと早合点して、この時だとばかり、大あわてで汁も飯も肴もアフワアフワ呻りながら一緒くたに口に掻攫い込んだ。それを見てお客様達は、なるほどこいつア名取者だと初めて知った。

（陸中水沢町附近に行なわれている話。森口多里氏の御報告の七。同氏は「団子の名を忘れた馬鹿聟」「沢庵漬で風呂の湯を掻き廻した話」、和尚と小僧譚の第三話の、「頓智で餅を食べる小僧話」と共に、同地方でのもっとも普遍的な、そしてまたもっともしばしば語られる昔話であると言っておられた。）

（旧南部領、遠野地方に行なわれている話では、細紐を馬鹿聟殿の亀頭に結びつけたとしてある。またこの合図も御馳走ではなくて、舅殿との対座の御会釈であって、一つ引張ったらハイと言え、二つ引張ったら、ハイハイと言え、三つ引張ったら、三度続けてハイと言うのだとくれぐれも言い含められて行った。ところが嫁子が小用に立ったあとで、猫がその糸に引絡まったので、引張られることが非常に急劇で、且つ強いので、聟殿はしっかり弱り、ハイハイハイハイの頭首《からくび》が引きちぎれ申しアンすと言って、化けの皮が露見に及んだと物語る。）

シャッポと茶釜（その一五）

馬鹿聟殿が何かの用事で往来を歩いていると、ぼっかりと知り合いの人に出会った。天気でいいなと、その人が冠物を取ったら、馬鹿聟殿がそれや何だと訊いたので、これかこれはシャッポだと教えた。

馬鹿聟殿もそのシャッポをかぶりたくなって町へ行き、まず宿屋へ泊って訊いてみることにした。そして宿屋の女中さんにお前様、シャッポを知らねえか、知っておれば買って来てくれと頼んだ。すると女中はシャッポをチャツボと聞き違えて、早速茶壺の大きなのを買って来た。聟殿は喜んでそれをかぶって歩いた。

(八戸の『奥南新報』紙上に「村の話」としてあったものの中から、自分の村でも現に話しているもののみを取ってみた。ここにその重複を明らかにしておく。)

飴甕(その一六)

舅礼に行った馬鹿聟殿に、餅を焼いて御馳走したが、餅が焼けてもくもくとふくれ上るのを見て怖れをなして、馬鹿聟殿は、おっかないおっかないと言って手をつけなかった。

馬鹿聟殿は恐ろしくすいた腹をこらえて寝ていたが、とうとう我慢がしきれなくなって、側に寝ている嫁子を揺ぶり起して、ざいざい何か食うもんはないかと訊くと、嫁子は台所に飴《あめ》を入れてある甕があるからそろッととって食べなさいと教えた。そこで馬鹿聟殿は起き上って、物につまずいては音を立て立てしてやっと甕を探し当てて、早く喰うべえとして、一度に両手を甕の中に押し込んだら、手が取れなくなったので飴甕を寝床へ持って行って朝間まで抱いて寝た。

柊の椀（その一七）

ある馬鹿聟が舅家の秋振舞いに招ばれて行くのに、何と言って会釈をしたらいいかと、心配していると、嫁子が、何にも心配してがんすな。おらほさ行ったらきっと、柊《ひいらぎ》のお椀コ出すこったから、そしたら爪先きでピンと弾《はじ》いてみて、カチッと音コがしたら、ははあこれあ柊のお椀だなと言ってがんせと教えた。

舅家へ行くと、案の定立派な膳椀が出た。そこで聟は家で教わって来た通りに、お椀を目八分に持ち上げて、ピンと爪で弾くと、カチッと音がしたから、しめたと思って、ははアこれはヒイラギのお椀だなシと言って、皆を驚かした。そしてひどく面目をほどこしてその晩は泊った。

ところがその夜中に舅殿が疝気を起して大騒ぎになった。黙ってもおられぬので、聟はいやいやながらも起き出して行って見ると、舅の疝気睾丸が腫れ上って、ちょうど大椀のようなぐあいになっていた。そこで馬鹿聟はまた褒められるべえと思って、舅の側へうやうやしく這い寄って行って、内股から余っている睾丸を爪先きでピンと弾いたら、堅くてカチッと音がした。馬鹿聟殿はここだと思って、大きな声でこう言った。ははアこれもやっぱりヒイラギのお椀だなシ。

蛸振舞い（その一八）

ある時、馬鹿聟殿が舅家へ招ばれて行って、蛸の御馳走になった。その蛸がとてもうまかったので、みんな寝沈まった夜半にそっと起き出して、戸棚から蛸の残りを探し出して、手づかみで、むしゃむしゃと食った。すると蛸の汁がだらだらと流れて睾丸にかかった。さア睾丸がかゆくてかゆくてたまらなくなったので大桶《こが》の隅《すま》コへ行ってしゃがんでいて、こう唄った。

チャンプク茶釜に
毛が生えたア
ピョララ
ピョララ……

饅頭と素麵（その一九）

舅礼に行った馬鹿聟殿に、蒸したての饅頭を出したら、湯気がぼやぼやと立ち上るのを見て、おっかないから殺して食うと言って天井裏へ投げつけた。

素麵の膳に向えば、そのまま、これは長い長いと言いながら頸に巻き巻きして十六杯食った。だから馬鹿聟である。

沢庵漬（その二〇）

舅礼に行く馬鹿聟殿に嫁子が、家さ行けばきっと風呂を沸かしてるから、その時は糠をもらって体をこするんだまッちょ。糠を忘れないように気をつけて、と教えた。馬鹿聟殿は、道々糠々々と糠を繰り返して行ったが、ハッと石につまずき、糠を忘れて沢庵漬沢庵漬と言い代えて繰り返して行った。

舅家では一番風呂に入れた。そこで馬鹿聟殿は湯の中から大きな声を出して、沢庵漬沢庵漬と言った。下女が食《あが》るのなら、切って上げアんすべと言うと、いやいや長いの一本と言って、沢庵漬をもらって、一生懸命にそれで体をこすった。

〈森口多里氏御報告分の八。なお下閉伊郡岩泉町地方に残っている話に、舅家へ行ったら御飯の時の湯などがあまり熱かったら、家でやるように、音を立ててフウフウ吹かないで、菜ッ葉漬を入れて掻き廻して飲むもんだと教えられて行った。舅家へ行くと足洗い湯を出されたが、あんまり熱いので、大きな声で早く菜ッ葉漬菜ッ葉漬と言って、漬物をもらって掻き廻して足を洗いながら、盥の縁を叩いて四海波を歌った。〈昭和五年六月二十六日夜、同地の野崎君子氏談話の九。〉

船乗り（その二）

ある妻が、毎夜夫に歌をかけた。その歌はこうであった。

磯ぎわに
繋いだ船に
なぜ乗らぬ

聟殿は薄馬鹿であったので、その歌を解きかねて、お寺の和尚のところへ行って訊くと、返歌を教わった。その歌は、

荒浪ゆえに
乗るに乗られず

と言うのであった。その歌を詠むと、妻は聟殿の偉さを初めて知って、それから夫婦仲が良くなった。

（村の農婦北川いわの殿の話であった。）

一七三番　馬鹿嫁噺

オつけ言葉（その一）

馬鹿嫁様がよそに行ったら、「オ」をつけてしゃべるものだと母親から教わった。ある日よそへ招ばれて行くと、その家ではうまい大根汁を出して御馳走した。そこで早速こう言ってみた。オ家の、オ大根はオでんち、オがらか、オあんじは、オよくて、オござんす、オこと……（すなわちお宅の大根は田地がらか味がよく御座んすことというのである。）

鶯言葉（その二）

これも馬鹿嫁噺である。嫁子に行ったら、鶯言葉を使うもんだといわれた嫁子が、婚礼の時に、仲人嬶様《なこうどがかさま》し、ショウベン、ショウベン、ショウベン、チコチコッと言って便所へ行った。鶯言葉とは上品な言葉という意味だそうである。

（馬鹿嫁噺として、まだまだ記録しておきたいものや貴重だと思える資料がかなり多くある。すなわち「上口下口」「饅頭」「おこわ飯」「いいこと知らず」「傘」「傷嫁子」「有合せ物」等その他であった。しかしこれらはその内容が笑話となっているので、この集などからは別に分離しておくべきものだという見解から、私はここには発表しなかった。その一例として比較的Simpleな物を挙げて見ると、その「有合せ物」という話などは薄足らない嫁子に姑が、私はお昼飯頃には帰らぬかも知れぬから、有合せの物を出して食事をしていろと言い置いて外出した。そこで嫁子は後で衣物の裾をまくり上げて有合せの物を出しつつ食事をしたというような話である。）

一七四番　馬鹿息子噺

牛の角突き（その一）

ある所に馬鹿な息子があって、お葬式の行列が花を持ったり、旗を立てたりして来たので、面白くなって、木に登って、ああ面白い、ああ面白いと言って喜んでいたら、何が面白いと言って頭を叩かれた。家へ帰ってそのことを話すと、そんな時には、なんまんだ、なんまんだと言って拝むもんだと、親父が言って聴かせたのでなるほどと思っていた。

次にある日、家の前を婚礼の行列が通るので、親父の伝授この時とばかり、大声上げて、なんまんだ、なんまんだッ！　と唱えて拝むと、何が悲しいと言って、また頭を叩かれた。そのことをまた親父に語ると、そんな時はお祝いだから、歌の一つも唄ってやるもんだと言われてそれを呑みこんでいた。

ある夜近所に火事が起った。親父の伝授この時とばかり、早速火事場へ駈けつけて行って、ああ目出度い、目出度い、目出度の若松様だよう、と唄った。するとみんなに何が目出度いと言って焼け杭で頭を叩かれて、泣きながら家へ帰って、そのことを話すと、親父は何たらこった、そんな時には俺も助けますと言って、水の一桶も打っかけてやるもんだと言って聞かせた。

ある日息子が町へ用たしに行くと、鍛冶屋があった。そこでせっかく炭火が燃え立っているところへ、親父の伝授この時とばかり、ざぶりと一桶水をぶッかけた。鍛冶屋は大変怒って金槌で頭をコクンと叩いた。息子は町から泣きながら帰って来て、そのことを親父に話すと、困ったもんだ、そんな時に一叩き叩いて助けますと言って一打ち打って助けるもんだと教えた。

その次にまた町へ行くと、酒屋の前で酔ッタクレが二人で喧嘩をおっ初めていた。息子は親父の伝授この時とばかり、俺も一叩き叩いて助けますべえと言って、二人の頭をぽかりぽかりと叩きつけると、かえって二人にさんざんなぐられてほうほうの態《てい》で家に帰った。そしてそのことを親父に話すと、そんな時には喧嘩の中に入って、これこれ、まずまずと言って仲裁をするもんだと教えられた。

ある日、息子が一人で山奥へ柴取りに行ったら、牛が二匹で角突き合いをしていた。親父の伝授この時とばかり、その真中へ、これこれ、まずまずと言って割り込んで、角で腹を突かれて、とうとう死んでしまった。

（江刺郡米里村地方の同話には多少相違がある。すなわち馬鹿息子の遭遇失敗した事件の順序は、

火事を路傍で見ていたのが悪かったのである。そこで親父からそういう時には水を張りかけるか、水がなかったら小便でもいいと教わる。

次に出会したのは嫁子取りの行列であった。花嫁子の腰巻の赤く飜えるのを火事だと誤認して小便をしっかけたのが悪かった。

その次に出会したのが葬式の行列で、それに親父から教わった祝謡を歌ったのが悪かった。

そこでこれではとても一人で山へ柴刈りにやれぬから俺と一緒に行けと、親父が言ったこと

になっている。同地の佐々木伊蔵氏談話六。昭和五年七月七日聴書。）

飴甕（その二）

ある所に少し足りない馬鹿な兄があった。母親《おふくろ》が飴《あめ》を作って、厩舎桁の上に置いた。ある日のこと兄が飴をなめたいなめたいとせがむので、親父も仕方なく桁へ上った。そして今飴甕を下すから、お前は下にいて尻《けつ》を抑えろよと言った。

兄は喜んで、はいはいと言っていた。父親は薄暗い厩舎桁へ上って、甕を取り出し、いいか、しっかり尻をおさえろよ、手を離すぞ、と言って、そろそろと下した。下で息子は、ああいいよ、しっかりおさえているから、と言う返事なので、父親が手を離すと、飴甕はどさッと土間に落ちて粉微塵に砕けて、飴はみんな土の上に流れてしまった。父親は真赤になって怒って、下へおりて、お前どうして尻をおさえていないッと怒鳴ると、息子は腰を屈めて両手でしっかりと自分の尻をおさえながら、父親《とと》俺アこんなにおさえていたと言った。

（昭和四年十一月中、前述織田秀雄君御報告の四。）

一七五番　尻かき歌

ある所に馬鹿娘があった。父親がある日隣家へ遊びに行くと、隣家の娘は絵を画いていた。感心して家へ帰ってその話をして聴かせ、本当に隣家の娘のような利巧な子供を持ったならなんぼ良《え》えんだか、なんだ俺家の娘と来たらろくな勘定も知らないとこぼすと、馬鹿娘がいきなり立上って父親の前で、グエアラと着物の裾をまくって、片手で尻をガリガリとかいた。親父が怒って叱ると、娘は左のような歌を詠んだ。

かくべきための
十の指
けつをかいたて
咎《とが》じゃあるまい

（江刺郡人首辺にある話。昭和五年七月七日佐々木伊蔵氏談話の七。）

一七六番　嫁に行きたい話（その一）

ある所に大層齢を取った婆様があった。その婆様を嫁子にケなかべかと言うて仲人が来たところ、家では、俺方《おらほ》の婆様ア眼も見えないし、わかねアごったと断った。すると婆様はこれアこれアこの餓鬼どア向い山の頂上《てっぺん》で赤蟻《あかあがり》コと黒蟻《くろあがり》コとが角力してらでア、汝《うな》どさア見ねえか……と言った。

婆様はよほど嫁子に行きたかったと見える！

手焙り（その二）

ある所に齢頃の娘があった。その娘を嫁子にケなかべかと言うて仲人が来たところ、家では、俺方の娘アまだ何ンにも知らねえ子供で、わかねえごったと断った。すると娘はわざわざ仲人の前へ来て手を焙りながら、……あゝあゝ今朝のすばれることア、十九になるども手ア冷たいと言った。

一七七番　唖がよくなった話

ある家で嫁子をもらった。姑が一寸小用に行った間に棚探しをして口に饅頭一つを頬張った。そこへ姑が顔を出して、これこれと呼んでも一向返辞ができないで、目を白黒にしているから、これはてっきり唖になったものと思って、姑は山伏を頼んで来て御祈禱をしてもらうことにした。
頼まれて来た山伏は屛風を立て廻してその中へ嫁子を入れて、そうしてこう唱えた。

この間《ま》に
嚙み給え
飲み給え……

するとその御祈禱がすぐ利いて、嫁子の啞がすっかりよくなった。
(秋田県角館小学校高等科一、柴静子氏の筆記、武藤鉄城氏の御報告の一二。一七九番のその一及び一八〇番。)

一七八番　屁ッぴり爺々

ある所に木伐り爺様があった。山へ行って、ダンギリ、ダンギリと木を伐っていると、山の神様が出て来て、誰《だん》だ人の山で、木伐る者アと呼ばった。すると爺様は、ハイハイ私はミナミナの屁《へ》ッぴり爺々で御座ると言った。そんだらここさ来て、屁をひッてみろと言われた。そこで爺様は山の神様の前へ出て四ツん這いになって、

コシキサラサラ
コヨウの宝をもッて

スッポンポン

と屁をたれた。山の神様は、イヤ全くこれは面白い音なもんだ。よしよしそれではこれから俺の山で何ぼ木を伐ってもええぞと許した。

次の日には、隣の爺様がその山へ行って、ダンギリ、ダンギリと木を伐っていた。するとまた山の神様が、誰だッ人の山で、木伐る者アと呼ばった。ここだと思って、ハイハイ私はミナミナの屁ッぴり爺々で御座ると答えた。そんだらここさ来て、屁をひッてみろとまた山の神様が言った。

その爺様は、話は聞いて来たが、どんな風にしてどんな音を出してよいものだか、つい聴き浅らして来たので、仕方がないから、山の神様の前へ行って、四ツん這いになって、ウウンッウウンッとうんと力んだが、なんぼしてもうまくよい音が出なかった。それで一生懸命にウウンと力むと、グワリグワリグワリッととんでもないものをそこへ押し出した。山の神様はいやな顔をして、どうもお前はいかぬ。以来この山の木伐りに来るなと叱った。

(下閉伊郡岩泉町辺にある話の、爺様の屁の音は、ビリンカリン五葉の松ッポンポンポンッで他の部分は同様である。昭和五年六月二十三日、野崎君子氏談話一〇。)

一七九番　爺婆と黄粉（その一）

ある所に爺と婆とあったとさ、
婆様はウチを掃き
爺様は土間《にわ》掃いた……
そすると土間のスマコ（隅）から
豆コが一ツころころと転《こ》がり出た。
婆様婆様これア豆コ見ツけたざア
畠さ蒔くべえか
炒って黄粉《きだこ》にでもすべえかなもシ
婆様は畠さ蒔くのアあっから
それば炒って
黄粉にし申すべやと言った。
そして大きな鍋で炒ンべえか
トペアコ（小）な鍋で炒ンべえか
大きな鍋で炒ンべや……

大きな鍋を炉《ひぼと》にかけて
その一粒の豆コを入れて
一粒の豆コア千粒になアれ
一粒の豆コア万粒になアれ
カアラコロヤエ、カアラコロヤエ
カラコロコロと掻廻《かんま》した。
すると豆が大きな鍋一杯になった。
婆様な婆様な
こんどは大きな臼で搗くべえか
小さな臼で搗き申すべか
大きな臼で搗き申さい
大きな臼で
ジャクリ、ジャクリと搗いた。
そしたば豆が搗けて
大きな臼一杯になった。
婆様な婆様な
粉下《こおろ》しコない申すか
隣りさ行って借りて来もさい

これアこれア太郎太郎
隣りさ行って粉下しコ借りて来ウ
爺様な婆様な
門口《かどぐち》にゃ赤エ牛コ《べこ》がいッから
俺ア厭ンだッ
太郎太郎そんだら裏口から行って来ウ
裏口にゃ犬コいッから
俺ア厭ンだッ
ほんだら厩口から行って来ウ
厩口にゃ馬コいッから
俺ア厭ンだッ
そんだらえエえエ
爺様のふんどしの端コで
おろすベアに……
爺様のふんどしの端コで
プウフラ、パアフラ
パサパサッとおろした。
爺様な婆様な

この黄粉コなぞにして置くべなもす
棚さ上げれば鼠が食うし
下さ置けば猫が舐《な》めるし
ええから、ええから
爺様と婆様の間さ
置いて寝べアなアに……
夜中に爺様は
大きな大きな屁ッコを
ボンガラヤエとひると
黄粉はパフウと吹ッ飛んで
婆様のケツさ行って吹ッ着いた
これアこれア太郎太郎
婆様のケツさ粉アついた
早く来て舐めろ
俺アシャラ臭いから厭ンだッ
ほんだらええエ
ああ勿体ねア勿体ねア
ペッチャラ、クッチャラ

爺様はみんな舐めてしまった。

爺の屁（その二）

昔さあったどサ、ある所に爺様と婆様とあったとサ。爺様は屋根葺く、婆様は萱のべだどサ。嫁子《あねご》ア一人で土間《にわ》掃いたば、豆《まめこ》アコロコロと出はったけどサ。爺様うんす、婆様うんす、豆ア一ツ出はった、なじょにすべます、種にすべすか、煎って喰べすかて聞いだどサ。したば、種ば買って蒔くべす、煎って喰ェ煎って喰エてセったどサ。それから嫁子ア鍋出して、カラカラと煎ったど。

煎ったば煎ったば一鍋、それから臼出して、トントントンと搗いだど。搗いだば搗いだば一臼、今度ア粉下し出して下したど、下したば下したば一粉下し、爺様うんす婆様うんす、このきな粉なじょにすべますて聞いだと。土間さ置けば雞に喰われる、馬舎さ置けば馬に喰われる、戸棚さ置けば鼠に喰われる、台所さ置くと猫に喰われるけど。そこで爺と婆の間こサ置いたどサ。したば爺大きな屁ボンとたれたどサ。粉はポッポッと飛んで婆のまんへサ付いたど。したばての犬子来て、小便臭いど美味《うま》いぞ美味いぞと言ってみな舐めたとサ、ドットハライ。

（田中喜多美氏御報告の二四。）

一八〇番　屁ッぴり番人

昔、弥太郎という心の良《え》い爺様があった。この爺様は面白い屁をひるので名高かった。その屁は、

ダンダッ（誰だッ）

と鳴った。だから知らぬ者は誰でも咎め立てでもされているように思った。爺様の屁の音も面白がる者といやがる者とがあった。

所の長者殿でそれを聞き込んで、ある日爺様に来てくれと言った。爺様は何用があるかと思って行くと、檀那様は、爺様爺様俺家《おらえ》の米倉の番人になってくれないか、禄はお前の望み次第だと言った。

爺様は大層喜んで、その夜から長者どんの米倉の守り番となった。それからは戸前の二畳敷に毎夜寝ていた。

ある夜盗人が来た。ソコソコ（静かに忍び足で）米倉へ忍び寄ると、暗シマこの中から、いきなり、

ダンダッ

ダンダッ

と怒鳴られた。盗人は驚いて一目散に逃げて行った。

次の夜も盗人が来たが、やはりそのダンダッの声に魂消て逃げ帰った。それから次の晩も、次の晩もとちょうど七夜続けて来たが、いつもダンダッと咎め立てされて、ついに一物も盗まれなかった。

八日目の夜に盗人は考えた。ハテ今までこんなことはなかったんだが、どうもあの声はただの声ではない。不思議だと思ってまたソコソコと忍び寄って見ると、それは倉番人の爺様の屁ッぴり音であるということが分った。

なんだア今までこの爺《じ》ンゴの屁に魂消らされて逃げ帰っておったのか、よし来た今夜その仇を討ってやると言って、胡瓜畑へ行って胡瓜を一本取って来て、爺様の尻の穴に差し込んでおいた。それでさすがのダンダッの音も出せぬので、盗人は安心して米俵をしこたま背負い込んだ。そして帰りしなに少々あわてたので胡瓜の蔓に足を引ッかけて、胡瓜をスポンと引ン抜いてしまった。するとそれまでよほど溜っていたものと見えて、

ダンダッ
ダンダッ
ダンダッ

とえらい大きな音をしきりなしに放し続けた。それで寝坊の爺様も目を覚まして、本統に、

誰だッ

と叫んだので、泥棒は腰を抜かした。やっぱり捕《おさ》えられた。

（胆沢郡金ヶ崎辺の話。千葉丈勇氏御報告の四。）

一八一番　屁ッぴり嫁（その一）

ある所に、あまり富裕でない母子の者があった。隣村からお嫁をもらったが、その嫁女が毎日鬱《ふさ》いでいるので、姑が心配してその理由《わけ》を訊くと、私はどうもおならが出たくって困りますと言う。姑はそれを聞いて、あきれて、何をそんなことで青くなっている人があるものか、行儀作法にも程ということがある。さあさあいいから思う存分気を晴らしたらいいと言った。嫁はひどく喜んで、それでは御免を蒙って致しますが、ただ私のはあたりまえの屁ではないのだから、お母さんはあの庭の臼へしっかりと、つかまっていて下されと言った。姑も驚いたが、仕方がないから庭へ出て臼にしっかりつかまっていると、嫁子はやがて、着物の裾をまくって、ぼがあんッと一つ大きな奴をひったところが、姑は臼ごと吹き飛ばされて、馬舎の桁に吹き上げられ、腰をしたたか梁に打ちつけて、大変な怪我をした。

それを見ていた息子は、たとえ俺は一生妻をもたぬことがあるとも、現在の親を屁で吹き飛ばして、怪我をさせるような嫁子は困ると思って、里へ帰そうと、妻を自分で送って行った。その途中で、ある村を通りかかると、浜の方から山を越して来た駄賃づけの者共が、路傍の梨の木に石や木を投げ上げていたが、一つも梨の実は取れなかった。嫁はそれを見てひどく笑って、なんて甲斐性のない人達なんだろう。妾なら屁でも取って見せるのにと言うと、その駄賃づけの者共が、それを聴きつけて大変に怒り、何をいう、そんだら屁でこの梨を取ってみろ、もし取れぬ時はお前の体をもらうぞと言い罵った。女はなおも嘲笑って、よし取りましょう、そんだらもし今言った通りに屁で取ることができたら、お前達の馬と馬荷を皆妾に寄こせ、そして、妾がしくじった時は、私の体はお前達の物だと言った。

男共は、これは面白い、これは面白いと、手を打っておじょめいた。そして、さあ女早く早くとせきたてた。嫁子は心得て、静かに衣物の裾をまくり、身構えをして、例の奴をぼがあんッと一つぶっ放した。すると大きな梨の木が根こそぎ、わりわりと吹き倒されてしまった。嫁子はそこで約束の通りに、織物七駄、米七駄、魚荷七駄、三七二十一駄の馬と荷物を受取った。

それを見て息子は、こんな宝女房をどうして里へなど帰されようかとて、家へ連れて戻った。そして別に小さな部屋を造り、女房は折々そこへ入って戸を締めておいて屁をひるようにした。そこを部屋（屁をひる室）と名付けた。それが部屋《へや》の起源《おこり》で、今でも嫁をとれば間違いがないようにと、すぐその部屋に入れるということである。

（和賀郡黒沢尻町辺の話。家内の幼い記憶。）

（その二）

昔々あっとこへ嫁が来た。毎日毎日青い顔をして鬱《ふさ》ぎ込んでいるので、姑がある日のこと、何してあんたは毎日毎日青い顔してふさいでいるのか、わけがあったら言わせと訊いてみたら、嫁は私には一ツ悪い癖が御座りますと答えた。姑が重ねてどういう癖だと訊いたら、嫁は屁たれる癖で御座りますと答えた。するとほんなら遠慮なくたれさえと姑が言ったので、嫁は、ほんではと言って、たれると、出るわ出るわプップップッと止めどもなく屁をたれて、しまいにブウッと一ツ大きな屁をたれたら、姑は吹き飛ばされて、ようやく炉端の柱につかまって、嫁やア嫁やア屁袋の口をしめろと叫んだ。

とてもこういう屁たれ嫁は家に置けないと、里へ帰すことになった。そして姑が嫁を連れて里へ帰って行くと、途中の路傍に大きな柿の木があって、柿がたくさん実っていた。姑がそれを見上げて、とてもうまそうな柿だどきに喰いてえもんだと言うので、嫁は柿の木の下さ行って裾をまくって、大きな屁を一つブウッとたれたら、柿がバラバラと落ちて来た。すると姑は大した喜びようで機嫌も直り、こういう重宝な嫁はとても里さ帰されないと言って、途中から引き帰した。

（昭和五年四月六日夜の採集として、三原良吉氏御報告の八。）

一八二番　眠たい話

三人旅（その一）

ある所に、ムカシとハナシとナンゾという三人があった。伊勢詣りをすべえと相談して、三人で旅に出た。行くが行くが行くと大きな川に一本橋が架かってあった。三人が橋の真中ごろへ来た時、バウバと大風が吹いて来た。するとムカシはムクして、ハナシはハズクレテ、ナンゾは流れてしまったとさ。

（村の話。子供に話をセビラレ、さて語る話も尽きてしまって、こんな他愛もないことまで語らねばならない時刻になると、やっと子供達は眠たくなるのである。）

三ツ話（その二）

おっかない話とおかしい話と悲しい話とがあった。それは鬼がいたので、怖いと思っていると、その鬼が屁をひッたからおかしいので笑っていると、その鬼が死んでしまった、シけど……それで悲しかったということ。

（柴静子氏の筆記。武藤鉄城氏御報告の一三。）

笹山焼け（その三）

ある所に盲《めくら》とオッチ（唖）と足ポコ（びっこ）の三人があった。春さきの乾燥時《はさき》になると、向いの笹山に火がついた。それをメクラが見ッけて、オッチが叫んで、足ポコが唐鍬持って駈け出した。火消したさ……

（村の話。）

昔さら桶（その四）

昔々ある人が一つの大きなほんとうに大きな桶を持って来た。それでその桶は何桶だかと訊くと、これは「ムカシサラオケ」だと答えましたとさ。

「ムカシサラオケ」とは昔話《むかし》を棄てるなとの意味だそうだ。

（秋田県角館小学校高等科、清水キクヱ氏筆記。武藤鉄城氏御報告の一四。）

昔　刀（その五）

昔々ある人が長い長い刀をさして、その先の方に小さな車をつけて、カラカラと鳴らせて来たので、その刀は何刀だと訊くと、これは「ムカシカタナ」という刀だと答えましたとさ。

「ムカシカタナ」とは昔話《むかし》を語るなという意味だそうである。

（前話同断の一五。）

一八三番　きりなし話

橡の実（その一）

ある所の谷川の川端に、大きな橡の木が一本あったジも、その橡の木さ実がうんと鈴なりになったジもなア、その樹さ、ボフアと風が吹いて来たジもなア、すると橡の実が一ツ、ポタンと川さ落ちて、ツブンと沈んで、ツポリとどんむくれ（回転）て、ツンプコ、カンプコと川下の方さ流れて行ったとさ……

（こういう風にして、その大きな橡の木の実が風に吹かれて、川面に落ちて一旦沈んで、そしてまた浮き上って、そこから流れてゆく態を、際限なく語り続けてゆくのである。）

蛇切り（その一）

ある所に爺様があったとさ。山さ行ってマンプ（堤状の所）を鍬で、ジャクリと掘ると、蛇が鎌首をべろりと突ン出したとさ。だから爺様はそれをブッツリと切ったとさ。するとまた蛇がべろりと出たとさ。爺様はそれをブッツリと切ったとさ。また蛇がべろりと出た

とさ。そこで、
蛇はのろのろ
爺様はブッツリ
のろッ
ブッツリ……
(これもこういう風に際限なく続くのである。これは主に童子達に、昔話昔話とせがまれるが、話の種も毎夜のことなれば尽きてしまった困った時に、爺婆が機転を利かして、臨機応変、即興的に作話したもののうち比較的優秀なものが後世に残ったものであろう。この種のものが数種残っている。)

蛇の木登り(その三)

昔アあったジもの……家の門口に大きな梨の木が一本あったどさ。するとその木さ、大きな大きな長い長いイ蛇がからまって、のろのろのろッ……と登ったと。

そして、今日もノロノロ……明日もノロノロ……

(和賀郡黒沢尻町辺の話。妻の幼時の記憶。)

炉傍の蚯蚓(その四)

ある童《わらし》アいつもかつも炉《ひほど》の灰《あく》を掘る癖があった。ある時いつものように灰を掘ると、灰の中から蚯蚓がペロッと出たジ。それをそこで父親ア使っていた毛捲《けむしり》コ（小刀）で、ちョきッと切ったと。するとまたペロッと出たと。またちョきッと切ったと。またペロッと出たと。またちョきッと切ったと……

（我の子供等の記憶。祖母から聴いたものである。）

シダクラの蛇（その五）

ある童《わらし》ア裸体《はだか》で外へ歩く癖があったト。いつものように裸で外へ出ると、シダクラ（石積み）の石と石の間から真赤な蛇が面出して見ていたド。そだから毛捲コ（小刀）で、チョッキリと切ったト。するとまたペロッと出たと。またチョッキリと切ったト。またペロッと出たト。またチョッキリ切ったト……

（これらの話のキリは、話手が適宜にやる。そしてとうとう蛇の尻尾を切り上げたり、大風がバフアッとヒトカエリ〈一時〉に吹いて来て、サッパリ、カッパリ橡の実をバラバラと川面に吹き落してしまったりする。）

（この類の話には、「雁々ギッギッ」「山の木の算《かぞ》え」「田の蛙」などがあった。かなり重複して面倒くさいから、その梗概だけを話すと、五月頃の真暗い夜、

行グ行グ行グ

と雄蛙が向うの田で啼くと、こちらの田の中では雌蛙どもが、

ゴジャラばゴジャレ　おココロモチよ

と夜徹し鳴くのであるから、いい加減に童子達も倦いて、眠くなるのである。）（また前の橡の木の話は、下閉伊郡安家にあった。〈栗川久雄氏〉なお岩手郡雫石村にもあることを田中喜多美氏が報告している。それによると、昔、ある所に、お宮があって、大きな栃の木があった。木に実がタクサンあった。そして風がドウと吹いて来ると、栃の実がポタリと落ちて、ゴロゴロゴロと転がると、その根もとから、蛇が一匹ペロペロと出て這い廻った。すると一匹のカラスがガアと啼いて来る。またドウと風が吹くと栃の実が、ボタリと落ちてゴロゴロと転がる。その根元から、一匹の蛇がベロベロと出て逃げ、そこへ東の方からカラスがガアと鳴いて来る、というのであった。）

解説　聴耳の持ち主

益田勝実

若いひとつの学問の草創期に、ひとりの人が荷うことになっていく役割りについて、わたしは、むしろ、ある神秘をさえ感じる。民俗学の日本への土着とオリジナルな展開を可能にした、柳田国男の場合がそうであり、かれに民俗学への関心を啓発されて、ただひとりで昔話の発掘を進めていった、佐々木喜善の場合がそうである。もちろん、巨視的には、歴史的必然条件がしだいに醸成されてきていることは認めても、もし、わたしたちが、佐々木喜善という人を持たなかったら、日本の昔話の遺産は、ずっと違った現状になっていたろう、と考えられる。かれの不如意の晩年――わたしには一種の窮死とさえみえるその最期のことを思えば、かれのなしとげた仕事は、今日になってみると、なんと、それとうらはらな輝やかしさを持っていることか。そのかみの早池峯《はやちね》の山の深さと同じように、この恵まれなかった村の学者の生涯の持つ意味は深く大きい。

わたしたちの日本は、近代において、誇らしいオリジナルな学問領域のいくつかを開拓することができた。公平な将来の学問研究史において、もっとも譲っても、少なくともふたつの学問、柳田国男の日本民俗学と今西錦司の動物社会学が高い評価を与えられるであろうことは、予想できることである。また、アカデミーの力を借りないで、新しい学問が純粋に市民の手によって育ちうる、という、わが国では奇蹟というべき事実をみせつけてくれたのも、この民俗学および考古学であった。佐々木は、新しいまだ形の定まらなかったその学問のすぐれた荷い手であり、一貫して、〈野の人〉＝アマチュアの学者であった。そして、そういうアマチュアの学者の出現を待望しなければ、発展の契機をつかみえないところにも、この学問の特性がある。

これは、年代的にはずっと後、ちょうど佐々木の死の前後の頃であるが、柳田は、当時〈民間伝承論〉と呼んでいた自分たちの学問を、三つの分野に分けてみている。「第一部は生活外形、目の採集、旅人の採集と名《なづ》けてよいもの」「第二部は生活解説、耳と目との採集、寄寓者の採集と名けてよいもの。言語の知識を通して学び得べきもの。物の名称から物語まで、一切の言語芸術は是に入れられる。」「第三部は骨子、即ち生活意識、心の採集又は同郷人の採集とも名くべきもの。僅かな例外を除き外人は最早之《これ》に参与する能はず。地方研究の必ず起らねばならぬ所以。」（『民間伝承論』序）この区分は、柳田の切実な実践体験から出ており、少年の日故郷を永遠に離れてしまわなければならなかったかれの、限界性の自覚と、生涯を通じて恋いつづけた播磨の辻川への思慕をはらんでいるように思う。〈旅人の学問〉〈寄寓者の学問〉〈同郷人の学問〉——それは、この日本を学問の対象にひきすえた近代の知識人・学者の宿命をも反映している。十三歳の松岡国男少年が下総布川《ふかわ》の長兄のもとへ引き取られていったのは、一見、単なる家庭事情のようにみえるが、それは、日本近代の在郷の聡明な少年たちの必ず歩まねばならなかった運命の一環にすぎない。秀才少年たちは、みな早晩、笈を負って上京し、故郷の〈土〉との訣別においてのみ身を立てることができた。学問と日本の土がそのように乖離しているのが、日本の〈近代〉であった。文化・学問は、民衆の生活の場と結びついて、そこで発達することができなかった。柳田の学問が、旅人の採集である、日向の椎葉山中の狩人からの聞き書き『後狩《のちのかりの》詞記《ことばのき》』（一九〇九年＝明治四二）によってはじまり、佐々木喜善との出会い、その語る早池峯のふもとに暮らす人々の心のたたずまいの写し取り、『遠野物語』（一九一〇年＝明治四三）によってその方向をはっきりさせたのは、意味が深い。柳田は佐々木の背負っている〈遠野〉とつながり、旅人の学問として出発しつつ、佐々木との出会いにおいて、その旅人性を止揚する可能性をつかみえた。日本民俗学の草創の頃には、佐々木の郷里である北の遠野と、南海洋上の沖縄とが、新しいこの学問をめざす人々の巡礼の地であったのは、単に遠野が東北民俗の宝庫であったからだけではない。佐々木がそこに帰り、そこで生き、その心で民俗を見て、旅人たちに媒介してくれたからである。（いまここで、柳田国男・折口信夫・ニコライ＝ネフスキーら、佐々木在住時の遠野巡礼者の名をあげるいとまはないが、先輩に伊能嘉矩を持ち、鈴木重男らよき同志を作りえたために、——新しい民俗の学を志す人々の存在によって、聖地〈遠野〉が出現したのであって、単に残留文化のゆたかな僻地であったからではないことを確めておく必要がある。また、この版に佐々木の伝記を書いている山下久雄も、やはり遠野に憧れ、佐々木没後、求めて永年そこに移り住んでいた、かつての遠野の〈寄寓者〉

であることを、ここで書き添えておきたい。)

佐々木が、「柄にもない村長(土淵村・現在は遠野市内)の職責は、遂に人の好い彼に禍し、或る事件の巻添えから、土淵村を放《はな》れて一家妻子共々仙台に移り住まなければならない破目に陥入《おとしい》れられた。」(『農民俚譚』付載「佐々木喜善君の遺業と其晩年」)と本山桂川が回想しているような状況に陥り、ほとんど盲《めし》いて死の床にあった頃というと、一九三三年(昭和八)の九月であるが、その頃、東京では、郊外の砧《きぬた》村(世田谷区成城町)の柳田の書斎で木曜日の講義が始まった。この木曜会の人々が、翌年から全国山村調査に本格的に取りかかる。〈旅人〉は〈寄寓者〉の養成に乗り出しはじめていたのである。日本民俗学は柳田とこの〈寄寓者〉たちによって確立されていった。佐々木のような〈同郷人〉のほんとうの学問の仕事は、実はさらにその後に待ちもうけていたのである。いや、無数の〈佐々木〉が必要なのは、まさにいまからであろう。〈土〉を持った佐々木が、民俗学の若い時期に果たした役割り、〈土〉を失った晩年の佐々木の不幸と同じ不幸がもたらす学問上の損失について、わたしたちはほんとうに深く考えたことがあるだろうか。佐々木喜善の生涯の価値が佐々木喜善の書いたものだけではかられはじめる時、日本の在地の学は、百姓屋の出居《でい》の机、勤め人のアパートの棚の上から去って、研究室へ入っていく。そして、変質する。〈心の採集〉の企ては、未来永劫に延期されつづける。遠野と佐々木の意味の探究は、〈日本〉研究の未来像と、その意味で深く結びついている。

一九一九年（大正八）十二月、〝十六代様〟貴族院議長徳川家達《いえさと》と年来折り合えず、詰め腹を切らされたとも、蹶然骸骨を乞うたとも、いえばいえる形で柳田が貴族院書記官長を辞した時、かれは〈旅〉を恋うた。翌年、かれは旅のできる職業を望み、朝日新聞社の客員となる。最初の三年間自由に旅行させてもらう条件であった、という。その第一着手が、八、九月の東北の旅であった。（その直前、六月に佐渡へいっている。これは、後に『北小浦民俗誌』とかかわっていく大切な意味を持つが、その時は、「その三年間の前半は国内を、後半は西洋、蘭印、濠州から太平洋方面をまわりたいと思っていた。そしてこの三年間の旅が終ったら、正式の朝日社員になるということにしていた……右から左にお受けしてはいかにも計画的のようで変だからというので、六月まで自由に歩き回ってから、七月から朝日の客員ということにしてもらった。」〈『故郷七十年』〉という性質の、旅の序曲にすぎなかった。本格的に志したのは、その後の東北の旅の方である。）かれはこの時、『遠野物語』を出す前年に訪れた遠野へきて、ここを起点として、佐々木とともに三陸海岸を北上していった。官界を捨てたかれが、この人生の岐路にあって、『遠野物語』の世界にもどって、そこから再び出発していることの意味は、かならずしも小さくない。そして、それは、佐々木の昔話研究にとっても、決定的に重要なひとつの契機となったのであった。

若い日の佐々木喜善は、眼を文学に向けていた。かれが柳田の前面に立ち現われたのも、おそらく、〈佐々木鏡石〉として、文学へ捧誓したい心持から、イプセン会の文学者柳田国男へ近づきたかったからであろう。が、ふたりの出会いは『遠野物語』を生んだ。そして、佐々木の病気による帰郷以後、〈佐々木繁〉としての民俗研究がはじまる。はじめ、かれは、柳田に語った『遠野物語』のつづきを、こんどは自分の手で書いた。一連の「遠野雑記」（『東京人類学雑誌』二八の四、一九一二年、『郷土研究』一の五・九、一九一三年）がそれである。「遠野雑記」の日々は、中央から遠ざかり、思い切りにくい文士たらんとする望みを、日に一分、日に一寸と投げ捨てた日々に違いない。そして、「ザシキワラシ」（『郷土研究』二の六、一九一四年）にいたって、ようやく、自分の荷うべき民俗研究の分野につきあたっている。この系列の研究が最初の著書『奥州のザシキワラシの話』（一九二〇年）にまとまる。ザシキワラシは東北で存在が信じられている旧家の家霊であった。この時期のかれは、ザシキワラシとオシラサマ信仰の研究に励んだ。中央では、柳田らの関心の焦点は、伝説とそれを通して探りうる古い民族の信仰の姿にあった。『山島民譚集』（一九一四年）の水の神の信仰の究明が、当時の傾向をよく示している。（柳田のこの書は、その続編が、かれの没後、一九六四年なってようやく『定本柳田国男集』によって世に紹介された。）文献資料を駆使してやっていく中央の研究に対して、生《なま》の資料を採集して番《つが》えていく。それが当時の佐々木であった。（たとえば、「山島民譚集を読む」『郷土研究』二の八、一九一四年など。）中央の〈旅人〉の学者に対して、〈同郷人〉のなしうることはそうであった。ところが、村の青年会長や農会長をしていたかれは、その合間に民間信仰の研究をつづけながら、一九一五年以後、中央の動向に背いて、新しい生きている昔話の採集と紹介に乗り出していく。「奥州の瘤取童話」（『郷土研究』三の五、一九一五年）「瓜子姫子童話四種」（同、四の一、一九一六年）「陸中紫波地方の桃太郎」（同、四の九）など。民俗の学をめざす者なら、論なく昔話に関心を持つだろう、というのは、今日からの考え方にすぎない。昔話研究に関するかぎり、佐々木が先頭に立った道の啓開者であり、柳田も逆にかれによって昔話研究の重要性を深く認識するのであり、その直接の契機が、実に、柳田が〈『豆手帖』の旅〉と呼んでいる、この佐々木との三陸旅行であったのである。（詳しくは、「民話研究の歴史」〈木下順二編『日本の民話』所収〉に書いたことがある。）昔話研究の上でも柳田の果たした研究は偉大であり、研究を運動として領導展開した力はたいへんなものである。したがって、多くの人々は、にわかにわたしのいうことを肯《うべな》わないかもしれない。しかし、当時、まだ、柳田は伝説に憑かれていたのである。師弟逆転し、さらに逆転する。そこに若い学問の不可測の未来があった。

「佐々木喜善君のこれまでの蒐集は本になっただけでも、すでに三つある。その三つのうち一番古いのは『江刺《えさし》郡昔話』であって、これは我々の仲間では記念の多い書物である。二十二年程前、初めて佐々木君が遠野の話をした時分には、昔話はさ程同君の興味を惹いていなかった。遠野物語の中には、いわゆる『むかしむかし』が二つ出ているが、二つとも未だ採集の体裁をなしていなかった。それが貴重な古い口頭記録の断片であるという事はずっと後になって初めて我々が心づいたことである。」と、柳田はこの本の序で回想している。が、実は、〈むかしこ〉の価値にめざめていなかったのは、ふたりともどもであった。それ以前に昔話を相手にしていたのは、まず童話作家で、巌谷《いわや》小波《さざなみ》の『日本昔噺《ばなし》』

（一八九四—九六年）が古いが、お伽草子や赤本をもとにしているにすぎず、吉岡向陽・高野斑山（国文学者高野辰之）の『家庭お伽話』（一九〇八—一〇年）が、自分たち聞き覚えの昔話を文字化している点で新鮮味があった。採集が意図的に試みられたのは、ようやく石井研堂の『日本全国国民童話』（一九一一年）にいたってである。柳田が比較神話学の高木敏雄と共同編集の形で一九一三年（大正二）に雑誌『郷土研究』をはじめて、昔話は、ようやく童話作家の手から学問研究者の手に移った。高木は、近世以降の文献資料に拠ってであるが、「日本童話考」「英雄伝説桃太郎新論」「人身御供論——日本童話考早太郎解説余論」「早太郎童話論考」などを矢つぎばやに書いた。佐々木の初期の昔話の仕事が〈童話〉として扱われているのは、こういう情勢に基いている。しかし、高木はわずか一年で柳田と袂を分かつ。かれの説話学が柳田のめざす学問とも、柳田を後援していた新渡戸《にとべ》稲造・石黒忠篤ら郷土会のめざす方向ともちがっていたことが、ふたりの間の個人問題とともに大きく作用していたようである。『郷土研究』時代のその辺の事情に対する推測を、わたしは、(1)高木の説話学的傾向が、柳田や郷土会の人々と食い違った段階、(2)次に、柳田の内部でカオスを形成していた〈郷土〉学的傾向と〈民俗〉学的傾向が、しだいに後者本位に傾き、地方社会の構造、地方産業の現状、地方生活の実態に注目してきた郷土会の人々とずれてくる段階、という二段の区別をしながら、立てていこうとしている。そして、柳田学は、この時代、一度郷土会的傾向から脱し、民俗的となりすぎる道を歩んで、後にもう一度それをとりもどそうとするのではないか、とも推察している。わたしが以前に、

「こうして、柳田氏らは、比較神話学の立場から民間の伝説・昔話の研究に進んだ高木氏と分れて進むことになった。柳田氏は後に昔話研究を熱心に体系化するようになるが、それは、民族学的な神話の比較研究を当面不急のこととしていちおう拒絶して後に、氏の民俗学研究の上から必要性が痛感されるようになって、始められてきたものである。」「中央の『郷土研究』では高木氏が退陣した学界の動向にそむいて、初期のこの雑誌の影響を受けた佐々木氏の昔話採集が行われ始めたのは、一種の逆行でありながら、日本の民話研究にとっては、実に微妙な幸運であったというべきだろう。」（「民話研究の歴史」）といったことがあるのは、そのような時点での佐々木の果たした歴史的な役割りをクローズ・アップしたいからであった。

本山桂川《けいせん》は、「彼が農民童話や昔話の採集に興味を持つに至ったのは、病気帰郷後に於ける余儀ない第二次的な転向に外ならないと見るべきではあるまいか。」（前掲書）という。「彼の注意は、当初主として我国の民間信仰に向けられ、わけても其特異なる奥州各地のザシキワラシやオシラ神の信仰対照に人一倍な心眼を輝やかしていた」ことの方を高く評価する氏の場合、そうみえるのもむりはない。しかし、高木敏雄の論考などに関心をかきたてられていたおりもおり、身近に生きた昔話の伝承を発見し、それに魅力を感じたのは、ひとたびは文士たらんと志した佐々木の性格が、口承説話の文芸性と響き合うところがあったのではなかろうか。よし、「余儀ない第二次的な転向」としても、それはなんとわたしたちにとって幸運な転向であったか。後にそれが佐々木の『紫波《しわ》郡昔話』（一九二六年）

にまとめられる。紫波郡煙山《けむやま》の小笠原謙吉からの資料提供がはじまったのが、一九一四年（大正三）である。上閉伊《へい》郡土淵村のかれが紫波郡煙山村の小笠原と連絡しはじめた経緯は明らかではないが、おそらく、農会長か青年会長としての会合で邂逅したのではなかろうか。その翌年、はじめて、「こぶとり爺」の話を共通語に再話して、『郷土研究』誌上で報じた佐々木は、また次の年の「瓜子姫こ」の話の報告では、同じ話の伝承のされ方の相違に着目し、和賀《わが》郡で三種、遠野で一種をあわせ掲げる、新しい研究の方向を開いている。めざましい大蒐集として発表してはいないが、とにもかくにも、柳田が再度遠野を訪れた時、佐々木は昔話研究に五、六年の経歴を持ち、東北が昔話の宝庫であるらしいことに気づきかけていた。柳田が「それから十年余りしてから我々が松本君と三人で、東北の海岸をしばらく一緒に歩いたことがある。その時にちょうど佐々木君は江刺郡から来ている炭焼きと懇意になって、しばしば山小屋へ出掛けて、いくつかの昔話を筆記してきたという話を私にした。それは非常に面白いから出来るだけもとの形に近いものを公けにする方がいいと、いうことを、私が同君に勧請したのもその時である。それから二年過ぎて、私が外国に遊んでいる間に『江刺郡昔話』が出版せられた。」とこの本の序でいっているのは、新しい学問のリーダーとしての助言や、遠くスイスの国際連盟委任統治委員会に勤めながら、「炉辺叢書」の一冊として、この近代はじめての採集昔話集を出版することを助けたことを浮かび上らせはするが、その旅での柳田自身の開眼について語り尽くしていないうらみがある。柳田は、上述のように、朝日の客員として旅しており、この旅の記を、新聞の「豆手帖」欄に連載したが、その中で、「古物保存」という題の日に、「所謂訓育的効果に随喜する一派の老人以外、古物保存には何の為に保存するかの問題がある。」と文献的な英雄政治家本位の歴史の跡を追う史蹟保存に反対し、こういう提唱をしている。「筆豆でも口豆でも無い人だけが知って居て、今にも空間に飛び去ろうとする多くの昔話が、この江刺郡の山村にも沢山あることを、自分は偶然にも友人から聞いて知って居るのである。」(「豆手帖から」) そして、佐々木が提供した〈ひょうとくさま(ヒョットコ)〉の昔話をひとつ添えている。この佐々木によってかき立てられた昔話への関心が、柳田の内部でどう燃焼していくか。かれは、鮫《さめ》の港まで三陸海岸を北上し、途中、八戸《はちのへ》から汽車に乗り、また、下北半島尻屋岬への徒歩旅行へ移ったが、その後起きたことを、「炭焼小五郎が事」でこうふりかえっている。「自分は尻屋外南部の旅を終ってから、船で青森湾を横ぎって津軽に入り、弘前の町に於て始めて此地方の炭焼長者の話を知った。豊後に起ったことは疑いがない炭焼の出世譚が、ほんの僅かな変更を以て、本土の北の端までも流布するのは如何なる理由であるかを訝《いぶか》るの余り、稍〻長い一篇の文を新聞に書いて置いて、九州の旅行には出て来たのであった。」(『海南小記』) 新聞に書いた、というのは、翌年の元旦から七回にわたって、『朝日新聞』に連載された「炭焼長者譚」である。柳田の伝説へ注がれていた関心は、こうして昔話へと向かいはじめた。『桃太郎の誕生』(一九三三年)や『口承文芸史考』(一九四七年)への展開までには、なお幾多の曲折があるが、佐々木が柳田へ与えた刺激が驚くべき大きな結果を生んだことを、わたしたちは見逃すことができない。

それとともに、この三陸の旅は、佐々木にとっては、自分の新領域の存在意義が柳田に確認された点で大きな意味を持つ。当時の民俗研究の業績をふりかえってみると、その前後にまとめられたものは、主として、『南総の俚俗』(内田邦彦、一九一五年)、『三州横山話』(早川孝太郎、一九二一年)、『小谷《おたり》口碑集』(小池直太郎、一九二二年)のような、『遠野物語』にならう口碑集であったことがわかる。それと比べれば、『江刺郡昔話』(一九二二年)の佐々木の先駆的価値は判然としよう。

わが国の昔話は、それがまさに湮滅《いんめつ》し去ろうとしていた時、数多くの全国各地の民俗学者の献身的努力によって蒐集され、だんだんと分類・集成も進み、国民の共有文化財となってきた。なかんずく、発掘の功労があった佐々木喜善、蒐集の方途を示し、分類の標目を立て、また、昔話を通して民族の古い信仰形態を探る道がありうることを示した柳田国男、速記法を用いて口承のままのことばを記録しはじめた岩倉市郎、ヨーロッパの昔話研究法を摂取しながら、分類・集成の仕事の上で一完成を打ち出した関敬吾は、四つのピークとみることができよう。草創の佐々木には、この後、一九二四年(大正一三)に「和賀《い》郡昔話」(『日本土俗資料』第三輯)、「岩手郡昔話」(同第七輯)、二六年(大正一五)に「胆沢《ざわ》郡昔話」(『人文』一の一)があり、没後、『農民俚譚』(一九三四年)にまとめられている。生前に本になったものには、同じ二六年の『紫波郡昔話』、二七年(昭和二)の『老媼夜譚』がある。『紫波郡昔話』は煙山の小笠原謙吉が資料を提供しているが、その大部分がその祖母の伝承であり、『老媼夜譚《ろうおうやたん》』にいたっては、佐々木が村の辷石《はねいし》谷江という老婆から聴き取った話がほとんどである。ただひとりで百話・二百話を伝承している人物があることを、こうして立証しえたのも驚くべきことがらであった。はじめてかれが、『郷土研究』に報告した「こぶとり爺」が、彼の妻の伝承していたものであり、その後、県内各地にさまざまに十余年も〈語り爺さ〉〈語り婆さ〉を求めたあげく、最後にわが村で、子どもの頃から知っている老婆が、実はたぐいまれな昔話の伝承者であることを発見する足どりは、これもまた劇的というほかない。「私は婆様の家に、一月（大正一二）の下旬から三月の初めまで、ざっと五十余日の間殆ど毎日のように通った。深雪も踏分け、吹雪の夜も往った。村の人達には今日もハア馴染婆様の処へ往くのしかと言って笑われたりした。……最初の中は婆様も気兼ねと臆劫からそう話も進まぬ勝ちであったが、しばらく経つと却って婆様の方から、どうせおらが死ねば塩《だん》ノ端《はな》（村の墓場の在る所）さ持って行ったって誰も聴いてくれ申《も》さめから、おらの覚えて居るだけは父《とう》さんに話して残したい。父さんもどうじょ（何卒）倦きないで聴いてくなさいと言った。……寒かろうと云うので、爺様や孫娘などが生木《なまき》を抱《かか》えて来て炉《ひぼと》にどんどん焚いてくれた。その火明りで昼間ながら丁度夜更けのような気持ちを《（マヽ）》させた。おまけに藪が雪で凍っているので、ぶしぶしと燻って、煙くって眼が開かれぬ程であった。婆様は赤ただれした眼から涙を止め度なく流し、私も袖で顔を蔽い蔽い話を聞いた。」（『老媼夜譚』序）採集当時、この寒村の村会議員を務めていた佐々木は、翌々二五年（大正一四）村長に推され、不幸な晩年へ踏み込んでいくが、『聴耳草紙』（一九三一年）は、かれの失脚後に企てられた、『江刺郡昔話』以来の生涯の蒐集の大成である。

ところで、このように佐々木の仕事のあとをみてきて、大切な点が抜けてしまっていないかと心配になる。『聴耳草紙』に集成されたかれの仕事の価値は、その数量が昔話の宝庫東北地方を浮かび上らせただけでなく、その質の高さにもあるのである。かれは昔話の話の梗概だけでなく、その語りくちの細部を生かそうとする点で、非常に苦心している。その点について、柳田の序が多く言及しているので、繰り返すにおよぶまいが、伝承者の語るままを採録することは、テープ・レコーダーのない当時は、たいへんむつかしかった。しかも、語り手は方言で語る。そのままでは他地方の人々にはわからない。共通語による再話が、原資料としてさえ不可避のことと、ごく最近まで考えられていたのである。『聴耳草紙』についても、惜しまれるのはこの点である。が、そういう状況の中で、佐々木は昔話の語りくちをさまざまに生かそうとしている。話の梗概だけを押さえ、相互比較して分類する、パターン析出用の記録であったら、昔話のほんとうのよさは伝えられなかったろう。爺様が、「一粒蒔けば千粒ウ　二粒蒔けば二千粒ウ」と唄って豆の種を下していくと、狸が、「一粒蒔けア一粒よ　二粒蒔けア二粒さ　北風吹いて元消《もとけ》べア」とひやかし、爺様がゴセを焼いた（「兎の仇討」）という口承文芸の形象性は、かけがえもなく大切である。作物の豊作を呪禱しつつ蒔きつける労働の姿と、その呪福を妨害するものの出現、耕作者の激怒、というふうに、伝承の語り手は、農民の心情にぴったりと触れてくる、磨き上げられた集団創造のすきまのない形象を、かれはしっかりと受けとめて、文字の世界に定着されているのである。

「昔々、ある所に爺様婆様があったど。朝マ起きて婆様ア内を掃き、爺様土間《にわ》を掃くと、豆コ一つ拾うたど、

　婆様婆様豆コ一ツ見《め》ッけたかやえ
　畠さ蒔いて千粒にすべエが
　臼でハタいて黄粉《きだこ》にすべエが

そういって二人で相談コしていると、豆コがポロッと爺様の指の間からこぼれて、ころころッと転んで行って、土間の隅《すまこ》の鼠穴へ入ってしまったど。」（「豆子噺」）土間を掃いていて、見つけた豆の一粒にもつい手がのびる農民の心――それを掌に載せて、「千粒にすべエか」と思うじいさまは、土にまみれて作物を育て上げる者らしい心を働かすかと思えば、たちまち、「臼でハタいて黄粉《きだこ》にすべエが」という。大豆一粒を臼でひいて粉にして食べる、という空想の爽快さ。そして、「あれアこれアことだ。切角拾った豆コ失くしたがやい。婆様婆様早く木割コ持って来てくれ申せやと言って、婆様が木尻《きにしり》から持って来た木割をたないて、その鼠穴を掘りながら、爺様はだんだん奥の方へ入って行ったじもな……」と木割りでたないて鼠穴へ入っていく、という空想のおもしろさは、その描写が出来事を描きつつ、実は主人公の爺様の人がらを髣髴とさせていくところにもある。昔話を貫く空想は、そういう澄明で奔放な性格を帯びている。しかも、それをどこにでも転っ

ている昔話の性格とみるまえに、一般的に昔話の伝承がまさに絶えようとしており、話の型がくずれ、表現形象がそこなわれていきつつある段階であったこと、それにもかかわらず佐々木の採択した話の質のよいことに、関心を向けねばならないように思う。ということは、単にかれをめぐる昔話的環境がよかった、ということではない。同種の話の中で選び捨て、選び残す際の処理に、かれの口承文芸の本質に対する感覚の鋭さを認める必要がある、ということである。

民俗学では昔話を口承文芸の一領域とする。しかし、何がその文芸性を形成しているかは、まだ、十分には研究されていない。これまでの主要な研究方法は、柳田が、その伝説研究と同じように、民族の古い信仰形態の析出に昔話を用いたのに尽きている感がある。そういう遡源的研究ももとより大切であるが、昔話は昔話そのものとして大きな意味を持つのではなかろうか。今日、ようやく、そういう昔話そのものとしての研究がはじまろうとしている時、『聴耳草紙』が、共通語による再話という制約を持ちながらも、他の多くの昔話集を超える話としての魅力を保ちえているのは、一種ふしぎでさえある。語り手の伝承のことばをそのまま文字化すればよい、ということではないはずだ。未熟な初期の再話には問題も多いが、晩年の『聴耳草紙』における佐々木喜善の聴き耳のよさ、勘のたしかさは、むしろ、今後、昔話の形象の本格的研究がはじまっていくにつれて、ますます明確になってくる性質のものであろう。その意味では、佐々木喜善の存在意義は昔話研究のこれまでの段階にとってよりも、むしろ、より深く〈未来〉とかかわりあっている。

解説　佐々木喜善のこと

山下久男

喜善は明治十九年十月五日岩手県上閉伊郡土淵村に生まれた。父は厚楽友助、母は厚楽チヱ。この両親の三男である。生後間もなく同郡山口村十六番地、佐々木久米蔵の養子として、佐々木家に入る。養母イチ。イチは養祖父の万蔵の長女である。後、佐々木家の本籍は、同郡上淵村大字山口第参地割弐拾弐番地となる。佐々木家はここで久米蔵・喜善と二代養子がつづいている。村では相当財産のある堅実な農家であった。

喜善は本名喜善の他に筆名として鏡石（明治四十年二月『芸苑』第二号に発表の短篇小説「長靴」）、繁（明治四十一年十二月『アカネ』に発表の短篇小説「深夜」）、蕉鹿夢、小野万草、佐々木遠野、遠野草刈などと称したが、二十代の若い頃、初期の文芸作品には主として鏡石や繁を用い、中年、晩年時代に民俗研究・調査の発表には多く本名を用いている。

学歴は次の通りである。明治二十五年、同郡土淵小学校入学、四年後、上閉伊郡の中心地の遠野町（現在遠野市の中心地）小学校の高等科に入学、同三十三年春卒業。同年九月盛岡市の私立江南義塾に学んだ。一年余にして医師となるべく巌手医学校（のちの岩手医専、現在の岩手医科大学）に入学、ここに約二ケ年間在学したが性格に適しなかったらしく、教育者たろうとして上京。井上円了博士の哲学館（のちの東洋大学）に学んだ。明治四十年八月まで在学。生来文学に興味をもっていた彼はこの頃から短篇小説などを書き始めている。同三十九年一月短篇小説「閑古花」をものしている。その年の九月、早稲田大学文科に転じた。次第にロシヤ文学に関心をもちニコライ神学校に出かけてロシヤ語を学んだり、国語伝習所で国語を修めたり、ドイツ語・フランス語・エスペラント語の個人教授を受けたりしている。このように多くの外国語に関心を示したことは彼の生きた時代の影響にもよったであろうが、彼自身の性格や、将来の活躍方面を考慮したからであろう。

彼が哲学館と早稲田大学に学んだ明治三十八年から同四十三年までの、二十歳から二十五歳までの五年間は、語学の修得と創作への試みと文学仲間づくりに彼のエネルギーが注がれたと見ることができる。最初に公表したと見られる「長靴」のあら筋は次の通りである。「靴屋の主人与之助と小僧佐吾吉と、仕事場で問答をする。やがて佐吾吉は仕事場に入りこむ春の月光を浴びて眠り入る。主人は長靴、長靴とひとりごとをつぶやく。つぶやきつつ主人も眠り入ろうとする。靴屋の前は野で、野一面に菜の花が咲き乱れている。やがてお葬式の列が靴屋の前の通りに近づいて来る。見れば大の男二人が長靴を棒に通してかついでくる。近づいて来たのでよく見ればそれは長靴ではなく棺桶である。つづいて狐や馬や鬼共が現われてくる。主人はこれは靴が化けたのだと思い『靴が化けやがった』と叫ぶ。しばらくすると赤皮の長靴をはいた一隊の兵士が靴屋の前を駈足で行進する。小僧の佐吾吉は相変わらず靴台にもたれて眠っている。」

この短篇は上田敏博士と早大教授だった内ケ崎作三郎氏とによって称賛をうけたという。喜善数え年二十二歳の春二月であった。これに力を得たのか『芸苑』三・四・五号に「館の家」「市日」「閑古花」を、同年七月『詩人』第三号（河井又平篇）に「夏語」、『文庫』に「夜風」をそれぞれ発表。

この間彼の家庭事情も大いに変化しつつあった。即ち明治四十年七月、養祖父万蔵が六十八歳で、また同じ年の十月養父久米蔵が四十五歳で相前後して永眠したからである。この為に彼は二十二歳で家督を相続し、戸主となり、一家を背負う重い立場に立たされた。ともすれば病気勝ちの彼ではあったが、屈することなく、作家たるべく創作に打込み、同四十二年七月までに発表した短篇小説が十一篇に及んでいる。これらの作品は主として彼の故郷遠野地方から取材しその独自の風土をよく描いている。

かくて彼の創作活動が活発になってくると共に文学上の先輩知友もその数を次第に増してくる。

現在残っている書簡からみても左の如く広範囲に及んでいる。泉鏡花・片上伸・三木露風・水野葉舟・秋田雨雀・北原白秋・前田夕暮・石川啄木・有島生馬・宮沢賢治・金田一京助・伊藤栄一氏らがそれである。殊に前田夕暮・水野葉舟・三木露風との交友が深かったようである。明治四十年十月十三日付の前田夕暮から喜善にあてた書簡の一節に、

「僕今交際して居る人は水野君、三木君、若山君だけです。だから君が来ないともうさびしくて、さびしくて僕は孤独に感ぜられてしかたがない。此の十五日の文庫に君の作品が

出るそうですね。あの占のことを書いたのですってね、早くみたいと思って居ます。僕は中央公論をまだみません。水野君の『嫉妬』は近来の佳品だと思いました。蒲団まだみないですか。幸いに君におくるべく僕の処にありますからおくりました。」とある。(註　文中の水野君は水野葉舟、三木君は三木露風、若山君は若山牧水のこと)

また翌四十一年三月十九日付露風の喜善宛の書簡の一節には、

「前田君一昨日来ましたよ。元気の好いこと驚くの外なし。いつ見てもあの男は若いですね。いつか三人で大いに飲もうじゃありませんか。——というのは文庫の大会が明(二十日)午後六時より江戸川赤城下江戸川亭であるので是非君にも出席して戴きたいのです。無論来賓として取扱います。」とある。これだけでも彼等の交友がどんなに親密であったか、そして互に創作へその情熱を傾けていたかが察せられる。

創作に語学の修得に精進していたその頃彼は柳田国男先生に出会うのである。明治四十一年十一月二十六日付喜善宛の絵葉書がある。

「御葉書ありがたく候。今月も二日の日に御出ねがひ度候。来月も二日夜にねがひ上候。もしさし支出来候はば此方よりも遠慮なく申上べく候　二十六日　柳田国男」

というのである。この時喜善は小石川武島町三、古川方を宿としていた。数え年二十三歳の作家志望の青年喜善が、毎月二日当時宮内書記官であった三十四歳の柳田国男先生に、陸中遠野地方の神話・伝説・昔話などを語ったのである。

これを柳田先生が筆録し、一一九項目とし、明治四十三年六月『遠野物語』として三百五十部出版。扉に「此書を外国に在る人々に呈す。」とあり、相前後して出版された『後狩詞記』『石神問答』と共に日本民俗学史上記念的著述となった。

ところが元来蒲柳の質であった喜善は遂に大学は休学のままで、明治四十三年秋、盛岡市岩手病院に入院。同年十月二十六日付の柳田先生の見舞状がある。

「早くさぶくならぬ前に御全快なされかしと祈り候。一度見舞に行度居候、此頃非常に事件多けれどども小閑を以て山人の話を集めをり候。御話の中に此種あらば一日も早くきき度ものに候。三百に達せば又出版するつもりに候。　柳田国男

ひまもなく木の葉ちるといふもり岡の秋の夕はいかにさびしき」

退院後は殆ど郷里土淵村字山口に住み、小説・劇・詩・短歌随筆とあらゆるジャンルのものを試み、『詩歌』『地上巡礼』『アルス』『朱欒』『曠野』『シャルル』などに発表。北上山中にあっても創作することは忘れかねた。郷里での文学の友伊藤栄一氏に宛てた明治四十四年二月十九日付の書簡で喜善は次の如く述べている。これは病気療養先の茨城県港町平磯入口平野屋別荘から発信したもので、

「私は国に帰ったら牛をかいます。馬も飼います。花も造らねばなりません。勿論私等は二人で創作もいたしましょう。そして文芸という物をすてては下さいますな。芸術のない身ほど哀れに荒れたさびしい心は外にありましょうか。富と食物では私らの心を酔わすることが出来ましょうか。」と。また「文芸のことは私一生の仕事ですからどんなことがあってもやり通すつもりです」とも言っている。その頃互に文芸に対してどんなに熱意をも

っていたかがうかがわれる。

しかしその創作への情熱も漸次民間伝承の研究資料の調査蒐集に移って行ったと見られる。

『遠野物語』出版は明治四十三年六月であるが、それから二年後の四十五年四月の『人類学雑誌』第二十八巻第四号に繁の名で「遠野雑記」を、大正三年一月同誌二十九巻一月号に「陸中国遠野郷にての冬季に於ける年中行事の一例」を、つづいて『郷土研究』二ノ六に「ザシキワラシ」の研究を発表。以後創作と民俗研究との両面にわたっての発表が大正九年頃までつづくが、それ以後は民俗関係にしぼられてゆくのである。発表雑誌をあげると、『人類学雑誌』『郷土研究』『東北評論』『民族と歴史』『三田評論』『民族』『東北文化研究』『旅と伝説』『土の香』『童話研究』等で、これらに郷土の神話・伝説・昔話・年中行事・オシラ神・ザシキワラシ・隠念仏などの調査研究を精力的に報告、あるいは発表。殊に昔話の蒐集調査に特別な関心をもち、この仕事こそわが生涯がかかっているとでも思わせる程の情熱を示した。最初の単行本は大正九年二月、玄文社発行の『奥州のザシキワラシの話』であるが、昔話集には次の四冊がある。研究には「東奥異聞」などがある。

『江刺郡昔話』　昔話二〇、民話一〇、口碑四六
『老媼夜譚』　昔話一〇三
『聴耳草紙』　昔話三〇三
『農民俚譚』　昔話二九　其他七項目

蒐集した昔話四四五篇。『老媼夜譚』はその蒐集記録の方法はこの道の研究者に昔話採訪の範とせられた。これらの昔話集にはいわゆる本格的な昔話が数多く含まれており、現在わが国昔話研究にはかくことのできないものとされている。作家宇野浩二は『聴耳草紙』を取上げて、このように面白いものは類をみないとまで賞め、また金田一京助博士は喜善の存在を日本のグリムと称され、将来必ずその業績の高く認められるべき時がくるであろうと言われている。

彼は郷里の村会議員・農会長・村長などにも推され、村政にも関与したが、晩年は仙台市に住み、仙台放送局で東北土俗講座を開き、また独力で『民間伝承』を発行、東北地方民俗調査促進を図っていたが、昭和八年九月二十九日午前十時三十分、腎臓病の為同市小田原清水沼六番地で意義深いその生涯を了った。四十八歳であった。

（筆者、石川県立大聖寺高等学校教諭　日本民俗学会会員）

解説　時代を超える『聴耳草紙』

石井正己

一九三一年（昭和六）一月、仙台市に移住していた佐々木喜善は、東京の三元社から『聴耳草紙』を発刊した。出版社は、菊判で六〇〇頁に近いことから、「本邦最大の昔話集出づ」と広告している。それまでの昔話集は菊判半截または四六判の体裁がほとんどであり、確かに、これほどの規模の昔話集は存在しなかった。結局、佐々木は一九三三年（昭和八）に亡くなってしまい、『聴耳草紙』は生前最後の昔話集になった。

この一冊には、佐々木が暮らした遠野の話ばかりでなく、青森・岩手・秋田・宮城各県に広がる昔話を採録している。しかも、それまでに出した昔話集から再録せず、「寄せ集め」による三〇三話を集約して、一八三番に分類している。山形・福島両県の昔話を欠くが、東北日本に広がる昔話を集大成したものであり、今もって驚嘆に値する偉業だったと言わねばならない。

だが、これは佐々木一人でできたわけではない。話末の注記にあるように、自分や家族の記憶を核にしながら、遠野の人々から話を聞き集めただけでなく、多くの人から報告を得ている。岩手県の菊池一雄、田中喜多美、森口多里、秋田県の武藤鉄城、宮城県の三原良吉は、なかでもよき協力者であった。彼らの報告によって、東北日本の昔話を俯瞰することが可能になった。

佐々木はすでに、一九二二年（大正一一）に『江《え》刺《さし》郡昔話』、一九二六年（大正一五）に『紫《し》波《わ》郡昔話』、一九二七年（昭和二）に『老媼夜《ろうおうや》譚《たん》』を出していた。それぞれ、米里《よねさと》村出身の炭焼き朝倉利蔵から聞いた話をまとめ、煙山《けむやま》村の小笠原謙吉から受け取った資料を書き換え、土淵《つちぶち》村の辷石谷江《はねいしたにえ》から聞いた話を書きとめている。『老媼夜譚』はともかく、前の二冊はほとんど一人の話で編みながら、「江刺郡」「紫波郡」という単位で命名する。こうして一郡一島単位で昔話集を編むのがよいと考えたのは、佐々木を指導した柳田国男であった。

しかし、『聴耳草紙』は、そうした昔話集と違って、柳田の指導を受けることはなかった。民俗学者の本山桂川《けいせん》や三元社社主の萩原正徳の後押しがあったとされるが、佐々木は自由にこれを編むことができた。そうしたこともあったのか、『聴耳草紙』の場合は「一番　聴耳草紙」をもって書名にする。よくある命名の仕方で、形式的だという批判があるかもしれないし、内容からすれば、『奥羽昔話集』と名づけることさえできたはずである。そのようにしなかった謙虚さには、一方で一郡一島単位の命名に対する反発があったのかもしれない。

柳田は巻頭に、一九三〇年（昭和五）一二月に書いた「序」を寄せている。送られてきた校正刷りを読んだ上で書いたものにちがいない。まず最も古い『江刺郡昔話』を評価した上で、奥州では目の見えないボサマが昔話に関与してきたことに触れ、佐々木が性癖を抑えて「客観の記録」を残した努力を高く評価する。これはお世辞ではなく、佐々木と一緒に昔話研究を進めてきた実感だったはずである。

しかし、佐々木は「蒐集家」「採集者」と呼ばれるだけで、「将来の研究者」には入っていなかった。柳田の中には、地方の「蒐集」「採集」と中央の「研究」という分担があったにちがいない。そうした考え方から、やがて民俗学が理論的にも組織的にも構築されることになるが、佐々木は少なからぬ抑圧を感じていたのではないか。

佐々木は、発刊直前の昭和六年一月に「凡例」を書き、「一二七番　土喰婆」を引いて、「諸々の神祠の縁起由来譚らしいものや、また簡単至極な話」は「説話群の基礎根元をなした種子」で、「これらの集合や組立てでもって、一つの話が構成されかつ成長された」と述べる。これは昔話の成長発生説であり、佐々木には、昔話はなくなってゆくばかりでなく、これからも生まれてくるという未来への志向があった。しかし、それは、昔話を神話の零落と考える柳田とは相容れないものだった。

この「凡例」と対応するかのように、「九〇番　爺と婆の振舞」「九一番　狼と泣児」について、「『紫波郡昔話』を編む時に集った資料を、余りに無内容だと思ってはぶいておいた物である。ところが今考えると、こういう物こそ昔話の原型をなすものではあるまいかと思ったから採録してみた」などと注記している。どちらも煙山尋常高等小学校の子供が書いた作文が原典だった。

佐々木は自分の考えだったように言うが、こうした話が「余りに無内容だ」と述べたのは柳田だった。柳田は、『紫波郡昔話』を編む際に不必要と考えた話を抜き取り、原稿にそう書き添えて佐々木に返送していた。そうしたやりとりは二人にしかわからないが、かつて削除した話を採録すること自体、柳田に対する抗議を意味することは言うまでもない。二人の間にある溝は、すでに埋めがたいほどに深くなっていたにちがいない。

『聴耳草紙』は巻頭に柳田の「序」と佐々木の「凡例」が並ぶので、二人は協調関係にあるように見えるが、実は大きな対立をはらんでいたのである。昔話の分類にしても、柳田は「将来の研究者」に委ねるべきだと考えていたが、佐々木は「凡例」で五分類案を提示する。そこでは、原初的な話から巫女《みこ》・山伏・座頭坊の話まで、東北日本における昔話を発生から分類しようとしていたことがわかる。

それにしても、『聴耳草紙』には、昔話を聞いて育った佐々木の感性がよく表れている。例えば、「一一四番　鳥の譚《はなし》」の「夫鳥（その六）」は、若夫婦が奥山に蕨採りに行って別れ別れになり、妻が「オットウ（夫）オットウ」と呼ぶうちに死んでオットウ鳥になったなどという話である。末尾には、「齢寄達《としよりたち》の話によると、この鳥が里辺近くへ来て啼くと、その年は凶作だというている。平素《ふだん》はよほどの深山に住む鳥らしい」とある。

夫鳥の鳴き声が里辺で聞こえるのは、凶作の前兆だと考えられていた。かつて凶作は飢饉につながり、餓死する者も少なくなかった。蕨採りは飢饉の際の労働で、蕨の根から根餅を作って餓死から逃れた。「夫鳥」の話は、それこそ命をつなぐための重要な情報だったのである。しかし、深山で鳴き声を聞くのは猟師や駄賃附《だちんづけ》であって、「よほどの深山に住む鳥らしい」という書き方は、佐々木自身に経験がないことを示している。

重要なのは「齢寄達の話によると」という一節であろう。注記には「私の稚い記憶、祖母から聞いた話」とあり、祖母ノヨが幼い佐々木に語り聞かせた話だったことがわかる。ノヨは一八四二年（天保一三）に生まれ、一九二〇年（大正九）に亡くなっている。佐々木の祖母をはじめ、村の齢寄達は生きるために「夫鳥」の話を言い伝えてきたのである。しかし、「齢寄達の話によると」という書き方からは、佐々木が祖母と同じ感性を持っていなかったことを感じる。佐々木が育った頃には、たとえ凶作が起こっても餓死するような心配はなくなっていたにちがいない。すでに天気予報が普及し、昔話とともに伝えられる予兆の知恵よりも、科学的な知識を尊重する思考が重要になっていたのである。たった一言だが、ここには昔話が消えてゆく社会的な背景が見事に浮き彫りにされている。

こうした大胆で繊細な昔話集が実現できたのは、佐々木が遠野にとどまらず、勇気をもって仙台に出たことが大きく作用している。『聴耳草紙』の刊行も、「東北土俗講座」のラジオ放送の企画、『河北新報』『東北文化研究』への寄稿、謄写版の『民間伝承』の発刊などに連なる試みだった。どれも大都市仙台でなければ実現できない実験だったはずである。晩年の仙台時代は悲劇だったと言われるが、生活苦は大変なものだったにしても、実に輝かしい人生の幕引きだったのではないか。

一方、柳田は、佐々木に刺激されながら次第に昔話にのめり込んでゆく。佐々木没後の一九四三年（昭和一八）、三省堂の「全国昔話記録」のシリーズに『上閉伊《かみへい》郡昔話集』を入れる。これは『聴耳草紙』から、上閉伊郡の昔話を拾って編んだものだった。そこには『聴耳草紙』に対する高い評価があったはずであるが、一方では、やはり一郡一島単位の昔話集がよいとする持論を貫いたと見るべきだろう。柳田には、佐々木に対しても『聴耳草紙』に対しても、愛憎半ばする思いが強かったにちがいない。

佐々木の死後、消えてゆく昔話を記録しておかねばならないという危機感に煽られて、日本全国で熱心に昔話の採集が進められた。戦後、高度経済成長期に録音機が普及すると、おびただしい数の昔話が集められるようになる。そうした時期の一九六四年（昭和三九）、筑摩叢書の一冊として『聴耳草紙』が再刊されている。その後、一九九三年（平成五）にちくま文庫に入り、このたび、ちくま学芸文庫の一冊として刊行される。これまで多くの昔話集が刊行されてきたが、一般の人々に広く読まれるようなものは今もってこれしかない。発刊から八〇年近くが経つが、『聴耳草紙』には時代を超える力があるにちがいない。

（東京学芸大学教授、遠野物語研究所研究主幹）

この作品は一九六四年九月二日、筑摩叢書として、のち一九九三年六月二十四日、ちくま文庫として、筑摩書房より刊行された。

また、本書のなかには今日の人権意識に照らして不適切と思われる語句や表現があるが、時代的背景と作品の価値にかんがみ、加えて、著者が故人であるためそのままとした。

神話学入門　大林太良

神話研究の系譜を辿りつつ、民族・文化との関係を解明し、解釈に関する幾つもの視点、神話の分類、類話の分布などについても詳述する。（山田仁史）

アイヌ歳時記　萱野茂

アイヌ文化とはどのようなものか。その四季の暮しをたどりながら、食文化、習俗、神話・伝承、世界観などを幅広く紹介する。（北原次郎太）

異人論　小松和彦

「異人殺し」のフォークロアの解析を通し、隠蔽され続けてきた日本文化の「闇」の領野を透視する。新しい民俗学誕生を告げる書。（中沢新一）

聴耳草紙　佐々木喜善

昔話発掘の先駆者として「日本のグリム」とも呼ばれる著者の代表作。故郷・遠野の昔話を語り口を生かして綴った一八三篇。（益田勝実／石井正己）

民間信仰　桜井徳太郎

民衆の日常生活に息づく信仰現象や怪異の正体とは？　柳田門下最後の民俗学者が、日本人の暮らしの奥に潜むものを生き生きと活写。（岩本通弥）

差別語からはいる言語学入門　田中克彦

サベツと呼ばれる現象をきっかけに、ことばというものの本質をするどく追究。誰もが生きやすい社会を構築するための、言語学入門！（礫川全次）

汚穢と禁忌　メアリ・ダグラス　塚本利明訳

穢れや不浄を通し、秩序や無秩序、存在と非存在、生と死などの構造を解明。その文化のもつ体系的宇宙観に丹念に迫る古典的名著。（中沢新一）

宗教以前　高取正男　橋本峰雄

日本人の魂の救済はいかにして実現されうるのか。民俗の古層を訪ね、今日的な宗教のあり方を指し示す、幻の名著。（阿満利麿）

日本的思考の原型　高取正男

何気なく守っている習俗習慣には、近代以前の暮らしに根を持つものも多い。われわれの無意識の感覚から、日本人の心の歴史を読みとく。（阿満利麿）

民俗地名語彙事典　松永美吉　日本地名研究所編

柳田国男の薫陶を受けた著者が、博捜と精査により日本の地名に関する基礎情報を集成。土地の記憶を次世代へつなぐための必携の事典。（小田富英）

日本の歴史をよみなおす（全）　網野善彦

中世日本に新しい光をあて、その真実と多彩な横顔を平明に語り、日本社会のイメージを根本から問い直す。超ロングセラーを続編と併せ文庫化。

米・百姓・天皇　網野善彦　石井進

日本とはどんな国なのか、なぜ米が日本史を解く鍵なのか、通史を書く意味は何なのか。これまでの日本史理解に根本的転回を迫る衝撃の書。（伊藤正敏）

列島の歴史を語る　網野善彦　藤沢・網野さんを囲む会編

日本は決して「一つ」ではなかった！　中世史に新次元を開いた著者が、日本の地理的・歴史的な多様性と豊かさを平明に語った講演録。（五味文彦）

列島文化再考　網野善彦／塚本学／坪井洋文／宮田登

近代国家の枠組みに縛られた歴史観をくつがえし、列島に生きた人々の真の姿を描き出す、歴史学・民俗学の幸福なコラボレーション。（新谷尚紀）

日本社会再考　網野善彦

歴史の虚像の数々を根底から覆してきた網野史学。漁業から交易まで多彩な活躍を繰り広げた海民に光をあて、知られざる日本像を鮮烈に甦らせた名著。

図説　和菓子の歴史　青木直己

饅頭、羊羹、金平糖にカステラ、その時々の外国文化の影響を受けながら多種多様に発展した和菓子。その歴史を多数の図版とともに平易に解説。

今昔東海道独案内　東篇　今井金吾

いにしえから庶民が辿ってきた幹線道路・東海道。日本人の歴史を、著者が自分の足で辿りなおした名著。東篇は日本橋より浜松まで。（今尾恵介）

物語による日本の歴史　石母田正　武者小路穣

古事記から平家物語まで代表的古典文学を通して、国生みからはじまる日本の歴史を子ども向けにやさしく語り直す。網野善彦編集の名著。（中沢新一）

ちくま学芸文庫

聴耳草紙《ききみみぞうし》

二〇一〇年五月十日　第一刷発行
二〇二二年八月二十五日　第二刷発行

著者　佐々木喜善（ささき・きぜん）
発行者　喜入冬子
発行所　株式会社　筑摩書房
東京都台東区蔵前二―五―三　〒一一一―八七五五
電話番号　〇三―五六八七―二六〇一（代表）
装幀者　安野光雅
印刷所　三松堂印刷株式会社
製本所　三松堂印刷株式会社

ISBN978-4-480-09297-7 C0193